카멜 다우드의 반역,
알제리가 외면한 카뮈

카멜 다우드의 반역, 알제리가 외면한 카뮈

박치완
김성수
김영걸
유영초
김기홍
이종현
이효원
정혜선
김정현
조미정
곽신요
신성광
이정화

HUEBOOKs

프롤로그

세계 문학사에서 가장 아이러니한 현상 중 하나가 바로 여기에 있다. 노벨문학상 수상 작가 알베르 카뮈의 대표작 『이방인』은 수많은 언어로 번역되어 전 세계 독자들의 사랑을 받고 있다는 점이 바로 그것이다. 하지만 이 소설의 배경이 된 바로 그 땅—**알제리에서는 『이방인』을 읽지도, 가르치지도, 평하지도 않는다.** 이것은 단순한 무관심이 아니다. 철저한 거부다.

카뮈가 태어나고 자란 그 땅에서, 그의 문학은 침묵에 잠겨있다. 세계가 찬사를 보내며 그의 작품을 탐독하는 순간에도 알제리는 철저히 등을 돌린다. 매우 어색하고, 부조리한 일이다. 우리는 이 기이한 풍경 앞에서 묻는다. '알제리는 왜 카뮈를, 『이방인』을 거부하는가?'

우리의 연구는 이 물음으로부터 시작했다. 그리고 곧 『이방인』에 대한 알제리의 반응이 단지 거부에 그치지 않는다는 것을 발견했다. 부정을 넘어선 비판, 그것이 『이방인』에 대한 알제리인의 반응이었다. 그리고 카멜 다우드의 『뫼르소, 살인사건』은 이런 비판의 최정점에 서서 카뮈에게, 『이방인』에게 맞서고 있다.

카뮈에 대한 비판적 해석이 가능한 것은 『이방인』에 대한 기존의 담론이 일반화되어 있다는 점에서 출발한다. 즉, 우리는 프랑스 문학계가 제시하는 『이방인』의 해석을 정본으로 여기고 있다. 달리 말하자면, 우리는 『이방인』을 독해하며 작품의 배경이자 카뮈가 성장한 알제리의 역사, 정체성, 삶을 전혀 고려하지 않는다. 알제리에서 카뮈를 배척한 것은 그가 프랑스 식민지였던 알제리의 독립을 반대했기 때문이다. 처절한 전쟁 끝에 독립을 쟁취한 알제리에 카뮈의 자리는 없다. **하지만 문학적으로, 그리고 문화적으로 카뮈**

가 세계에 알려진 것은 아마 그가 프랑스인이었기 때문일 것이다.

『뫼르소, 살인사건』은 이러한 카뮈의 평가와 명성에 대한 정면 도전이다. 어쩌면 『뫼르소, 살인사건』은 알제리인으로서 알제리의 목소리를 내야만 했던 카멜 다우드의 운명적 외침일지도 모른다. 본 연구는 이러한 맥락에서 카뮈와 다우드의 소설을 통해 문화적 로컬리티와 글로컬라이제이션의 의미를 탐구했으며, 두 작품의 분석을 통해 독자들이 '글로컬 마인드'를 함양하는 계기가 되기를 바란다. 개인에게 삶의 터전이자 기억이 머무는 공간은 민족 정체성과 역사의 계기가 된다. 『이방인』의 독자가 알제리의 풍경을 머릿속에 그려보는 것은 낭만적인 행위다. 하지만 그것은 프랑스인 카뮈의 시선에 비친 알제리다. 그 알제리와 다우드의 알제리 사이에는 큰 차이가 있다. 지금까지 우리가 익숙하게 접한 것이 카뮈의 알제리라면, 이제 다우드의 알제리와 함께 다른 면을 볼 때가 됐다. 다우드의 책을 통해 알제리인의 시각을 새롭게 배우고 그들의 목소리에 귀 기울이며 두 책이 내포한 장소가 같으면서 다르단 사실을 깨달을 때, 그 차이를 근거 삼아 은폐된 목소리를 들을 때, 비로소 우리의 연구가 그 가치를 발할 것이다.

2022-2023년 간 글로컬창의산업연구센터(GCIC)는 세 차례의 학술대회를 개최하였고, 20여 편의 논문이 발표되었으며, 그중 엄선한 14편의 연구 성과를 이 책에 담았다. 귀중한 연구 결과를 공유해 준 모든 저자들께 깊은 감사를 표한다.

대표 저자 김성수

목차

3부

카뮈는 알제리인이었나?

일러두기

- 단행본은 『』로, 논문, 단행본의 장은 「」로, 연극은 《》로, 영화나 텔레비전 등 영상 작품은 〈〉로 표기했다.
- 인명, 지명 등 외래어는 국립국어원의 외래어 표기법을 따르되, 관례적으로 사용하는 표기가 있을 경우 그것을 따랐다. 인용 시 원문에는 없으나 독자의 이해를 돕기 위해 필자가 내용을 추가한 경우 〔〕로 표시하였다.

| 1부 |

카뮈, 살인사건

탈식민적 관점에서 카뮈의 『이방인』 (다시) 읽기

○ 박치완

"알베르 카뮈에 대해서는 〔이미〕 많은 사람들이 이야기했고, 여전히 이야기하고 있으며, 악의적인 말도 중상도 섞여 있다. 그를 비난하는 다양한 기사, 연구 및 저서는 종종 독창적인 해석을 허용하는 그의 소설 작품에 기반을 두고 있으며, 문학비평가가 알제리의 복잡성에 대해 충분하게 이해하고 있지 못할 때 종종 논쟁의 불씨가 된다. 풍부한 햇살과 푸른 하늘의 땅 알제리와 카뮈의 작품은 떼려야 뗄 수 없는 관계라는 것은 부인할 수 없는 사실이지만 알제리는 여전히 매우 복잡한 나라, 끊임없이 변화하는 문맥으로 남아 있다."

○ A. B. Toumi, "Albert Camus, l'Algérien: In Memoriam"

"어떻게 사람들이 미워하는 것이 그대가 아니라 나란 말인가?"

○ 장 폴 사르트르

1. 알제리의 이방인 카뮈

프랑스령의 알제리 몽도비(Mondovi) 태생인 알베르 카뮈(Albert Camus, 1913~1960)는 오늘날 알제리에서 철저히 '이방인'으로 취급받고 있다. 마치 그의 대표작 『이방인(L'Étranger)』에서 뫼르소가 자기가 발붙이고 사는 실존의 장소인 알제(Alger)에서 '이방인'이었던 것처럼 말이다. 하지만 뫼르소가 스스로 자신이 이방인이라는 생각을 직접적으로 내비치지 않았듯, 카뮈 역시도 생전에 자신이 알제리의 이방인이라는 생각은 추호도 하지 않았던 것 같다. 알제리는 실제 그의 탄생지이기도 하기에, 그에게 알제리는 '영원한 고향(nostalgéria)'이었던 것이다.

그렇다면 대체 어떤 연유로 카뮈는 오늘날 알제리에서 국외인으로 취급받는 것일까? 왜 알제리에서는 카뮈를, 심지어는 그의 사후에도, 알제리를 대표하는 작가로 평가하기를 주저하는 것일까? 두말할 것 없이, 카뮈는 알제리가 프랑스령으로 병합되었을 때도, 알제리 독립전쟁 중에도 그리고 1962년 알제리가 프랑스로부터 독립한 이후에도 줄곧 '프랑스 국적'의 소유자였다. 카뮈는 한마디로 '알제리계 프랑스인(un Français d'Algérie, French

Algerian)'의 상징적 인물이었던 셈이다.[1]

그렇다면 여기서 우리는 묻지 않을 수 없다. 카뮈의 개인-정체성은 과연 '알제리'에 뿌리를 두고 있는가 아니면 '프랑스'에서 자양분을 얻은 것인가? 이는 어쩌면 우문(愚問)에 해당할 수 있다. 왜냐하면 실제 카뮈의 정체성은 알제리와 프랑스를 문화적 배경으로 형성된 것이기 때문이다. 다시 말해, 카뮈는 '이중적 정체성'의 소유자인 셈이다. 그러나 사람들은 카뮈처럼 이중적 정체성의 소유자를 예나 지금이나, 그 어느 문화권에서도 여전히 달갑게 여기지 않는 경향이 있다. 이런 기준에 따르면 카뮈는 분명 정체성의 희생양일 수 있다. 실제 카뮈는 본인의 입장과 달리 알제리에서 이방인 취급을

[그림 1] 카뮈의 작가 노트 〈Noces à Tipaza〉에 기록된 문장("나는 이곳에서 영광이라고 불리는 것이 무엇인지 알게 되어요, 아낌없이 사랑할 권리라는 걸요(Je comprends ici ce qu'on appelle gloire, le droit d'aimer sans mesure)과 각명(刻銘) 'Camus'가 지워진 상태의 추모비

1 우리는 지금 독립된 국가로서 알제리를 이야기하지만, 당시 알제리는 '프랑스령의 알제리'였고, 더 구체적으로 이야기하면, '알제리'는 국가 상태에서 프랑스에 병합된 것이 아니라 오스만 제국의 영토였던 '알제리라는 지역'을 프랑스가 1842년 자국의 영토로 무력 편입시켰다. 따라서 '알제리계 프랑스인'은 두 가지 의미를 동시에 갖는데, 넓게는 프랑스령이 된 알제리에서 카뮈의 아버지처럼 노동 이민을 간 프랑스의 노동 계급이 대표적이며, 카뮈처럼 그런 노동이민자의 자식으로 알제리에서 태어난 사람들 중에서 프랑스로 역 이민을 온 사람들을 지칭하기도 한다. 이들은 민족(인종)적으로 마그리브(Maghreb) 전 지역에 분포된 아랍인, 알제리, 튀니지, 모로코 등 북아프리카 일대에 분포된 베르베르인과 구분될 뿐만 아니라 종교적으로도 이슬람교가 아닌 가톨릭을 믿는 것이 차이이다.

받았고, 심지어 프랑스에서도 이방인 신세를 면치 못하고 있다.[2]

카뮈는 생전에 프랑스의 알제리 식민 지배에 대해 비판적인 글을 쓴 바도 있으며, 나치 치하에서는 국민전선의 밀사로 레지스탕스 활동에 가담하기도 했다. 그런가 하면 제2차 세계대전 당시에는 대표적 저항 언론인 〈콩바(Combat)〉의 편집장을 지내기도 했다. 제2차 세계대전이 종료되자 반역자(부역자) 문제를 놓고 프랑스의 지식인들이 충돌했을 때 F. 모리악의 관용론에 맞서 카뮈는 정의론을 제기한 것으로도 널리 알려져 있다. 카뮈는 이렇게 자신의 예술혼, 문학혼을 당시의 정치 현실과 독립적인 것으로 여기지 않았으며, 늘 참여적 좌파 지식인으로 활동했다. 하지만 알제리 독립전쟁(1954~1962) 당시 카뮈는 급진적 사회주의 정당인 알제리 해방전선(FNL)의 편에 서기보다 프랑스 정부 편에 서서 FNL의 반프랑스적 움직임에 대해 '폭력 행위'라고 규탄하면서 마치 프랑스 우익들의 주장과 유사한 입장을 피력하게 된다. 다시 말해, 카뮈는 알제리의 독립을 지지하기보다 프랑스의 지배하에서의 자치권의 확대를 강력히 주장했다. 이를 계기로 카뮈는 알제리의 독립을 지지했던 장 폴 사르트르(Jean-Paul Sartre) 등 프랑스 지성계와 충돌했으며, 알제리의 독립을 주장하는 FNL로부터는 '배신자'로 낙인찍히기도 했다.[3]

---

2 J. Hammer, "Why is Albert Camus Still a Stranger in His Native Algeria?", *Smithsonian Magazine*, Oct. 2013; E. Beardsley, "Camus' Stance On Algeria Still Stokes Debate In France", *Parallers*, Nov. 7, 2013 참조.

3 카뮈의 『반항인』은 『이방인』 못지않게 프랑스 지성계에 파장을 일으켰다. 1952년 5월 사르트르가 주간을 맡고 있던 〈레 탕 모데른〉에 실린 F. 장송의 「알베르 카뮈 또는 반항심을 불러일으키는 영혼」을 계기로 사르트르와 카뮈는 서로 편지를 주고받으며 한 치의 양보도 없이 공방을 벌이게 되는데, 이를 기점으로 둘 사이의 우정에 금이 간다. 카뮈는 사르트르에게 "역사의 의미에 관념 이상을 품어본 적이 없는 비평가들로부터 끝없이 훈계받는 일에 신물이 난다"고 불평했고, 사르트르는 카뮈에게 "뫼르소는 어디로 갔는가, 카뮈? 시시포스는 어디에 있는가? 폭력적이고 기만적인 독재 권력〔드골 정부〕이 그대를 사로잡고, 추상적인 관료주의자의 뒷받침을 받아, 이제 도덕률에 따라 통치하는 시늉을 하는가? (…) 어떻게 사람들이 미워하는 것이 그대가 아니고 나란 말인가?"라고 응수했다. 이후에도 장송, 사르트르, 카뮈 사이에 공방은 계속되었고, 〈르 몽드〉를 비롯해 선정적인 주간지들까지 관련 소식을 전하면서 카뮈와 사르트르 간의 공박은 파리 지성계의 농담거리가 될 정도였으며, 카뮈와 사르트르의 불화는 극으로 치닫는다(상세한 내용은 허버트 R. 로트먼, 『카뮈, 지상의 인간 2』, 한기찬 옮김, 한길사, 2007, pp.268-281 참조). 그러나 사르트르는 카뮈

왜 카뮈가 오늘날 알제리에서 이방인 취급을 받는가 하는 물음은 알제리의 몽도비 태생인 그가 알제리의 독립을 지지하지 않았다는 사실에서 답을 찾을 수 있다. 바로 이것이 알제리에서 그가 생전에도 생후에도 이방인 취급을 받는 직접적이고 결정적인 원인이다. 하지만 카뮈의 염려, 예측과 달리 그가 서거한 지 2년 후인 1962년에 알제리는 프랑스로부터 독립한다. 알제리의 독립을 기점으로 알제리에서 카뮈의 실존적 흔적들은, [그림 1]에서도 그 단적인 예를 확인할 수 있듯 지워지기 시작했으며[4], 많은 시간이 흘렀지만 카뮈의 이미지는 여전히 부정적이다. 알제리인들에게 카뮈는 어디까지나 알제리를 식민 지배했던 프랑스인의 상징일 뿐이다. 그래서일까. 현재 알제리에서는 '카뮈'라는 이름 자체를 모르는 젊은이들이 태반이라고 한다. 설사 그의 이름을 아는 경우라 해도 혐오감을 가지고 있거나 그의 이름을 언급하는 것조차 경계할 정도라 한다. 이렇게 카뮈는 우리가 일반적으로 아는(또는 상상하거나 짐작하는) 것과는 너무나도 상반되게 알제리에서 전적으로 국외자(outsider) 신세다.

1957년 『이방인』으로 노벨문학상을 받은 카뮈는 실제 '프랑스 문학의 아이콘'으로 전 세계의 독자들에게 감동을 선사했다. 『이방인』은 무려 100여

의 죽음 앞에 다음과 같은 송사를 남긴다: "그〔카뮈〕는 '역사'에 반하여 금세기를 대표했으며, 도덕주의자의 긴 계보를 잇는 현대판 상속자였다. 그의 작업은 아마도 프랑스 문학계에서 가장 독창적일 만한 내용일 것이다. 엄격하고 순수하며 준엄한 동시에 관능적인 그의 완강한 인문주의는 이 시대의 거대하고 기형적인 사건들과 맞서 승패가 불확실한 싸움을 벌여 왔다. 그러나 역으로 '거부'라는 예기치 못한 태도를 통해서 그는 우리 시대의 한가운데에서 마키아벨리즘에 반하는 리얼리즘이라는 황금송아지에 맞서 도덕적 행동의 현존을 재확인시킨 셈이다."(*ibid.*, p.578) 로트먼의 표현대로, 사르트르와 카뮈는 생전에 공방을 벌였고, "결별"했다. 하지만 그렇다고 해서 서로가 상대에 대해 "생각하지 않은 것은 아니다." 사르트르와 카뮈는 각자의 길을 가면서 "함께 살아가는 또 하나의 방식"을 보여준 것뿐이다.(*ibid.*)

4 이 추모비는 1961년 4월 카뮈의 알제리 동료들에 의해 티파사(Tipaza)에 세워진 것으로, 이곳은 카뮈가 어린 시절 문학적 영감을 키웠던 곳이자 그리운 어머니를 떠올리게 하는 특별한 장소이기도 하다. 그런데 자세히 보면 추모비 하단의 'Camus'라는 기명(記名)이 지워져 있다. 이는 알제리에서 카뮈와 카뮈에 대한 흔적들이 '지워지고' 있다는 단적인 예라 할 수 있다.

개의 언어로 번역되어 있으며, 영화로, 연극으로, 뮤지컬로 재연되면서 그 생명력을 여전히 과시하고 있다. 『이방인』은 오늘의 이 시점에도 철학적·정치적·정신분석학적·탈식민적 문학 비평에서 감초처럼 언급되기도 한다. 김화영의 언급대로, "『이방인』은 지금도 전 세계의 젊은이들이 가장 많이 읽고 있는 책들 중 하나일 만큼 청청"하다.[5] 하지만 카뮈는 기회가 주어질 때마다 '사랑'이란 단어로 표현했던 '고국 알제리'에서 환대받지 못하고 있다. 카뮈가 이렇게 생전에도 그리고 사후에도 알제리에서 '이방인'의 표상으로 자리 잡고 있다는 것은 일본의 식민지 경험이 있는 우리에게도 많은 것들을 되돌아보게 한다. 카뮈의 예에서 보듯, 대중들은 작가의 정체성을 그의 개인-정체성과 분리해서 받아들이지 않는다.

일반적으로 개인-정체성은 그 개인이 삶을 영위한 '사회'로부터 부여받는다. 사회로부터 독립적인 인간은 존재하지 않는다. 카뮈의 아바타인 '뫼르소'에게 사형을 집행하는 것도 사회(제도, 관습 등)이다. 카뮈가 오늘날 알제리로부터 비판·비난의 대상이 된 것도 알제리의 사회적 코드가 프랑스의 사회적 코드와 여전히 충돌하고 있기 때문이다. 카뮈의 작가로서의 정체성은 '프랑스적인 것'이라 섣불리 단정할 필요도 없고 '알제리적인 것'이어야만 한다고 강하게 요구할 수도 없다. 그의 정체성은 주지하듯 이 둘의 메타 차원이라 할 '유럽적인 것'에 가깝다. 카뮈는 늘 유럽인의 관점에서, 마치 자신은 비(非)알제리인인 듯, 알제리 문화에 대해 인색한 평가를 했으며, '유럽인의 지성'으로 정의와 평등, 자유와 비폭력의 중요성에 대해 역설했다. 거듭 강조하지만, 그의 개인-정체성은 '알제리'와 '프랑스'라는 두 상반된 절대 기둥 사이에서 형성된 것이 분명하다. 하지만 저울추는 항상 프랑스 쪽으로

5 김화영, 「역자 서문」, 모르방 르베스크, 『알베르 카뮈를 찾아서』, 김화영 옮김, 나남출판, 1998, p.8.

기울어져 있었고[6], 이상은 늘 유럽적인 것에 있었다.[7]

카뮈에게 있어 개인-정체성의 물음은 그의 소설들을 작품으로 평가할 때 발생하는 것이 아니라 한 사회(알제리) 속의 구성원으로 평가받을 때 야기된다. 정체성의 갈등은 모든 개인이 겪는 일이 아니다. 정체성의 갈등은 카뮈처럼 대개 두 문화 또는 그 이상의 문화가 한 개인에게 혼재되어 있을 때 빚어진다. 그런데 알제리계 프랑스인인 카뮈에 대한 평가의 중심에 바로 이 정체성의 물음이 미결의 상태로 지속되고 있으며, 특히 알제리의 대중들은 오늘날까지도 이를 문제시하고 있다. 당사자인 카뮈도 그리고 카뮈의 정체성과 관련해 논쟁의 불씨를 지피는 당시의 동료 문인들이나 현재 활동 중인 문학비평가들도 카뮈의 이중 정체성을 대개 한쪽에 치우쳐 '정치적으로' 해석하는 경향이 짙기에 결국 알제리의 지성계로부터도 프랑스의 지성계로부터도 카뮈는 비판·비난의 대상인 것이다. 정체성은 결코 '둘'일 수 없고, '하나'라는 생각이 양 진영 모두에서 지배적인 한 『이방인』을 단지 작품 내적으로 이해하는 것만으로는 독서 행위가 마무리되지 않을 것이다. 작품 뒤에는 작가가 있고, 작가의 뒤에는 그의 순탄치만은 않았을 삶이 여정이 존재하기 마련이며, 그의 삶은 그에게 주어진 시대적·문화적 상황과 직간접적으로 연계되어 있다. 상황적 존재(situated Being)인 작가를 텍스트 비평에서처럼 단지 작품 내적으로만 이해할 때 야기되는 한계가 무엇인지를 우리는 카뮈의 사례를 통해 반면교사로 삼을 필요가 있다.

---

6 R. Kopp, "Camus, écrivain algérien?", *Revue des Deux mondes*, sept. 2019, p.74: "인본주의자, 공화주의자, 불가지론자, 모든 이데올로기와 신념 체계에 저항한 카뮈는 아랍인과 무슬림의 알제리를 받아들일 수 없었다. 그의 문화는 알제리 문화에 적대적이었으며, 그의 문화는 전적으로 '프랑스적인 것(culture française)'이고, 그의 진정한 조국은 '프랑스어(langue française)' (…)이다."

7 카뮈의 유럽편애주의에 대한 비판은 C. C. O'Brien, *Albert Camus: Of Europe and Africa*, New York: Viking Press, 1970 참조.

작품 외적인 요소가 카뮈의 『이방인』처럼 작품 분석이나 작가의 정체성의 문제에 개입되는 경우는 물론 흔치 않은 일이다. 본 연구에서 우리는 작가와 작품, 작품 내적 요소와 작품 외적 요소는 늘 함께 고려해야 한다는 전제하에, 제2장에서는 자문화기술지적(autoethnographic) 관점을 변통해 『이방인』을 '어디서', '누가' 읽는가의 물음에 초점을 두고 재독(re-read)하고, 재평가(re-evaluate)해보고자 하며, 제3장에서는 세계적인 문학 작품들을 이제는 탈식민적 관점에서 재지적(在地的) 해석을 시도할 때가 되었다는 점을 시론적으로나마 제안해볼까 한다.

2. 우리는 카뮈의 『이방인』을 어떻게 읽었고, 어떻게 읽어야 하는가?

거의 불가사의한 일이라 판단되기도 하지만, 청소년 시절 우리는 한국문학 작품들보다 세계문학 작품들을 먼저 접했던 것 같다. 그런데 세계문학 작품들을 읽으면서, 물론 필자의 사적인 경험에 국한된 일일 수도 있지만, 우리는 어디서(Where), 누가(Who) 그것을 읽는지의 물음을 진지하게 제기해 본 적이 없다. 문학 작품을 그것이 탄생한 시대적·문화적 배경(작가의 국적, 작품의 탄생 시기, 당시의 정치적 상황 등)과 연계시켜 이해하려는 노력 자체를 등한시한 것이다. 돌려 말해, 전기적(傳記的)으로 작품을 이해하는 태도를 지양하면서 오직 작품 자체에만 몰두한 것이다.

이렇게 '문학적 순수성', '순수한 작품의 이해'를 중요하게 여기게 된 배경은 아무래도 대학에서 문학을 가르치는 교수들의 영향력이 크게 작용한 것이라 볼 수 있다. 가르치는 사람도 배우는 사람도 작가의 전기(傳記)는 대개 괄호치고 오직 작품의 내용 분석에만 심혈을 기울인 것이다. 이것이 주지의 '텍스트 비평'의 수월성이자 한계라 할 수 있다. 작가와 작품의 관계를 작품과 독자의 관계로 중심을 이동시켜 작가의 전기를 비평에서 배제한 것을 우리는 마치 현대 문학 비평의 관례처럼 받아들인 것이다. 본 연구의 분석 대상인 카뮈의 『이방인』도 이러한 상례(常例)에서 크게 벗어나 있지 않다. 돌려 말하면 우리는 『이방인』을 "'카뮈'의 소설"로 접한 것이 아니라 "카뮈의 '소설'"로 접한 것이다. 그러다 보니 대한민국의 독자들이 『이방인』에 빠져들었다는 것은 곧 작품 속에서 묘사된 주제와 장면들에 빠져들었다는 말이 되고, 작품 속에 묘사된 주제와 장면들에 빠져들수록 카뮈의 생애는 뒷전이고 그가 작품을 통해 전하는 메시지에 시선을 집중하게 된다. 그렇게 '(사회)부조리'의 문제를 간접 체험하는 것으로 『이방인』의 독서(독해)는 멎는다.[8]

이런 까닭에 대한민국의 독자들은 『이방인』에서 뫼르소의 아랍인 살인사건이 과연 현실적으로 일어날 수 있는 사건인지, 재판 과정이 정당한 절차에 따라 진행되고 있는지를 궁금해하지 않게 된다. 결국 대한민국의 독자들은 지중해의 바다와 자연을 사랑하는 프랑스인이나 유럽인처럼 『이방인』을 대한 것이란 말이 된다. 그 때문에 "그것〔아랍인 살인사건의 원인〕은 태양 때문이었다"(540)는 뫼르소의 법정에서의 최후 진술을 '무죄의 변론'으로 아무런 되새김 없이 그대로 수용하게 된다.[9]

---

8 나치 점령하에서 책을 출판하는 일은 누구에게나 주어지는 기회라 할 수 없다. 당연히 유대인은 제외되었고, 루이 아라공 같은 공산주의자, 몽테를랑 같은 보수주의자, 마르셀 주앙 같은 복고주의자의 책이 출판되는 데 그치는 상황에서 카뮈는 자신의 '부조리' 작품들(실제 카뮈는 1941년에 갈리마르 출판사를 찾아와 『이방인』(1942년 4월), 『시지프 신화』(1942년 10월), 『칼리굴라』(1944)을 한 권의 책으로 출판할 수 있는지 물었고, 같은 해 9월에 세 권의 원고를 모두 출판사에 넘겼다)을 출판했다. 이렇게 카뮈는 "비정치적 산문만이 존재했던" 파리의 문화예술계에서 '최고의 대접'을 받게 된다. 카뮈의 이 책들은 모두, 사르트르의 『존재와 무』(1943)도 마찬가지였지만, 파리 주재 독일 대사관 선전부의 검열을 거쳐 출판되었다. - 허버트 R. 로트먼, 『카뮈, 지상의 인간 1』, 한기찬 옮김, 한길사, 2007, pp.474-485 참조.

9 본 연구에서 『이방인』의 인용은 다음 책에서 페이지만 표시하기로 한다. - 알베르 카뮈, 『이방인』(『알베르

『이방인』을 우리는 자신이 독자라는 사실을 잊고 작가의 편에서 작품을 소화한 것이라고나 할까. 그러나 알제리인들은 카뮈의 "눈을 멀게 할 듯 하늘에서 쏟아붓는 햇볕의 비"(496)가 한 아랍인에게 권총의 방아쇠를 당기게 한 원인이라는 카뮈의 묘사에 대한 불쾌감을 집단 차원에서 표출한다. 알제리인들은 『이방인』을 "카뮈의 '소설'"이 아닌 "'카뮈'의 소설"로 보기 때문에 이와 같은 태도를 보이는 것이다. 한마디로, 알제리의 독자들은 대한민국의 독자들처럼 『이방인』을 '탈장소적'으로 이해하지 않는다는 뜻이다.

알제리인들에게 『이방인』은 문자 그대로 "뫼르소의 아랍인 살인사건"인 것이며, "인종적 증오에 대한 무의식의 표현"인 것이다.[10] 허버트 로트먼(Herbert R. Lottman)도 분석하듯, 알제리의 독자들에게 『이방인』은 '피살자 = 아랍인 이슬람교도', '뫼르소 = 카뮈와 같은 알제리계 프랑스인들의 꿈의 실천'과 같은 방식으로도 읽힐 수 있다는 것이다.[11] 카뮈는 한 인터뷰에서 『이방인』은 "명확하고 의식적인 자각이 없는 인간"을 "미국식 소설 기법을 차용해서" 쓴 것이라고 밝힌 바 있다.[12] 미국식 기법을 차용한 카뮈의 전략은

카뮈 전집 2』), 김화영 옮김, 책세상, 2010.

10 D. Munos, "From The Stranger to The Outsider: The different English translations of L'Étranger, the Postcolonial Reception of Camus' classic, and the Memorialization of Camus in Post-Imperial France", In J. Misrahi-Barak and S. Ravi (ed.), *Translating the Postcolonial in Multilingual Contexts*, Montpellier: Presses Universitaires de la Méditerranée, 2017, p.188.

11 허버트 R. 로트먼, 『카뮈, 지상의 인간 1』, *op. cit.*, p.471 참조. 그런가 하면 핀란드의 한 경제지리학자는 『이방인』에서 뫼르소가 방아쇠를 당긴 사건을 "기후가 주민에게 미치는 영향의 전형적인 표본"이라고 분석하기도 한다.(*ibid.*)

12 *Ibid.*, p.470. 물론 그렇다고 해서 카뮈가 '미국식 소설 기법'에 대해 긍정적인 평가만을 하는 것은 아니다. 그에게 미국식 소설 기법은 "예술과 삶을 풍요하게 해 주는 요소의 10분의 9가 상실된 것"이기도 하며, "뚜렷한 내면 생활이 없는 인간을 묘사할 때〔만〕 유용하다"고 카뮈도 분명히 밝히고 있다(허버트 R. 로트먼, 『카뮈, 지상의 인간 2』, *op. cit.*, p.121). 그런데 카뮈는 『이방인』의 주인공 뫼르소의 서사에 이를 적용한 것이다. 카뮈는 이러한 "자신의 〔창작〕기법(…)을 찾고 나서야 비로소 소설을 완성할 수 있었다"며 한 강연회에서 밝힌 바 있다. (*ibid.*, p.551) 반면 파리의 문단에서는 카뮈의 이러한 문체를, 특히 복합과거시제를 지목하며, "사건의 성격을 약화시키는", "비주관적 일인칭" 소설, "전형적인 반소설적 시제"(사용)라고 비판한 사례도 있다. (모르방 르베스크, *op. cit.*, p.75)

"파리의 독자들"을 사로잡는 데 적중했다.[13] 이렇게 "오랑(Oran)의 외로운 젊은이가 쓴" 『이방인』은 "적〔나치〕의 점령지였던 파리의 문단"에 입성하면서 일약 스타가 된다.[14]

하지만 소설의 문체가 아닌 주제의 관점에서 『이방인』을 접한 비유럽인 독자들(한국인을 비롯한 제3세계의 독자들)도 카뮈가 1차 독자로 상정한 프랑스인이나 유럽인처럼 "존재는 부조리하다!"며[15], '태양의 찬가'를 앵무새처럼 반복해야 할까? 『이방인』이 "카뮈의 '소설'"일 때 아랍인 살인사건의 원인인 태양은 문학적 장치라 할 수 있다. 하지만 "'카뮈'의 소설"일 때 태양은 결코 무죄 변론의 증거가 될 수 없다.[16] 왜 태양이 무죄 변론의 증거가 될 수 없는지를 이해하기 위해서는 먼저 카뮈가 『이방인』에서 태양에 대해 어떻게 묘사하고 있는지부터 살펴볼 필요가 있다.

> 그것은 엄마의 장례식을 치르던 그날과 똑같은 태양이었다.[17] 특히 그날과 똑같이 머리가 아팠고, 이마의 모든 핏대가 한꺼번에 다 피부밑에서 지끈거렸다. 나는 (…) 태양으로부터 벗어날 수 없다는 것을 알고 있었다. 그렇지만 나는 한 걸음, 다만 한 걸음 앞으로 나섰던 것이다. 그러자 이번에는 아랍인이, 몸을 일으키지 않은 채 단도를 뽑아

---

13 허버트 R. 로트먼, 『카뮈, 지상의 인간 1』, *op. cit.*, p.470.

14 *Ibid.*, p.473.

15 소련의 한 비평가의 다음 언급은 대한민국의 독자들에게도 시사하는 바가 클 것이라 여겨져 소개해본다: "카뮈는 마치 공무원처럼 무성의하게 존재는 부조리하다는 말만 되풀이함으로써 유럽과 미국의 비평가들로부터 주의를 끌었다. 카뮈는 에드가 엘런 포의 우화에 등장하는 갈가마귀의 불길한 울음소리를 어설프게 흉내 내어 유럽 문학의 한 자리를 차지한 것이다." - 허버트 R. 로트먼, 『카뮈, 지상의 인간 2』, *op. cit.*, p.205.

16 하지만 카뮈가 『이방인』을 기점으로 "앙드레 말로(『인간의 조건』)로부터 시작되어 셀린느(『밤의 끝으로의 여행』)를 거쳐 장 폴 사르트르(『구토』)에서 끝나는 (…) 프랑스 소설에 새로운 내용과 형식을 부여하는 현대소설의 정점"에 이르렀다는 데 이의를 제기할 사람은 많지 않을 것이다.(*ibid.*, p.488)

17 장례식에 관한 태양의 묘사는 다음과 같다: "하늘에서 쏟아지는 빛은 견딜 수가 없는 지경이었다."(*ibid.*, p.458)

> 서 태양 빛에 비추며 나에게로 겨누었다. (…) 온 하늘이 활짝 열리며 불을 비 내리듯 쏟아붓는 것만 같았다. 나는 온몸을 긴장해 손으로 피스톨을 힘있게 그러쥐었다. (…) 그리하여 나는 땀과 태양을 떨쳐버렸다. 나는 한낮의 균형과 내가 행복을 느끼고 있던 바닷가의 예외적인 침묵을 깨뜨려버렸다는 것을 깨달았다. 그때 나는 그 움직이지 않은 몸뚱이에 다시 네 방을 쏘았다. 총탄은 깊이, 보이지 않게 들어박혔다. 그것은 마치 내가 불행의 문을 두드리는 네 번의 짧은 노크 소리와도 같은 것이었다.(498)

위 인용문은 『이방인』의 제1부 마지막 장면이다. 문학비평가 대부분은 이 장면을 언급하며 뫼르소의 살인사건을 '충동적으로 일어난 일'이라고 평가한다. 하지만 조금만 거리를 유지하고 이 장면을 다시 보면 '태양'이 살인사건의 직접적 원인이라 할 수 있는지 의심이 들기 마련이다. 충분히 비이성적이고, 비상식적이며, 비윤리적인 사건이라 비판할 수 있다는 것이다. 작품 내적으로 이 사건은 분명 태양 빛이 원인이 되어 일어난 '돌발 사건'이다. 그래서 우리는 뫼르소가 죄의식을 갖고 있거나 자신이 저지른 행동에 대해 반성하는 것을 기대할 수도 없고, 요구할 수도 없다. 그리고 예심 판사가 사건의 핵심을 잘 짚고 있듯 "레몽〔뫼르소의 친구〕, 바닷가, 해수욕, 싸움, 다시 바닷가, 조그만 샘, 태양 그리고 다섯 방의 총격"이 이 사건의 전모다. 그리고 뫼르소는 살인사건 때문에 고발이 되었음에도 기실은 "자기 어머니 장례식 때 눈물을 흘리지 않았다는 이유"(558)로 사건 담당 검사는 이미 뫼르소가 '살인범'이라는 결론을 내리고 재판에 임한다. 예심 판사 역시 "프랑스 국민의 이름으로라는 지극히 모호한 관념에 의거해"(546) 사형을 언도(言渡)하게 될 것이라 작품 속에 예시되어 있다. 게다가 예심 판사도 뫼르소가 아랍인을 살해했다는 사실보다 신을 믿지 않는다는 사실, 즉 십자가상을 보고도 죄를 뉘우치는 기색을 보이지 않는다는 점을 판결의 근거로 든다.

여기서 우리는 검사나 판사나 사건 자체의 심리(審理)보다 사건 밖에서 사건의 원인을 찾는 데 급급하다는 것을 확인할 수 있다. 그렇다면 이렇게 진행된 재판에서 사형을 선고받고, 이의 집행을 기다리고 있는 뫼르소의 심경은 또 어떤지 제2부의 마지막 장면을 살펴보자.

> 나는 전에도 행복했고, 지금도 행복하다고 느꼈다. 모든 것이 완성되도록, 내가 덜 외롭게 느껴지도록, 나에게 남은 소원은 다만, 내가 사형집행을 받는 날 많은 구경꾼들이 와서 증오와 함성으로 나를 맞아주었으면 하는 것뿐이었다.(559)

심지어는 자신의 죽음에 대해서까지도 3인칭적으로 기술하는 뫼르소, 이런 뫼르소의 태도에 대해 『이방인』의 독자들은 과연 뫼르소가 원했던 것처럼 사형이 집행되는 날 구경꾼으로 참여해 '증오의 함성'을 외쳤을까? 이 마지막 장면에서 독자들은 오히려 뫼르소의 다소 괴이한 요구를 의아하게 생각하지 않았을까? 뫼르소의 비상식적 태도를 받아들이려고 애쓸 것이 아니라 이에 대해 의문을 제기하는 것이 더 정상적인 독서 태도라 할 수 있지 않을까?

물론 모든 독자가 『이방인』을 같은 방식으로 읽어야 한다는 주장을 이 자리에서 하려는 것이 아니다. 어떤 독자는 작품으로부터 한발 물러서서 살인사건이며 재판과정이 상식적·정상적이었나를 되돌아보기도 할 것이며, 또 어떤 독자는 자신의 주위에 혹시 뫼르소처럼 행동하는 친구가 없는지 둘러보기도 할 것이다. 그런즉 우리가 "뫼르소를 불가해한 이방인으로 바라" 보아야 할 이유는 딱히 없다.[18] 더더욱 "평소에 뫼르소와 빈번히 접촉한 인물

18 유기환, 「왜 '이방인'인가 - 등장인물 뫼르소의 행동과 서술자 뫼르소의 언어 연구」, 『프랑스어문교육』 제45집, 한국프랑스어문교육학회, 2014, p.226.

일수록 그를 이방인으로 여기"기보다 오히려 너무도 정상인으로 대하고 있다. 뫼르소는 "예컨대 단골식당 주인 셀레스트에게는 사나이이고, 레몽에게는 친구이며, 마리에게는 결혼하고 싶은 남자"다.[19]

뫼르소와 같은 '피에-누아르(Pied-Noir)'는 『이방인』이 출간될 당시 알제리에 실제 적지 않았다고 한다. 대부분의 '피에-누아르'는 알제리에서 뫼르소와 같은 삶을 '정상적인 삶'처럼 여기며 살았다. '피에-누아르'는 알제리에서 '주인 의식'을 갖기보다 '이방인 의식'을 가지고 살았던 것이 분명하다. 하지만 그렇다고 해서 친구 레몽을 대신해 뫼르소가 무명의 아랍인에게 방아쇠를 당긴 것이 과연 상식적으로 수용 가능한 것이라 할 수 있는지는 의문이다. 상식적으로 수용 가능한 범위를 벗어난 것이라면, 분명 뫼르소에게 죄를 물을 사유(事由)는 있다. 그런데 재판 과정에서 살해범인 뫼르소는 "처음부터 끝까지 완전히 배제"되어 있다.[20] 부연하면, 뫼르소는 아랍인을 살해한 범인이 아니라 사법 제도가 조작해 낸 "가짜 뫼르소"로 변신한다.[21] 유기환의 분석대로, '가짜 뫼르소'는 "주조된 모습으로 재판을 받고, 사형선고를 받〔은 것이〕며", 예심 판사, 검사, 변호사 등은 "'법'의 이름으로 '가짜 뫼르소'를 "재단(裁斷)"한 것이다.[22]

르베스크(Morvan Lebesque)의 표현대로라면, 뫼르소는 알제리에 "부재하는 인간"이다.[23] 결국 『이방인』에서 뫼르소는 우리가 상상할 수 있는 '인간상'

---

19 *Ibid.* 이런 점에서 우리는 카뮈의 다음 언급에 주목할 필요가 있다: "나는 내 작품에서 주제에 형식을 맞추었다, 그것뿐이다."(A. Camus, *Essais, Œuvres complètes*, Bibliothèque de la Pléiade, Gallimard, 1965, p.1927) 유기환도 부연하듯, "등장인물 뫼르소는 부조리를 의식하는 인간, 즉 부조리 인간이기에 한 사회의 이방인이 되었고, 서술자 뫼르소는 그 이방인이 취하는 평준화된 행동을 그리기 위해 (…) 〔카뮈가〕 중성적인 문체를 사용"한 것이라 볼 수도 있다." - 유기환, *op. cit.*, p.227

20 변광배, 「『이방인』의 재판 장면 재탐사」, 『프랑스문화예술연구』 제51집, 프랑스문화예술학회, 2015, p.228.

21 *Ibid.* p.224.

22 *Ibid.* p.225.

23 모르방 르베스크, *op. cit.*, p.74.

의 범위를 벗어나 있으며, 그래서 『이방인』은 "카뮈의 '소설'"인 것이다. "카뮈의 '소설'"에서 뫼르소는 "없는 듯 있는", "없는 듯 생각하고 말하고 행동하는" 캐릭터이다.[24] 하지만 『이방인』이 "카뮈의 '소설'"이 아니라 "'카뮈'의 소설"일 때 우리는 판단의 기준을 달리해야 한다. 『이방인』을 우리가 정상성이 사회의 가치인 시대, 상식이 통용되는 시대, 누구나 행복과 평화를 구가할 수 있는 그런 시대의 소설로 대해서는 안 되는 이유가 정확히 여기에 있다.

주지하듯, 『이방인』은 히틀러가 정상성을 비정상성으로 장악해 가던 시기에 출간된 작품이다. 비시 정권하에서 프랑스는 좌우 대결이 극심했고, 정상적으로 작동되는 것은 "아무것도 없었다"는 표현이 적절한 그런 시기였다. 그 당시에는 친구도 이웃도 믿을 수 없었다고 하며, 가족도 한 식탁에서 식사할 수 없는 비극적 시대 상황이었다. 일상에는 늘 불신과 위험이 도사리고 있었으며, 멀리 떨어진 곳에 사는 가족, 친지와의 통신은 두절되기가 십상이었다. 그뿐 아니라 목숨을 잃거나 살해되는 사건들이 거의 매일 매스컴을 도배하던 시절이다. 인권도, 도덕도, 정의도, 가치도, 자유도 감시나 검열을 통과한 것이어야만 했던 시절이다.[25]

그렇다면 『이방인』을 이러한 시대적 상황 밖에서, 오직 한 권의 순수 문학 텍스트로 읽고 논하는 것이 적절하며 타당한가? 아니, 우리는 대체 『이방인』을 어떻게 읽은 것인가? 우리는 『이방인』을 줄곧 "부조리한 세계에 대

---

24 *Ibid.*

25 허버트 R. 로트먼의 언급처럼 당시의 상황을 후세대가 이해하기란 쉽지 않다: "〔공산주의자〕 아라공 같은 인물이 리옹에 살면서 유명한 손님들을 맞이하고 파리의 갈리마르에서 책을 출판했다는 사실, 타베르니에가 전국작가위원회 일로 리옹과 파리를 오갈 수 있었고, 앙드레 말로 역시 언제든 이곳저곳을 가리지 않고 돌아다녔다는 사실, 사르트르처럼 유명한 인물이 파리 전국작가위원회 회의에 참석할 수 있었다는 사실 등은 전쟁 영화들을 보아온 후세 사람들에게 쉽게 이해되지 않을 것이다."(허버트 R. 로트먼, 『카뮈, 지상의 인간 1』, *op. cit.*, p.534)

한 반항"에만 초점을 맞추어 읽고 분석해 오지 않았는가?[26] 부조리에 초점을 맞추면 뫼르소의 성격에서 "필연성보다는 우연성, 분명함보다는 모호함, 계획성보다는 즉흥성"이 두드러져 보일 수밖에 없다.[27] 부연하면, 뫼르소를 뫼르소이게끔 만든 요소로 '정상성'보다는 '비정상성', '상식'보다는 '비상식', '체계'보다는 '비체계'가 독자의 시선을 사로잡게 된다. 카뮈가 독자들에게 노렸던 것도 바로 이것이다. 그런데 앞서도 누차 강조했듯, 『이방인』이 "'카뮈'의 소설"일 때는 정상성이 제대로 작동하는 사회의 시각으로, 다시 말해 단순한 실존 문학으로 텍스트를 대하고 평가해서는 안 된다는 것이다.[28] 돌려 말해 우리는 『이방인』이 출간되었던 당시의 시대 상황을 완전히 배제한 채 오직 작품만으로 평가하려 해서는 곤란하다는 것이다. 왜 시대 상황에 대한 이해가 작품 이해에 동반되어야 하는지는 아래 정리한 당시 프랑스 대중들의 뇌리를 지배했던 용어(또는 개념)를 확인하는 것만으로도 충분할 것이다.

> 공작, 반동, 전선, 당원, 결사, 침묵, 피난, 은둔, 망명, 비밀, 배속, 일원, 요원, 동지, 선전, 지하신문, 검열, 체포, 첩보, 점령, 금지, 위험, 심문, 암호, 도피, 신분증, 절망, 증오, 단념, 포로, 귀향, 결별, 전사, 학살, 투쟁, 죽음, 위기, 투신, 포로, 무장, 경보, 고문, 투옥, 처형, 대원, 습격, 협력자.[29]

---

26 "카뮈가 소설 속에서 끊임없이 시도하고 있는 철학적 탐구 주제는 부조리한 세계에 대한 반항이다."(조현천, 「카뮈의 소설 『이방인』에 나타난 무의미의 의미」, 『인문학연구』 제19집, 제주대학 인문과학연구소, 2015, p.198)

27 변광배, *op. cit.*, p.208.

28 사르트르가 『이방인』을 "사회의 놀이 규칙을 받아들이지 않기 때문에 사회에 스캔들을 일으키는" 작품이라고 평가한 것도 결국 정상성이 제대로 작동되고 있는 사회의 시각으로 카뮈의 작품을 평가하고 있다는 점을 우리에게 확인시켜준다.(J.-P. Sartre, "Explication de L'Étranger", *Les Critiques de notre temps et Camus*, Garnier Frères, 1976, p.43)

29 이는 필자가 허버트 R. 로트먼, 『카뮈, 지상의 인간 1-2』에서 무작위로 추출한 개념들임.

카뮈의 문학 또는 철학은 이상에서 열거한 개념들을 배경으로 탄생한 것이다. 『이방인』은 결국 희망 부재, 상식 부재, 이성 부재, 윤리 부재, 체계 부재, 자아 부재의 시대를 배경으로 탄생한 작품이다. 동시대의 철학자이자 동료인 J.-P. 사르트르가 『이방인』에서 '이방인'의 의미는 "하나는 '세계와 대면하는 인간'이고, 다른 하나는 '자기 자신과 대면하는 인간'이다"라고 평가한 것은 "카뮈의 '소설'"일 때는 설득력이 있다.[30] 하지만 "'카뮈'의 소설"일 때 『이방인』은 나치 치하의 정치적 상황 및 알제리와 프랑스의 정치적 역학 관계를 반드시 고려해야만 한다. '부조리'라는 개념을 전면에 내세워 『이방인』을 논하는 데 그쳐서는 안 되는 이유가 정확히 여기에 있다.

알제리인들에게 카뮈는 무고한 아랍인(알제리인)의 살해범이다. 그런데 카뮈의 타자(alter ego)인 뫼르소는 법정에서 다음과 같이 변론한다. "나는 그냥 되는대로, 그 아랍인을 죽일 생각이 없었다고 말했다. 나는 그게 저 (…) 햇빛 때문이었다고 말했다." 그뿐만 아니라 법정에서의 최종 판결에 대해서도 뫼르소는 "나는 거기 없었다"고 되뇐다.[31] 카뮈가 알제리에서 '이방인' 취급을 받는 이유를 굳이 『이방인』의 다른 페이지, 다른 작품에서 찾을 필요가 있을까? 대한민국의 독자가 『이방인』을 시공간을 뛰어넘어, 즉 『이방인』이 출간된 당시 상황을 전적으로 배제하고 누구나 행복과 평화를 구가할 수 있는 그런 시대의 소설로, 마치 유럽인처럼 또는 프랑스인처럼 대해도 되겠느냐는 것이다.

미뇰로(Walter D. Mignolo)는 "나는 내가 생각하는 곳에 존재한다"며[32], '나'

30 *Ibid.*, p.42.
31 르베스크는 이 장면을 두고 "실감나지 않은 성인(聖人) 뫼르소"라 분석하고 있다. - 모르방 르베스크, *op. cit.*, p.78
32 W. D. Mignolo, "I am where I think: Epistemology and the colonial difference", *Journal of Latin American Cultural Studies*, Vol. 8, Iss. 2, 1999 참조.

와 '나의 실존의 장소'를 동일시했다. 미뇰로가 우리에게 전하려는 메시지인즉, 대한민국에서는 『이방인』을 '한국인의 관점'으로 읽어야 한다는 것이다. '한국인의 관점'으로 『이방인』을 읽는다는 것은 i) '대한민국'에서 『이방인』을 읽는다는 의미와 ii) 현재의 시점에서 『이방인』을 읽는다는 의미를 동시에 충족시켜야 한다. 요인즉 『이방인』을 '지금', '여기서' 읽는다는 인식을 가질 필요가 있다는 것이다. 그런데 우리는 '어디'와 '누구'를 망각한 채 『이방인』을 비장소적(비주체적)으로, 거듭 언급하지만, 유럽인처럼 또는 프랑스인처럼, 50년 전이나 10년 전이나 같은 방식의 독서를 함으로써 독서의 주체도, 독서의 시점도, 독서의 장소도 망각한 것이다. 그 결과 한국인 독자들은 『이방인』이라 하면 너무도 자연스럽게 '불타오르는 태양'과 '파란 바다', '해수욕장', '바위 뒤의 작은 샘' 등을 떠올리는 것인지 모른다.

『이방인』은 대한민국에서뿐만 아니라 전 세계에서 연극으로, 영화로, 뮤지컬로, 만화 등으로 장르적 진화를 거듭하며 주목과 사랑을 받아온 것이 사실이다. 최근에는 '카뮈의 루트'라는 관광 상품까지 등장해 카뮈의 작품들 속에 등장하는 장소들을 답사하기도 한다([그림 2] 참조). 어쩌면 이들이 바로 『이방인』을 순수한 문학 텍스트로 접한 독자들인지 모른다.[33] 필자 역시도 대학 시절 『이방인』을 순수한 문학 텍스트로 접했던 기억이 있다. 『이방인』을 통해 '부조리', '실존주의'와 같은 개념을 난생처음 접했고, 작품 속에서 전개되는 묘사들, 장면들이 매우 낯설었지만 흥미로웠다. 그런데 그 낯섦은 "세상이 부조리하다"는 카뮈 철학의 제일 명제가 단숨에 흡수해버렸고, '부조리'를 받아들이는 것으로 『이방인』에 대한 사고는 멈추었다.

---

33 최근 국내에서도 소설가 최수철이 단행본 『카뮈: 지중해의 태양 아래에서 만난 영원한 이방인』(아르테, 2020)을 출간했는데, 이 역시 카뮈의 루트로 여행을 다니며 지중해성을 부각하고 있는 책이다. 이는 『이방인』에 대한 독법(讀法)이 국내에서 예나 지금이나 거의 제자리걸음을 하고 있다는 방증이라 할 수 있다.

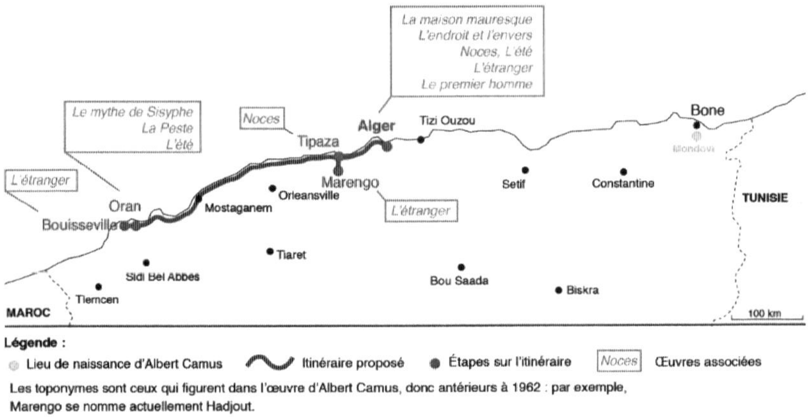

[그림 2] 카뮈의 알제리 문학 관광 안내지도(출처: C. Sicart, "Tourisme littéraire en Algérie: Albert Camus, l'étranger en ses terres", *Tourisme littéraire*, Vol. 37, No. 1, 2018)

결국 『이방인』이 손에 확실하게 잡히는 어떤 것을 필자에게 메시지로 전한 것은 아니었다는 뜻이다. 그리고 시간이 지날수록 『이방인』에서의 아랍인 살인사건과 같은 일들이 세상에서 통용될 수 있는가?, 라는 의문이 오히려 고개를 들었다. 그런데 최근 탈식민주의 관련 연구서들을 접하게 되면서 필자는 알제리에서 카뮈가 철저하게 '이방인' 취급을 받는다는 상식 밖의 사실을 접하고서 사뭇 놀랐다. 이는 필자가 37년 전 『이방인』 강독 수업을 받으면서 느꼈던 낯섦, 충격보다 더 큰 충격이었고, 본 연구가 촉발된 동기이기도 하다. 우리가 상상했던 것과는 달리 알제리에서 『이방인』은 일종의 '혐오적 외국 소설' 정도로 치부되고 있었다. 『이방인』 등의 카뮈의 작품에 익숙한 국내의 독자들은 이게 대체 무슨 소리인가? 의아해할 것이다. 하지만 실제 알제리에 『이방인』은 아랍어로 번역도 안 되어 있는 상황이라고 한다. 카뮈의 딸 카트린의 증언대로, 알제리에서는 카뮈를 소설가로 언급하지도 않을뿐더러 가르치지도 않는다. 알제리 태생의 세계적인 철학자인 데리다(Jacques Derrida)도 알제리에서 카뮈처럼 '도망자(le pied-noir)'로 취급받고 있기는 마찬가지다.[34] 그런데 우리는 카뮈(데리다를 포함해)를 국내의 유명 소설가 이상의 대우를 하며 그의 『이방인』, 『시지프스 신화』 등을 필독서처럼 읽고 있다. 친밀감을 느끼는 수준을 벗어나 '황홀감'까지도 느끼는 대한민국의 독자들, 카뮈는 이렇게 대한민국 독자들의 가슴 속에 깊이 뿌리내린 상태다.[35] 특히 필자처럼 외국 철학이나 외국 문학을 전공하는 학자들은 "항상 그리고 매일 식민성을 호흡(breathe coloniality all the time and every day)"하면서

---

34 'le pied-noir'의 원뜻은 알제리 등 북아프리카에 사는 유럽인, 특히 프랑스인을 지칭하는 것으로, 1830년 알제리가 정복될 당시 '검은색 장화를 신고 있는 식민지 개척자들(더 정확히 말하면 '정복자')'을 원주민인 아랍인들이 '피에-누아르'라고 부른 데서 출발한 것이며, 알제리 독립전쟁을 전후로 사용 빈도가 급속도로 배가된다. 그런데 이 용어는 20세기에 이르러서는 프랑스계의 프랑스인(les Français de France)이 알제리에 이미 정착해 있는 이민자들(프랑스인을 포함한 서구-유럽인들)을 이렇게 호칭하는 것으로 그 의미가 변화된다. 범위를 더 한정하면, 프랑스인들은 '알제리계 프랑스인(Français d'Algérie, French Algerians in Algeria)을 알제리에 이미 자리를 잡은 여타의 다른 유럽인들과 구분해 자국 출신의 이주노동자들에게 우월한 지위를 부여하기 위해 '피에-누아르'라 불렀다. 하지만 알제리 독립전쟁이 발발하자 이들은 아랍의 알제리인들(Arab-Algerians)에게 경멸적인 의미로 사용되기 시작했으며, 카뮈도 알제리인들에게는 이 범주에 속한다. 하지만 카뮈 본인에게 있어 '피에-누아르'의 의미는 중층적이다. 그의 어머니와 할머니가 스페인 출신이며 아버지는 프랑스의 알자스 출신이다. 그의 가족은 알제리에 정착한 전형적인 이주노동자 출신이다. 이런 점에서 카뮈의 가계는 일차적 의미의 '피에-누아르'에 속한다. 그리고 카뮈는 알제리가 프랑스령일 때 몽도비에서 1913년에 태어났다. 따라서 카뮈는 이차적 의미의 '피에-누아르'에도 포함된다. 카뮈의 정체성이 프랑스적이며 알제리적일 수밖에(French Algerian identities) 없는 이유가 여기에 있다. 다시 말해 '피에-누아르'로서의 문화적 정체성을 가질 수밖에 없는 환경에서 카뮈는 성장한 것이다. 이들 '피에-누아르 누아르'는 알제리 독립 이후에는 '가난한 백인〔pauvre blanc (poor white)〕' 또는 '하찮은 백인〔petit blanc (little white)〕' 등으로 불리며 『이방인』에서의 뫼르소처럼 재산도 없고, 야망도 없으며, 현실에 대해서 냉담한 사람, 한 마디로 '비전문 노동자'로 그 의미 또한 추락한다. 이런 점에서 뫼르소는 일정 부분 카뮈의 '아바타'라는 생각을 지울 수가 없다. 그런데 오늘날 프랑스에서 '피에-누아르'는 북아프리카 출신이거나 북아프리카에 사는 사람들을 통칭하는 것으로 사용되는 경향이 있다. 자신들의 선조가 북아프리카인들에 의해 그렇게 불렸다는 사실은 이 과정에서 까맣게 잊혀진 셈이다. 본문에서 'le pied-noir = 도망자〔알제리를 버린 자, 알제리 독립전쟁 당시 알제리보다 프랑스의 편에 선 자〕'라 한 것은 전적으로 필자의 의역이며, 이 번역어가 반식민주의적 알제리인의 입장을 잘 대변할 수 있을 것이라는 판단에 따라 선택한 것이다. 카뮈와 '피에-누아르'의 관계에 대해서는 G. M. Breen, "Neither Algerian, nor French: Albert Camus's Pied-Noir Identity", *Mediterranean Studies*, Vol. 27, No. 2, 2019, pp.213-216 참조. '피에-누아르'에 대한 역사적인 고찰은 다음 참조: M. Cardinal, *Pieds-Noirs, Algérie, 1920–1954*, Paris: Belfond, 1988.

35 카뮈를 전공한 김화영도 한 번역서의 서문에서 이렇게 밝히고 있다: "〔현재 나는〕 카뮈보다 더 많은 나이를 먹었다. 아직도 젊은이는 카뮈 자신이다. 그리고 뫼르소, 마리, 마르타, 타루, 야네크, 도라, 칼리귤라같이 청청한 그의 주인공들이다. 나는 그들의 '젊음'을 위하여 이 책을 번역했다. 카뮈의 작품 심장부에 꺼질 줄 모르고 타오르는 '영원한 여름'의 빛을 위하여. 카뮈의 문학은 이런 방식으로 우리를 황홀케 한다."(김화영, *op. cit.*, p.11)

도 이러한 기이 현상을 낯설어하지도 않는다.[36] '문화적 번역'이라는 여과 장치를 거치지 않은 채 외국 철학, 외국 문학이 국내에 직수입되어 곧바로 독자에게서 소비되는 것이 우리의 현실이다 보니 정신의 식민성에 대한 자각이나 반성이 있을 수 없다. 그렇게 '남의 하늘'을 '여기', 즉 '자기(우리) 하늘'과 혼동하는 일이 학계 전반에 비일비재하다.

오늘날 '지식의 세계화(globalization of knowledge)' 파고(波高)는 반세기 전과 비교할 때 훨씬 높아졌고 강력해졌다. 지식의 세계화 파고가 높아질수록 제3세계의 생활지(生活地)는 지금보다 훨씬 더 탈영토화(G. Deleuze)될 가능성이 높다. 이렇게 생활지가 탈영토화되고, 식민화(J. Habermas)될수록 문화적 정체성은 희석될 수밖에 없다. 제3세계 지식인들의 연구와 교육이 늘 '저기 하늘'을 표준, 모델로 삼고 있기에 자신의 생활지가 탈영토화되고 식민지화되는 것이다. 카뮈가 알제리에서 '이방인' 취급을 받는 것도 카뮈가 알제리의 영토화와 문화적 정체성의 견수와 회복에 반(反)하는 길을 걸었기 때문이다. 게다가 카뮈 소설의 주인공들은 대부분 카뮈와 같은 처지의 '피에-누아르'이다. 카뮈는 결국 '알제리'라는 대지에 대해 전혀 장소감(sense of place)을 느끼지 못한 상태로, 돌려 말해 전적으로 이방인의 관점에서 알제리, 알제리인을 단지 소설의 무대나 소재로 삼은 것이다.[37] 한마디로, 실존의 장소이기도 했던 알제리가 '카뮈화'되지 못한 것이다.

실존의 장소 알제리가 정체성으로 내면화되지 못한 결과 알제리에서 카뮈는 '이방인'으로 머물 수밖에 없고, 알제리인들 역시 그를 '이방인'으로 취

---

36 N. Maldonado-Torres, "On the coloniality of being: Contributions to the development of a concept", *Cultural Studies*, Vol. 21, Nos. 2-3, 2007, p.243.

37 장소감과 정체성의 관계에 대해서는 S. Qazimi, "Sense of place and place identity", *European Journal of Social Sciences*, Vol. 1, Iss. 1, 2014, pp.306-310 참조.

급하는 것은 당연한 귀결이라 할 수 있다. 알제리의 이방인인 카뮈에게 알제리는 문명지(文明地)가 아니라 계몽이 필요한 야만지(野蠻地)였던 셈이다. 그렇게 야만지로 묘사된 알제리를 알제리인들이 반길 리 있겠는가? 브린(Gina M. Breen)의 표현이 옳다면, 카뮈는 『이방인』에서 주인공 뫼르소를 통해 "아랍인 공동체를 부인하고 피에-누아르의 공동체를 찬미"한 것이다.[38] 하지만 피에-누아르 공동체는 알제리인들이 볼 때는 프랑스의 식민지 정책의 전초기지와 다르지 않다. 즉 피에-누아르는 알제리인들에게는 곧 식민지 폭력의 대명사이기도 하다는 것이다. 그런데 카뮈는 알제리 사회에서 볼 때 다분히 주변부에 머물 뿐인, 알제리에 정체성의 뿌리를 두지 않고 프랑스나 유럽에 정체성의 뿌리를 두고서 알제리에서 이방인으로 살아가는 뫼르소라는 "비정형적 캐릭터"를 전면에 내세워 "〔알제리〕 사회의 주변부성"을 마치 정상성의 담론처럼 그린 것이다.[39] 그러나 브린의 분석에 따르면, 뫼르소는 "부조리한 영웅의 예(an example of an absurd hero)"가 아니라 어디까지나 "정체성의 위기(identity crises)"를 겪고 있는 한 '피에-누아르'의 "억압된 식민 정신"의 문학적 표현에 불과하다.[40]

브린이 강조한 대로, 『이방인』은 프랑스인이나 유럽인에게는 흥미로운 소설일지 몰라도 알제리인들로서는, 『이방인』이 출간된 당시는 물론이고 현재에도 역시, 순수한 문학 텍스트로만 받아들일 수 없는, 알제리의 현실을 철저히 왜곡한 '반현실적(허구적) 스토리'로 비칠 수밖에 없는 이유가 여기에 있다. 브린의 단적 비판만으로도 우리는 알제리와 카뮈의 연결 고리가 정연히 이어질 수 있을 것이라 기대할 수 없다. 이어졌다고 가정하면, 카뮈를 알

38 G. M. Breen, *op. cit.*, p.216.
39 *Ibid.*
40 *Ibid.*

제리 독립전쟁과 떼어서 생각할 수 있는가의 문제가 고개를 치들고, 끊어졌다고 가정하면, 『이방인』을 속 편히 "카뮈의 '소설'"로 읽으면 그만이다. 만일 후자에 동의하는 독자라면, 『이방인』을 자기화하면서 '부조리'를 인간의 피할 수 없는 운명이라 여길 것이다. 반면 전자를 지지한다면, 카뮈는 알제리(의 독립 문제)와 분리해 논할 수 없고, 결국 카뮈는 '알제리의 이방인'이라는 결론에 이르게 된다.

카뮈가 왜 알제리에서 '이방인'으로 머물 수밖에 없는가의 물음과 대답은 이제 더는 카뮈의 몫이 아니다. 설사 그가 환생(還生)한다고 해도 그는 우리가 이미 독서한 『이방인』을 재필(re-writing)할 생각은 하진 못할 것이다. 『이방인』은 결국 "카뮈라는 '이방인'"을 우리 앞에 미결의 과제로 떠넘긴 셈이다. 마르티니크 출신의 파농(Frantz O. Fanon)이 탈식민주의 연구자들에게 카뮈보다 우호적인 평가를 받는 이유가 특별한 데 있는 것이 아니다. 파농은 알제리 독립전쟁 시기에 '알제리'에서 식민지 상황을 겪으며 트라우마를 가진 피식민자들의 정신 분석을 실행했으며, 알제리의 독립을 위해 누구보다 앞장서 싸웠다. 파농이 알제리 독립에 목숨을 건 것은 알제리가 문화적·정치적으로 자율권을 가져야 한다는 믿음 때문이다. 모든 인간이 의식·정신의 식민 상태에서 벗어나는 것, 이것이 파농이 꿈꾸는 해방 사회였다. 파농의 관점에서 알제리인(?)인 카뮈가 식민지 정책을 옹호한다는 것은 곧 자기를 부정하는 것과 같은 것이다.[41]

41 알제리의 독립 문제 및 식민지를 대하는 카뮈와 파농의 태도 차이에 대해서는 박홍규, 『카뮈와 함께 프란츠 파농 읽기』, 틈새의 시간, 2022 참조.

3. 탈식민적 관점에서 『이방인』 재평가하기

『이방인』을 탈식민적 관점에서 읽는다는 것은 『이방인』을 고유한 지역-로컬의 관점에서 해석학적으로 읽는다는 것을 의미한다. 하이데거(Martin Heidegger)의 '현존재(Dasein) 개념이 러시아에서 두긴(Aleksandr Dugin)에 의해 '러시아의 현존재(Russian Dasein)'로 재탄생한(re-territorialized) 것은 하이데거의 『존재와 시간(Sein und Zeit)』에 대한 왜곡이 아니라 학문적으로 얼마든지 허용될 수 있는 창의적 해석이라 할 수 있다.[42] 어떤 텍스트를, 그것이 문학 작품이건, 철학적 저서이건, 해석학적으로 독해한다는 것은 그 텍스트를 읽는 독자가 독서·분석 대상이 된 텍스트를 주체적으로 자기화한다는 의미다. 대상이 된 텍스트를 '자기화'한다는 것은 탈식민적 관점을 응용해 부연하면 재지적(在地的) 전환을 꾀한다는 말과 다르지 않다.

여기서 '재지적 전환'을 텍스트에 대한 의도적 오독이나 주관적 왜곡 정도로 성급하게 일반화해서는 곤란하다. 우리가 경계해야 하는 것은 오히려 하나의 텍스트를 모든 지역-로컬에서 같은 방식, 같은 의미로 이해해야 한다는 '보편적 요구'에 순응하는 데 있다. 문학과 문화 연구를 병행하고 있는 인도 델리대학교의 크리슈나스와미(Revathi Krishnaswamy) 교수가 '세계문학(world literature)'이란 개념 대신 '세계문학지식(world literary knowledges)'이란 새로운 비평의 틀을 제안하며 서구(유럽)의 문학 작품과 비평 이론이 지구촌의 다양한 문학의 이해와 비평에 개입하면서 제3세계에 "인식적 의존성(epistemic dependency)"을 암암리에 강요하고 있다고 비판한 까닭도 여기에 있다.[43]

---

42 박치완, 「하이데거주의자 A. 두긴의 현존재 해석과 장소적 변환의 시사점」, 『철학탐구』 제65집, 중앙철학연구소, 2022, pp.1-33 참조.

43 R. Krishnaswamy, "Toward World Literary Knowledges: Theory in the Age of Globalization", *Comparative literature*,

세계의 문학적 전통에서 탄생한 다양한 텍스트들은 서구의 이론적 전통에 의해 식별되고 정의된 장르로 분류될 뿐만 아니라 서구의 문학적 규범들에 따라 해석되고 판단된다.[44]

크리슈나스와미의 지적처럼, '세계문학'은 문자 그대로의 세계문학(비서구권의 문학을 포함한)에 대한 비평이 실제적으로 이루어지지 않고, 즉 재지적 관점에서의 수용적 해석이 시도되지 않은 채 오직 서구-유럽 중심적 인식론(Westocentric epistemology)만 그 지배력을 강화해 가고 있다는 것이다.[45] 그러다 보니 심지어는 '비교'라는 개념조차도 "차별에 의한 서구-유럽 중심성을 진화론적 모델에 적용해 서구-유럽 문학을 인류 발전의 최전선에 배치하기 위한" 수단으로 이용되는 '웃픈' 현실이라는 것이다.[46] 돌려 말하면 비서구 문학이 서구 문학과 '그리고(and)'로 연결된 것이 '세계문학'의 온전한 형태이련만, "'그리고'는 서구, 즉 서구-유럽을 정당화하기 위한 보완 형식"일 뿐이라서 얼마든지 "다른 것들"이 종속항으로 추가되거나 대체될 수 있다는 것이다.[47] 크리슈나스와미가 정확히 지적하고 있듯, 비교 문학 연구가 이처럼 기울어진 운동장과 같기에 '세계문학'은 허(虛)한 개념에 그칠 뿐이며, 소위 '비교 문학'을 문자 그대로 구현한 예를 발견한다는 것 자체가 요원한 일이

Vol. 62, No. 4, 2010, p.408.

44 *Ibid.*, p.402.

45 이러한 현상을 크리슈나스와미는 "world lit without world lit crit"라고 비판하면서 자신의 연구, 즉 엄밀한 의미의 "세계문학연구(global literary studies)"를 기존의 문학 비평계에서 즐겨 사용해 온 "theory, poetics, aesthetics, or criticism"과 구분하기 위해 "세계문학지식(world literary knowledges)"이란 새로운 제안을 한 것이며, 세계문학지식은 "비서구의 위대한 작가들을 문학 이론이라는 명예의 전당에 초대하는 것"을 목표로 하며, "애초에 문학 이론에 포함되어야 하는 것이 무엇인지의 물음을 근본적으로 수정하도록 요구"한다는 특징이 있다.(*ibid.*, pp.400-401) 크리슈나스와미의 주장인즉, 중국, 인도, 아랍권 등 지구촌을 가로지르는 다양한 문화(문학) 전통에 대한 심찰(審察) 없이 '세계문학'이란 개념은 어불성설에 불과할 뿐이다.

46 *Ibid.*, p.402.

47 *Ibid.*

라는 것이다.

여기서 우리는 자칫 세계적인 문학 작품과 비평 이론을 생산한 서구인들에게 비판의 화살을 돌릴 수 있다. 하지만 본질적 문제는 서구적인 것에 철저히 종속된 제3세계의 비평가, 독자들에게 있다. 돌려 말해 제3세계의 비평가, 독자들에게 시급한 것이 있다면, 그것은 바로 문학은 기본적으로 "역사적으로 그리고 문화적으로 〔이미〕 터 잡은(situated) 지식(또는 이데올로기)"이라는 편견을 떨쳐내는 것이 필요하다는 것이다.[48] 문학의 다양성, 문학의 재지적 특수성이 간과되거나 배제되는 한 '세계문학'은 둥근 사각형에 불과할 뿐이다. 이를 자각하지 못한 제3세계의 비평가, 독자들은 자신의 위치(실존의 장소)를 망각한 채 문학작품은 '탈재지적으로', 즉 보편적으로 대해야 한다는 일반론의 늪에 빠질 수 있다. 실존의 장소가 망각된 상태이기에 자신은 '문학'이라는 '보편주의 학당(universalist school)'에 속해 있다는 착각도 얼마든지 가능하다. 더 나아가 세계적인 문학 작품을 읽으면 세계적인 문학적 감수성을 얻은 것인 양 자기 자신을 기만할 수도 있다.

일반적으로 제3세계 비평가, 독자들은 이렇게 '자기 땅'에서 '남의 하늘'을 섬긴다. 이는 분명 '남의 하늘'이 '자기 땅' 위에서 지적 거울(모델)로 지배력을 행사한다는 말과 같다. 파농의 표현을 빌자면, 제3세계에서 자신의 재지성을 의식적으로 부인하고 서구의 '하얀 가면'을 쓴 지식인들이 늘어날 수밖에 없는 원인이 여기에 있다.[49] 하지만 잘 생각해 보라. 각자에게 고유한 실존의 장소는 다른 것(곳)으로 대체 불가능하다. 실존의 장소는 개인에게는 신원증명서와 같으며, 공동체 구성원들에게는 공동체의 정체성을 배태하는

48 *Ibid.*
49 F. Fanon, *Black Skin, White Masks*, C. L. Markmann (trans.), London: Pluto Press, 1986 참조.

모태가 된다. 누차 강조하지만, 카뮈가 오늘날까지도 알제리에서 이방인 취급을 받는 결정적 이유는 카뮈가 알제리의 재지성에 천착하지 못했기 때문이다. 알제리의 재지성에 천착하지 못했다는 것은 알제리라는 그의 실존의 장소, 알제리인의 실존 자체를 등한시했다는 말과 같다.

알제리인의 '집단 상상계(collective imaginaire)'가 카뮈의 문학적 상상력(personal imagination)과 충돌하는 것은 이런 점에서 결코 우연사(偶然事)라 할 수 없다. 역설적으로 말해, 실존적·장소적 자각이 수반될 때 세계문학지식은 특정 문화적·미학적 특징을 지닌 전 세계의 문학 작품들을 비교하면서 인류가 공유할 수 있는 지식이 무엇인지를 탈식민적 관점에서 제시할 수 있다. 크리슈나스와미가 '세계문학지식'을 위해 문학 비평을 문화 연구와 병행해야 한다고 주장한 까닭이 여기에 있다.

문학 작품은 일차적으로 그것이 탄생한 장소(지리)를 반영하기 마련이다. 부언하자면, 프랑스 문학은 프랑스라는 특수한 지리(영토)에서 탄생한 것이다. 같은 논리로 인도 문학은 인도인을 독자로 상정하고 창작된 문학 작품의 총합을 이르는 말이다. 그런데 "인도의 현대 문학 이론은 식민주의의 영향으로 산스크리트 사상의 위대한 전통이 서구의 사상으로 대체"되고 말았다고 크리슈나스와미는 자조(自嘲)한다.[50] 서구 사상이 인도의 지식계를 지배하고 있기에 인도 문학과 인도의 문학 비평에서는 베다와 우파니샤드에 뿌리를 둔 풍부한 문화적 전통을 간과한 채 "영국의 비평 전통"에 의존하는 것을 자연스럽게 여기는 풍토가 조성되었다는 것이다.[51] 앞서도 강조했지만, 이것이 크리슈나스와미가 "theory, poetics, aesthetics, or criticism" 대신

50 R. Krishnaswamy, *op. cit.*, p.410.
51 *Ibid.*

"knowledges"을 선택한 불가피한 이유다. "knowledges"를 선택함으로써 크리슈나스와미는 문학 비평도 서구에 의해 정전화된(canonized) 틀로 인해 망각되었거나 간과된 것들을 새롭게 습득해야 한다는 점을 강조하고 싶었던 것!

'남의 하늘'이 그 원인이라면, 이제 '자기 하늘'을 회복해야 할 때라는 크리슈나스와미의 주장은 충분히 설득력이 있고 정당한 요구라 할 수 있다. 인도에서는 최근 "달리트〔Dalit, 불가촉천민〕 작가들이 인도의 패권적 문학 전통을 폭로하거나 도전하는 것뿐만 아니라 지배적인 미학 범주를 비판하거나 해체하고" 있다고 한다.[52] 크리슈나스와미는 달리트 작가들의 사례를 새롭게 부상한 '세계문학지식'의 대표적 사례로 언급하면서 이들의 활동이 인도의 상류 카스트를 만족시킬 수는 없겠지만 최소한 인도 문학을 이해함에 있어 "동등한 대표성(equal representation)"은 인정돼야 한다고 주장한다.[53] 두말할 것도 없이 인도에서 상류 카스트에 속한 비평가들은 이들의 문학(Dalit literature)을 "미학적 특징이 결여되어" 있거나 "예술성이 없다(artless)"고 비난하는 게 상례다.[54] '자기 하늘'을 가지고 있지 않으니 분명 '자기 땅'에서 생산된 문학 작품들임에도 이렇게 자신들의 재지성 자체를 폄훼하게 되는 것이리라. 문제는 이러한 비평적 태도가 인도에서만 보이는 특별한 일이겠느냐는 것이다. 재지성을 결여한 인도 비평계의 태도에서 우리는, 문맥은 다소 다르지만, 헤겔 등의 유럽 중심주의자들이 유럽 밖에서는 "철학이 불가능하다", "역사가 없다"고 언급했던 것과 유사 논리를 엿보게 된다. 인도에서 달리트 문학이 인정받지 못하는 것은 유럽에서 유럽 밖의 로컬 철학들을 인정

52 *Ibid.*, p.412.

53 *Ibid.*, p.413. 물론 Phule와 Ambedkar 같은 달리트 작가들이 나서서 카스트 제도의 억압, 폭력에 대한 구제책을 위해 지속적인 노력을 하고 있다는 점도 기억할 필요가 있다.

54 *Ibid.*

하지 않은 것과 같은 이치다.[55]

카뮈가 프랑스에서도 알제리에서도 '이방인' 취급받는 근본적 원인이 어디에 있겠는가? 프랑스인들에게 카뮈는 분명 프랑스를 빛낸 노벨문학상 작가이다.[56] 그런데 카뮈는 알제리에서도, 역설 같지만, 프랑스를 대표하는 작가이다. 물론 최근 들어서는 알제리의 젊은 작가, 비평가들에 의해 카뮈 복권 운동이 일부 시도되고는 있다. 하지만 R. 코프의 「카뮈, 알제리 작가인가?」를 비롯해 디팔라(Sarah Diffalah)의 「카뮈, 알제리인가, 알제리의 이방인인가?」에서도 거듭 확인할 수 있듯, 카뮈가 오늘날에도 여전히 정체성의 물음 앞에 소환되고 있다는 사실을 우리는 결코 가볍게 여겨서는 안 된다.[57] 더 단순하게 이야기해, "카뮈가 알제리인인가?"와 같은 물음이 제기된다는 사실 자체가 카뮈는 "완전하게 프랑스인도 아니고 완전하게 알제리인도 아니(ni totalement Français, ni totalement Algérien)"라는 반증이다. 돌려 말하면, 카뮈는 프랑스와 알제리 "사이에(entre les deux)" 위치하는 '피에-누아르'이지만, 프랑스, 알제리 그 어디에서도 그에게 '정체성의 둥지'를 허용하지 않는다는 뜻이다.[58]

---

55 이런 점에서 크리슈나스와미가 자신의 세계문학지식은 "제3세계 기반(third-world-based)의 대안적 독법(mode of reading), 즉 "생태(생명) 비평(ecocriticism)"을 통해 서구(북반부세계)에서 진행된 비평과 생산적 대화를 꾀하는(*ibid.*, p.409) 데 있다고 주장한 것은 본 연구를 위해서도 시사하는 바가 크다고 생각된다. 타자를 타자로 인정하지 않고 차별하는 것, 즉 타자와의 대화 자체를 시도하지 않으려는 태도가 바로 모든 문화적 편견의 원인이라는 점에서다.

56 카뮈가 불운의 교통사고로 사망하자 앙드레 말로(André Malraux)는 프랑스 정부를 대표해 다음과 같은 성명서를 발표했다: "20년이 넘는 세월 동안 알베르 카뮈의 작품은 정의에 대한 열정과 불가분의 관계에 있다. 우리는 우리 프랑스를 만인의 가슴에 심어 놓은 한 인물에게 경의를 표하는 바이다." - 허버트 R. 로트먼, 『카뮈, 지상의 인간 2』, *op. cit.*, p.571. 그런가 하면 실제 카뮈도 비서 쉬잔 아넬리(Suzanne Agnely)의 증언에 따르면(왜 카뮈가 FNL에 가담하지 않느냐고 갈리마르 출판사까지 찾아와 따지는 알제리의 오랜 작가 친구와 말다툼을 벌인 후), "내가 나치에 대한 저항 운동을 용인했다는 것은 사실이야. 그건 내가 프랑스인이고 조국이 점령됐기 때문이지. 나는 알제리 저항 운동도 용인해야 하지만, 난 프랑스인이거든…"(*ibid.*, p.490에서 재인용)

57 S. Diffalah, "Camus, l'Algérien ou l'étranger?", *L'Obs*, le 31 déc. 2009.

58 *Ibid.*

카뮈가 프랑스와 알제리, 양쪽 진영으로부터 비판을 받을 수밖에 없는 원인이 바로 여기에 있다. 특히 알제리에서는 심지어 오늘날에도 공개적으로 "카뮈를 변호하기가 쉽지 않은 것"이 현실이다.[59] 알제리에서 카뮈를 변호한다는 것은 곧 프랑스의 알제리 지배를 정당화하는 것에 버금가는 일이기 때문이다. 그러니 누가 감히 나서겠는가. 카뮈가 알제리의 독립에 대해 자신의 "침묵을 정당화"했듯[60], 알제리 사회도 카뮈에 대해 침묵하기를 강요하고 있는 셈이다.

본 연구에서 우리가 '누가', '어디서'의 물음이 생략된 채로 『이방인』을 오직 텍스트를 중심으로 읽는다는 것이 과연 타당한 것인지 그리고 그 한계가 무엇인지를 되돌아보는 기회를 가진 이유가 여기에 있다. 이 자리에서 거듭 강조하지만, 독자 대중들은 작가의 정체성이 개인-정체성과 분리되는 것이라 간주하지 않는 경향이 있다. 특히 알제리인들에게 "카뮈의 '소설'" 『이방인』은 "'카뮈'의 소설"일 때 유의미한 작품일 수 있다. 그런데 "'카뮈'의 소설"에는 알제리인들이 모두 무명(無名)으로 등장한다. 그래서 『이방인』은 "실패한 문학(literature of failure)"이라는 것이고[61], 최소한 카뮈가 알제리인이라면, "카뮈의 알제리(Camus's Algeria)" 역시 알제리의 프랑스와의 "역사적·정치적 이해관계" 밖에서 오직 작품성만으로 평가할 수 없다는 것이다.[62]

---

59 카뮈 서거 50주년을 기념해 프랑스에서는 다양한 행사를 준비했으나 알제리에서는 오히려 "프랑스 방식의 알제리 담론의 재건(réhabilitation du discours de l'Algérie française)"일 뿐이라며 비판적으로 반응하는 지식인들이 많았고, 일간지 엘 카바르(El Khabar)에서는 "만일 당신이 진정으로 『이방인』이나 『시지포스의 신화』를 읽고 싶다면 신중하게 행동하고, 사람들의 시선을 피해 읽으시오"라는 엄포성 기사가 실리기도 했다 - I. Mandraud, "A Alger, "il n'est pas facile de défendre Albert Camus en 2010"", *Le Monde*, le 20 fév. 2010.

60 허버트 R. 로트먼, 『카뮈, 지상의 인간 2』, *op. cit.*, p.433. 알제리의 독립에 대한 자신의 침묵에 대해 1957년 2월에 카뮈가 남긴 기록을 보자: "나는 알제리에 관해 침묵을 견지하기로 결심했다. 그것은 그 불행〔알제리 독립 투쟁 과정에서 발생할 수 있는 폭력, 습격, 폭발, 살인 등〕에 대해 또한 그것에 대해 기술된 어리석은 말들에 무언가를 보태지 않기 위해서다."(*ibid.*)

61 A. Memmi, *Anthologie des ecrivains francais du Maghreb*, Paris: Presence Africaine, 1969, p.20.

62 D. Carroll, "Camus's Algeria: Birthrights, Colonial Injustice, and the Fiction of a French-Algerian People", *Modern*

모든 문학 작품은 창작자가 있고, 그가 속한 공동체가 있기 마련이다. 같은 논리는 문학 작품의 독서 과정에도 적용된다. 『이방인』의 독자가 '누구'이며, 『이방인』을 '어디'에서 읽느냐에 따라 그 해석은 얼마든지 달라질 수 있고 또 달라져야 마땅하다. 문제는 이를 고려한 독서가 국내에서 아직도 이루어지지 않고 있다는 점이다. 그러니 카뮈가 알제리에서 '이방인'으로 취급받는다는 사실 자체가 오히려 국내의 독자들에게는 무척 낯설게 다가올 것이다. 필자는 이 사실이 하나의 '충격'이었다. 그래서 묻게 되는 것이다. 한국인이 『이방인』을 읽으면서 프랑스인이 『까마귀의 죽음』, 『순이 삼촌』을 대할 때처럼 낯설어해야 하는 것이 정상적이련만 어떻게 『이방인』이 대한민국의 독자들에게 더 익숙할 수 있느냐는 것이다. 그 책임을 대체 누구에게 물어야 할까?

Language Notes, Vol. 112, No. 4, 1997, p.518. 물론 캐롤도 직시하듯, 카뮈의 문학 작품에서 알제리와 알제리인들에 대한 상상의 초상화(imaginary portraits)를 역사적·역사적 근거로만 판단하는 것이 정당한지의 문제는 남아 있다. 그러나 "만약 역사가 카뮈의 알제리에 대해 '오판했다(wrong)'는 것을 보여 주었다면, 아마도 카뮈는 다른 모든 것에 대해서도 오판했을 것이다. 따라서 그의 작품들에서 의도는 훌륭하지만 뿌리 깊은 유럽중심주의(deeply-rooted Eurocentrism)의 또 다른 예를 우리에게 제공한다는 사실 이외의 흥밋거리를 발견하려고 애쓰는 것은 잘못된 것이다."(*ibid.*, pp.518-519)

삶의 영토는 상상(사유)의 영토와 분리되는가?

K. 다우드의 『뫼르소, 살인사건』을 중심으로

○ 박치완

"엄마가 내게 기대하는 게 뭔지를 알아챘지. 그건 한마디로 요약하자면, 이미 죽은 형을 살려내라는 거였어. (…) 그건 내게 괴상한 책 한 권을 쓰라는 것과 다름없었어."

"'아랍'이라는 게 국적인가? 자네가 말 좀 해보게. 너나 할 것 없이 자기들의 본질이고 중심이라 공언(公言)하지만, 그 어디에도 존재하지 않는 나라, 그 나라는 도대체 어디에 있단 말인가?"

○ K. 다우드, 『뫼르소, 살인사건』

1. 주머니칼과 장대의 차이

인간은 누구나 자신의 눈 앞에 펼쳐진 세계의 다양한 대상들을 각자의 방식으로 경험하면서 살아가는 존재다. 따라서 자신이 직접 경험하지 못한 대상들, 즉 비지향적 경험(a non-intention experience)에 대해 어림짐작으로 가정법을 구사하는 것은 일정 정도 허용이 되겠지만 이를 직설법을 통해 확언하는 것은 '위험'한 태도일 수 있다. 평소 생각조차 해 보지 않았던 대상들에 대해 우리는 무지할 수 있다. 그렇다고 그 무지를 지적 결함이라고 비난하는 사람은 없다. 지적 결함은 오히려 자신이 직접 경험한 바도 없는 대상을 일반화하거나 일반화할 수 없는 대상을 세속화할 때 노정(露呈)될 수 있다. 단적인 예로 에크하르트(Meister Eckhart)는 "신의 신성한 사막(God's divine desert, 광야)"을 "사막에서의 존재 경험과 같은 경험"이라고 언급한 적이 있다.[1] 자신의 신비 체험을 대중들에게 설명하려는 에크하르트의 선의(善意)는 충분히 이해된다. 하

---

1 R. K. C. Forman, "Mystical Knowledge: Knowledge by Identity", *Journal of the American Academy of Religion*, Vol. 61, No. 4, 1993, p.706에서 재인용.

지만 사막에서의 존재 경험이 곧 신성함의 체험으로 과연 일반화될 수 있을까? 그것이 또 누구에게나 가능한 일일까? 에크하르트는 결국 (고차의) 종교적 경험을 '누구나의 경험'으로 설명하려고 했지만, 이는 불가능할뿐더러 오히려 '오해'를 살 가능성이 크다. 무엇보다도 에크하르트는 경험 대상의 유형이 다양하다는 것을 놓쳤기에 일반화의 오류를 범한 것이다.

최근 들어 자문화중심주의에 근거하여 타문화를 임의(任意)로 평가하는 경우를 왕왕 접하게 된다. 하지만, 에크하르트의 예에서도 보았듯, 경험은 개인의 경우이건 집단의 경우이건 기본적으로 장소적 특수성에 기반하기 때문에 상식의 오류나 일반화의 딜레마에 빠지기 쉽다. 그리고 이 장소적 특수성이 한 사회나 문화 형성의 모태요 무대라는 점을 우리는 직시할 필요가 있다. 경험의 차원에서, '추상적 세계(world-there)'가 결코 '내 눈앞에서 전개되는 세계(I-here)'에 우선할 수 없다. 그만큼 특수한 것이 경험의 세계이기에 일반성이나 보편성이 아닌 특수성과 다양성을 경험의 본질로 여기는 것이다.

지난 세기의 유물인 문화본질주의가 현대에 이르러 문화적 특수성과 다양성에 자리를 양보할 수밖에 없는 이유도 여기에 기인한다. 문화는 기본적으로 〈주체→경험←객체(대상)〉의 상호 작용을 통해 한 개인 또는 그 개인이 속한 집단이 축적한 공동체의 고유 자산이다. '대상화될 수 없는 경험'은 따라서 '문화적 주체'의 경험에 포함될 수 없으며, 문화적 주체의 경험 밖에 있는 것들은 필시 '가해성(可解性, intelligibility)' 영역을 벗어나 있는 것이라 할 수 있다. 주어진 대상들에 대한 구체적 경험도, 의식도, 지식도 없는 타문화에 대해 "감 놔라 배 놔라!" 지적 개입을 하는 것은 결국 그 문화에 대해 지적 폭력을 행사하는 것과 다르지 않다.

주지하듯, 여성들이 히잡을 착용하고 다니는 이슬람 사회가 있다. 그런데 히잡을 착용하지 않은 사회에서 히잡을 착용하는 사회를 겨냥해 '여성 차별

[그림 1] 2015년 11월 하버드대학교와 브라운대학교에서 실시한 K. 다우드의 특강 안내("How To Approach The Other?") 포스터(출처: https://frenchculture.org/books-and-ideas/3610...-daoud)

적'이라고 일컫는 경우를 우리는 종종 접하곤 한다. 이는 일견 성평등 사회를 위해 정당하고 타당한 주장처럼 비칠 수 있다. 하지만 만일 직접적 당사자들이 히잡의 착용을 성차별로 느끼지 않고, 그것을 하나의 전통문화로 받아들인다면, 그렇다면 외부 세계에서 이를 개재(介在)할 명분은 사라진다. 마찬가지 논리로 평소 주머니칼을 소지하고 다니는 아랍인들의 생활 양식을 고온다습 지역의 사람들이 장대를 상시 들고 다니는 것과 비교해 임의의 문화적 개입을 하는 것을 경계해야 하는 것도 같은 이유 때문이다. 돌려 말해 만일 내가 타문화의 일상적 소지품들에 대한 구체적 경험-의식-지식을 가지고 있지 않다면, 필시 그 대상에 대해 무례하게 개입하기보다 판단을 유보하고 학습의 시간을 갖는 것이 더 '문명인의 태도'라 할 수 있다는 것이다.

설사 '허구(fiction)'로 상징되는 문학 작품을 읽고 평가함에 있어서도 우리는 그 작품이 탄생한 장소적 특수성을 먼저 고려해야 한다. 장소적 특수성을 고려한다는 것은 작품 탄생의 문화적 배경을 고려한다는 뜻이다. 다시 말해 장소적 특수성과 문화적 배경을 간과한 채로 어떤 작품을 텍스트만을 중심으로 비평하는 것은 취한 것만큼이나 잃은 것이 클 수 있다는 점을 직시할 필요가 있다. 출간된 지 80년이 지난 카뮈(Albert Camus)의 『이방인(L'Étranger)』이 아직도 알제리에서 '정치적' 논쟁의 중심에 자리하고 있는 이유가 어디에 있겠는가? 그 단적인 소인(素因)은 프랑스와 알제리 간의 정치적 앙금, 가톨릭 문화와 이슬람 문화 간의 종교적 정체성의 충돌이 여전히 진행 중이기 때문이다. 이런 점에서 『이방인』은 작품 자체보다 '알제리'라는 장소적 특수성과 '아랍(이슬람) 문화'라는 배경이 비평의 기준으로 작용할 수밖에 없다는 점에서 그 전례를 찾기 힘든 작품이라 할 수 있다.

오늘날 알제리인들은 카뮈를, 비록 카뮈가 알제리 태생이라는 것을 모르는 사람은 없지만, '알제리인'이 아닌 '알제리의 이방인'으로 철저히 푸대접한다. 더 직접적으로는, (프랑스의) 식민지 작가로 매도(罵倒)하기까지 한다. 카멜 다우드(كمال داود, Kamel Daoud, 1970~)가 한 인터뷰에서 "카뮈처럼 부조리를 사유하려면 〔먼저〕 알제리인이 되어야 한다"고 역설한 것에서도 우리는 알제리인들이 얼마나 카뮈를 비판적으로 대하는지를 직감할 수 있다. 다우드가 『뫼르소, 살인사건』을 통해 주머니칼이 원인이 되어 일어난 『이방인』 제1부에서의 '익명의 아랍인 살인사건'에 대한 범죄를 재구성하고 일종의 반대 논증을 소설 형식을 차용해 "죽은 형을 살려내〔려〕는"(167) 시도를 한 직접적 배경도 여기에 있다.[2] 한마디로, 다우드는 자신의 『뫼르소, 살인사건』에서 『이방인』에 대한 반대 심문(논증)을 통해 알제리가 알제리성(algérianité, algerianity)을 회복하는 것, 즉 알제리의 장소적 특수성을 문화적으로 회복하는 것을 목표로 하고 있다. 부언컨대, 알제리의 장소-정체성이 온전히 회복

2 본 연구문에서는 조현실이 번역한 『뫼르소, 살인사건』(문예출판사, 2017)을 주 텍스트로 삼았으며(부분 인용은 괄호 안에 페이지만 표시), 필요한 경우 카멜 다우드의 *Meursault, contre-enquête*(Actes Sud, 2014)를 참조했다. 그리고 카뮈의 『이방인』은 김화영이 번역한 『알베르 카뮈 전집 2』(책세상, 2010)을 참고했다.

된 곳에서 알제리의 원주인들이 자유와 평화를 구가하며 대지의 본래 주인으로 삶을 영위해 가는 것, 그것이 다우드가 『뫼르소, 살인사건』을 통해 이미 『이방인』에게 익숙한 독자들에게 전하려는 메시지라는 것이다.

『이방인』에서 "이름도, 얼굴도, 대꾸도 없이(ni nom, ni visage, ni paroles)" 살해된(80) 형에게 '무싸(Moussa)'라는 형의 본래 이름을 부여해 형의 신원을 회복하고, 같은 논리로 알제리의 원주인(原住人)이 알제리성을 회복하는 것, 무싸의 동생이자 『뫼르소, 살인사건』의 주인공인 하룬(Haroun)이 노리는 바가 바로 이것이다. 형이 '익명의 아랍인'이 아닌 '무싸'로 그 이름을 회복하는 것은 형의 알제리인으로서의 사회적(공동체적) 삶이 회복된다는 것을 의미한다. 이렇게 형의 이름과 공동체적 삶이 회복될 때 알제리는 비로소 '알제리인들의 알제리'가 되는 것이다.

다우드의 『뫼르소, 살인사건』은 이런 점에서 카뮈의 『이방인』의 주인공인 이주민(移住民, 즉 알제리의 이방인)인 뫼르소(Meursault)를 반대 심문한 것이자 동시에 카뮈를 반대 심문하는 것이기도 하다. 이렇게 뫼르소와 카뮈를 동시에 반대 심문함으로써 다우드는 결국 독자들에게 '알제리 공동체'에 대한 상식을 전복시키고자 한다. 즉 그동안 카뮈나 카뮈의 작품들을 통해 이해하고 있는 알제리는 더 이상 '알제리인들의 알제리'가 아니라는 것이다.

삶의 공간이 단지 물리적 공간으로 익명화되거나 문학적·예술적 공간으로 미화(美化)되어 재지민(在地民)을 내박친 채 전 세계의 보편 대중을 상대로 하는 것이 과연 어떤 의미가 있는지를 『뫼르소, 살인사건』은 우리에게 되돌아보게 한다. 삶의 공간은 지리적 특수성에 뿌리를 둔 개인-집단의 공통 문화 공간으로 모든 공동체 구성원의 문화적 정체성을 형성시켜 주는 모태다. 개인의 문화적 정체성이 장소-정체성과 둘이 아니라고 감히 말할 수 있는 것도 같은 이유 때문이다. '장소-내-존재(Being-in-Place)'인 인간을 케이시(Edward S. Casey)는 "특별한 장소(particular place)"에 존재하는 "특별한 사람(particular person)"이라고 정의하고 있다.[3] '무싸'에게 특별한 장소인 알제(Alger), 즉 그의 실존의 장소에서 그가 단지 '익명의 아랍인'으로 명명되는 데 그쳐서는 안 되는 이유 또한 여기에 있다. 그런데도 프랑스의 식민지 시기의 알제리에서는 아무도 형의 이름에 대해 궁금해하지 않았으며, 심지어는 형의 국적이 어디인지에 대해서도 궁금해하지 않았다고 하룬은 폭로하고 있다.

> 최악의 상황은 뫼르소가 나와 같은 국적을 갖고 있느냐, 아니면 그와 같은 건물에 사는 이웃들과 같은 국적을 갖고 있느냐를 놓고 멍청이들이 떼 지어 싸우다가 분열되었던 때였지. 기막힌 일 아닌가! 그 많은 사람 중에 무싸의 국적이 어딘지를 궁금해하는 사람은 단 한 명도 없었어. 〔심지어는〕 아랍인들 사이에서도 그를 아랍인이라고 지칭했지. '아랍'이라는 게 국적인가? 자네가 말 좀 해보게. 너나 할 것 없이 자기들의 본질이고 중심이라 공언(公言)하지만, 그 어디에도 존재하지 않는 나라, 그 나라는 도대체 어디에 있단 말인가?(191)

본 연구에서 우리가 탈식민적 관점으로 『이방인』을 재독(再讀)하면서 『뫼르소, 살인사건』을 통해 한 인간에게 있어 장소-정체성이 얼마나 중요한지를 고민해보려는 이유가 여기에 있다. 현대 사회에서 실존의 장소는 이미 '자본의 먹잇감'으로 전락해버린 지 오래다. 장소가 자본의 먹잇감으로 전락함으로써 장소 상실감에 빠진 사람들 또한 기하급수적으로 늘고 있다.[4] 글로벌 자본 시장, 디지털 가상 공간의 여객(旅客)이 되기를 자처하는 사람

3 E. S. Casey, "Between Geography and Philosophy: What Does It Mean to Be in the Place-World?", *Annals of the Association of American Geographers*, Vol. 91, No. 4, 2001, p.684.

4 '장소 상실'에 대한 자세한 분석은 E. Relph, *Place and placelessness*, London: Pion Limited, 1976 참조

이 아니라면 최소한 자신의 실존적 장소, 즉 삶터가 그 특수성과 함께 그곳에 거주하는 재지민들이 보호받고 있는지 살필 필요가 있다. "자아가 없는 장소가 있을 수 없듯, 장소가 없는 자아는 있을 수 없다."[5] 장소-정체성의 회복은 곧 장소감(場所感, sense of place)의 회복을 의미하며, 장소감의 회복은 곧 자아의 회복을 의미한다. "장소 상실(loss of place)이 자아 상실(loss of self)"로 이어지는 것이라면[6], 장소감의 회복은 반대로 장소애(場所愛, place attachment)로 진화한다고 볼 수 있다.[7]

『뫼르소, 살인사건』이 출간되어 세간의 이목을 받고 있다는 사실 자체는 곧 "카뮈가 왜 알제리에서 여전히 이방인 취급을 받고 있는지"를 간접적으로나마 증명해 준다고 하겠다.[8] 『뫼르소, 살인사건』은 알제리에는 '카뮈의 자아'가 날개를 펼 공간이 더는 없다는 것을 단적으로 예증(例證)한다. 이렇게 날개를 잃은 카뮈가 묘사한 『이방인』에서 알제리인들이 알제리의 장소감, 즉 알제리의 장소-정체성을 발견할 수 있을 것이라 기대할 수 없다.

본 연구에서는 '알제리'라는 장소-정체성, 알제리 원주인들의 몸에 체화된 장소의 정령(genius loci)을 복원하려는 알제리 작가들의 노력이 얼마나 지난한 과제요 멈출 수 없는 투쟁인지를 다우드의 데뷔 소설인 『뫼르소, 살인사건』을 통해 간접 체험하는 기회를 가져 볼까 한다. 제2장에서는 알제(Alger), 오랑(Oran) 등이 『이방인』에서와 달리 『뫼르소, 살인사건』에서 어떻게 장소적 복원을 성취하는지를 탈식민적 관점(하룬의 시선을 통해)에서 조명할 것이며, 제3장에서는 카뮈의 독자들이나 비평가들이 머릿속에서 그리고

---

5 E. S. Casey, *op. cit.*, p.684.

6 *Ibid.*, p.687.

7 I. Altman & S. M. Low (ed.), *Place Attachment*, Springer, 2020 참조.

8 J. Hammer, "Why is Albert Camus Still a Stranger in His Native Algeria?", *Smithsonian Magazine*, Oct. 2013.

있는 카뮈의 상(타화상, 他畫像)이 서로 하모니를 이루지 못하고 불협화음을 내는 원인이 무엇인지, 작가의 개인-정체성은 결코 사회와 분리되어 논의될 수 없다는 관점에서 비판적으로 성찰할 것이다. 마지막 결론에서는 상상의 영토와 삶의 영토가 분리되었을 때 작가(저자)에게 되돌아오는 비판이 어떤 것인지 〈카뮈↔다우드〉의 사례를 반면교사로 삼아보고자 한다.

2. 무화과나무, 발코니 그리고 밀크 커피

『이방인』이 일반 독자에게 '낯섦'으로 다가온 것이라면, 『이방인』의 쌍둥이 소설인 『뫼르소, 살인사건』은 하나의 '충격'으로 다가온다. '낯섦'이 실존주의로 독자를 이끈다면, '충격'은 그간 축적한 문학과 철학에 관한 지식 모두를 산산이 부숴 놓는다. 『뫼르소, 살인사건』은 한 편의 소설이기 이전에, 감히 표현해, 일종의 '땅(영토)의 저항'에 가깝다.[9]

---

9 필자가 조사한 바에 따르면, 그동안 국내의 카뮈 연구는 『이방인』, 『페스트(La Peste)』, 『시지프 신화(Le Mythe de Sisyphe)』 등을 중심으로 대부분 카뮈의 '실존 철학', '부조리 문학'에만 주요 관심을 두고 진행되었고, 카뮈와 알제리 독립전쟁의 문제, 알제리인의 정체성과 탈식민성의 문제를 카뮈의 작품과 대조해 가며 조명한 글은 거의 찾아볼 수 없었다. 지난 10년 동안 제출된 학위논문도 대개가 텍스트 비평에 그치고 있다는 점이 확인된다: 「『이방인』 해석에 관한 비판적 고찰: 1943-1977」(김혜동, 이화여자대학교 박사학위논문, 1985); 「알베르 카뮈의 〈이방인 L'Etranger〉 번역본 비교 연구」(김용석, 한국외국어대학교 박사학위논문, 2011); 「알베르 카뮈의 이방인에 나타난 사물화 현상 연구」(고선아, 한국교원대학교 석사학위논문, 2013); 「카뮈의 『이방인』에 나타난 실존적 권태의 교육적 의의」(천소영, 동아대학교 석사학위논문, 2018). 『이방인』, 『페스트』, 『시지프스 신화』 등에 치중한 결과 이들 텍스트와 함께 고려해야만 하는 카뮈의 전기(傳記)와 당시의 알제리의 정치적·사회적 상황과 역사적·문화적 문맥을 철저히 도외시한 것 아닌가 싶다. 참고로, 리스(RISS) 검색 결과를 바탕으로 지난 10년간 학술지에 등재된 카뮈 관련 주요 논문을 소개하면 다음과 같다: 서영희, 「카뮈의 『이방인』, 내부로부터의 탈식민주의: 인문교양교육을 위한 다르게 읽기」, 『문화와 융합』 제42권 12호, 한국문화융합학회, 2020; 천소영, 「카뮈의 『이방인』에 나타난 실존적 권태의 교육적 의의」, 『교육철학』 제67집, 한국교육철학회, 2018; 김진하, 「알베르 카뮈의 『이방인』에서 서정적 묘사와 텍스트 이질성」, 『불어불문학연구』 제114호, 한국불어불문학회, 2018; 김진하, 「알베르 카뮈의 『이방인』 한국어 번역본들에 대한 문체론적 고찰」, 『불어불문학연구』 제101호, 한국불어불문학회, 2015; 조현천, 「카뮈의 소설 『이방인』에 나타난 무의미의 의미」, 『인문학연구』 제19집, 제주대학 인문과학

프랑스가 식민 지배하던 시기의 알제리 땅은 "주인 없는 땅"(117)과도 같았다. 실제로 주인이 없었던 것이 아니라 식민지배자들이 주인 없는 땅처럼 폭력을 행사한 것이다. 남의 땅을 불법으로 점유한 자들이 버젓이 그곳에서 주인 행세를 한 점이 문제라 하겠다. 그리고 그렇게 알제리의 "땅과 땀을 훔쳐 간"(28) 가우리(Gaouri, 이슬람교도가 아닌 서양의 백인), 루미(Roimi, 이슬람교도가 호칭하는 기독교인이나 유럽인)는 알제리를 마치 노리갯감 다루듯 했다는 것이 『뫼르소, 살인사건』이 집필된 배경이고, 다우드의 날 선 문제의식이다. 무싸의 동생이자 소설의 주인공인 하룬이 프랑스인 조제프 라르케를 권총으로 살인한 것으로 끝나는 이 소설에서 작가 다우드는 식민지배자들에 의해 "강탈당한 땅 되찾기"(28), 즉 알제리 원주인들의 실존적 장소인 '알제리'를 되찾는 것이 작품을 집필하게 된 직접적 동기임을 주인공의 입을 빌어 밝히고 있다.

> 이 땅의 부추김에 못 이겨 살인을 저질렀다네. 아! 이 얘기를 다시는 안 하겠다고 그렇게 수없이 맹세했건만…(80~81)

삶의 영토인 땅을 잃은 것은 피식민자에게는 모든 것을 잃은 것과 같다. 그런데 가우리, 루미는 알제리에 불법적으로 진을 치고서는 "사람과 땅과 〔문화의〕 뿌리를 〔자신들 방식으로〕 길들이기(85)" 위해 온갖 수단을 동원

연구소, 2015; 변광배, 「『이방인』의 재판 장면 재탐사」, 『프랑스문화예술연구』 제51집, 2015; 유기환, 「왜 '이방인'인가 - 등장인물 뫼르소의 행동과 서술자 뫼르소의 언어 연구」, 『프랑스어문교육』 제45집, 2014; 김진하, 「문체론적 접근을 통한 알베르 카뮈의 『이방인』 분석과 교육」, 『불어불문학연구』 제99호, 한국불어불문학회, 2014; 유기환, 「『이방인』의 살인사건과 리쾨르의 삼중의 미메시스」, 『프랑스어문교육』 제35집, 한국프랑스어문교육학회, 2010. 이러한 국내에서의 낭만적 독서, 보편적 비평의 태도에 경종을 울리기라도 하듯, 다우드의 『뫼르소, 살인사건』이 전격적으로 세상에 얼굴을 내밀게 되었고, 이제 우리는 『이방인』의 쌍둥이 작품인 『뫼르소, 살인사건』을 병행해서 독서하지 않으면 안 되는 상황이 되었다.

한다. 정치적·행정적 통제를 빌미로 내세워 그들은 모든 것을 그들이 원하는 대로 개조(改造)한다. 알제리 원주인들의 경작지에 도로를 내고, 교회 종탑을 세우며, 이를 '문명화'로 미화한다. 그렇게 알제리 원주인들의 삶과 무관한 낯선 도시가 들어서고, 그렇게 세워진 도시에 낯선 나무들이 이식되며, 낯선 건물들이 가득 차면서 급기야 알제리인들은 "유령 같은 존재"로 전락하게 된다.

> 이곳에 나중에 정착한 사람들은 얘기하지. 이 땅에 처음으로 살았던 것은 '생쥐들'이었다고. 그래, 거기(레탕)엔 낯선 식물들이 밀집해 있다네. 무화과나무, 침엽수, 알로에 게다가 종려나무까지. 또 깊숙한 곳에 숨어 있는 또 다른 나무들은 땅속 깊이 뿌리내린 것만큼이나 하늘을 향해서도 뻗어 있지. 아래쪽에는 에스파냐식 아케이드와 터키식 아케이드들이 거대한 미로를 이루고 있는데 나도 몇 번 가보긴 했어.(24-25)

> 식민자들이 우리 땅을 함부로 다루고 종탑과 편백 나무와 황새를 퍼뜨리던 시절, 정작 우리, 우리는 유령 같은 존재였다네.(22)

이에 그치지 않고 "괴상한 책"(174)의 주인공 뫼르소와 같은 식민지배자들은 아무것도 아닌 일로 "내 형 무싸"(17)를 권총으로 쏴 죽이고, 이에 대해 아무런 가책도 양심도 느끼지 못한다. 게다가 그들은 자신들이 임시 거주하고 있는 땅 알제리에서 아무런 꿈도 펼칠 수 없다는 사실을 잘 알고 있다. 그렇게 아무런 장소감도 느끼지 못한 채 그들은 '그저 목숨을 연명하는', 그런 "딱한 존재"로 전락한다.

> 내 짐작에 그 작자(뫼르소)는, 살았거나 죽었거나 상관없이 자기를 원치 않았던 나라

에서 제자리걸음만 하고 있는 것에 대한 염증을 느꼈던 게 틀림없어. 그가 저질렀던 살인은 자기 것으로 만들 수 없는 땅에 상심한 연인의 살인과도 같은 것이었겠지. 자기를 낳아 주지도 않은 땅의 자식으로 살아가야 했으니 얼마나 힘들었겠나. 딱한 인간 같으니라고!(10)

앞서 우리는 케이시를 인용해 〈인간 = '장소-내-존재'〉라 정의했다. 자신이 어디에 존재하는지 인식하지도 자각하지도 못한 인간은 자신의 개인-정체성을 상실한 인간과 하등 다를 바 없다. "자기를 낳아 준 땅"이 아니기에 뫼르소가 알제리에서 '이방인'인 의식을 갖는 것은 당연하다. 일반적으로 장소감은 사람들에게 소속감을 일깨워 주기 마련이다. 그런데 뫼르소는 장소감을 전혀 느끼지 못하는 존재로 그려진다. 알제리의 원주인인 피식민자들이 뫼르소와 같은 이방인 의식의 소유자들보다 장소감이 더 클 거라는 사실은 두말할 여지가 없다. 자신들의 생활 세계(lived world)가 유럽-프랑스식으로 개조되면서 모든 것을 잃게 되었지만 그럼에도 알제리인들에게 알제리의 재지성은 늘 살아 꿈틀댄다는 것이다. 재지성은 알제리 원주인들의 정체성을 지켜주는 보루라 할 수 있다. 한마디로, 장소-정체성이 개인과 집단의 정체성을 담보한다는 뜻이다.

이 땅에서 나와 상관있는 건 레몬 나무, 해변, 방갈로, 태양, 그리고 총성의 메아리밖에 없어. 나는 그렇게 긴 세월을 살아왔네. 내가 일했던 사무실과 이곳저곳 옮겨 다닌 거처 사이를 몽유병 환자처럼 왔다 갔다 하기만 했지.(190)

앞서 우리는 "장소감의 회복은 곧 자아의 회복"과 같다고 했다. 장소는 이렇듯 한 개인에게 "나는 누구인가?"의 물음에 화답하며 "우리는 누구인가?"

의 집단 정체성의 물음 또한 이 장소에서 대답을 찾기 마련이다. 이런 점에서 장소는 개인-집단 정체성의 물음과 대답의 원천이라 할 수 있다. 카지미(Shukran Qazimi)도 강조하듯, 장소감과 정체성은 "강한 유대"를 형성한다.[10] 하셈네즈하드(Hossein Hashemnezhad)는 "장소와 인간의 상호 관계는 인간과 인간의 상호 관계"에 다름 아니며, "장소와의 관계에서 인간 존재가 창조된다"고 역설할 만큼 장소가 인간에게 있어 '결정적'이다.[11] 그뿐 아니라 바슐라르(Gaston Bachelard)도 『공간의 시학』에서 "내가 존재하는 공간이 곧 나 자신이다"라고 잘라 말한다.[12]

케이시, 카지미, 하셈네즈하드, 바슐라르가 공통으로 강조하는 것이 뭐겠는가? 그것은 곧 장소가 개인-집단 정체성의 모태라는 점이다. 이런 관점에서 볼 때 하룬이 프랑스의 식민 지배로 인해 파괴된 장소(알제리)의 고유성을 회복하려는 것은 일종의 '본능적 저항'의 표시라 할 수 있다. 식민 지배로 인해 탈영토화된 공간들이 하룬의 망막에 맺힌 것도 그에게 재영토화 의지가 있었기 때문이다. 오랑시에 대한 하룬의 다음 언급을 보자.

> 오랑! 여기는 포도의 고장이라네. 포도밭을 구경할 수 있는 마지막 지역이지. 다른 곳에선 어디나 할 것 없이 포도나무들을 다 뽑아버렸다고.(161)

> 이 도시[오랑]를 좀 살펴보게. 허물어져 가는 모습이 아무짝에도 쓸모없는 지옥같이 보이지 않나? 이 도시는 동심원 형태로 되어 있지. 중심에는 핵심적인 시설들이 있어.

---

10 S. Qazimi, "Sense of place and place identity", *European Journal of Social Sciences*, Vol. 1, Iss. 1, 2014, p.307.

11 H. Hashemnezhad et al., ""Sense of Place" and "Place Attachment"", *International Journal of Architecture and Urban Development*, Vol. 3, No. 1, 2013, p.10.

12 G. Bachelard, *The poetics of space*, Boston: Beacon Press, 1994, p.137.

에스파냐풍의 박공지붕들, 오스만풍의 벽들, 식민자들이 세운 건물들, 독립하면서 지어진 행정 기관들과 도로들. 그 바깥으로는 원유 채굴 탑들과 아무렇게나 지어 올린 거주 단지가 있지. 맨 바깥쪽에는, 빈민촌이 있어. 그 너머엔? 거기엔 연옥이 있을 것 같아. 수백만 명이나 되는 사람들이 이 나라에서, 이 나라를 위해, 이 나라 때문에, 이 나라에 저항하다가, 이 나라를 떠나려다가 또는 이 나라로 들어오려다가 죽었으니 말이야. 신경 쇠약 환자가 보는 환영이라고 해도 좋아.(162~163)

이처럼 식민 지배로 인해 철저하게 자연성, 고유성을 상실해 버린 오랑시에서 하룬은 장소 박탈감을 처절하게 체감한다. 알제리의 원주인들이 살던 곳엔 "에스파냐풍의 박공지붕들, 오스만풍의 벽들, 식민자들이 세운 건물들"이 들어서게 되고, 실존의 공간을 빼앗긴 원주인들은 오랑시의 외곽 빈민촌으로 밀려난다. 그런데 그렇게 빈민촌, 이름하여 '지옥', '연옥'이라 할 그곳엔 바로 알제리 독립을 위해 저항했던 무고한 시민들의 무덤 또한 자리하고 있다. 심지어 그들 중엔 프랑스군에 편입되어 알제리의 형제자매들에게 총을 겨눈 피에-누아르(pieds-noirs), 아르키(harki)도 포함된다.

이와 같은 비극의 역사에 대한 기억을 온몸에 간직하고 있는 하룬이 '블랙 커피'를 선호하는 것도 우연은 아닐 것이다. "두 가지가 섞인 건 딱 질색"이라는 하룬의 단정적 표현 속에 이점이 여실히 드러나 있다(97).[13] 형 무싸가 '밀크 커피'를 즐겼던 것과는 확연히 대비되는 장면이다. 하룬이 '밀크 커피'가 아닌 '블랙 커피'를 선호한다고 밝힌 것은 이것이 필경 그의 개인-정체성을 지키는 보루라 여겼기 때문일 것이다. 이러한 하룬의 무의식은 발코

13 『뫼르소, 살인사건』에는 커피를 마시는 장면이 자주 등장하는데, 하룬은 형이 '밀크커피'를 좋아했던 것(91)과 달리 '블랙커피'만을 즐겨 마신다(49). 이는 단순히 커피의 선호 문제가 아니라 프랑스의 식민 지배 시기와 독립된 알제리를 상징한다고도 볼 수 있다.

니에 대한 상반된 묘사에서도 발견된다. 하나는 현실 속의 발코니(형을 '아랍인'으로 죽게 한 식민 상태의 알제리)이고, 다른 하나는 상상 속의 발코니(형이 '무싸'라는 이름으로 신원이 회복된 알제리)이다.

> 네 발코니는 이 도시에서도 사람들이 많은 곳을 향해 있어. 부서진 미끄럼틀, 비틀리고 굶주린 나무 몇 그루, 더러운 계단, 바람에 날아 와 다리에 걸려 있는 비닐봉지들, 뭔지 모를 빨래들과 물탱크들과 위성안테나들로 어수선한 다른 발코니들. 이웃들은 눈에 익은 미니어처처럼 내 눈 아래에서 움직인다네.(106~107)

> 내 머릿속에 들어 있는 또 다른 보이지 않는 발코니는 태양이 작열하는 해안의 장면을 향해, 찾을 수 없는 무싸 시신의 흔적을 향해, 그리고 한 남자의 머리 위로 내리찍는 태양을 향해 있지.(107)

다우드가 묘사한 오랑과 알제의 풍경은 단지 알제리만이 안고 있는 문제일까? 그렇지 않다. 이는 오늘날 대부분의 식민 지배를 받았던 국가에서 목도되는 현상이다. 식민 지배가 오래된 국가일수록 탈영토화의 폐해는 더 심각하다. 하룬의 시선에 형이 무고하게 살해된 알제가 아직도 '수백만의 뫼르소들'이 우글거리는 것으로 비친 이유도 여기에 있다. 강제로 빼앗긴 땅은 되찾았지만, 여전히 식민 지배의 잔해와 유산은 남아 있는 것이다.

> 알제에는 몇 번 가보았네. (…) 배 속까지 다 드러내 놓은 그로테스크한 수도(首都)야말로 내게는 벌 받지 않은 그 범행에 가해진 최악의 모욕으로 보였어. 수백만의 뫼르소들이 더러운 해변과 산 사이에 갇힌 채 서로 포개져 있더군. (…) 난 그 도시가 끔찍하게 싫어. 음식을 씹어 대는 흉악한 소음, 썩어가는 야채와 찌든 기름 냄새! 알제만(灣)

은 도시의 턱인 셈이지. 그 도시가 내 형의 시체를 돌려줄 리 없어, 절대로! 그 도시의 뒷모습만 봐도 범행이 완벽했다는 걸 이해하기에 충분하다니까. 난 어디에서나 뫼르소들을 본다네. 여기 오랑의 내 아파트에서까지도.(191~192)

알제에서도 오랑에서도 '뫼르소들'이 하룬의 시선에 포착된다는 것은 이미 식민 지배는 끝났지만, 식민 지배를 자행했던 바로 그들 국가가 중심이 되어 진행하고 있는 세계화로 인해 제3세계가 다시 신식민화의 피해 지역으로 전락해 가고 있다는 것을 단적으로 보여 준다. 인문학은, 그것이 문학 작품이건 철학적 저서이건, "발언 장소(locus of énonciation)"가 어디인가를 놓쳐서는 안 되는 이유가 바로 여기에 있다.[14] 식민적 관점이 몸에 밴 어떤 외부인이 있다고 하자. 그에게 알제나 오랑은 너무도 정상적이고 평화로운 이국풍의 도시로 비칠 것이다. 하지만 하룬처럼 탈식민적 관점에서 보면 알제와 오랑은 철저히 식민자들의 "전리품"(37)으로 탈영토화, 탈장소화되어 있는 곳으로 비칠 것이다. 발언 장소는 단지 '어디'에서 '무엇'인가를 발언한다는 의미가 아니라 바로 '그 장소'를 실존적으로 발언한다는 데 무게 중심을 두어야 한다. 돌려 말하면 알제와 오랑의 현 상태를 장소-내-존재의 관점에서 진술하는 것이 '발언 장소'의 진정한 의미라는 것이다.

정확히 이런 이유 때문에 우리는 장소와 발언자와의 상관성을 유심하게 살필 필요가 있다. 어떤 장소에 일시적으로 머물 뿐인 외부인에게 장소는 결코 속살을 드러내지 않는 법이다. 돌려 말해, "장소-세계"는 그곳에서 대대손손 살아온 원주인들에게만 속살을 허용한다. 이 점을 케이시 방식으로

---

14 M. Ndlovu & E. N. Makoni, "The globality of the local? A decolonial perspective on local economic development in South Africa", *Local Economy*, Vol. 29, Nos. 4-5, 2014, p.516.

표현하면, “장소는 신체로 체화된 것”이란 의미가 되며, “신체가 장소화되어(be placialized) 있다”는 데 장소-세계, 장소-내-존재의 핵심이 있다는 것을 알 수 있다.[15]

알제리 원주인들의 신체에 체화된 알제리성은 응당 알제리의 언어와 역사 및 문화의 담지체이기도 하다. 장소를 공유한다는 것은 문화적으로 그 장소(알제, 오랑 등)에서 체화된 경험이 같거나 유사하다는 것을 함의한다. 하지만 물론 같은 지중해 문화권 내의 독자라도 『이방인』이나 『뫼르소, 살인사건』에 대한 반응이 같을 것이라 속단해서는 안 된다. 이들 작품에 대한 반응이 이렇게 다를 수 있는 것은 『이방인』과 『뫼르소, 살인사건』의 작품성에서 기인한 것이 아니라 재지성에 대한 인식 차이 때문에 생긴다. 따라서 우리는 우리와 문화권이 다른 곳에서 창작된 소설 작품을 대할 때 그것이 지구촌의 모든 독자에게서 같은 방식으로 읽히고, 같은 방식으로 이해될 것이라고 속단하는 것은 금물이다.

지식은 ‘보편’의 허공 중에 쌓는 노동이 아니다. 모든 문학 작품도 그것이 탄생한 장소가 있기 마련이고, ‘일차적 독자’는 당연히 작품이 탄생한 장소에 거주하는 대중들이다. 『이방인』이나 『뫼르소, 살인사건』이 한국의 독자나 몽골의 독자 또는 튀르키예나 멕시코의 독자들을 염두하고 창작된 소설일까? 천만의 말씀이다. 그런데 우리는 그동안 무수한 ‘세계문학 작품’을 접하면서 ‘대한민국’이라는 장소에서 그 작품들을 읽는다는 고민을 해본 적이 없는 듯하다. 이를 고민하지 않았다는 것은 주체적 독자, ‘대한민국’이라는 장소에 실존하는 독자가 아닌 ‘이방인’처럼 외부의 작품들을 접했다는 말이 된다. 한마디로, 작품의 재지성을 간과한 것이다. 문학 작품의 탄생지에 대한 고민이 없

---

15 E. S. Casey, *op. cit.*, p.688.

었기에 일차 독자가 누구인지에 대한 고민 역시 하지 못한 것이다. 알제리 원주인들의 입장을 피력하는 『뫼르소, 살인사건』의 일차 독자가 알제리인이라면 프랑스인, 유럽인의 시각이 지배적인 『이방인』의 일차 독자는 알제리인이 아닌 프랑스인, 유럽인이다. 당연히 우리에게는 이 2권의 소설이 모두 타 문화권에서 창작된 소설이다. 그런데 『뫼르소, 살인사건』은 우리에게 제3자의 관점(탈식민적 관점)에서 『이방인』을 재독(再讀)할 것을 요구한다.

재지적·탈식민적 관점에서 기술된 『뫼르소, 살인사건』은 『이방인』과 비교할 때 우리에게 많은 사유 거리를 제공한다.[16] 최근 세계문학 비평계에서 고개를 들기 시작한 탈식민적(post-colonial, decolonial) 관점으로 『이방인』을 다시 보아야 하는 이유는, 서론에서도 언급한 바 있듯, 이제 우리는 작품 자체보다(또는 작품 자체 못지않게) 작품의 재지성을 비평의 새로운 기준으로 삼아야 한다는 요구와 맞물려 있다. 거듭 강조하지만, 『뫼르소, 살인사건』은 『이방인』과 비교할 때 재지성이 표(表)나게 표현돼 있다. 하지만 "자신이 아랍인인지 묻지 않는"(90) 알제리 독자들은 『뫼르소, 살인사건』 역시 알제리인의 문화 코드, 즉 종교적 가치(이슬람)를 거슬렀다는 이유로 최근 무슬림 단체로부터 '공개 비판'까지 받고 있다. 이는 재지성이 문화 코드와 늘 동조된다는 것을 단적으로 예증한다.

장소-내-존재로서 일차 독자들은 이렇게 작품을 단지 작품성만으로 평가하지 않고 재지성과 더불어 문화 코드도 작품 평가의 기준으로 끌어들인다. 제3의 독자인 우리도 결국 이 2권의 소설을 제3의 시선으로 평가하는 새로운 해석의 틀을 가져야만 할 것이다. 제3의 시선은 작품의 생산지가 아닌 수

16 『뫼르소, 살인사건』에 관해서는, 필자의 조사에 따르면, 국내에 겨우 1편의 논문이 출간되어 있을 뿐이다 - 지영래, 「카멜 다우드의 『뫼르소, 살인사건』 속에 나타난 다시쓰기 전략」, 『프랑스문화예술연구』 제64집, 프랑스문화예술학회, 2018 참조.

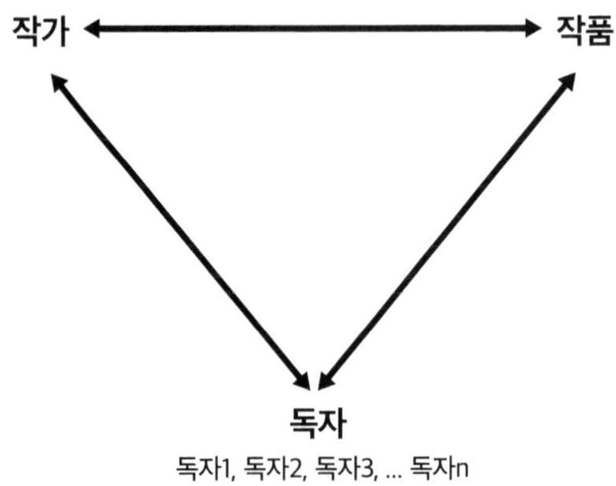

[그림 2] 재지성의 관점에서 재해석한 비평의 3요소

용지가 반영된 독법과 관계가 깊다. 작품이나 작가는 변치 않는다. 하지만 독자는 다양하며, 수용지 또한 다양하다. 고전적 의미의 〈작가 → 작품 ↔ 독자〉의 도식에서 벗어나, [그림 2]에서 보듯, 동일 작품을 문화권이 서로 다른 '독자들'이 다른 방식과 다른 의미로 읽어 내는 것을 허용하는 것이 이제 비평의 새로운 이정표가 되어야 한다. 제3세계의 비평가들이 자국의 독자가 아닌 작품 탄생지의 독자를 위한 것인 양 평론하는 행습(行習)에서 벗어나야 하는 것도 이런 이유 때문이다. 이러한 소위 '하위 주체적 비평'은 작품이 탄생한 곳을 대개 '보편성'으로 전제하고 작품을 수용한 곳을 '상대성'으로 폄훼하기 때문에 늘 작품 탄생지를 위한 비평에 그치기 쉽다. 『이방인』의 경우도 누가-어디서 창작한 것인지를 묻지 않은 탓에 결과적으로 『이방인』을 누가-어디서 읽는 것인지를 고민하지 않게 된 것이다. 그렇게 『이방인』은 대한민국이라는 낯선 땅에 요행히도 착근(着根)했고, 오늘날에도 중고등학생들에게 필독서처럼 읽히며 동시대의 국내에서 집필된 그 어떤 소설보다 더 많은 애독자를 가지게 되었다.

'뫼르소'가 인터넷에서 '철수'나 '영희'처럼 검색되는 나라가 대한민국이다. 이제는 비평도 재지성을 고려할 때가 되지 않았는지, 묻고 되묻지 않을 수 없다. 『뫼르소, 살인사건』이 그 샛돌이 되었으면 하는 것이 필자의 솔직한 바람이며, 재지적(在地的) 해석(한국인의 관점에서의 독법)이 진행될 때가 아니고서는 우리가 카뮈의 상(像)을 가졌다고 말할 수 없을 것이라는 게 필자의 의견이다.

3. 카뮈와 카뮈'들'로 이루어진 카뮈의 타화상

카뮈의 딸 카트린 카뮈(Catherine Camus)가 한 인터뷰에서 밝힌 바대로 어쩌면 "우리 각자에게는 자신만의 카뮈가 있〔는지 모른〕다."[17] 카뮈에 대해 이렇게 각자 서로 다른 상(image)을 가지고 있다는 것은 곧 카뮈에 대한 평가가 하나로 통합되기 힘들다는 것을 반증한다. 그런데 이렇게 '각자의 카뮈', 즉 카뮈 작품들을 통해 갖게 된 카뮈의 작가로서의 이미지, 즉 카뮈의 타화상(他畫像)이 '하나'가 아니라 '여럿'이라는 것은 카뮈에 대한 평가에 엇갈릴 수도 있다는, 다시 말해 서로 다른 카뮈관이 하모니를 이루는 것이 아니라 불협화음을 낼 수도 있다는 뜻이다.

서거한 지 반세기가 훨씬 지났음에도 여전히 그 상(평가)이 형성 중인 노벨문학상 수상 작가는 아마 카뮈가 유일하지 않을까 싶다. 일차적 원인은 그 스스로는 피와 뼈까지 알제리인이라고 여기는 카뮈지만, 정작 그의 모국(母國)인 알제리에서는 그를 품에 안을 생각 자체를 하고 있지 않은 것! 이는 주지하

---

17 C. Camus(interview with R. Zaretsky), *Los Angeles Review of Books*, March 4, 2018 참조.

듯 알제리와 알제리인들이 카뮈에게 '재지적 거부감'을 표출한 것이라 할 수 있다. 좌파 지식인이기도 했던 카뮈가 알제리의 독립전쟁(1954~1962)에 대해 부정적(반대) 의견을 공개적으로 피력한 것이 직접적 원인인 것!

널리 알려져 있듯, 카뮈는 알제리의 독립을 선택하는 대신 "프랑스인과 알제리인(아랍인)이 자유롭게 연합할 수 있는 정의(justice)"를 선택했다.[18] 말이 '연합'이지 알제리가 프랑스의 지배로부터 독립하는 대신 프랑스의 자치령으로 남을 것을 카뮈는 제안한 것이다. 평화주의적 도덕군자인 카뮈에게 프랑스로부터 알제리의 정치적 독립은 심지어는 그의 상상의 영역 속에도 포함되지 않았던 것으로 보인다. 어쩌면 이러한 카뮈의 선택은 프랑스에서도 아웃사이더요 알제리에서도 아웃사이더인 그로서는 최적·최상의 선택이었는지 모른다. 하지만 카뮈가 선택한 일종의 '비폭력적·평화적·인도적·중도적 해법', 즉 알제리민족해방전선(Front de Libération Nationale, FLN)과 프랑스 간의 전쟁에서 피해 당사자가 될 것이 빤한 알제리 시민들을 구제해야 한다는 치열한 고민 속에서 선택된 '(유럽식) 정의'이건만, 이는 이미 당시에 사르트르(Jean-Paul Sartre)와 같은 좌파 지식인은 물론이고 우파 지식인들로부터도 비난의 대상이 되었다. 그런데 그 여진(餘震)은 오늘날까지도 이어지면서 우리가 카뮈의 상을 파악하는데 '피할 수 없는 외력(外力)'으로 작용하고 있다. "카뮈가 감내해야 했던 시대의 모순(oxymoron)이 오늘날에도 여전히 미결(未

---

18 C. C. O'Brien, "Camus, Algeria, and "The Fall"", *The New York Review*, Oct. 9, 1969에서 재인용: "아랍인의 인격은 프랑스인의 인격에 의해 인식될 것이지만, 그와 같은 일이 가능하기 위해서는 프랑스가 존재해야 한다. "당신은 당신의 입장(side)을 선택해야 한다"고 〔나를〕 증오하는 자들은 외친다. 나는 선택했다. 나는 내 나라를 선택했다. 나는 프랑스인과 아랍인이 자유롭게 연합할 정의의 알제리(the Algeria of justice)를 선택했다!" 하지만 '정의의 알제리'는 지구상에 존재하는 국가가 아니다. 그리고 이 가상국은 프랑스와 연합한 국가다. 이것이 '카뮈의 알제리'다. 요인즉 알제리인들이 원하는 독립 국가 알제리가 아니라는 것이다. 게다가 카뮈는 1957년 12월 14일 스톡홀롬 인터뷰에서 "나는 정의를 믿지만, 정의에 앞서 〔알제리의 거리에서 맹목적으로 행해지는 폭력 행위(terrorism)로부터〕 나의 어머니를 지킬 것이다"라고 언급한 것으로 잘 알려져 있다. 이는 곧 카뮈에게 알제리 독립운동이 폭력행위로 비쳤다는 뜻이다.

[그림 3] "Albert Camus" (drawing by David Levine - https://www.nybooks.com/articles/1969/10/09/camus-algeria-and-the-fall/)

決)의 모순으로" 그 책임이 고스란히 후배들에게 전가되고 있는 것이다.[19]

카뮈의 타화상은 이렇듯 카뮈와 알제리, 알제리의 지식인들과 프랑스의 지식인들 간의 상반된 의견 속에서 상호텍스트성(inter-textuality)을 형성하며 "이국적(二國的) 분열의 정치적 혼성체(binational schisms onto the hybrid body-politic)"의 양상을 보인다.[20] 카뮈의 타화상에 이렇게 일종의 '분열적 상호텍스트성이' 요동치고 있다는 것은, 현상학적으로 요약하자면, 두 개의 주체성(inter-subjectivity)이 정면으로 충돌하고 있다는 증거다. 한쪽엔 카뮈처럼 프랑스와 알제리 양국 간의 평화적 관계 유지를 희망하는 그룹이 있고, 또 다른 한쪽에는 프랑스의 식민 지배로부터 알제리가 완전히 해방되는 것을 갈망

19 E. Apter, "Out of Character: Camus's French Algerian Subjects", *Modern Language Notes*, Vol. 112, No. 4, 1997, p.516.
20 *Ibid.*

하는 그룹이 있는 것이다. 카뮈의 타화상은 정확히 이 두 주체성, 즉 길항적 세력 간의 이견들이 투영되어 충돌하고 있는 것이며, 오늘날 카뮈의 독자들 역시 바로 이들 두 양보할 수 없는 기세(氣勢)에 의해 축적된 정치 및 역사관의 차이 앞에서 양자택일을 강요받고 있다. 그 때문에 만일 우리가 두 개의 텍스트, 서로 상충하는 텍스트를 읽어 내면서 그 접촉면에 대해 깊이 고민하지 않는다면, 어떤 그룹의 편에 속하건 오늘날 카뮈가 받는 비판을 독자가 고스란히 떠안게 될 것이다.

이런 점에서 카뮈의 작품들은 단지 텍스트만으로 평가할 수 없는 갈등의 뇌관이 작품 속 내용에 장착돼 있다고 볼 수 있다. 문학(작품)이 독자에게 정치적 선택을 강요하는 '별난 텍스트'가 카뮈의 작품들(특히 『이방인』, 『페스트』, 『최초의 인간(Le premier homme)』 등)이라는 것이다. 카뮈의 작품들을 단지 텍스트 비평의 관점에서 접근하는 것으로 충분하지 않은 이유가 여기에 있다. 누차 언급하지만, 카뮈의 『이방인』처럼 이렇게 텍스트 밖의 상황이 텍스트의 이해에 직접 개입되는 경우는 아주 드문 일이다. 설상가상으로 2013년 『이방인』(1942)이 출간된 지 70여 년이 흐른 후 쌍둥이 소설이라 할 『뫼르소, 살인사건』이 세상에 얼굴을 내밀면서 카뮈의 타화상은 가일층 뒤엉키고 있다. 두 권의 소설이 정면충돌하는 양상까지 보이면서 분열적 상호텍스트성은 곱절로 복잡해진 상태가 되었다.

알제리, 프랑스라는 외적(정치적) 요소가 카뮈의 타화상에 개입하는 한 상충하는 두 진영 간의 '야단법석'은 앞으로도 더 증폭되었으면 되었지 결코 잠잠해지는 일은 없을 것이다. 단지 카뮈의 작품만을 애독하는 카뮈주의자들(Camusiens)이 해결해야 할 과제 또한 여기에 있다. 일반적으로 작품의 출간을 우리는 작가의 손을 떠난 것과 동일시하곤 한다. 굳이 전문 연구자가 아니더라도 우리는 그렇게들 문학 작품을 독립적으로 접하면서 구담(口談)을 즐긴다. 하지만 본 연구를 통해서도 확인할 수 있듯, 카뮈의 작품만은 유독 예외다. 카뮈의 작품은 공교롭게도 카뮈를 늘 알제리 독립전쟁의 시기로 소환하기 때문이다.

그렇다면, 카뮈에 대한 비평의 시계(視界)는 늘 알제리 독립전쟁과 대결해야만 하는 것일까? 카뮈는 이미 저세상 사람이건만, 그는 이렇게 '죽었어도 죽지 않은' 작가로 그 현재성을 참으로 야릇하게 유지하고 있다.[21] 주지하듯, 평소 그는 "나는 알제리에서 태어났다(hijo mío, je suis né Algérien)"며 수도 없이 자신이 알제리 태생임을 역설했다. 하지만 알제리의 원주인들의 평가는 단호하다. 카뮈의 작품에는 "알제리인의 알제리(Algerian Algeria)"가 없다는 것이다.[22] 한 마디로, 알제리에 대해 한편에는 "식민주의적 발언"이 그리고 다른 한편에는 "인본주의적이고 보편적인 발언"만 있을 뿐이기에 카뮈의 작품에서는 "새로운 알제리"를 위한 비전을 발견할 수 없다는 것이다.[23] 바로 여기에 오늘날까지도 알제리인들이 "카뮈가 과연 알제리 작가인가?", 라고 묻는 까닭이 있다.[24]

그렇다면 "대체 언제쯤 카뮈는 알제리인들이 가슴으로 포옹하는 알제리의 자식이 될 수 있을까?" 필자의 판단엔 그런 날은 결코 가까운 장래에 올 것 같지 않아 보인다. 알제리의 대학에서 현대문학을 강의하는 한 교수(O. G. Abdelkader)는 학생의 위 질문에 대해 단호히 다음과 같이 대답하고 있다.

---

21 D. Kelly, "'An unfinished death': the legacy of Albert Camus and the work of textual memory in contemporary European and Algerian literatures", *International Journal of Francophone Studies*, Vol. 10, Iss. 1-2, 2007 참조.

22 P. Voisin, "Albert Camus' Mediterranean: An Answer to "Murderous Identities"", *Human and Social Studies. Research and Practice*, Vol. 6, No. 3, 2017. p.75.

23 *Ibid.*

24 A. Bensoussan, "Le français, butin de guerre", *En attendant Nadeau*, le 19 déc. 2018.

그〔카뮈〕의 알제리는 우리〔알제리인들〕의 알제리가 아니다(son Algérie n'est pas la nôtre). 그는 '더 이상 존재하지 않는 알제리(une Algérie qui n'est plus)'의 작가일 뿐이다.[25]

압델카데르에 따르면 '카뮈의 알제리'는 지구상에 존재하는, 다시 말해 오랜 세월 프랑스의 식민지 상황에서 온갖 굴욕과 폭력을 감내해야 했던 '역사 속의 알제리'가 아니라 단지 카뮈의 상상 속의 알제리일 뿐이라는 것이다. 단적으로 말해, 카뮈는 알제리 태생일 뿐 알제리 작가라 할 수 없다는 것이다. 알제리에서 이렇게 작가로서 카뮈의 위상이 혹독하게 부정되고 있는 현실을 십분 고려한다면, 대한민국에서 우리는 카뮈를 너무도 안이(安易)하게 접하면서 텍스트 내적으로만 그의 소설을 이해한 데 그친 것 아닌가? 오직 텍스트 비평에만 몰두한 결과, 작가의 개인사, 사회정치사를 몰각한 것 아니냐는 것이다. 알제리 대중들의 반카뮈적 태도를 고려할 기회를 놓친 원인도 여기에 있지 않나 싶다. 한마디로 우리는 마치 프랑스인처럼 또는 유럽인처럼 카뮈의 작품들을 대했다는 뜻이다.[26]

다우드가 『뫼르소, 살인사건』을 통해 전 세계의 독자들에게 환기하려는 바도 결국 알제리인의 입장에서 『이방인』에서의 "'아랍인' 살인사건"이 '정상적'이라고 할 수 있는지 반문해 보라는 요구 아니겠는가. 카뮈가 여느 '알제리의 백인', 즉 알제리에서 태어난 유럽인(즉 피에-누아르)과 마찬가지로 자

25 É. Crézé, "Albert Camus, éternel étranger à Alger", le 19 nov. 2012. 이런 상황이니 카뮈가 알제리에서 '영원한 이방인'인 일 수밖에 없는 것은 당연하고, 심지어는 알제리의 MZ세대에게 카뮈에 대한 인지도는 사르트로보다 낮다고 한다.

26 국내에서 『이방인』을 한국인의 관점에서 독서한 글을 찾기란 어렵다. 『이방인』을 한국의 실존 철학, 실존 문학과 비교하는 연구는 대체 언제쯤이나 기대할 수 있을까? 우리는 계속 '우리의 땅'을 망각한 채 유럽인의 시선으로 또는 프랑스인의 시선으로 『이방인』을 독립 텍스트로 대해야만 하는 것일까? 우리에게 '세계문학작품들'을 토착적(한국적) 시각으로 읽는 것을 원천적으로 불가능하며 줄곧 피동적으로 그것들을 수용하면서 흠애(欽愛)하기만 해야 하는가? 문학의 보편적 정전(universal canon)은 서구-유럽 이외의 지역-로컬에는 존재하지도, 존재할 수 없는 것인가?

신의 "지정학적 위치(geopolitical positioning)"를 그의 태생(신체)의 본향 알제리에 두지 않고 그의 정신 형성의 본향인 유럽(프랑스)에 두는 한 '알제리 작가'는 그에게 신원증명서가 아니라 오히려 영원히 잦아들지 않은 의문의 물음표가 될 뿐이라는 것이다.[27]

사이드(Edward W. Said)도 지적하듯, 『이방인』과 『페스트』는 유럽인의 시각으로 알제리를 폄훼하면서 "식민적 무의식의 부산물(a byproduct of the colonial unconscious)"을 표출한 것일 뿐이라는 것이다.[28] 『뫼르소, 살인사건』에 감동한 독자라면, 필시 사이드의 의도를 파악하는 데 어려움이 따르지 않을 것이다. 사이드와 다우드의 의견을 하나로 연결시키면, 카뮈는 결국 "인본주의적 식민지 개척자(humanist coloniser)"를 대변할 뿐이라는 말이 된다.[29] 여기서 우리가 놓쳐서는 안 되는 것이 있다면, 그것은 바로 "인본주의적 식민지 개척자"라는 표현 속에는 알제리, 알제리인이 없다는 사실이다. 하룬을 심문하던 대령의 표현대로, 알제리의 독립전쟁 당시 희생된 "150만 명의 순국자들"(154)에 대한 애도와 희생정신을 카뮈의 작품에서는 발견할 수 없다는 것이다. 카뮈와 같은 처지에 있었던 알제리계 작가, 비평가들이 한결같이 지적한 것도 카뮈에게 "알제리는 있지만 알제리인이 없다"는 것이다.[30] '알제리인이 없는 알제리', 『뫼르소, 살인사건』이 출발하는 지점도 바로 여기이다.

> (『이방인』에) '아랍인'이라는 단어는 스물다섯 번이나 나왔지만 이름은 단 한 번도 나오지 않았어.(166)

---

27 E. Apter, *op. cit.*, p.500.

28 E. Said, *Culture and Imperialism*, New York: Alfred A. Knopf, 1993, p.204-224 참조.

29 P. Voisin, *op. cit.*, p. 56 - 이는 J. 게랭이 『식민지 개척자의 초상』에서 카뮈는 "알제리인들과 달리 시스템을 개선하기를 원했지 시스템을 파괴하기를 원치 않았다"고 설명하면서 사용한 표현이다.

30 *Ibid.*

> 내가 하고 싶은 말은 간단해. 이 얘기(『이방인』)는 다시 쓰여야 한다는 거지. 같은 언어로 쓰되, 단 오른쪽에서 왼쪽으로 다시 말해 아직까지 살아 있는 몸에서 시작해서 그를 죽음으로 몬 골목길을 거쳐 아랍인의 이름도 거명하면서 총알과 만나는 순간까지 이르러야 한다는 거야. 내가 이 언어(프랑스어)를 배운 것도, 어느 정도는 태양의 친구였던 내 형을 대신해 얘기하기 위해서였어.(16)

작품만으로 『이방인』을 대할 때 우리는 뫼르소에 의해 권총으로 '살해된 아랍인'이 왜 『뫼르소, 살인사건』에서 하룬에 의해 다시 권총으로 살해된 것인지를 정확히 가늠하기 힘들 것이다. 이는 〈Albert Camus〉에서 성(姓) 〈Camus〉는 알제리에서 그것이 '외국인(the foreigner)'이라는 것을 암시하지만, 명(名) 〈Albert〉는 알제리에서 그가 '알제리인(the Algerian)'이라는 것을 누구라도 인식한다는 사실을 모르는 이치와 같다.[31] 〈Albert〉가 알제리의 전통 의상인 '바르누스(Barnous)'로 대변된다면, 〈Camus〉는 '넥타이와 스리피스(three-piece) 수트'를 입은 유럽 신사에 비유할 수 있다.[32] 〈Camus〉는 실제 바르누스를 걸친 적이 없다고 한다. 피에-누아르인 〈Camus〉에게 바르누스는 결단코 자신의 전통(culture française)과는 무관한 것이었을 것이다.

카뮈를 흠모했던 알제리 작가(그 역시 프랑스어로 작품 활동을 하며 현재 프랑스에 거주 중임)인 카드라(Khadra Yasmina)의 언급대로, 카뮈는 유럽인(프랑스인)의 경계 밖을 빠져나온 적이 없다. 다시 말해, 알제리인의 경계 안으로 들어서려는 노력 자체를 하지 않았다는 것이다. 카뮈가 알제리에서 '이방인'인 일

---

31 *Ibid.*

32 *Ibid.*, p.76 참조 - 이는 K. 야신느가 카뮈의 『이방인』을 언급하면서 했던 다음 표현에서 참고한 것이다: "그의 [알제리인에 대한] 의견은 상당히 가혹하다. (…) 그럼에도 불구하고 카뮈는 세속적인 문명이 넥타이와 스리피스 수트를 입는 지배적인 문화에서 벗어나지 못한 것 같다."

수밖에 없는 이유를 달리 설명할 필요가 있을까.

> 내 소설은 내 우상인 알베르 카뮈의 작품에 대한 대답이다. 그는 어린 시절 장난감, 피에-누와르의 장난감인 양 알제리를 취급했다. 그는 다른 쪽으로는 간 적이 없다.[33]

카뮈는 알제리에 대해 지나치리만치 '사랑'을 표하곤 했지만, 오히려 그것이 그를 감금하는 화근이 되었다고나 할까. 카뮈는 알제리인 주체가 아닌 유럽인 주체로 알제리 현실에 대해 타자처럼 거리를 취해 바라본 것이며, 이는 카뮈가 알제리의 원주인 공동체의 이방인이라는 사실을 묵인하는 것과 같다. 하지만 앞서도 언급했듯, 장소, 장소-정체성은 결코 경계 밖의 외부인에게 속살을 드러내지 않는다. 알제리가 프랑스의 일부 지역이기를 희망했던 카뮈에게 알제리가 알제리의 신화가 무엇이고 금기가 무엇인지를 보여줄 리도 만무하다.

로컬 문화마다 각기 고유의 신화와 금기가 있는 법이다. 칼이 상대방에게 위협적인 문화가 있는가 하면 권총이 상대방에게 위협적인 문화가 있다. 돌려 말해 조제프에게 위협적인 것은 주머니칼이 아니라 권총이고, 하룬이 형 무싸를 대신해 조제프를 권총으로 범행을 저지른 이유 또한 여기에 있다. 공포에 질린 조제프, 아니 뫼르소, 아니 카뮈를 하룬은 그의 두 눈으로 직접 확인하고 싶었는지 모른다. 하지만 하룬은 "특정한 누군가를 죽인다"(112)는 의도보다는 단지 "도망치려던 프랑스인"(113)을 "복수를 강요"(122)한 엄마의 연출에 맞추어 그에게 부여된 역할〔"권총으로 루미 조제프를 처형하고 그를 묻는 일"(134)〕을 실천한 것뿐이라고 변명한다. 정확히 말하면, 하룬은 총의 문

33 *Ibid.*, p.56에서 재인용.

화에 부합하는 방식으로 제2의 뫼르소인 조제프에게 복수한 것이다.

카뮈주의자들은 이러한 다우드의 『뫼르소, 살인사건』에서의 반대 심문과 프랑스의 식민주의에 대한 적대적 태도에 대해 다소 불편함을 느낄 수도 있을 것이라 여겨진다. 하룬이 조제프를 죽인 것은 곧 카뮈를 겨냥한 것이기도 하기 때문이다. 하지만 〈Camus〉보다 어쩌면 〈Albert〉에서 알제리성을 느꼈을 하룬, 그는 분명 〈Camus〉 또는 뫼르소와 같은 지중해인(Mediterranean)으로서 '작열하는 태양'은 공유했을 수 있지만, 바로 그렇기에 〈Camus〉나 뫼르소와 마찬가지로 "태양의 친구"(16)였던 형, "조상들의 빼앗긴 땅에 대해 늘 억울함을 가지고 있었던"(18) 형의 신원을 증명해 보이는 것이 과제였던 것이며, 최소한 '무싸'라는 형의 이름만이라도 되살려야 한다는 판단을 한 것이다. 그래야만 알제리 고유의 편백나무들이 다시 뿌리 내리고, 언덕들이 되살아나고, 들판에서 사라진 길들이 원상회복될 수 있을 것이라 믿은 것이다.[34]

사회문화적 소속감과 장소-정체성이 작품의 줄거리 구성에 있어 핵심 얼개로 작용하는 『뫼르소, 살인사건』에서 다우드가 『이방인』을 탈식민적 관점에서 비판적으로 묘사한 부분은 일일이 다 언급할 수 없을 정도로 많다. 본 연구에서는 일단(一端)의 분석을 통해 식민 지배로 인해 상실된 개인-정체성은 일차적으로 이름을 회복함으로써 복구되는 것이라는 점을 하룬에 기대 강조해 보았고, 이름의 회복은 실존적 장소의 재영토화가 목표이며, 그렇게 영토가 회복될 때 언어도, 토착 문화도 회복되는 것이라는 점을 밝혀 보았다.

알제리인들에게는 알제리 독립전쟁의 트라우마는 집단 기억으로 간직돼

34 하룬이 어린 시절을 보냈던 하주트에 대한 묘사에서 응용: "난 하주트와 그 주변을 샅샅이 알고 있네. 길가의 아주 작은 조약돌까지도. 마을은 더 커지긴 했지만 더 어수선해졌더군. 편백나무들도 사라졌고, 미완성의 빌라들이 늘어나면서 언덕들도 사라져버렸어. 들판에도 이젠 길이 없어. 하긴 들판 자체도 없어졌으니 원."(49)

있다. 알제리인들에게 알제리 독립전쟁의 트라우마는 어쩌면 영영 치유될 수 없는 집단 무의식일지 모른다. 집단 무의식으로 자리 잡은 독립전쟁의 트라우마가 지속되는 한 '알제리'와 '프랑스'라는 두 그룹, 두 국가, 두 문화는 카뮈가 제안한 '연합'이라는 "정치적 인공물(political artifact)"로 봉합될 수 없을 것이다.[35] 카뮈의 상, 타화상이 단일화(單一畵)가 되기 위해서는 무엇보다도 알제리인들이 카뮈를 '이방(異邦)의 작가'가 아닌 '내국(內國)의 작가'로 받아들이는 것이 기본 전제일 것이다. 그러나 그런 날이 과연 올까? 그런 날이 오기 전까지 카뮈는 알제리에서 언제나 그랬듯 '이방인'으로 머물 수밖에 없다.

4. 사유와 상상의 영토는 삶의 영토와 둘인가?

"유령은 동일자 속에 있는 타자의 개념"(J. Derrida)에 불과할 뿐이라 했던가![36] 알제리 독립전쟁의 유령이 현금의 알제리인들을 지배하고 있다는 것은 유령-타자와 알제리인들이 '현재'를 함께 살아가고 있다는 방증이다. 『뫼르소, 살인사건』은 바로 그 유령의 단적 부활이라 할 수 있다. 그렇게 유령-타자가 부활할 때마다 카뮈의 유령은 예외 없이 회생한다.

제2, 제3의 카뮈가 탄생하는 씨앗은 카뮈 자신이 뿌려놓은 것이다. '문학적 허구'로 정의되는 것을 일반적으로 '소설'이라 칭하건만 알제리인들은 『이방인』을 여느 소설처럼 '단독 작품'으로 감상하지 않고 끝없이 자신들의 정치적 감정이나 재지적 감성을 투사한다. 이렇게 유령-타자가 문화적 기억

35 E. Apter, *op. cit.*, p.516.

36 D. Kelly, *op. cit.*, p.12에서 재인용.

으로 자리 잡아 재생산되기에 "억압된 역사로 회귀하는 유령"이 알제리의 천공을 오늘까지고 가리고 있는지 모른다.[37]

이런 점에서 알제리인들에게 알제리 독립전쟁은 더 이상 지나간 역사 속의 전쟁이라 할 수 없다. "장소는 두드러져 보이기 위해 범죄 스토리가 필요하다"고 했던가.[38] 다우드의 『뫼르소, 살인사건』은 알제리인들의 정신치유적 가교를 제안하며 카뮈가 낸 '연합'의 길에 손을 내밀기보다 재차 분쟁적 대결을 제시하면서 카뮈와 카뮈의 작품들을 알제리 독립전쟁의 시기로 되돌려 놓고 있다. 다우드의 실존적·탈식민적 경험이 『이방인』에게 반대 심문을 하게 만든 직접적 배경이라 할 수 있다. 글로벌 시대가 요구하는 인간상은 "비국가적·비이데올로기적 소속감"을 통해 '지역적 주체(local subject)가' "글로벌 주체(global subject)"로 거듭나게 하는 것이라 주장하는 이 시대의 통념을 거슬러[39] 『뫼르소, 살인사건』은 일종의 특수주의적(국가·민족주의적) 관점을 통해 장소-정체성의 재건에 초점을 집중시키고 있다. 다우드의 관점에서 실존의 장소는 지역적 주체의 '목'이고 '숨'이다. 그에게 정의는 카뮈와 같은 평화주의적 도덕군자의 '정의'라는 그리스적 담론을 반복하는 것으로는 부족하다.[40] "국제 민주주의 운동(an international democracy)", "글로벌 인권

---

37 A. Haddour, *Colonial Myths. History and Narrative*, Manchester: Manchester University Press, 2000, p.182. 알제리의 독립전쟁의 유령이 얼마나 알제리 지식인들을 괴롭히고 있는지는 A. 제바르의 다음 표현에 잘 나타나 있다: "생존자들이 그들 자신을 위해 사는 길이라고 확신하면서 아직 완전하게 죽지 않은 자들의 이야기를 해결해보려고 끈질긴 노력을 하지만 결국은 서로를 잡아먹는 것, 그것이 유령 알제리(une Algérie fantôme)다." - A. Djebar, *Le Blanc de l'Algérie*, Albin Michel, 1995, p.230. 참고로 이 책은 카뮈, F. 파농 등 알제리 출신의 작가들의 알제리 독립전쟁과 얽힌 특정의 에피소드, 죽음의 공포 등을 다루면서 현재 알제리가 겪고 있는 위기는 동족상잔의 전쟁이 원인이라고 조명한다. 카뮈에 대해서는 '미완의 죽음(une mort inachevée)'이란 개념을 통해 설명하고 있으며, 이는 전제 텍스트를 관통하는 중요 개념 중 하나이다.

38 N. Gabellieri, "Place matters: geographical context, place belonging and the production of locality in Mediterranean Noirs", *GeoJournal*, Vol. 87, 2021, p.3909.

39 E. Apter, *op. cit.*, p.516.

40 P. Voisin, *op. cit.*, p.76. P. 보이신은 카뮈의 문학은 i) 시대를 초월한 그리스적 이상주의, ii) 로마적 식민주의, iii) 그리고 모든 지중해 연안의 복수적 문화가 융합된 것이라 설명하면서, 카뮈에게 지중해는 "그리스적

(global human rights)"의 사도이기도 했던[41] 카뮈가 정작 알제리의 원주인들을 저버리는 선택을 했다는 것, 카뮈가 명예롭지 못하게 그의 명예로운 작품들과 함께 소환되고 재소환되는 이유가 다른 데 있는 것이 아니란 뜻이다.

『뫼르소, 살인사건』은 이런 점에서 알제리 원주인들의 정당 방어라 평가하기에 충분해 보이며, 카뮈에 의해 "알제리의 토착 주체(autochthonous subjects)를 중성화시키면서 식민지 개척자의 그림자(colonizer's shadow)를 하얗게 덧칠한 문학적 스타일(a literary style that white-washed the colonizer's shadow, "writing degree zero")"[42]을 걷어 내고 알제리 고유의 장소-정체성을 덧입힌 작품이라는 데 오히려 신선함이 있고 충격 요법의 역할을 한다고 하겠다. 그것이 '충격 요법'으로 비친 것은 그 정도로 알제리에서는 반카뮈적 정서가 거세다는 사실을 『뫼르소, 살인사건』을 통해 비로소 인식하게 되었다는 점 때문이며, 그것이 '신선함'인 것은 도대체 어떻게 다우드가 『이방인』과 정확히 데칼코마니를 이루는 쌍둥이 소설을 쓸 발상을 했을까, 라는 점 때문이다.

이 자리에서 거듭 강조하지만, 『이방인』과 『뫼르소, 살인사건』의 일차 독자는 한국인이 아니다. 대한민국의 독자들도 이제는 제3자로서 두 작품을 맞대면시키고 이를 반면교사 삼아 알제리의 재지성과 알제리 독립전쟁의 상흔으로 얼마나 많은 알제리인들이 현재 이 순간에도 치유 불가능한 집단적 고통에 시달리고 있는지를 깨달을 필요가 있다. 희망도 고통도, 자유도 정의도, 평등도 평화도 기본적으로 영토를 단위로 발현되고 구현된다. "나를 고통스럽게 하는 것은 알제리다"라며[43], 한때 알제리 때문에 고통스러워

지중해(Greek Mediterranean)"가 지배적이라고 강조한다(*ibid.*).

41 E. Apter, *op. cit.*, p.501.

42 *Ibid.*

43 이 표현은 카뮈가 알제리의 저항운동가 Aziz Kessous에게 보낸 편지에 나온다. 자세한 분석은 A. Goldhammer, ""Algeria is What Pains Me"", *South Central Review*, Vol. 31, No. 3, 2014, pp.64-71 참조.

하기도 했던 카뮈이지만, 그 고통이 거의 그대로 현대의 알제리인들에게서 재연되고 있다는 것은 영토는 결코 개인은 물론이고 공동체 구성원들에게 물리적 공간에 그치지 않는다는 것을 증언한다. 영토, 삶의 영토는 사유와 상상의 영토와 둘이 아니란 뜻이다. 그런즉 식민주의자와 자신의 정체성을 동일시한 작가 카뮈에게 영토 알제리에 대해 시야비야(是也非也)할 권한을 알제리인들이 부여할 리 없다.

카뮈의 사례는 식민 지배나 전쟁을 겪었던 국가의 지식인들이 겪는 공통된 고민일지 모른다. 그런 점에서 카뮈도 분명 식민 지배 시기의 피해자라 할 수 있다. 일제강점기에 조선 땅에서 태어난 어떤 소설가가 내선일체(內鮮一體)를 주장하거나 황민화(皇民化)에 앞장섰다고 가정해 보자. 그런 그를 누가 감히 조선의 작가라 두둔할 수 있겠는가? 역설적으로 말해, 카뮈의 사례를 반면교사로 삼아 이제 우리도 문학 작품의 재지적 독법과 재지적 비평의 중요성에 눈을 뜰 때다. 작가도 독자도 장소감을 상실하면 그가 삶의 여정에서 축적한 모든 것들은 한순간에 물거품이 되고 만다.

장소는 단지 외부의 물리적 환경에 그치는 것이 아니다. 장소는 "우리 안에 존재하며", "우리를 주체로 구성하는 것이 〔곧〕 장소"이다.[44] 카뮈에게 상상의 영토인 알제리가 알제리인들의 삶의 영토인 알제리와 충돌하는 한 카뮈는 영원한 알제리의 난민일 수밖에 없다. 그런 카뮈를 대한민국에서는 어떻게 접대하고 있는가? "자기 시대의 골목길에서 주운 하나의 생각"일 뿐인 부조리를[45] 나의, 우리의 존재 이유라며 "카뮈의 '뫼르소'"가 되려는가?

---

44 E. S. Casey, *op. cit.*, p.688.
45 모르방 르베스크, 『알베르 카뮈를 찾아서』, 김화영 옮김, 나남출판, 1997, p.107.

카뮈의 『이방인』에 등장하는 주인공 뫼르소의 탈신화화

○ 김성수

"인간이야말로 인간 자신의 목적이다. 하나밖에 없는 목적이다. 그가 무엇인가가 되고자 한다면 그것은 바로 삶 속에서이리라."

○ A. 카뮈, 『시지프 신화』, p.134.

"이처럼 도덕에 관해 생각할 때는 이 세 가지 분야를 모두 생각해야 합니다. 즉 인간과 인간의 관계, 각 인간의 내부에 있는 것들, 인간과 인간을 만든 힘과의 관계를 생각해야 하는 것입니다."

○ C. S. 루이스, 『순전한 기독교』, p.127.

1. 알베르 카뮈에 대한 평은 혹시 부조리하지 않은가?

알베르 카뮈(Albert Camus)는 '부조리(absurde)' 개념으로, 소설 『이방인(L'Étranger)』(1942)으로 널리 알려져 있다. 카뮈는 이 소설로 40대 초반에 노벨 문학상을 수상했으며 세계적 스타로 떠올랐다. 이후, 『페스트(La Peste)』(1947), 『전락(La Chute)』(1956) 등의 저작을 집필하여 더 큰 가능성을 보여 주었지만, 보기에 따라서는 다소 부조리하게도 1960년 프랑스에서 안타깝게 교통사고로 46세에 요절했다. 현재 그는 서구를 비롯한 대부분의 국가에서 20세기 문학계의 거목 중 하나로 추앙받고 있다. 카뮈가 살았던 알제리의 지역을 여행하는 프로그램이나 여행 소개 책자들이 있을 정도로 지금도 고정적인 팬층을 확보하고 있다.[1] 그러나 이러한 평가가 과연 옳은 것인가?

카뮈는 북아프리카의 알제리에서 출생했고 성장했다. 카뮈는 『최초의 인간(Le premier homme)』(1994, 사후 출간)에서 알제리의 서정적 요소들을 자세하고

1 Guided tour in the footsteps of Albert Camus(10days), 2023; 서정원, 『알베르 카뮈와 알제리』, 이지퍼블리싱, 2020 등에서 여행 정보를 확인할 수 있다.

인상 깊게 묘사하기도 하였다.[2] 그렇지만 카뮈의 생전 당시에는 프랑스의 식민지였던 알제리에서는 알제리라는 나라에 대해 중요하게 인식하지 않았던 카뮈를 지금도 인정하지 않는다. 오히려 카뮈에 대한 반감이 서구 세계와는 달리 널리 퍼져 있을 따름이라고 한다.[3] 이처럼 카뮈가 알제리에서 반감을 크게 얻게 된 이유는 알제리의 독립에 대해 강경하게 반대했었기 때문이다. 사이드(Edward W. Said)는 이런 카뮈를 제국주의적이라고 강한 어조로 비판하였다.[4]

즉 카뮈는 알제리라는 지역과 어느 정도 관련이 있을 뿐, 알제리라는 나라 자체와는 큰 관련이 없다고 할 수 있다. 카뮈는 알제리에서 영원한 이방인인 것이다. 사실 카뮈의 부모는 프랑스 본토에서 알제리로 이주한 피에-누아르(Pied-Noir)였다. 그는 어렸을 때부터 가난한 생활을 했으며 어머니가 원래 스페인 사람이었음에도 불구하고 그래도 어쨌든 프랑스인(물론 본토의 프랑스인으로부터는 다소 이방인 취급을 받는)이었다. 이 같은 내막들을 적극 반영이라도 하는 듯 『이방인』 속의 주인공 뫼르소는 한 알제리인을 살해하고서도 그에 대한 죄의식이나 미안함 같은 감정이 결여된 프랑스인으로 묘사되었다. 카뮈가 이 소설의 제목을 굳이 '이방인'이라고 해야만 했던 이유일지도 모른다.

그럼에도 불구하고, 소설 속의 뫼르소는 세상에 적지 않은 반향을 일으켰다. 그를 실존주의자의 한 모습으로 해석하려는, 현대인의 단면으로 보려는, 나아가 양심적인 인물로 보고자 하는 우호적인 견해도 있다. 이는 카뮈가 실존주의(existentialism)와 관련이 없다고 자신에 대해 스스로 밝혔으나, 일종의 실존주의자로 간주되고 있다는 점과 아주 긴밀하게 연결된다. 또한

2 빅터 브롬버트, 『유한성에 관한 사유들』, 이민주 옮김, 성균관대학교 출판부, 2015, p.169.
3 최성주, 「카뮈와 이방인, 그리고 알제리」, 『문화일보』, 2010.06.22.
4 에드워드 사이드, 『문화와 제국주의』, 김성곤, 정정호 옮김, 창, 2011, pp.318-329.

이 같은 해석은 카뮈의 철학적 수필집인 『시지프의 신화(Le mythe de Sisyphe)』(1942)와도 직결된다. 이렇게 해서 뫼르소와 카뮈에 대한 신화가 만들어진 것이다. 그래서 바로 이 때문에 '뫼르소와 카뮈에 대한 세간의 신화화는 정말로 정당한가, 부조리하지 않은가'라는 필자의 질문이 생겨날 수 있게 된 것 같다.

이 글은 이러한 상황에 대한 전반적인 고찰이다. 다만 철학자 혹은 문학가로서의 카뮈와 카뮈의 텍스트들을 연구하기보다는, 문화(문학)콘텐츠의 관점에서 소설 『이방인』 속의 캐릭터인 뫼르소에 대해 성찰해 보고자 한다.―물론 뫼르소와 카뮈는 당연히 연결된다. 이방인으로서의 뫼르소는 보통 말해지는 '문제적 캐릭터'로 간주 될 수 있다는 데 위 질문에 대한 해답이 있는 탓이다. 이 맥락에서 필자는 3가지 문제점을 제기하고자 한다. 먼저 뫼르소를 실존주의적으로만 이해하는 내용에 문제가 있음을 고찰해 본다. 그리고 이어서 반윤리적, 반사회적인 뫼르소가 윤리적으로 해석되는 것에 대한 문제점을 살펴보려 한다. 나아가 끝으로 기독교적 세계관에서도 큰 문제가 된다는 점에 대해 정리해 볼 것이다. 결국 이 모든 내용이 세계관의 차이, 로컬리티(locality)의 중요성, 실존주의의 한계 및 의의와 연결된다는 점을 밝히면서 뫼르소를 탈신화화하여 그의 정체성에 대해 가늠해 보고자 한다.

2. 문제적 캐릭터인 뫼르소를 실존주의적으로만 이해할 수 있을까?

문예 작품이나 영화·드라마 등에서는 주인공을 어떻게 구축하느냐가 관건이다. 이 캐릭터가 스토리를 견인하는 근본적인 동인으로 작용하기 때문이다. 콘텐츠 작가들이 캐릭터 창조에 많은 고심을 하고 있는 이유다. 주지하듯 문예 작품이나 영화, 드라마는 미디어적 특성에 따라 현실을 확대·과장·모사하고 있으므로 스토리나 캐릭터 역시 이에 준하여 확대·과장·모사되고 있다. 스토리텔링 못지않게 스토리 속의 메인 캐릭터들 역시 현실과 가상을 오가야 하는 것이다. 그렇기 때문에 특이하면서도 아이러니하게 나름의 적나라한 현실성을 지니는, 곧 개연성이 있는 인물로 그려지게 된다.

『레 미제라블(Les Misérables)』의 장 발장, 『오만과 편견(Pride and Prejudice)』의 엘리자베스 베넷, 『반지의 제왕(The Lord of the Rings)』의 프로도, 『변신(Die Verwandlung)』의 그레고르 잠자 등 스토리 장르를 불문하고 거의 이러한 현상이 나타난다. 더욱이 창작자들은 여기서 더 나아가 종종 사람들이 쉽게 이해하지 못하는 성격의 소유자를 주인공으로 만들기도 한다. 『돈 키호테』(Don Quixote)의 돈 키호테, 『양철북(Die Blechtrommel)』의 오스카, 『아마데우스』의 살리에리 등이 대표 격이라 할 것이다. 대중적인 임팩트가 일반 소설보다 훨씬 더 강해야 하는 영화나 드라마의 스토리에서는 이러한 경향이 훨씬 더 많이 나타난다. 대체적으로 이를 스토리 속의 '문제적 캐릭터'라고 정의할 수 있다.

이 인물들은 보통의 평범한 사람들과는 어떤 방식으로든 다르고 문제가 있는 캐릭터들이다. 본래 자신을 잘 통제하고 대인관계가 원만한 정상적인 캐릭터는 웬만한 비극이 아니고서는 사람들에게 호소할 수 있을 만한 이야기를 만들기가 쉽지 않다. 그러나 이 문제적 캐릭터는 매력적이고 극적인 이야기를 만들기가 상대적으로 쉽다. 이미 다른 사람들의 관심을 크게 끌 수 있는 캐릭터이기 때문이다. 일반적으로 문제적 캐릭터들은 지나치게 자기중심적이라거나 감정적, 또는 강박적이라거나 자기애적, 혹은 반사회적이라거나 완벽주의자 내지 은둔형 외톨이 등의 모습을 띤다.

> 문제적 캐릭터는 의도했든 의도하지 않았던 끊임없이 위기에 직면하는데, 가장 심각한 위기는 스스로에게서 온다. 무의식적으로 자신의 결핍을 채워 나가려는 과정에서 위기를 마주하는 문제적 캐릭터가 이야기의 맥을 형성하고 독자의 마음을 끈다. 문제적 캐릭터는 본인만의 방식으로 자신과의 관계를 설정해 나간다. 독자는 문제적 캐릭터에게 연민을 느끼고 이야기 속에서 그들이 겪는 고난과 역경에 함께 힘들어하고 그의 성취에 기뻐한다. 그리고 그 과정에서 문제적 캐릭터에서 나의 모습을 발견한다.[5]

『이방인』의 뫼르소 역시 이 상황과 결코 무관하지 않은 것 같다. 소설 속에 그려진 뫼르소는 어머니의 죽음에 지극히 담담한 내향적인 인물이다. 뫼르소가 생전의 어머니와 정서를 공유하는 관계를 맺지 못했다는 점, 여러 주변 사람들과 친근한 관계를 맺는 스타일이 아니었다는 점을 미루어 알 수 있게 된다. 뫼르소는 정당방위(자신의 생명이 위협을 받아 부득이하게 해칠 수밖에 없는)가 아닌 상황에서 사람을 권총으로 쏘아 죽였으며, 총에 맞아 이미 절명한 듯한 사람에게 다시 총을 쏘기까지 했다. 전쟁 시도 아닌 평상시의 현대 상황하에서는 결코 용인될 수 없는 범죄를 저지른 그는 이에 대해 일말의 미안함이나 죄의식을 지니지 않은 도덕과는 무관한 인물로 묘사되었다. 그리고 형무소에서 뫼르소는 사형 집행일을 행복하게 기다리는 사람이 된다. 뫼르소는 보통의 평범한 사람과는 완전히 다른 문제적 인물인 것이다.

이런 뫼르소가 현대의 실존 개념으로 흔히 독해되는 주된 이유는 그가 그만큼 자기 자신에게 양심적으로 충실하고자 했으며, 열정적으로 본래적인 자기 자신을 찾고자 했기 때문이라는 데 있다. 이 시각은 '실존'이라는 개념의 정의에서 더욱 명확해진다. 본래 '실존', 곧 실제 존재(existence)라는 단어

---

5 한민 외, 『문제적 캐릭터 심리 사전(창작자를 위한 캐릭터 설정 가이드)』, 시크릿하우스, 2022, p.8.

는 사람들에게 그리 친숙하지도 낯설지도 않다. 원래 existence의 철학적 연원은 중세 철학의 existentia(실재)에서 비롯되며, 또한 어원은 라틴어 existere인 '앞으로 나타난다'에서 유래되었다. '～로부터'(ex-)와 '존립하다'(-sistere)의 합성어가 existere 동사다. 중세 스콜라 철학에서의 이 실존은 본질(essentia)에 반대되는 한 사물의 실재, 스스로의 근거에 의해 자립하게 된 존재자가 실제로 있는 것을 의미했다. 실존의 의미를 소급해서 올라간다면 플라톤(Plato)과 아리스토텔레스(Aristotle)에 이르게 된다. 본질이 이데아(Idea)이고, 실존은 이데아의 현현(실제 나타남)이라 할 수 있으며, 한 존재가 그 자리에 있다는 현전의 의미로서의 실체(parousia)라고도 할 수 있다.[6]

그렇기에 이러한 존재의 특성을 사물이 아닌 인간 존재에 대해 적용한다면, 인간 자신의 의식이 지시하는 대로 각자 나름의 고유한 자기의 본래 성질을 현실로 나타나게 하려는 의도란 의미가 된다. 인간 개인 자신의 모습을 양심적으로 순수하게 실제로 현현해서 보여 주어야 한다는 것이 바로 실존 개념의 핵심이다. 이 견지에서 실존철학자들은 인간들 모두는 본성적으로 본래적인 자기와 자기 아닌 것을 구별하려는 속성을 가졌으며, 인간 개인들 각자는 '자기 자신'에게 되돌아가고자 노력하도록 프로그램되어있다는 점에 주목한다. 그래서 실존철학에서 '실존이 본질에 앞선다.', '나는 선택한다. 고로 존재한다.'라는 말을 할 수 있게 되는 것이다. 즉 '실존'은 '자아'의 문제, 곧 '자아의 존재' 문제라 할 수 있게 된다. 그리고 바로 여기서 '나'의 중요성이 대두된다. '자아', 곧 나(I)는 한 개인에게 있어서 생각과 행동을 아우르는 여러 작용의 통일적인 바탕이며, 그에 따라 나의 '자아'는 나

6 조가경, 『실존철학』, 박영사, 1991, p.72; F. 짐머만, 『실존철학』, 이기상 옮김, 서광사, 1987, p.40.

[그림 1] "한 인간이 자신의 삶에 대해 가지는 애착 속에는 세상의 그 모든 불행보다 더 강력한 무언가가 있다." - 『시지프의 신화』에서 자기 자신의 인생을 가장 중요하게 생각할 사람은 자신밖에 없다고 강조했던 알베르 카뮈(출처: https://en.wikipedia.org/wiki/1957_Nobel_Prize_in_Literature#/media/File:Camus_Harcourt_1945.jpg)

에게 있어서 필연적으로 나의 중심이 된다.[7]

둘째로, 뫼르소는 '부조리'를 절감하는 인간이었다는 것이다. 카뮈는 인간의 삶 자체가 부조리라고 말하는데, 원초적으로 인간은 자신이 속한 세계를 완전하게 알 수가 없고, 왜 살고 있는지, 왜 일을 하는지 모른 채, 그 일을 완전히 해낼 수도 없는 상태로 결국 죽음을 맞이하는 존재라고 한다. 부조리는 인간이 맞닥뜨릴 수 밖에 없는 삶의 허무와 무의미, 곧 삶의 의미를 결코 이해할 수 없는 절망적인 한계 상황, 또한 그렇다고 자살해서도 안 되는 상황을 총칭하는 말이라 할 수 있다.[8] 이러한 인간 삶의 전형을 카뮈는 그리스 신화 속의 시지프(Sisyphos)에게서 통찰한다. 주지하듯 시지프는 산 아래에서 산 위로 계속해서 끊임없이 바위를 굴려 올려야만 하는 제우스의 형벌을 받은 인물이다.(바위는 산 위에 도착하면 자동으로 산 아래로 굴러떨어진다.) 카뮈는 일상 생활에서의 '권태'를 통해 부조리를 발견할 수 있게 되며, 나아가 '낯설음'에서 확증할 수 있게 된다고 한다. 매일 반복되는 동일한 생활의 연쇄 속에서 권태를 느끼게 되며, 자신이 속한 세계 속에서 돌연

7 에머리히 코레트, 『철학적 인간학』, 진교훈 옮김, 종로서적, 1986, pp.89-91.

8 R. Zaretsky, *A Life Worth Living —Albert Camus and The Quest for Meaning*, Cambridge: The Belknap Press of Harvard University Press, 2013, pp.11-15.

낯설어지는 감정을 통해 이를 명확하게 인식할 수 있게 된다는 것이다.[9]

부조리는 인간에게 세상의 본질인 부조리성을 경험할 수 있게 해 주는 개념이다. 카뮈는 부조리 개념이 내 삶에서 나를 빠져있게 하는 상태로 느끼도록 만들고, 내 인생의 구경꾼이 되어 버린 상태에서 나 자신이 누구인지, 내가 어떤 일을 했는지에 대해 생각하고 말할 수밖에 없게 하는 상황이라고 역설한다. 또한 나의 탄생이나 죽음과는 별 상관없이 세상은 알아서 진행되고 있는 것, 그래서 나 자신이 나의 삶 속에서 제외되어 버리고 다른 사람이 나에 대해 평가하는 상황들로만 나의 삶이 진행되는 것, 그래서 나는 내가 존재하는 이 공간 자체를 생경하게 느낄 수밖에 없는 상태 등 이 모두가 부조리라는 것이다. 그렇기에 카뮈는 우리 인간들이 이 부조리한 상황을 피할 수 없는 삶의 조건으로 받아들이면서 오히려 기쁘게 살아가야 한다고 말한다. 그가 "행복한 시지프를 마음속에 그려 보지 않으면 안 된다."라고 하며 역점을 두어 말한 이유이다.[10] 이 부조리의 세계를 살아가기 위하여 인간은 세계 속에서 희망의 포기, 반항, 정열을 삶의 힘으로 삼아 살아가야만 하는 존재여야만 한다고 강조하는 것이다. 부조리는 그래서 '반항적 인간'(반항하며 반항을 즐기는)과 필연적으로 연결된다. 반항을 통해 삶의 허무를 극복하고 기쁘게 살아가야 한다는 것이 카뮈가 역설하는 실존의 방식에 근거한 '미적 삶(aesthetic life)'이다.[11] 현실에 대한 환상적 도피이자 자기기만일 수도 있는 이 해결책에 카뮈의 고유성이 있는 것이다.[12]

---

9 알베르 카뮈, 『시지프의 신화』, 김화영 옮김, 책세상, 2000, pp.28-31.

10 *Ibid.*, p.189.

11 S. Novello, "Tregedy and "Aesthetic Politics": Re-thinking the Political beyond Nihilism in the work of Albert Camus", In C. Margerrison et al. (ed.), *Albert Camus in the 21st Century*, Amsterdam: Rodopi, 2008, pp.261-263.

12 M. H. Bowker, "Sisyphean (Out)rage and the Refusal to Mourn", In E. A. Vanborre (ed.), *The Originality and Complexity of Albert Camus's Writings,* London: Palgrave Macmillan, 2012, pp.65-73.

이 시각, 즉 카뮈의 실존주의적 관점으로 『이방인』을 독해하게 되면, 부조리와 반항이 뫼르소의 세계관(universe) 전체에 농후하게 퍼져 있음을 알 수 있게 된다. 뫼르소의 재판 과정(사법 제도로 상징되는 세상의 이성적 시각)과 감옥에서 사제와 한 대화(종교로 간주되는 전통적 가치관) 등 이 모든 것에 부조리가 있는 것이다. 뫼르소에게는 그의 세상 전체가 부조리하며, 그가 이런 세상을 살아가야 하는 것 자체가 부조리하다. 그렇기에 뫼르소에게 있어서는 익숙하던 세계가 낯설게 변하는 것, 인생이 별 의미가 없으며 부조리하다는 점을 깨닫는 것, 그래서 반항적인 방향으로 삶을 열정적으로 살아가야 하는 것이 당연하게 되었다. 그렇기 때문에 뫼르소는 법정과 형무소에서 어떠한 변명도 거짓말도 하지 않았으며 자신의 감정과 생각을 솔직하고 양심적(혹은 반항적)으로 말하여 부조리하게 사형 언도를 받은 것이다. 당연히 카뮈의 시각에서 이런 뫼르소는 현대인을 대변하고 있으며 대변해야만 한다. 실제의 현실 사회에서도 그만큼 부조리가 많다는 측면이 있기 때문이다. 하지만 그럼에도 불구하고 이러한 내막들은 카뮈의 시각일 뿐이다. 부조리를 느끼는 뫼르소는 실존주의적이기 이전에 이미 문제적인 캐릭터라는 점을 먼저 반드시 주지하고 있어야 한다.

3. 반윤리적, 반사회적인 뫼르소를 윤리적으로 생각할 수 있을까?

카뮈는 『이방인』의 영어판 서문에서 “그(뫼르소)는 거짓말하는 것을 거부한다. 거짓말을 한다는 것은 단순히, 있지도 않은 것을 말하는 것, 인간의 마음에 대한 것일 때는 자신이 느끼는 것 이상을 말하는 것을 뜻한다. 그런데

이건 삶을 간단하게 하기 위하여 우리들 누구나가 매일 같이 하는 일이다. … 그는 있는 그대로 말하고 자신의 감정을 은폐하지 않는다. 이렇게 되면 사회는 즉시 위협당한다고 느끼게 마련이다."라는 말을 덧붙였다.[13] 뫼르소는 자신에 대해 거짓말을 하지 않았기 때문에, 진실을 추구했기 때문에, 뉘우치는 것을 귀찮은 일이라고 생각하고 법정에서 이야기했기 때문에 사형선고를 받은 것이다.[14] 뫼르소의 이 같은 태도는 비난할 수만은 없으며, 보기에 따라 훌륭하기까지 하다.

이렇게 분명 뫼르소는 양심적으로 독해될 수 있다. 사실 프랑스인인 뫼르소는 식민지인인 알제리인 한 사람을 우연히 살해했으므로, 소설 속에서도 잘 명시되어 있듯 사형 언도 대신 상대적으로 훨씬 더 가벼운 처벌을 받을 수 있었다. 뫼르소는 친구들과 해변에서 몇몇 아랍인들과 다툼을 벌이게 되고, 이후 우연치않게 남의 권총을 손에 쥐게 되었다. 그런데 이후, 한 아랍인이 단도를 꺼내 들자, 그는 그 칼날에 반사된 햇빛 때문에 돌연 권총의 방아쇠를 당겼으며 잠시 뒤 다시 몇 발을 쏘았다. 정당방위로 가장될 수도 있는 우발적 살인이었으며, 어떤 이유인지는 모르겠으나 확인 사살까지 행한 괴상한 살인이었다. 뫼르소는 자신의 행동을 정당방위로 몰고 가지 않았으며, 대신 이제까지 살아오면서 다른 사람들과는 다르게 느꼈던 것들에 대해, 그리고 알제리의 태양 빛 때문에 방아쇠를 당길 수밖에 없었다고 증언했다.

이는 카뮈가 현실에서 절실하게 느꼈던 부조리 개념을 소설이라는 미디어 가상 속에서 구현한 것에 다름 아니다. 뫼르소에게서 볼 수 있듯, 카뮈에게 있어서 부조리와 반항은 동시적이었다. 카뮈는 삶의 의미에 대해 질문을

---

13 알베르 카뮈, 『이방인』, 김화영 옮김, 책세상, 2004, pp.7-8.

14 *Ibid.*, p.8.

할 때 부조리의 감정이 태어나며, 그와 동시에 삶의 무의미에 항의하는 반항도 태어난다고 보았다. 그러나 현실과 가상은 당연히 영향을 주고받지만, 분명히 다르기도 하다는 점을 분명히 인지해야 할 필요가 있다. 부조리와 거짓말과 양심을 이야기하기 이전에 여기서 소설 속 주인공인 뫼르소라는 문제적 캐릭터의 특성이 분명하게 드러난다는 것이다. 소설의 스토리텔링에 따르면, 천성적으로 말이 많지 않고 내성적인 뫼르소는 허무주의와 염세주의에 함몰되어 있었다. 타인의 감정, 타인과의 관계를 크게 인식하려 하지 않는 지나치게 자기중심적이고 개인주의적인 사람인 것이다. "뫼르소는 '남들을 위해, 남들에 의해, 남들의' 삶을 사는 것을 거부"하는 사람이라고 해석되기도 한다.[15]

이런 뫼르소는 형무소에 수감된 이후에 문제적 캐릭터의 모습을 더욱 강하게 드러내 보인다. 사회윤리학자들이 이구동성으로 말하듯 살인이라는 행위는 어떤 특정인의 인생을 강제로 중단시키고 살해를 당한 인물의 주변 사람들에게 큰 심리적 상처를 주는 비윤리적인 행위다. 이 맥락에서 저술된 소설이 다우드(Kamel Daoud)의 소설 『뫼르소, 살인사건(Meursault, contre-enquête)』이다. 이 소설 속의 주인공인 하룬은 뫼르소에 의해 살해당한 무싸의 동생이다. 소설은 뫼르소가 느꼈던 감정에 반기를 들며, 『이방인』의 제국주의적 시각을 조망한다. 그러나 알제리인인 다우드는 하룬을 통해 카뮈가 말한 부조리를 적극적으로 인정한다는 측면에서 카뮈를 오히려 적극적으로 계승하고 있기도 하다. 뫼르소의 살인이 이미 부조리이며, 하룬 역시 부조리를 절감하는 인물이라는 내용이 들어 있다.[16]

15 최수철, 『카뮈, 지중해의 태양 아래서 만난 영원한 이방인』, ㈜북이십일아르떼, 2011, p.298.
16 카멜 다우드, 『뫼르소, 살인사건』, 조현실 옮김, 문예출판사, 2017, 서언 참조.

안중근 의사의 하얼빈역 의거처럼 애국과 복수의 감정이 더욱 앞서는 경우(엄밀히 말하면 안중근 의사는 전쟁 중이었다)가 아니라면, 청부살인업자 혹은 전쟁 시의 스나이퍼라 하더라도 사람을 죽이는 살인 행위 자체에 대해서는 속으로나마 어느 정도의 유감을 가지게 되는 것이 일반적이다. 하지만 뫼르소는 자신의 살인 행위에 대해 무감각하고 비도덕적인 면을 보이면서 후회나 죄책감을 느끼지 못한 채 형무소에서 자신의 허무적 삶을 극복하려는 자기 내면 감정에만 고뇌하고 신경 쓸 뿐이다.[17] 다른 사람의 인생에는 가치를 부여하지 않은 채 자의적으로 부조리하게 중단시켜 버리고, 자신의 인생과 마음의 위안에만 빠져있다는 것 자체가 이미 악덕이며 부조리라 볼 수 있는 것이기도 하다. 이 측면에서 보자면 뫼르소의 행동과 생각은 자가당착의 오류라고 말해질 수 있다.

자신의 생각에만 함몰되어 선·악의 구별조차 분명치 않아 보이며 생각과 행동의 조절까지 잘 안되는 듯한 뫼르소의 심리는 현실의 일반인들과는 분명히 현격하게 다르다. 정상적이지 않다는 판정을 충분히 받을 수 있을 정도다. 사회윤리학 및 정신병리학적 시각으로 볼 때 뫼르소는 사회화가 덜 되어있으며 선과 악에 대한 구분이 명확하지 않은 사이코패스적인 면모를 어느 정도 지녔다고 판단할 수 있게도 한다. 공감 능력이 결여되어 있고 충동 조절이 잘 안되며 자신의 이익과 무관하게 즉흥적인 행동을 할 때가 많고 두려움에 대한 생각이 거의 없이 자신의 생각에만 함몰되어 있는 것이 사이코패스의 특징이다.[18] 그럼에도 불구하고 이러한 뫼르소의 도덕성 결여를 실존주의적인 윤리로 해석하는 것이 옳을까? 장 폴 사르트르(Jean Paul

---

17 B. C. Sleasman, *Albert Camus's Philosophy of Communications*, Amherst: Cambria Press, 2011, p.135.
18 하이닥, 「소시오패스와 사이코패스의 '차이점'」, 『대한민국정책브리핑』, 2014.01.20.

Sartre)는 뫼르소를 이해하면서 볼테르(Voltaire)의 캉디드(Candide)를 여하간 닮았다고 평한 바 있다.[19] 캉디드는 온갖 사회적 불합리에도 염세주의와 허무주의에 함몰되지 않고 스스로의 내면을 개척하고자 했던 낙천주의자였다.

뫼르소가 사이코패스든 캉디드와 닮았든 간에 이 내막은 실존주의가 흔히 빠질 수 있는 약점과 연결된다는 측면이 있다. 실존주의에는 기본적으로 두 가지 약점이 있다. 실존주의는 (사회적) 보편성 내지 본질적인 관념에 대해 회의적이므로 본질주의 및 절대주의를 거부하며, 보편성보다 개별성을, 초월적 가치보다 내재적 가치를 긍정하고자 하는 특성을 지니고 있다. 그런 까닭에 다소는 '과도한' 자기 합리화와 자기 중심성이라는 두 가지의 오류에 침잠되기가 쉽다. 실존적 인간은 보통 무한한 자유로 자신이 열려 있다고 생각하며 자기 자신의 직관으로 향하려는 성향이 많다. 그래서 인간 개인 자신의 내면적 실존에만 천착한 나머지 외부적인 질서를 도외시하기가 쉬운 것이며, 자기 합리화 차원으로 잘 연결된다. 주지하듯 자기 합리화(심리학의 방어 기제라는 개념을 굳이 빌리지 않아도)는 어떤 방식으로든 사람들이 자기를 안위시키고 자기를 긍정하게 만들려는 한 수단이다. 그런데 지나친 자기 합리화는 사람들로 하여금 자신의 잘못을 망각하게 만들거나, 자기에게 불리한 현재의 상황을 스스로 인정하지 못하게 막아 버린다.

한편, 지나친 자기 중심성은 인간이 유아적인 사고가 성인의 자아에게도 나타나는 일종의 유아론(solipsism)적인 퇴행이다. 지나친 자기 중심성은 자기 자신을 너무 과신한다거나 자신의 내면에만 집착한 나머지, 타인을 무시할 때 생겨난다. 그래서 타인과 자신의 입장을 바꿔 생각하지도 못하게 되며, 타인이 자기 자신을 보는 시각 등을 전혀 안중에 두지 않으므로 항상 자

19 O. Gloag, *Albert Camus—A Very Short Introduction*, Oxford: Oxford University Press, 2020, Ch.3 참조.

신만이 옳다라는 생각을 하게 된다. 자신의 내면에만 모든 중심과 가치를 두고 있는 탓에 사회성에 대한 개념이 희박해지고, 사람들과의 관계에 대해 소홀해지게 되는 면모를 보이게 된다. 자신만이 '참된 실존(true existence)'이라는 헛된 망상에 사로잡힌 이기주의자 내지 과도한 개인주의자의 모습으로 아주 쉽게 변질될 수 있는 것이다. 그래서 흔히 교만이나 오만에 이르게 되는 첩경이라고 종종 비난받기도 한다. 결국 뫼르소의 본래적 자아(one's natural self)가 지닌 과도한 자기 합리화 및 자기 중심성이 문제라고 생각될 수 있다는 것이다.

그러니 사회 정의를 구현하고자 하는 당시의 검사의 입장에서 보았을 때 뫼르소는 비인간적인 중범죄자일 수밖에 없다. 법정에서는 뫼르소의 살인 행위보다 뫼르소라는 인물 자체에 대한 논의들이 더 강조된다. 검사의 시각에서 뫼르소는 어머니의 죽음에 대해 크게 슬퍼하지도 않았고, 상중에도 애인과 사랑을 나누었던 비정상적이고 패륜적인 인간으로 보이는 것이다. 뫼르소의 살인 행위보다 뫼르소의 인물됨에 더 초점이 맞추어지는 다소는 부조리한 상황이라 할 수 있지만, 그렇다고 해서 이런 검사의 시각을 단순히 오류로만 볼 수 없다는 면이 있다. 검사에게는 뫼르소가 장차 다시 사회에 복귀한다면 어떤 또 다른 살인사건을 충분히 저지를 수 있다는 판단이 앞서는 까닭이다. 그렇기 때문에 법정은 정상적이지 않은 뫼르소를 평범한 정상인들이 사는 일반 사회로부터 영원히 격리시키기 위해 사형을 언도한 것이다. 이렇게 스토리가 구성된 것은 이런 뫼르소에 대해 이미 카뮈도 잘 알고 있었다는 뜻이 된다. 물론, 21세기 현재라면 범죄자의 인권 및 심신 미약 등을 감안하여 무기징역형이 선고될 가능성이 높다. 저자 카뮈의 실존주의적 관점이 아니고서는 소설 속의 뫼르소를 윤리적인 인물로 이해할 수 없는 것이다.

4. 뫼르소가 진실로 '우리 분수에 맞는 그리스도'일 수 있을까?

소설 속에는 검사와 더불어 또 한 명이 뫼르소와 대척점에 서 있다. 그는 바로 형무소 부속 사제(가톨릭 신부로 추측되는)다. 뫼르소는 형무소에 있는 내내 이 사제와의 만남을 계속 거부했다. 하지만 그래도 사제는 포기하지 않았고 결국 뫼르소를 만나게 된다. 그러나 죄를 인정하기 원하는 사제와 죄의식이 결여된 뫼르소의 만남은 더 크고 복잡한 불협화음만을 만들게 될 뿐이었다. 이는 기독교 성직자와 무신론자가 신과 인간에 대한 의견 차이를 좁히지 못하는 국면의 축소판이라 할 수 있다. 세계관(world view) 개념과 연결된다.

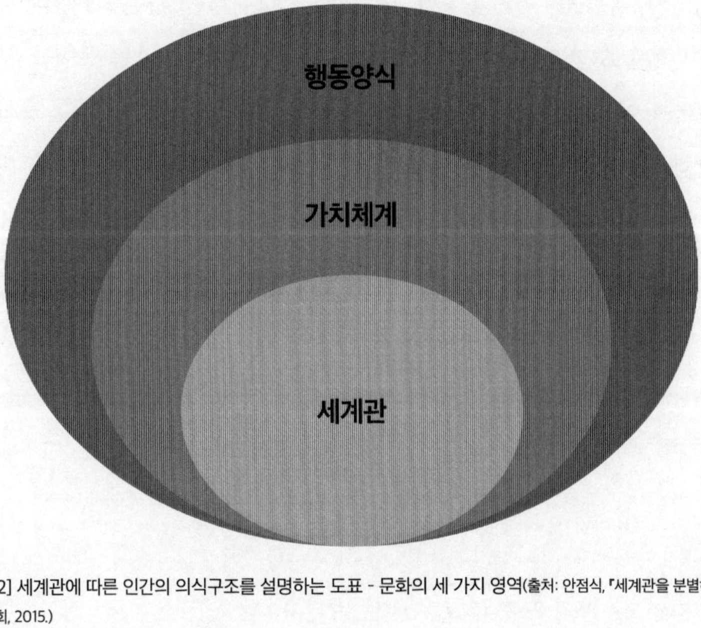

[그림 2] 세계관에 따른 인간의 의식구조를 설명하는 도표 - 문화의 세 가지 영역(출처: 안점식, 『세계관을 분별하라』, 죠이선교회, 2015.)

이 '세계관'이라는 용어는 칸트(Immanuel Kant)에 의해 처음 만들어져 사용되었고, 딜타이(Wilhelm Dilthey)에 의해 개념이 확산되었다. 독일어 welt(세계)와 anschauung(관점, 보기)으로 구성된 weltanschauung이 세계관의 원어다. 딜타이에 의하면, 철학자들이 만들어 내는 형이상학에는 배경 이론이 수반된다고 한다. 어떤 세계관이 배경이 되어 특정의 이론이 만들어지게 된다는 것이다.[20] 따라서 세계관은 어떤 지식이나 관점을 지니고 세계를 근본적으로 인식하게 되는 방식이나 틀을 지칭한다. 자연 및 인간 세계 등을 이루는 어떤 특정의 관점, 인간 삶의 의의나 가치관과 연결되는 통일적인 견해를 근거로 하여 세계를 보고 이해하려는 관점을 의미하는 것이다. 신화적 세계관, 기독교 세계관, 유교 세계관, 특정 이데올로기에 기반하는 도덕 윤리 세계관, 자연과학에 근거하는 과학주의 세계관 등이 좋은 예다. 인류 사회에는 수많은 종류의 세계관들이 공존해 왔으며 현재도 공존하고 있다. 영화나 드라마, 문예 작품 등에서 특정 세계를 의미하는 세계관(universe)과는 다르다.[21]

일반적으로 철학자, 신학자, 사회학자 등이 세계관이라는 용어를 사용하려는 경향이 있는데, 그 이유는 그들이 한 개인의 정신세계와 그 정신세계를 통해 세상을 바라보는 관점이 인류와 한 개인에게 어떠한 진보와 퇴보를 가져왔는지에 대해 연구하는 사람들이기 때문이다. 바로 그렇기에 세계관에는 종교, 철학, 과학은 물론, 인간의 근본적이고 실존적이며 규범적인 원리와 더불어 주제, 가치, 감정 및 윤리 등까지도 내포될 수 있는 것이다. 또

20 김창래, 「빌헬름 딜타이의 '철학의 철학'에 대한 철학적 성찰」, 『철학탐구』 제38호, 2015, 4장 참조.

21 현실의 세계관(world view)과 대중문화 및 문예 작품의 세계관(universe)이 다른 개념이기는 하지만, 현실의 세계관이 대중문화 및 문예 작품에 영향을 준다는 측면에서 서로 연결될 수 있다. 김용의 무협 소설 『의천도룡기』의 세계관(universe)에는 도가적 세계관(world view)이, 루이스(C. S. Lewis)의 『나니아 연대기』의 세계관에는 기독교 세계관이 내용상 배경을 이루고 있다. 카뮈의 『이방인』의 세계관에는 부조리 개념을 핵심으로 하는 무신론적 실존주의 세계관이 바탕에 깔려 있다.

한 이러한 세계관은 한 인간 개인이 살아가고 있는 혹은 살아가고자 하는 자신의 세계에 대한 이해로 생각될 수도 있다. 곧 '한 개인의 세계관'이라는 의미인데, 개인의 인생관과 연결되며 '어떻게 살아야 하는가?'라는 맥락과도 연결된다.

세계관은 세계상(picture of the world)이라는 개념과도 비교될 수 있다. 세계상은 특정한 세계관에 의해 묘사되어지는 세계 전체의 모습을 말한다. 그래서 종종 세계상은 객관적이며 지적인 '인간 보편의 공통 기준'으로, 세계관은 주관적이며 자의적인 '개인의 인식 방식'으로 이해된다. 하지만 보통 세계상과 세계관은 혼용되어 쓰이기도 한다. 개인이 어떤 인생관을 가지고 있느냐라는 맥락에서 세계관을 사용한다면 개인의 인식 방식, 또한 사람들 사이에서의 보편적으로 수용될 수 있는 관점이라는 맥락에서 세계관을 말한다면 세계상과 비슷한 의미가 된다. 그러므로 "어떤 세계관을 가지고 사느냐에 따라 한 개인의 특정 인생관이 만들어지게 된다"라고 말할 수 있다. "너와 나는 마인드가 다르다"라는 말을 하는 경우, 이는 세계관이 다른 상황이라고도 할 수 있다. 저소득층과 고소득층이 지닌 세계관, 저학력자와 고학력자가 지닌 세계관, 철학적으로 반성적인 사유를 즐겨하는 사람과 세상을 살아가는 데 주로 열심인 사람의 세계관, 긍정주의적 마인드를 지닌 사람과 염세주의적 마인드를 지닌 사람의 세계관 등은 다를 수밖에 없다. 당연히 이러한 세계관의 차이는 개인의 성격, 현 상황, 주변 환경, 과거사, 지닌 지식의 내용들, 지인들 등에서 종합적으로 기인한다.

기독교 성직자인 형무소 부속 사제는 하나님이 세계를 창조했고 예나 지금이나 세계에 역사하고 있으며 이미 원죄(original sin)를 진 상태에서도 크고 작은 자범죄(actual sin)를 늘 짓고 사는 인간의 구원자로 예수 그리스도를 보려 하는 기독교 세계관을 지녔다.[22] 반면, 『이방인』의 저자인 카뮈는 물론, 소설 속의 주인공인 뫼르소는 무신론적 실존주의적 세계관(기독교에서는 인본주의 세계관의 하나로 간주되는)을 지니고 있다. 20세기에 이러한 무신론적 실존주의가 대두되고 사회적으로 반향을 얻어 하나의 세계관으로 확립될 수 있게 된 데에는 시대적인 배경이 있다. 첫째로는 소외 문제이고, 둘째로는 세계의 낙관적 진보관이 무너졌다는 점이다. 헤겔(G. W. F. Hegel)에 의해 제기되기 시작한 소외(alienation) 문제는 근대 이후 인간 사회에서 생겨난 가장 큰 재난인데, 이 소외 문제가 시작점이다. 실존주의에서 보통 말해지는 헤겔의 자기소외란 어떤 존재가 자기 속에 있는 자신의 본질적인 어떤 것을 바깥으로 끌어내어 외화하고, 그것을 자신의 타자(他者)로 삼아 자기와 대립하는 남처럼 서먹하게 하여, 자기와는 거리가 멀고 서로 대치되게 하는 것이다.

이 소외 문제는 마르크스(Karl Marx)의 단계를 지나면서 상품과 기술 등에 의한 인간 소외라는 구체적 모습으로 발전한다. 실존주의자들의 궁극적인 목표는 이 소외로부터 해방되고자 하는 것이다. 사르트르가 "실존주의는 휴머니즘이다"라는 주장을 피력한 것도 이 맥락이다.[23] 한편, 세계의 낙관적인 진보관이 깨어졌다는 말은 하이데거(Martin Heidegger)의 용어를 빌리자면 이 시대가 '불안(angst)의 시대'라는 점과 연결된다. 이성적인 계몽주의와 뉴턴(Isaac Newton)의 자연관에서 비롯된 낙관주의는 1차·2차 세계대전으로 인해 완전히 깨어져 버렸다. 무수한 인명이 살상되고 세상은 폐허로 변해 갔으며, 신은 세상에 아무런 도움을 주지 않았다고 생각되기에 이르렀다. 이에 인간의 근거는 절대적이지 않다는 생각을 하게 되었고 허무주의로 연결되었다.

---

22 이승구, 『기독교 세계관이란 무엇인가?』, SFC, 2003, pp.13-32.

23 사르트르의 이 주장은 실존주의에서는 아주 잘 알려져 있다. 자세한 내용은 장 폴 사르트르, 『실존주의는 휴머니즘이다』, 방곤 옮김, 문예출판사, 2013 참조.

실존주의는 이러한 허무와 불안을 적극적으로 극복하려는 것이 목표이며, 그럼으로써 참된 인간, 참된 실존으로 나서고자 했던 것이다. 소설 속에서 거짓말을 할 수 있었던 뫼르소가 거짓말을 하지 않게 된 이유이다. 즉 이 견지에서 허무와 염세에 빠졌던 뫼르소는 형무소에서 사제와는 전혀 다른 개념과 시각으로 이를 극복하고자 했던 것이다.

사실 모든 인간 개인은 곰곰이 생각해 보기만 한다면 누구나 삶 속에서 부조리를 느낄 수 있는 존재다. 상황에 따라, 또 현실 자각에 따라 스스로가 이방인의 위치에 놓여 있다는 점을 느낄 수 있는 존재인 것이다. 원래부터 인간은 이 세상에 대해 전부 다 알 수 없으며, 수많은 이론들과 논리들을 만들어 내고, 의미를 부여하면서, 그래서 때로는 낯설음을 느끼기도 하며 살아왔을 뿐이다. 철학에서는 데카르트(René Descartes)와 흄(David Hume) 등이 이 부조리에 대해 '인간의 조건(human condition)'이라는 측면에서 이미 각자 자신들의 방식으로 강하게 문제를 제기한 바도 있다.[24] 원래부터 불합리와 부조리는 동서고금을 막론하고 온 세상에 다양한 방식으로 널리 인식되어 오고 있었다.

카뮈와 뫼르소는 이 부조리를 '기쁨의 반항' 혹은 '반항을 통한 긍정'이라는 방식으로 해결하고자 한다.[25] 개인을 절대 긍정하는 일종의 낭만적인 반항인, 그래서 창조주 개념에 대립하고 기독교적 구원을 거부하는 인간을 마음속에 그린 것이다.[26] 카뮈는 부조리에 대해 기존의 윤리적 도피와 종교적 도피는 옳지 않고, 반항적인 태도, 반항을 통한 긍정적인 태도만이 유의미하다고 역설하였다.[27] 그는 자신에게 부과된 삶의 과제와 고통의 짐을 기독교

24 D. Sherman, *Camus*, Hoboken: Wiley-Blackwell, 2009, pp.29-30.
25 C. 오브리앙, 『작가와 역사의식 ―까뮈의 경우』, 강대석 옮김, 미래사, 1987, pp.53-54.
26 알베르 카뮈, 『반항하는 인간』, 김화영 옮김, 민음사, 2021, pp.73-147 참조.
27 김진영, 『철학자 김진영의 전복적 소설 읽기』, 메멘토, 2019, pp.229-232.

의 신에게 떠넘기는 것이 실존적이지 않다고 보았다.[28] 여기에서 카뮈가 나름의 독자적인 윤리성을 강조했다고 보는 견해들이 생겨났다. 혹자는 "신성모독적 불가지론자(the blasphemous agnostic)인 카뮈는 인간을 사랑했고 개인에 고유하게 내재된 존엄성(inherent dignity)에 기초한 연대성의 수호자(defender of solidarity)였다."라고 단언한다.[29] 카뮈는 『페스트』 이후 부조리를 절실하게 자각한 개인들이 연대를 이루어 부조리한 세계와 운명에 투쟁하고 반항하는 '무신론에 근거한 휴머니즘적인 자유와 평등과 사랑의 공동체' 형성을 역설하였다.[30]

반면, 기독교인들은 전지전능한 하나님과는 비교될 수 없는 유한한 존재인 인간이 세상의 모든 것을 다 알고 이해할 수 없다는 사실을 아주 당연하고 겸허하게 수용한다. 그리고 모든 것을 하나님께 의탁하며 성경의 논리에 따라 해결하려 한다. 신실한 기독교인들은 세상을 살아온 것에 대해 감사하며, 자신이 어려움에 빠져도 다른 사람들에 대한 긍휼을 함께 생각한다. 설령 어떤 일에 문제가 생기거나 잘못되어도 더 큰 하나님의 뜻이 있다고 생각한다. 고난과 연단과 소망(천국의 희망까지 포함하여)이 동일 선상에 있다고 보기 때문이다. 오만이나 교만을 최대한 멀리하기 위해 자기 자신의 개인 자아를 낮추고 심지어 죽이려 하는 실질적인 겸손(humility)이 신실한 기독교인들에게는 매우 중요하다.[31] 따라서 하나님이 특별히 허락한 전쟁에서의 살인 등과 같은 예외가 아니라면 구약의 가인과 아벨 사건 이래로 인간이 자의적으로 살인을 하는 것은 큰 죄다. 당연히 강렬한 태양 빛만으로 한

---

28 신옥희, 『문학과 실존』, 이화여자대학교 출판부, 2014, p.120.
29 A. LaTour, "'Camus' Great Blasphemy and the Ethics that Followed", 2015.05.29.
30 신옥희, 『문학과 실존』, *op. cit.*, pp.147-149.
31 C. S. 루이스, 『순전한 기독교』, 장경철, 이종태 옮김, 홍성사, 2015, pp.193-204.

[그림 3] "진정한 겸손은 자신을 낮게 생각하는 것이 아니라 자신을 덜 생각하는 것이다." - 『순전한 기독교』에서 자기 자신 자체에 대해 많이 생각하지 않는 게 기독교에서는 겸손이라고 강조했던 C.S.루이스(출처: https://en.wikipedia.org/wiki/C._S._Lewis#/media/File:C.s.lewis3.JPG)

사람을 살해한 뫼르소, 나아가 죄의식을 느끼지 못하는 뫼르소는 기독교 세계관을 지닌 사제의 입장에서는 회개가 절실하게 필요한 큰 죄인이다.

자신의 생각과 의식의 흐름에 함몰되어 죄의식을 느끼지 못하는 뫼르소를 바라보는 사제는 슬픈 표정(뫼르소의 오만함에 슬퍼할 수밖에 없는)을 지을 수밖에 없었다. 하지만 소설 속에서 설정된 이 사제는 카뮈와 뫼르소에게 있어서 서양의 전통 문화적 산물(카뮈가 역설하는 부조리에 다름 아닌)에 불과할 뿐이다. 미루어 짐작건대 카뮈와 뫼르소는 원죄를 중심으로 하는 기독교 세계관을 사회적 인습 정도로 생각한 듯하다. 카뮈는 기독교를 신플라톤주의(Neoplatonism)의 영향 아래 만들어진 바울(Paul)의 작품일 따름이라고 말하기도 했다.[32] 카뮈의 분신이기도 한 뫼르소가 사제에게 맹렬히 맞설 수밖에 없었던 이유다.[33] 아마도 그래서 뫼르소가 형무소에서의 격리 속에서 사형 선고(『시지프의 신화』에서 카뮈가 자살에 맞서듯, 뫼르소의 자살로 『이방인』 이야기가 마무리되지 않는)를 받았기 때문에 행복을 느끼게 되었을 가능성이 많다. 결

32 A. Camus, *Christian Metaphysics and Neoplatonism*, R. D. Srigley (trans.), Columbia: University of Missouri Press, 2007, pp.61-66.

33 카뮈는 소설 〈페스트〉에서 기독교와 무신론이 연대할 수 있다는 점을 제기했으며, 나아가 교통사고를 당하기 2년여 전부터 기독교에 상당한 호감을 느끼게 되었다는 일화가 전해지고 있다. J. W. Sire, *The Universe Next Door*, Downers Grove: IVP Academic, 2009, p.130.

국 카뮈나 뫼르소처럼 자신의 자아만을 믿느냐, 순전한 기독교인들처럼 하나님을 온전하게 믿고 자신을 겸허하게 낮출 수 있느냐의 차이인 것이다.

본래부터 인간에게는 '나는 믿는다. 고로 존재한다'라는 측면이 있다. 내가 어떤 지식 정보를 받아들여서 나의 것으로 삼느냐에 따라 나의 존재가 실존적으로 결정된다는 의미다. 이는 비단 종교적인 측면에만 해당되지 않는다. 좌·우파의 정치적 이데올로기, 어떤 문화 상품이나 브랜드를 좋아해서 소비하느냐와도 관계가 된다. 알튀세르(Louis P. Althusser)가 호명(interpellation) 개념으로 이미 역설했듯 사회·문화적으로 내가 좋아하고 수용하는 바로 그 어떤 것이 나를 나이게 만들며, 나아가 내 운명과 연결된다.[34] 비록 카뮈는 『이방인』의 영어판 서문에서 뫼르소를 인간의 특성을 감안해 볼 때 '우리 분수에 맞는 그리스도'라고 자평[35]했지만, 올바른 기독교 세계관을 지닌 겸손한 사람이라면 이를 받아들일 수 없을 것이다. 이처럼 카뮈와 뫼르소가 의미를 부여하는 것과 사제가 의미를 부여하는 것이 각자 다를 뿐이다. 곧 인간에게는 '어떤 것에 응답하고 믿으면서 어떻게 살아야 하는가'가 문제다. "나는 응답한다. 고로 존재한다"라는 명제가 실존주의 맥락에서 의미를 가질 수 있는 이유다.[36]

---

34 루크 페레터, 『루이 알튀세르의 이데올로기』, 심세광 옮김, 엘피, 2016, pp.168-169.
35 알베르 카뮈, 『이방인』, *op. cit.*, p.8.
36 프리츠 하이네만, 『실존철학』, 황문수 옮김, 문예출판사, 1986, pp.273-279.

5. '참된 실존'을 희구하며

기독교와 실존주의는 대립하는 측면만이 있는 것이 아니다. 잘 알려져 있듯 기독교 세계관을 지닌 실존주의 역시 얼마든지 가능하다. '신 앞에 선 단독자'로 유명한 19세기의 개신교 철학자 키르케고르(Søren A. Kierkegaard), '사랑의 가톨릭 철학자'인 20세기의 마르셀(Gabriel H. Marcel)이 대표적인 유신론적 실존주의자다. 하나님의 큰 은혜를 받았다고 성경에 기록된 노아나 바울 등도 당시 사람들과는 전혀 다른 실존적인 인물이라 할 수 있으며, 교회에서는 세상 사람들과 구별되는 기독교인이 보통 강조되기도 한다.[37] 그러므로 실존주의에서 중요한 것은 '본래의 어떠한 자기(본래적 자아)에로 어떻게 돌아가느냐'일 따름이다. 그런데 바로 이 맥락에서 실존주의는 구조주의에 의해 흔히 비판을 받는다. 인간이 자신의 실존을 생각하는 것 자체가 이미 구조적이라는 것이다. 대부분의 실존주의자들은 인간 실존의 선결 조건으로서 '인간 개인의 본래적 자아'를 천명하고 있지만, 이 본래적 자아가 정확히 무엇인지, 어떻게 형성·유지되는지가 분명하지 않다. 인간 개인이 각자 자기만의 본래적 자아로 돌아가려 하고 자신의 실존을 생각하며 살려고 한다 할지라도, 그때의 이 본래적 자아 자체가 이미 구조의 산물이라는 측면이 있다는 것이다.—포스트구조주의의 시각에서의 인간 개인은 (실재적인) 구조를 형성하는 담론(discourse)들에서 벗어날 수 없다.

그 이유는 당연히 모든 인간 개인이 어려서부터 자신의 주변 환경 및 사회 속에서 자라나면서(작용·반작용 또는 상호 소통하면서) 자신의 인격과 입장

---

37 (세상 속의) 자기 자신이라고 부르는 것에서 벗어나 그리스도의 성품(온유, 자비, 겸손, 오래 참음, 정의감 등)과 연합해야 한다는 뜻이기도 하다. C. S. 루이스, *op. cit.*, pp.338-341.

을 형성시키고 발전시키기 때문이다. 인간은 자유롭기만한 존재가 아니다. 한 개인의 자아는 그 사회의 여건들과 완전히 독립될 수 없으며, 인간이 죽지 않는 이상, 자신이 속한 사회 구조(혹은 문화나 여건)에서 벗어날 수가 없다. 아무리 관점을 강요받아도, 결국에는 그 관점조차 자신이 속해 있는 사회적 구조와 주변 상황들에 어떤 방식으로든 영향을 받는다. 반대의 입장을 취해도 역시 여전히 영향을 받고 있는 것이다. 따라서 카뮈도 카뮈를 읽는 독자들도 인간인 이상 각자 자신이 속한 로컬리티의 환경 및 사회적 구조와 상황을 완전히 벗어날 수가 없다.[38] 소설 속의 뫼르소도 카뮈도 어떻게 살아왔으며 변화하게 될까를 추측해 보아야 한다는 의미가 된다.

지중해의 뜨거운 햇빛 아래인 알제리에서 태어나고 자랐던 프랑스인 카뮈는 기독교가 아니라 알제리의 강렬한 태양 빛에 감동을 받으면서 살아왔던 사람이었다. 태양에 대한 외경이 있었기 때문에 뫼르소라는 인물이 만들어질 수 있었다고, 주인공의 이름인 '뫼르소(Meursault)'는 '살인(meurtre)'과 '태양(soleil)'을 의미하는 단어의 앞부분을 따 조합되었다고 흔히 말해진다. 또한 그러면서도 카뮈는 그의 스승이었던 그르니에(Jean Grenier)에 따르면 어렸을 때의 "병 때문에 기성의 견해를 받아들이지 않는 사람, 다른 이들이 걸어간 길을 따르려 하지 않는 사람이 되었다. … 왜 사는지도 어떻게 살아야 하는지도 모르는, 산다는 것에 대한 의식도 없는 그런 사람들의 무리에서 빠져나와 있었다."고 한다.[39] 태양과 병 등에 힘입어 뫼르소와 카뮈라는 존재가 형성된 셈이다. 의문의 여지없이 인간 개인은 본래적으로 세계와의 관계를 통해 자신과의 관계를 정립하는 존재다. 따라서 카뮈의 관점을 이해하고 어

38 박치완, 『글로컬 시대의 철학과 문화의 해방선언』, 모시는 사람들, 2021, pp.434-436.
39 장 그르니에, 『카뮈를 추억하며(그르니에 선집 2)』, 이규현 옮김, 민음사, 2020, p.152.

느 정도 그에 공감할 수는 있지만, 카뮈의 관점에 그냥 동의해야 할 필요는 없는 것이다.

그렇다고 실존주의가 아무런 의미가 없다는 뜻은 아니다. 실존주의는 '자아실현(self-acutalization)'과 연결되는 바가 크다. 자아실현이란 자기 자신이 지닌 자아의 본질을 완성하는 것이며, 자기 자신이 현실에서 만족할 만한 위치 및 자기 존재(행위의 면에서)를 확보하는 것이다. 자신이 누구인지와 왜 사는지를 통찰하면서 자기 자신의 성숙과 발전을 꾀하고자 하는 것이다. 명품 신발과 옷, 가방 등을 구입할 수 있다고 해서 자아실현이 되지는 않는다. 21세기의 미디어는 이렇게 사람들을 부추기고 유혹하여 허상의 자아실현으로 이끌려 할 뿐이다. 온전히 자신만의 모습으로 세상에 자기 자신을 세워 보여 줄 수 있을 때, 자아실현이 가능할 수 있다. 인간 개인 자신과 세계와의 관계가 자신의 본래적 자아와 연결되며 자아실현 및 실존과 직결된다는 점을 반드시 인지해야 한다. 나는 나만이 아닌 다른 사람들과의 관계에 의해 만들어지는 것임을 명심해야 한다.[40] 세계와 자기 자신과의 관계를(기독교인의 경우에는 하나님과 세상과 나라는 삼각의 관계를, 나아가 하나님의 은혜로서) 어떻게 정립하느냐가 자신의 본래적 자아를 결정하며, 이러한 관계에서만이 건강한 본래적 자아를 희구하는 '참된 실존'이 가능할 수 있다.

『이방인』의 주인공 뫼르소는 부조리를 느끼는 무신론적 실존주의자를 '확대·과장·모사'한 소설이란 허구 속의 문제적 캐릭터이지 참된 실존이라 평해질 수 없다. 카뮈의 입장에서는 참된 실존처럼 생각되어지는 이 뫼르소의 긍정적 태도를 바람직하게만 봐서는 안 되는 것이다. 어떤 긍정이냐가 중요한 탓이다. 뫼르소 같은 인물이 현실에 정말 실제로 나타난다면, 그

40 손봉호, 『나는 누구인가』, 샘터, 2018, 6장 참조.

에 대한 부정적인 평가가 지배적일 것이 명약관화하다. 뫼르소와 같은 개인주의·주관주의적 실존들이 현실에 나타나 실제로 서로(혹은 평범한 일반 사람들과) 충돌한다면 사회 문제를 일으키는 파워게임으로 비화될 가능성이 많다. 뫼르소처럼 실존의 모습이 자기 내면으로만 침잠하려 하는 과도한 개인주의가 추구되어서는 안 된다는 것이다. 테일러(Charles M. Taylor)는 이를 현대사회의 병폐인 '원자화된 개인주의(atomistic individualism)'로 진단한 바 있다.[41] 개인의 주체성과 주관성에 방점을 두고 있는 아들러(Alfred Adler) 심리학이나 다이어(Wayne W. Dyer) 등의 자기계발서들이 위험할 수 있는 이유다. 기독교 세계관에서도 '나는 우주의 중심'이라고 생각하는 현대의 과도한 개인주의가 큰 문제라고 이야기된다.[42] 카뮈의 부조리 개념에 공감하고 이방인의 위치를 이해할 수 있다 하더라도, 뫼르소를 현대인의 단면(독자 개인의 모습까지 일부 볼 수 있게 되는) 정도로 간단하게 생각해서는 안 되는 것이다.

다만 뫼르소가 실존하는 현대인의 단면처럼 보이는 이유는 가상과 현실을 쉽사리 혼동할 수 있게 만든 작가 카뮈의 천재적인 창작 능력, 즉 그의 심원한 철학적 사유와 유려한 문장력에 기인하고 있다.[43] 뛰어난 창작자일수록 사실과 허구를 혼동토록 하여 수용자로 하여금 콘텐츠에 몰입하고 공감하게 만드는 경향이 많다. 본래부터 문예 작품이나 드라마·영화 등은 사실과 허구, 현실과 가상을 혼동하게 하는 메커니즘을 근원적으로 지니고 있다.[44] 분명 카뮈는 뫼르소(가공인물을 활용한 충격적 방식으로)와 시지프(신화에 근거한 문화원형 개념을 차용하여)를 통해 부조리 개념과 반항을 통한 긍정이라는

41 찰스 테일러, 『불안한 현대사회』, 송영배 옮김, 이학사, 2001, pp.139-153.
42 스티브 윌킨스, 마크 L. 샌포드, 『은밀한 세계관』, 안종희 옮김, IVP, 2013, 제2장 참고.
43 유기환, 『알베르 카뮈』, 살림, 2004, pp.32-34.
44 김성수, 「VR 비디오 게임 소재의 영화 『아바론』에 내재된 가상과 현실 혼동」, 『글로벌문화콘텐츠』 제52호, 2022, 제2장 참고.

자신의 개인 중심주의적 인생관을 세상에 널리 알리고 싶었을 것이다. 그래서 이로 인해 20세기에 개인 중심적 사고인 개인주의가 세상에 널리 퍼지게 되었다고 할 수 있다. 개인의 존엄성이 중시되어야 하고 개인주의가 무시되어서는 안 되겠지만, 개인주의를 바탕으로 하는 공동체 문화인 사이버문화(cyberculture)가 일상화된 21세기 현대 사회는 개인주의 및 자기중심주의가 점점 더 과도해져 가는 상황이기도 하다.[45] 이제는 『이방인』의 뫼르소를 보면서 현대의 과도한 개인주의와 자기중심적 이기주의의 위험성 및 기원을 인지할 수 있어야 하는 것이다.

정교회의 신학자이자 철학자인 베르댜예프(N. Berdyaev)는 『노예냐 자유냐』에서 다음과 같이 말한다. "인간의 노예성에 관한 마지막 진리는 인간이 자기 자신에의 노예라는 사실이다."[46], "고독에는 두 가지 형태가 있다. 곧, 내면적 보편주의가 객체화된 보편주의와 투쟁을 경험하는 '창조적 인격의 고독'과 개인주의자가 사실 속해 있는 객체화된 보편주의에 대립하여 설정한 '자기 황폐와 무능의 고독'이다. 즉 '내적 풍요의 고독'과 '내적 공허의 고독'이다."[47] 전자는 '참된 실존'의 모습이고, 후자는 사회에 해악이 되며 자기 자신의 노예가 되는 원자화된 개인주의자의 모습이라 할 수 있다. 참된 실존은 자신의 아픔을 느껴야 하지만 자신 속에만 빠져있어서는 안 되며, 타인들(실존과 무관해 보이는 사람일지라도)을 존중할 수 있어야 한다. '실존'들 간의 열려진 관계를 통해 항상 자기의 자아에 대해 성찰할 수 있어야 한다. 실존적인 인간(참된 실존)은 자신과 자신 이외의 것 모두를 실존적인 상황하의 것으로 받아들인다. 그는 과거나 미래에 연연하지 않으며 후회도 자만도 없

45 G. Graham, *The Internet—A Philosophical Inquiry*, London and New York: Routledge, 2000, pp.128-141.
46 니콜라스 A. 베르댜에프, 『노예냐 자유냐』, 이신 옮김, 늘봄, 2015, p.174.
47 *Ibid.*, p.182.

다.[48] 자신의 과거와 미래가 만나는, 또한 내면과 외부가 만나는 실존의 현장에서 담담히 다른 사람들과 소통하면서 자신의 길에 충실하려 할 뿐이다. 참된 실존의 인간으로 사는 것은 쉬운 일이 아니다.

48 신오현, 『자아의 철학』, 문학과 지성사, 1987, p.339.

『이방인』 속 한 아랍인 존재의 소멸 복권

『뫼르소, 살인사건』과 레비나스를 통해

○ 김영걸

"이 모든 돌에서 고통이 배어 나온다. 나는 그것을 안다. 나는 이 돌을 결코 불안함이 없이 바라본 적이 없다. 그러나 마음 깊숙이 나는 당신들 중 가장 비참한 사람이 어둠 속에서 신성한 얼굴을 드러내는 것을 보았다는 것을 안다. 이것이 당신에게 보기를 요구하는 그 얼굴이다."

○ A. Camus, *L'Étranger*, p.94.

"얼굴은 얼굴의 벌거벗음 속에서 빈곤한 자와 이방인의 궁핍을 내게 보여 준다. 내가 가진 힘을 청하면서 나를 겨냥하는 이 궁핍과 추방은 내가 가진 힘에 주어진 것으로 맡겨지지 않고, 얼굴의 표현으로 남는다."

○ E. Levinas, *Totalité et Infini*, p.234.

1. 뫼르소는 어떤 사람인가?

뫼르소는 뜨거운 태양, 살인적인 햇볕 때문에 한 '아랍인', 이름이 본래 있었는지조차 모를 한 '아랍인', 『이방인(L'Étranger)』에서 이름은 찾아볼 수 없이 스물다섯 번이나 언급된 보통 명사 '아랍인'을 향해 방아쇠를 당겼다. 더욱이, 뫼르소는 이 한 아랍인의 "움직이지 않는 몸뚱이를 향해 다시 네 방을 쏘았다."[1] 자신의 범법 행위에 대한 형벌을 '사형'으로 되돌려 받긴 하지만, 범죄심리학의 관점에서 뫼르소는 동기 없는 그래서 이해할 수 없는 살해 이유를 법정에서 진술한다. "그것은 우연이었다(c'était le hasard)."[2]

사람을 살해한 살인자의 입에서 나왔다기에는 너무도 명료하고 간결한 이 답변은 후회나 양심의 거리낌이라곤 전혀 찾아볼 수 없는, 사회가 요구하는 기본적 도덕 질서에 역행하는, 자신의 태도에 대해 주변 시선을 전혀 의식하지 않는 그 자신을 적나라하게 보여 준다. 하지만 자신의 자연스러운

1 A. Camus, *L'Étranger*, Paris: Gallimard, 1942, p.51.
2 *Ibid.*, p.72.

느낌과 성향을 솔직하게 표출하는 것이 지상에서도 천상에서도 허용됨이 없이, 뫼르소는 숱한 밤 단두대에 오를 그 새벽을 기다리다 마침내 "증오의 함성으로 많은 구경꾼들이 〔그〕를 맞아주는 사형 집행 날"을 맞는다.[3]

뫼르소는 『이방인(L'Étranger)』이 만들어 낸 부조리적 인간의 전형이다. 그는 "세인들의 오해와 핍박 속에서 처형을 당하기는 하지만 그들의 부조리를 직시하고 의식함으로써 부조리에 저항한다."[4] 사람들의 쑥덕대는 뒷말에도 뉘우칠 점이 전혀 없다고 여기는 뫼르소는 자신이 영혼, 인간성, 도덕성도 없는 존재임을 자각한다. 그는 어머니 유해 앞에서 좋아하는 밀크 커피를 마시고 담배를 피운 일, 어머니의 나이도 모른 채 무덤덤하게 장례식에 참석한 일, 장례식 직후 회사의 전(前) 직원 마리(Marie)와 영화를 보고 동침을 한 일로부터 자각한다. 뫼르소는 타자들과 함께하는 세계에서 일반적이지 않은, 통합되지 않는, 말 그대로 세인(世人)들의 통상적인 범주에선 '낯선이', '이방인'이었다.

뫼르소는 말한다. "〔나는〕 이처럼 살았으나, 다르게 살 수도 있었을 것이다."[5] "인간은 자유롭도록 선고받았다(l'homme est condamné à être libre)."[6] 서양 신학에 따르면, 인간 본질은 신의 모습을 따른다. 하지만, 뫼르소는 면회 온 신부의 눈에 눈물이 가득 고이게 할 정도로 신을 부정하고 모욕하고 거부한다. "다른 사람들의 죽음, 어머니의 사랑, 그런 것이 무슨 중요성을 띠고 있는가? 너의 그 하느님, 사람들이 선택하는 삶, 사람들이 선택하는 운명, 그런 것이 무슨 중요성이 있단 말인가? 단지 하나의 운명이 나를 사로잡고, 나와 더불어

---

3 *Ibid.*, p.97.
4 유헌식, 『행복한 뫼르소, 소설 속 주인공과 함께하는 철학 산책』, 아카넷, 2017, p.40.
5 A. Camus, *op. cit.*, p.96.
6 장 폴 사르트르, 『실존주의는 휴머니즘이다』, 박정태 옮김, 이학사, 2019, p.44.

[그림 1] (출처 - folio)

너처럼 나의 형제라고 하는 수많은 특권을 가진 사람들을 사로잡는 것이 아니냐?"[7] 뫼르소는 어머니 장례식장에서 거짓 눈물을 흘릴 수도 있었고, 마음이 아프고 너무 놀라 눈물이 나지 않았다고 거짓 증언을 할 수도 있었다. 그리고 신부를 위해 ~씨(Monsieur)가 아닌 신부님(mon père)이라고 한 번쯤은 불렀을 수도 있었다. 그러나 그는 자신의 비극적 실존을 신(神)을 포함한 그 누구로부터도 구원받길 원하지 않는다. 뫼르소에게, "모든 일은 결국 별로 소용없는 일이었고 또 귀찮기도 해서 〔그는〕 단념하고 말았다."[8] "신은 무익하면서도

7 A. Camus, *op. cit.*, p.96.
8 *Ibid.*, p.55.

값비싼 가정"이다.[9] 뫼르소는 신을 배제한 자신의 선택에 믿음을 갖고 순간의 삶에 충실히 한다. 비록 그 믿음에 따른 결과가 부조리한 상황 때문에 불행하거나 불행해질지라도, 그는 반항하며 저항하기를 결심한다.

알베르 카뮈(Albert Camus)의 『이방인』은 뫼르소를 통해 죽음이라는 인간의 한계 상황을 통해 실존적 의미를 찾고자 한다. 게다가, 뫼르소에 의한 인간이 처한 절망적 상황·부조리한 상황의 수용/극복을 보여 주고자 한다. 그런데, 여기에 이름 없이 죽은 한 아랍인의 이야기에 대한 인위적인 누락을 지적한 자가 있다. 그는 살해자, 살해자의 신상, 살해자의 재판은 있지만 죽음의 직접적 서술 가운데에 있는 한 아랍인의 피살 사건은 사라졌다며 재-조사(contre-enquête)를 요구한다.[10] 그의 요구는 얼굴과 이름 없이 소멸한 한 아랍인을 인간화하고자 하는 것이다. 더 나아가 그것은 '다름' 그 자체를 인정하며 다른 사람에 대한 책임을 제1철학으로서 실천하지 못한 관계의 파멸에 대한 통렬한 비판일 것이다.

2. 얼굴, 이름 없는 한 아랍인의 소멸

"그는 남자의 이름을 갖고 있었지만 내 형은 사건의 이름으로만 불리고 있었어."[11] 재조사를 요구하는 자는 바로 "단 하루 동안 자기 이름과 자기 목숨을 잃는 것도 모자라 자기 시신까지 잃어버[린]" 한 아랍인의 동생 '하룬'

9 장 폴 사르트르, *op. cit.*, p.42.
10 다우드의 국역본 『뫼르소, 살인사건』의 프랑스어 원제는 *Meursault, contre-enquête*(뫼르소, 재-조사)이다.
11 카멜 다우드, 조현실 옮김, 『뫼르소, 살인사건』, 문예출판사, 2017, pp.10-11.

이다.[12] 동생은 형의 이름('무싸')을 되돌려 주기 위해 자식을 잃은 '엄마의 죽음'이 아닌 자식을 잊지 못하는 '엄마의 여전한 삶'으로부터 이야기를 시작한다. 마치 뫼르소의 이야기를 뒤집음으로써 형을 살려낼 수 있기라도 한 것처럼 말이다. 왜냐하면, 죽은 형의 존재를 그 기원인 살아 있는 엄마의 존재로부터 물어야 했기 때문이다. "이 얘기는 다시 쓰여야 한다. (…) 다시 말해 아직까지 살아 있는 몸에서 시작해서 그를 죽음으로 몬 골목길을 거쳐 아랍인의 이름도 거명하면서 총알과 만나는 순간까지 이르러야 한다."[13] 사람은 누구나 고유한 자신의 얼굴과 이름, 습관을 갖고 있다. 그럼에도 불구하고, 흑인과 동양인 그리고 아랍인의 속성은 백인에 의해서 규정되고 심지어 지워지고 덧씌워지기도 한다. 하룬은 아무것도 아닌 일로 형을 죽인 뫼르소를 까발리고 하릴없는 식민자들이 벌인 재판정을 고발하고자 한다. 그런데, 자신과 형의 언어, 피식민자의 언어가 아닌 뫼르소의 모국어인 식민자의 지배적 언어를 읽고 그 언어로 이야기한다. "수백 권의 책을 탐독했네! 책을 읽다 보면 내가 정말로 살인범이 살던 곳을 찾아간 것만 같았어. 허무 속으로 도망치려 드는 그의 옷자락을 붙들고, 그의 몸을 돌려 내 얼굴을 들여다보게 하고, 나를 알아보고, 내게 말하고, 내게 대답하고, 나를 진지하게 대하도록 만드는 것 같은 기분" 때문에.[14]

표면적으로는 땀과 태양을 떨쳐 버리기 위함이라는 용인되지 못할 뫼르소의 살해 이유는 사실 오해에서 비롯된다. "무싸는 그저 뫼르소의 잘못을 바로잡아 주면서 여인의 명예를 지키려 했던 거고, 뫼르소는 자신을 지키기 위해 해안에서 냉혹하게 상대를 쓰러뜨린 것 그 이상도 그 이하도 아니

12 *Ibid.*, p.91.
13 *Ibid.*, p.16.
14 *Ibid.*, p.130.

었다."[15] 그런데, 정의(justice)의 균형추는 지배적 언어 사용자의 진술로 완전히 기울어져 있었다. 그저 아랍인일 뿐인 아랍인에게 공정의 기회는 제공되지 않았다. 애초에 뫼르소는 아랍인 '무싸'에게 이름을 붙여주지 않았다. 이름을 가진 자에게 방아쇠를 당기는 것은 무명(無名)인에게 그렇게 하는 것과 사뭇 다를 것이다. 예를 들어, 이름을 가진 자에게는 방아쇠의 부드러움을 느끼면서 손가락 끝으로 하루살이 죽이듯 하찮은 죽음을 선사하기 전에 양심의 가책을 느끼지 않을 수 없을 것이다. 더욱이 뫼르소는 아랍인의 얼굴을 보지 못했다. 그의 눈은 눈물과 소금기의 장막으로 가려졌고 단도의 강철에 반사된 눈부신 태양 빛의 서슬에 흐려져 그 앞의 아랍인이 죽음의 지속적 위협 아래 '살해의 금지'를 명령하고 있음을 깨닫지 못했다. 무명 용사의 묘는 광기에 휩쓸린 전쟁터에서 누구를 죽이는지 누가 죽는지 괘념치 않으며 마구잡이로 생명을 끊어 내고 끊긴 자들이 이름 없이·얼굴 없이 모여 있다. 한 아랍인의 존재가 지워진 것처럼 이들도 그렇다.

한 아랍인의 또 다른 이야기는 지워진·사라진 하찮은 존재의 복권(復權)을 위한 재조사(再調査)이다. 더불어, 이것은 뫼르소야말로 아랍인을 홀로 죽음에 내버려 두면 안 됐고 얼굴을 보는 자로서 아랍인에 대해 책임져야 했다고 우리에게 환기시키기 위함이다. 타인을 위해 "나 자신만이 〔그의〕 고통을, 그리고 죽음과 일과 질병의 필연성을 이해할 수 있는 유일한 존재라는 걸."[16] 타인의 죽음과 타인의 생명을 책임지기로 내가 유일하게 선택받은 것처럼. 아랍인의 이질성은 아랍인으로서 다른 속성·특성들 때문에 제거될 수 있는 것이 아니라, 절대적으로 다르기 때문에 형용할 수 없어 타자성

---

15 *Ibid.*, p.33.
16 *Ibid.*, p.98.

으로 불리며 박탈·흡수됨 없이 보존되어야 하는 것이다. 주체가 윤리적 주체로서 스스로를 세운다면, '나'와 마주한 타자의 타자성은 '내 것'이 됨이 없이 그 자체로 '내게' 무관심하지 않은 것이 된다. 바로 그때, 타인은 '나'의 자유를 중단시킨다.

꽃[17]

김춘수

내가 그의 이름을 불러주기 전에는
그는 다만
하나의 몸짓에 지나지 않았다.

내가 그의 이름을 불러 주었을 때
그는 나에게로 와서
꽃이 되었다.

내가 그의 이름을 불러 준 것처럼
나의 이 빛깔과 향기에 알맞는
누가 나의 이름을 불러다오.
그에게로 가서 나도
그의 꽃이 되고 싶다.

우리들은 모두

---

17 김춘수, 『김춘수 시전집』, 현대문학, 2004, p.178.

무엇이 되고 싶다.

너는 나에게 나는 너에게

잊혀지지 않는 하나의 눈짓이 되고 싶다.

김춘수의 시 「꽃」에서 "내가 그의 이름을 불러주었을 때 그가 나에게로 와서 꽃이 된" 것처럼, 타인이 이름과 얼굴을 가진 자로 내게 다가온다면 나는 그를 세상에 특별한 자로 여길 것이다. 그러나 타인이 나의 지각으로 환원되지 않고 의미화되지 않는다면, "파리가 유리창에 아무리 부딪혀 봤자 뚫고 나갈 수 없듯 나도 어떻게 해볼 도리가 없〔다〕. 그 장면 속으로 뚫고 들어갈 수가 없〔다〕. 거기에 발을 들여놓고, 모래사장 위를 달리고, 일들의 순서를 바꾸는 건 불가능〔하다〕."[18] 한 아랍인에게 뫼르소가 얼굴과 이름을 부여했더라면, 이 둘의 실존은 달라졌을 것이다. 장면 속으로 뚫고 들어가 일들의 순서를 바꿔 놓았을 것이다. 누구나 갖는 자신의 고유한 죽음에 그 죽음마저 빼앗기는 일은 없었을 것이다. 타인의 이름과 얼굴은 적어도 눈을 감고 귀를 닫은 채 보거나 들으려 하지 않으며, 타인의 존재를 부정하고자 함이 없이 나의 실존의 의미 자체를 구성했을 것이다. "우리는 죽음이 죽은 자들에게 의미하는 바를 전혀 알지 못한다. 우리는 '죽은 자들에게'라는 표현에 정당성이 있을 수 있는지조차 알지 못한다. 그러나 살아남은 자들에게 타인의 죽음에는 타인의 사라짐이 있고 이 사라짐의 극단적 고독이 있다. (…) 인간적인 것이란 바로 타자의 죽음에 열려 있는 데서, 그의 죽음을 걱정하는 데서 성립한다."[19]

18 카멜 다우드, 조현실 옮김, 『뫼르소, 살인사건』, 문예출판사, 2017, p.108.

19 E. Levinas, *Altérité et transcendance*, Paris: Fata Morgana, 1995(Le Livre de Poche), p.161.

"살인이야말로 철학자가 스스로에게 던져야 하는 단 하나의 훌륭한 질문"이다.[20] 레비나스(Emmanuel Levinas)는 한 존재의 전적인 부정을 바라는 살인의 범속성에 저항의 가능성으로서 무한(infini)을 얼굴에 부여한다. "살해보다 더 강한 이 무한은 이미 타인의 얼굴 안에서 우리에게 저항한다. 이 무한은 타인의 얼굴, 본래적 표현이고 '너는 살해할 수 없을 것이다'라는 첫 번째 말이다. 무한은 살해에 대한 무한한 저항으로 힘을 무력화시킨다. (…) 여기에는 매우 큰 저항이 아닌 절대적으로 다른 어떤 것과의 관계가 있다."[21] 타인의 이름이 불리는 얼굴은 나의 실존에 변화를 일으킨다. 이것은 외재성(extériorité)을 향한 운동이고, 동화되지 않는, 전체화되지 않는, 외부를 향해 열려 있는 무한과 연관된다. 그리고 무한과 연관된 얼굴과의 관계는 곧장 윤리적이다.

3. 얼굴의 실존적 의미

얼굴은 모든 의미가 나타나는 근원이고, 인간들 사이의 관계 안에서 행해지는 의미이다. 얼굴에 대한 레비나스의 분석 대부분은 존재론적 특성이 아니라 윤리적·인식론적 특성이다. 부정(否定)의 인식론적 분석은 타자가 어떻게 앎에서 벗어나는지 혹은 앎의 대상이 아닌 윤리적 관계의 기원으로서 능동적 중심인지를 보여주기를 목표로 한다.

타인은 얼굴이고, 개념화될 수 없는 것이다. 유일한 구체성, 절대적인 개

---

20 *Ibid.*, p.129.

21 E. Levinas, *Totalité et infini : Essai sur l'extériorité*, La Haye: Martinus Nijhoff, 1961, p.173.

체성, 얼굴은 개념화의 모든 시도에 대항하는 그 자체로의 저항이다. 얼굴은 "주제화를 벗어나"고, 현상학적 환원을 벗어난다. 바로 얼굴이 시각을 벗어나는 것처럼. 실제로, 얼굴은 가시적이지 않다.[22] 레비나스가 얼굴로서 정의하는 것은 보이는 것이 아니다. "얼굴은 내가 그것에 대해 가질 수 있는 모든 사고를 절대적으로 넘어선다."[23] 개념 없는 현전, 얼굴은 설명하기 어려운 유일한 지위를 갖는다. 왜냐하면, 얼굴은 앎에 저항하기 때문이다. 우리는 따라서 얼굴에 관해 모순적인 표현들이 사용된 것을 이해할 수 있다. 얼굴은 '최고의 추상', '최고의 구체성'으로 규정되고, 동시에 '구체적인 추상'으로도 규정된다. 얼굴은 그 자체로 하나의 의미이다. 얼굴은 얼굴의 구성작용에서 그 의미를 예측해서는 안 된다. 우리는 따라서 실재의 추상을 볼 수 있다. 그러나 얼굴은 또한 최고의 구체성이고, 가장 근원적인 구체성 그리고 가장 진실된 단독성이다. 유(類) 안에 모이게 되는 다른 구체성들과는 달리, 얼굴은 개념적 지배의 모든 시도를 거부한다.

앎은 지성과 이해 가능한 현실성에 의해 상호적으로 실행된 이중적 인과관계에서 기인한다. 그러나 레비나스에게서 사정은 다르다. 왜냐하면, 얼굴은 이해할 수 있는 것이 아니기 때문이다. 타인의 얼굴이 나를 끊임없이 괴롭히는 현실성은 앎의 가장 중요한 단계를 무시할 수 있다. 얼굴과 마주한 나는 주도권을 갖지 않는다. 얼굴은 동일자를 방문하는 절대자이다. 왜냐하면, 타자의 얼굴은 실제로 "절대적으로 낯선 영역으로부터 - 즉, 정확하게는 한편으로 근본적인 이방성(étrangeté)의 이름 자체인 절대자로부터" 동일자에게 오기 때문이다.[24]

22 *Ibid.*, p.58.
23 *Ibid.*, p.59.
24 E. Levinas, *En découvrant l'existence avec Husserl et Heidegger*, Paris: Vrin, 1967, p.194.

모든 지향적 생각을 해체하는 다른 방식, 얼굴은 그 자체로 대화이고, 현상이 나타나고 존재하기 전에 침묵하는 것이다. 얼굴은 그것의 형태 뒤편에서 오며 말을 한다. 모든 원시적(元始的) 인상 이전에, 모든 재-현(re-présentation) 이전에, 얼굴은 자기 자신을 몸소 말로써 나타낸다. "진정한 표현인 얼굴은 최초의 말을 정식화한다."[25] 얼굴은 자신의 존재와 진상(眞相)을 발산할 수 있는 절대적 진실성이다. 존재의 폭로 이전에 언어의 기능이 존재한다. 폭로가 주체의 앎과 행위라면, 얼굴의 드러남은 기존의 존재론적 지평과 상관없이 그리고 객관화하는 의식의 전도(顚倒)된 운동에 따라 동일자에게 온다. 이것은 절대적 경험이다.

얼굴은 실제 본질적으로 가시적이지 않다. 얼굴은 오히려 하나의 말로 이루어진다. 이러한 말은 이론적이 아닌, 실천적인 이해 가능성, 의미의 계시이다. 이것은 가야 하는 방향의 지시이다. 동일자와 타자의 만남에서 청각이 시각에 우선한다. 타자는 말을 하고, 주체는 보는 대신에 듣는다. 타자는 드러내지고 보여지기보다 말을 발산한다. 받아들이는 주체는 괴로움을 겪는다. 이것은 행위인 외재성이다. 만약 시각이 외재성을 부정하는 것과 관계가 있다면, 청각은 영원히 밖에 있는 대화 상대자의 외재성을 보전한다. 그리고 주체에게 오는 그리고 높은 곳에서 주체를 압박하는 계시로써 진리의 새로운 개념을 가능하게 만든다. 표명된 말(parole)은 가르침이자 질서이고, 말을 표명한 자는 높음으로 존속한다. 뫼르소는 한 아랍인의 말을, 호소를 듣지 않았고 그의 얼굴 저편에서 오는 책임의 의무를 느끼지 못했다. 그러므로 무싸의 높음을 알지 못했고 오히려 그의 지위를 낮춰 잡았다. 무싸의 예외적인 초월, 절대성, 유일한 가치를 깨닫지 못한 채, 뫼르소는 무싸의 의미를 자기 임의대로 구

25 E. Levinas, *Totalité et infini : Essai sur l'extériorité, op. cit.*, p.152.

성해 버렸다. 죽일 수 있는 자로, 죽여도 되는 자로 치부했다.

4. 얼굴의 윤리적 의미 작용

"레비나스가 찾는 것, 그가 시도하는 것, 이것은 '인간의 인간적인 것(l'humain de l'homme)'의 '의미', '통합할 수-없는' 것을 의미하는 표현을 말한다. 즉, 인간에 대해 그리고 인간 안에서 절대 남김없이 전체화되지도 '의미'의 전체성 안에서 이해되지도 않는 것을 말한다."[26] 이것은 "내 안 깊숙이 들어앉은 무언가가 어깨를 웅크리고 두 손을 머리에 박은 채 (…) 애처로운 마음에 눈물을 글썽"이는 공감에 토대하지 않는다.[27] 다시 말해, '나'와 타자의 유사한 인식에서 생겨나지 않는다.

누군가의 얼굴은 의식을 위해 주어진 것이 아니라, 항상 '나'를 향한 운동 안에서 나타나고 '우리' 사이의 매개적 공간을 단절하고 '나'의 영토 안에 침투한다. 레비나스의 윤리는 뜻밖의 만남, 예상외 침입 사건의 양상 안에서 인간 사이의 관계를 사유하도록, 더구나 무한의 관계로써 사유하도록 제안한다. 얼굴이 무한과의 관계로서 여겨지는 한 얼굴은 모든 규정을 차단한다. 그럼에도 타자가 얼굴로서 규정된다면, 그래서 본질에 갇힌다면 타자는 더 이상 타자가 아닐 것이다. 그러므로 타자는 동일시될 수 없다.

벌거벗은 얼굴의 존재 방식은 폭력에 가장 노출되어 위협받는 식(式)이다. 이것은 얼굴이 상처받기 쉬움을 의미한다. 인간 얼굴은 이같이 상처받기 쉽

---

26 G. Bensussan, *Éthique et expérience, Lévinas politique*, Strasbourg: La Phocide, 2008, pp.8-9.

27 카멜 다우드, *op. cit.*, p.114.

기에 동일시하려면 쉬이 깨질 것이다. 얼굴은 얼굴의 상처받기 쉬운 노출 때문에 오히려 무관심할 수 없게 만든다. '나'는 따라서 상처받고 깨지기 쉬운 타자를 그의 고독에·죽음에 홀로 내버려 둘 수 없다. 여기서 한참 엇나간 뫼르소의 행위는 더 이상 미동도 없는 몸뚱이를 향해 다시 네 발의 총알을 박는다. 만남은 파멸로 치닫고 평화는 불성립하고 불행은 꽃을 피운다. "타인, 타인의 얼굴이라고 말하는 것은 모든 규정의 최상화, 규정할 수 없는 것, 무한의 고조(高調)를 중첩하는 것이다. 매우 명백히 의미하는 것은 얼굴이 조형적 형태, 감성적 외양, 현상이 아니라는 것이다. 얼굴은 내가 보는 모든 것, 내가 만질 수 있는 것 안에 있지 않다. (…) 타자의 얼굴은 세계의 모든 나타남과 뚜렷이 구분된다. 이것은 그 자신의 형태를 변형시키고, 그 자신의 가시성을 보이지 않게 하고" 우리를 존재 저편으로 이끈다.[28] 타인은 세계의 현상들 사이에서 얼굴로 나타나고 게다가 모든 현상성을 해체하는 것으로 드러난다. 어떻게 보면, 얼굴은 보이는 세계에 있지 않다. 보이는 것에서의 가시성과 포착 불가능성 사이의 관계, 존재 저편과의 관계, 이 '관계'는 무한의 흔적이다. 자기를 위함이 아닌 타자를 위한 존재의 정립은 얼굴 안에서 무시원적으로 새겨진 무한의 흔적을 느낄 수 있어야 한다. 조상의 얼굴들이 겹쳐 환생한 듯한 타인의 얼굴은 그 자체로 무한한 세월의 흔적을 품고 있다. 과거 흔적과의 관계는 타인을 위한 '나'의 책임의 예외적인 사건에 해당한다.

유한 속에 나타나면서 절대 드러내지 않는 무한한 흔적이 얼굴에 스쳐 지난다. 타인의 얼굴은 타자성의 유일한 표현이다. 타자성 외에 다른 무엇이 있으랴! 객관적으로 파악할 수 있는 대상·주체의 타자성 혹은 타자로서 자기-자신일 타자성은 없다. 이런 것들은 타자성을 파악하려는 의식에 적합한

28 G. Bensussan, *op. cit.*, p.11.

것으로 환원된다. 따라서 우리는 타인의 얼굴에 대해서 결코 아무것도 경험할 수 없다. “헤겔의 『정신 현상학』 ‘의식의 경험에 대한 학문’에선, 자기-자신에게 낯선 주체, 타자에게 그리고 타자에 의해 소외된 주체는 타자에 의한 인정 안에서 자유로운 주체성이 명확해진다. 만일 주체가 이러한 표명으로 사라진다면, 객관적 존재의 순수한 영속성 안에서 주체성으로서 자유로서 주체가 사라진다면, 그렇더라도 주체는 자기의 재구성의 조건인 이 상실 안에서 회복된다. 내게 얼굴을 밀어 붙이는(plonger) 예속 안에 이러한 것은 없다. 헤겔식 경험(Erfahbrung)의 종류일 것은 없다.”[29]

얼굴은 그 자체로 출현하는 것의 나타남이다. 따라서 얼굴은 의미의 일반적인 질서와 유사하지도 않고 다르지도 않으며 의존조차 하지 않는다. 얼굴은 ‘내’가 할 수 있을 모든 경험 이전·너머에서 온다. “얼굴을 봄(vision du visage)이 하나의 경험이 아니라는 사실, (…) 그리고 단순히 자기의 감각이 아니라는 사실은 불가능성의 ‘순수하게 도덕적’인 특징 안에서 증명된다. 도덕적 시선은, 얼굴 안에서, 살인의 의도가 위험을 무릅쓰고 몰입하는 뛰어넘을 수 없는 무한을 헤아린다. 따라서 도덕적 시선은 명백히 우리를 모든 경험·시선과는 다른 곳으로 이끈다. 무한은 도덕적 시선에만 주어진다. 이것은 알려지지 않는다. 이것은 우리와 함께 사회 안에 있다. ‘너는 결코 살해하지 않을 것이다’와 함께 시작하는 존재들과의 교제(commerce)는 세계와 함께 우리의 통상적인 관계의 도식과 일치하지 않는다.”[30] 일반적인·통상적인 모든 관계를 벗어나는 이것은 시련이다. 뫼르소는 이 시련을 세상이 “마치 매순간 죽어 가는 것처럼 묘사”하고 있다.[31] 하지만 레비나스에게 이 시련은

29 *Ibid.*, pp.12-13.

30 E. Levinas, *Difficile Liberté*, Paris: Albin Michel, 4ième édition, 2006, p.24.

31 카멜 다우드, *op. cit.*, p.142.

타인으로부터 오는 무한화이다. 타인과 관계 맺음으로써 '내'게 들어온(침입한) 동일자-안-타인은 유한 속 무한으로 주체성의 구조를 이룬다. 방해하고 중단시키고 강제하고 탈주체화하려는 타인의 침입은 '나'의 저항과 반박이 아닌 파열(éclatement)을 불러일으킨다. 그러나 파열은 수용에 의하지 않는다. 여기서 수용성과 수동성을 구분할 필요가 있다. "파열은 모든 수동성보다 더 수동적인 수동성이다. 이것은 정신적 외상(traumatisme)과도 같다."[32]

타인과 맞닥뜨린 '나-타인'의 관계는 처음부터 비대칭적이다. 레비나스가 보기에, 비대칭성 안에서만 '나-타인'의 윤리적 관계가 있을 수 있다. 윤리적 관계 안의 '나'는 타인이 아니다. '나'와 타인은 번갈아 가며 교대해 경험할 수 있는 자리에 있지 않다. 각자는 연달아 그리고 동등하게 타자의 역할을 맡을 수 없다. 가역적이고 대칭적인 교환 가능한 관계들의 체계는 이미 우리가 살고있는 정치적 상황에서 나타난다. (뫼르소)의 총을 넘겨받은 (하룬), (무싸)의 죽음을 대체한 (조제프)를 우린 이미 보지 않았는가! 평등하게 나란히 하는 사회 안에선, 괄호 안 익명의 아무개를 넣어도, "단지 이름을 바꾸는 것만으로도 삶에서 임종으로, 그리고 저승에서 태양으로 옮겨갈 수 있〔다〕."[33] '나'와 타인의 죽음을 괄호 안 익명의 존재로 남기지 않기 위한 상호적 책임이 중요하다. 그러나 이것은 상호의 은밀한 공모를 담보해야 할 것이다. '나' 자신의 고유한 죽음을 인정받기 위한 타인을 위한 책임. '나-타인'의 관계가 윤리적 비대칭성에 있지 않다면, 한 편의 불성실로 인해 하찮은 죽음으로 전락할 경향이 짙다.

타인은 얼굴을 갖고 얼굴로 알려진다. 어떠한 이미지의 매개 없이, '나'와

---

32 E. Levinas, *Dieu, la mort et le temps*, Paris: Le Livre de Poche, 2002, pp. 250-251.

33 카멜 다우드, *op. cit.*, p.149.

마주한 타인의 얼굴은 비참, 가난 그리고 연약함을 드러내며 '내'게 요구하고 호소한다. 그리고 '나'는 호소를 듣지 않을 수 없다. 따라서 '나'는 무관심하지-않음에 관계된다. 레비나스는 주체성의 응답하는 구조가 비대칭적 윤리의 요점임을 강조한다. "'주체'는, 우리가 말했듯, '응답할' 수 있거나 '응답하지' 않을 수 있다. 하지만 이것은 선택의 문제가 아니다. 왜냐하면, 호소를 듣거나 듣지 않을 자유가 없기 때문이다. 레비나스가 말한 것처럼, 응답은 물음에 선행한다. 자율적 결정에 기인하지 않는 행위는 질문의 전개를 연루시킨다. 응답해야만 함은 태곳적 매우 먼 곳에서, 내가 응답했던 혹은 응답하지 않았던 이유에 대해 내가 제기할 수 있는 물음들 훨씬 이전에 온다. 종종 내가 이해득실을 따져야 할 때, 응답은 이미 너무 늦다. 응답의 시간은 지나갔고, 생각과 검토의 시간은 응답을 없앴다."[34] 생사의 갈림길에 있는 타인에게 필요한 건 생명의 소생을 위한 '나'의 호흡(숨)을 즉각적으로 주는 것이다. '나'의 개입 여부와 처지의 고려는 타인을 삶보다는 죽음에로 더 가까이 이끈다. 응답과 책임은 무조건적이어야 한다. "타인을 위한 책임은 나의 참여, 나의 연루에서 시작되었을 수 없다. 내가 처한 무한한 책임은 나의 자유, '모든-기억-이전', '모든-실현-이후', 비(非)현재 이편에서 온다. 특히 비-근원적인 것, 무-시원적인 것, 존재성의 이편 혹은 저편에서 온다. 타인을 위한 책임은 주체성의 비-장소가 놓인 장소이다."[35]

얼굴일 뿐인 타인은 누구도 '나'를 대신할 수 없는 소환에 응답하도록 놓이게 함으로써 '나'를 유일하게 만든다. 더불어 타인을 위한 '나'의 무한한 책임을 통해 타인은 삶을 산다. 나의 자유는 선택의 자유가 아닌, 나 대신

---

34 G. Bensussan, *op. cit.*, p.16.
35 E. Levinas, *Autrement qu'être ou au-delà de l'essence*, Paris: Le Livre de Poche, 2013, p.24.

누구도 할 수 없는 것을 나만이 할 수 있는 것을 뜻한다. 유일자 대(對) 유일자의 관계 속 나의 유일성의 자유는 윤리적 대화를 성립하게 한다. 대화 속 '나'는 '내'가 가진 것보다 더 많은 것을, 즉 초월적 의미를 '내'게 가져다주는 타인의 표현을 기꺼이 맞아들일 수 있다. 이 윤리적 대화를 통해, 타인에게 말을 건넴으로써 '나'는 타인을 그의 죽음에 홀로 두지 않아야 함을 깨닫고, '나'의 진정한 주체성 확립의 방법을 터득할 것이다.

5. 죽음을 살리는 삶

'나'는 타인의 얼굴을 본다. 그리고 타인의 얼굴을 지우는 순간 타인도 '나'도 사라진다. "나는 단 한 사람을 죽임으로써 인류의 몸 전체를 차갑게 식혀버[린다]."[36] 『쿠란』의 한 구절 "한 영혼을 죽이는 것은 인류 전체를 죽이는 것과 같은 것이다"는 한 명의 고유한 타인의 죽음이 모든 이의 죽음을 익명적으로 만든다는 뜻일 것이다. 역으로, 『탈무드』의 한 구절 "한 생명을 구하는 자는 세계 전체를 구하는 것이다"는 한 명의 고유한 타인의 생을 살림이 모든 익명적 죽음에 이름을 부여한다는 뜻일 것이다. 레비나스의 사유는 인간이 태어나고 죽는다는 아주 단순하고 자연스러운 사실에 의문을 제기한다. 인간의 생(生) 전체는 죽음(종료) 이후에 평가받는다. 쓸모없고 하찮은 존재의 소멸로 나와 타인을 남기거나 남기지조차 못하지 않으려면 '나'의 존재 이유를 '나' 자신에게 찾아서는 안 된다. '내'가 우주의 먼지이고 티끌일지라도, '나'는 '나'의 필멸(必滅)의 그늘 아래에서 타자의 죽음에 대해

36 카멜 다우드, *op. cit.*, p.132.

[그림 2] (출처: https://pixabay.com/illustrations/impossible-possible-motivation-6562613)

책임지는 유일자로 남아야 한다.

간결한 문장으로 시작하는 『이방인』은 전 세계의 언어로 번역되어 널리 읽혔고 읽히는 작품이다. '부조리'라는 주제가 부각되고 있지만, 그 이면에는 '죽음'의 주제가 놓여있다. 특히, 한 아랍인의 죽음은 뫼르소의 뚜렷한 살해 동기 없이 벌어진 사건이기에 좀 더 상세한 기술(記述)이 필요함에도 불구하고 간과되고 있다. 이에 『뫼르소, 살인사건』에서는 한 아랍인의 하찮은 죽음을 '무싸'의 억울한 죽음으로 이행시키고 있다. 동일자에 의해 동일자의 언어로 환원된 타자(한 아랍인)의 죽음을 그 자신의 고유한 죽음으로 복권시키려 시도하고 있다. 그런데, 애초에 뫼르소가 한 아랍인의 얼굴의 호소를 들었다면 방아쇠를 당겼을까? 그의 얼굴은 "너는 살인을 저지를 수 없을 것이다."라고 하는 저항의 외침을 발산했을 것이다.[37] '내' 몫의 책임의 요청과 관련한 외침. 그가 이전에 '내'게 했던 부정적 행위의 감당할 수 없는 계기에도 불구하고, '내'가 이미 숨 쉬는 호흡 자체가 타자를 위한 공기의 탈취였기 때문에, 타자를 살리기 위한 호흡을 내쉬어야 한다. 레비나스의 관점에서, 뫼르소는 자신의 특권·지위를 포기함이 없이 스스로 자기를 구원할 수 있다고 믿었다. 그러나 이는 완전한 실패로 끝난다. "소멸할 자에 대한 소멸할 자의 책임, 나는 밤하늘에 수많은 별 가운데 하나의 별에 대해서〔만〕 책임이 있는 먼지이자 티끌이다. 내가 먼지이고 티끌인 한에서, 나는 (…) 타자의 보호에 대해 생각하는 누군가로" 남아야 한다.[38] 뫼르소가 이 진리를 깨달았다면, 『이방인』의 뫼르소는 한 무명(無名)의 아랍인에게 얼굴과 이름을 부여하는 삶을 그리고 자기 자신에게는 죽음이 아닌 생(生)을 보전하게 했을 것이다.

37 E. Levinas, *Totalité et infini : Essai sur l'extériorité, op. cit.*, p.173.
38 김영걸, 『우리는 박해자를 위해서도 책임질 수 있는가? -레비나스가 답하다』, 어문학사, 2022, p.316.

| 2부 |

문화콘텐츠학의 관점에서 본 카뮈

차이로 읽는 다시쓰기 콘텐츠 연구

『이방인』과 『뫼르소, 살인사건』을 중심으로

○ 유영초

"미지의 두 존재가 저마다 자기 얘기를 품은 채 끝이 안 보이는 바닷가에 있는 거야. 어느 쪽이 더 진실에 가까울까?"

○ K. 다우드, 『뫼르소, 살인사건』, p.198.

"존재는 본연의 차이 그 자체이다. 존재는 또한 '비-존재'이기도 하다. 그러나 비-존재는 부정적인 것의 존재가 아니다. 그것은 문제 틀의 존재, 문제와 물음의 존재이다."

○ G. 들뢰즈, 『차이와 반복』, p.158.

1. 태양 아래 새로운 것이 있는가?

서양 철학의 전통이 플라톤에 대한 일련의 각주들로 이루어졌다는 화이트헤드의 표현[1]에는 '다시쓰기'의 개념과 의미가 내포되어 있다. 서양 철학자들의 대부분은 플라톤 철학을 바탕에 두고 있다는 말로 해석될 수 있으므로, 결국 서양 철학사를 관통하는 주요한 맥락과 흐름을 한마디로 말해 '플라톤 다시쓰기'라고 규정해 볼 수 있지 않을까?

또, 공자의 술이부작(述而不作)라는 언명은 또 어떠한가? 옛것을 따라 '다시쓰기' 했을 뿐, 새로 지은 것은 아니라는 말은 겸손에서 나온 말이 아닐 것이다. 온고이지신(溫故而知新)이니 법고창신(法古創新)이니 하는 말도 역시 본질적으로는 '다시쓰기'에 다름이 아니다.[2]

---

1 "유럽 철학의 전통을 가장 확실하게 일반적으로 특징짓는다면 그것은, 그 전통이 플라톤에 대한 일련의 각주들로 이루어져 있다는 것이다." ; 앨프리드 노스 화이트헤드, 『과정과 실재』, 오영환 옮김, 민음사, 2003, p.118.

2 『論語』「述而」 子曰, 述而不作, 信而好古, 竊比於我老彭, 『論語』「爲政」 子曰, 溫故而知新, 可以爲師矣. 옛것을 전술하기만 하고 창작하지 않으며, 그것을 믿고 좋아 하는 것이 곧 내가 저 노팽을 은근히 닮고 싶은 점이다; 옛것을 배우고 익혀 내 마음에 풀어 새로운 것을 깨닫는다면 스승이 되기에 모자람이 없다. 이재준, 「술이부작과 온고지신의 교육학적 해석」, 『인격교육』 제5권 2호, 한국인격교육학회, 2011, pp.67-

더 나아가 "태양 아래 새로운 것은 없다.(There is nothing new under the sun)"는 구약성경 전도서 제1장에 나오는 말씀은 또 어떠한가? 이 역시 우리의 모든 생각이나 작품은 기실 무(無)에서 비롯된 것이 아니라, 이미 있는 것에 대한 각주와 설명에 불과한 '다시쓰기'라고 하는 것을 강조한 말로 이해된다.

굳이 비슷한 언명을 반복한 것은 다시쓰기의 가치를 강조하기 위해서 인용한 것이긴 하지만, 다시쓰기가 마냥 단순하고 기계적인 반복은 분명 아니다. 다시쓰기는 다각적 입체적 층위에서 엄밀하게 논의되기도 하고, 다양한 영역과 창작 현장에서 구사된다. 최근 문화콘텐츠 영역에서 자주 다루어지는 "OSMU"[3], "트랜스미디어 스토리텔링"[4], "콘텐츠 IP"[5] 등의 개념들도 기실은 다시쓰기의 유형이라고 해도 좋다. 한 개 장르의 스토리나 콘셉을 기반으로 한 작품이나 아이디어가 출판, 만화, 영화, 음악, TV드라마, 웹소설, 웹툰, 게임, 축제, 이벤트, 캐릭터 등 다양한 문화콘텐츠 장르들로 변이 확장되면서 '다시쓰기'가 이루어지는 현상을 반영하는 개념들이다.

지금과 같이 미디어가 다원화된 상황에서 '다시쓰기'는 '쓰기'의 가장 보편적 행태라고 해도 좋다. 특히 유튜브와 같은 미디어 플랫폼에서의 콘텐츠는 다시쓰기 콘텐츠가 압도적으로 많은 것을 볼 수 있다. 물론, 다시쓰기는 미디어의 발달에 따른 오늘날의 현상만이 아니라, 동서양의 시대와 장소, 표현의 장르를 막론하고 이루어져 왔을 것이다. 서양에서도 전통적으로 예술

83.

3 원 소스 멀티 유즈(One Source Multi Use), 하나의 원천 소스를 기반으로 다양한 콘텐츠로 활용 ; 박치완 외, 『키워드로 읽는 문화콘텐츠 입문사전』, 꿈꿀권리, 2013, pp.216-219 참조.

4 트랜스미디어 스토리텔링(Transmedia Storytelling)은 하나의 이야기나 이야기 경험이 다양한 플랫폼과 미디어에서 다수의 콘텐츠 형태로 구현; ibid., pp.136-138 참조.

5 명목상의 개념은 지적재산권(Intelectual Property)을 의미하나, 스토리나 캐릭터 등의 콘텐츠를 기반으로 한 다양한 장르적 확산과 부가 사업을 가능하게 하는 관련 지적 재산과 관련된 사업들을 포괄해서 지칭; 최수빈, 이소은 「콘텐츠IP 속성이 콘텐츠IP 연계 이용 적극성에 미치는 영향 : 충성도의 매개효과 및 이용자 특성의 조절효과 분석」, 『한국방송학보』 제37권 5호, 2023, pp.340-375 참조.

[그림1] 카뮈의 이방인의 다시쓰기 양상들- 영화, 연극 포스터(출처: 아트시네마, 극단 산울림)

적 기능 수련을 위한 베껴 그리기가 흔한 일이었고, 대가들의 작품 보급이나 돈벌이를 위한 수단이기도 했다. 탱화와 같은 미술도 1만 장을 베끼고서야 장인이 될 수 있다는 말도 있고, 판소리의 동편제 서편제도 다시쓰기의 과정에서 형성된 스타일의 산물이라고 할 수 있다.

다시쓰기의 이유는 이미 검증된 작품성과 상품성을 토대로, 기존 작품의 명성과 권위에 의지하고자 하는 바람도 포함되어 있을 것이다. 이미 권위를 획득한 원작들은 신화와 전설, 역사와 마찬가지로 다시쓰기의 원천 소스이자 하나의 소재가 되는 것이다. 이런 점에서 다시쓰기는 "집단적 상상계(imaginaire collectif)"의 발현이라고 해석되기도 한다.[6] 이런 경우 작가들도 자기 작품이 누구의 작품을 텍스트로 하고 있다는 사실을 거리낌 없이 밝히고 있

6 M.-C. Hubert, *La Plume du phénix*, PUP, 2003, 이선화, 「프랑스 현대극에 나타난 다시쓰기의 미학: 메테를링크의 『조아젤』과 세제르의 『어떤 태풍』을 중심으로」, 『프랑스문화예술연구』 제33호, 프랑스문화예술학회, 2010, p.291에서 재인용.

고, 비평가도 콘텐츠의 독창성으로 평가하는 것이 아니라 오히려 "익숙한 전통을 어떻게 재구성 혹은 전복하고 있는지, 또 어떻게 해체와 혁신을 이루어 내고 있는지"에 가치를 둔다고 한다.[7]

그런데 이처럼 창작이 하나의 집단적 상상의 발현을 포함하고 있다는 발상도 있지만, 창작은 대체로 개인의 창의적 아이디어의 산물이며 지적인 사유재산이라는 생각이 보편적이어서, 콘셉이나 뉘앙스조차 표절 시비가 붙는 것처럼 다시쓰기는 늘 저작권 시비를 넘나든다. 다시쓰기 중에서도 연극이나 공연 콘텐츠의 경우는 다시쓰기의 반복을 전제하는 대표적인 예술 장르이지만, 문학이나 미술과 같은 예술 장르에서 다시쓰기는 그 목적과 재현의 정도, 표현의 차이 등에 따라서 표절의 구설수에 오른다.

물론, 표절 그 자체도 다시쓰기처럼 옹호되기도 한다. 장정일은 "창작의 산실은 '스스로 하기(DIY)'의 작업장이 아니라 무한 재사용(reuse)이 벌어지는 곳"이라며 "보르헤스의 발상을 빌려 오자면, 표절과 창작은 '1대 1지도(地圖)'이며, 문학을 하기 위해 표절은 필수적이다."고 주장한다.[8] 아울러 "작가의 창조성이란, 사회와 역사를 비롯한 외부와의 교섭에서 나온 산물이며 그가 받았던 교육과 독서 편력을 통해 섭취한 것"이라는 말로 모든 창작은 사회적 산물이 아니냐는 차원에서 긍정한다.[9]

문화콘텐츠 기획이나 개발 등의 창작 활동에서 창조성이니 창의성(creativity)이니 하는 것이 가장 중요한 소양이자 핵심 역량인 듯 이야기되는 개념이지만, 사실 그 구체적인 실체나 구현의 방법은 명확하게 제시되어 있

---

7 *Ibid.*, p.292.

8 장정일, 「표절을 보호해야 한다」, 『시사IN live』 2015년 07월 18일자, 허병식, 「차이와 반복, 2000년대 한국 문학장의 표절과 문학권력」, 『사이間SAI』 제20권, 국제한국문화학회, 2016, p.344에서 재인용.

9 *Ibid.*

지 않다. 다만, 크리에이터(creator), 창작자의 소양이 창의성이라고 한다면 이 창의(創意, creativity)의 본질은 바로 '차이'에 있다고 할 수 있을 것이다. 창의성이란 바로 차이의 발견과 차이의 기준(criteria)을 세우는 것이기 때문이다.

다시쓰기는 원작 혹은 기존작의 '반복'과 '차이'를 통해 새로운 표현과 의미를 창출하려는 창의적 활동이라고 할 수 있을 것이다. 다시쓰기에 표절의 시비가 붙는 것은 반복 과정의 의도와 그 결과 생성되는 차이의 의미를 직관적이든 논리적이든 제시하지 못하거나 설득하지 못한 탓일 것이다.

본고의 문제의식은 창의성이 이 차이에서 비롯된다면 차이의 발견과 생성은 어떻게 이루어지는가에 대한 것이라고 할 수 있다. 창작이나 연구 활동에서 늘 강조하는 것이 이 '독창성'이니 '차별성'이니 하는 '차이'에 관한 것이지만, 차이의 발견과 발생의 원동력에 대해서는 문화콘텐츠 연구와 개발의 관점에서 각별히 연구된 바는 없는 듯하다. 이에 문학과 영화 등 창작자들이나 콘텐츠 기획과 개발을 하는 현장 크리에이터들에게는 물론, 학술적 연구에서도 이 '차이'와 '다시쓰기'야 말로 결정적(critical)인 개념이자 방법이 아닐까 하는 문제의식을 가질 필요가 있다고 생각한다. 즉, 이 차이와 다시쓰기라는 개념이 문화콘텐츠 분야를 보다 생기발랄하게 발전시켜 나갈 학문적, 실용적 중추 개념으로 간주되어도 좋지 않을까 하는 생각인 것이다.

이에 본고는, 다시쓰기의 개념과 의미를 통해 그 가치의 기초적인 토대를 살펴보고, 다시쓰기의 유형과 방법 등에 대한 이론적 성과들을 검토하여 실질적인 중요성과 필요성의 맥락을 잡아 보고자 한다. 아울러 다시쓰기의 철학적 토대이자 다시쓰기 전략의 핵심적 원리와 방법으로서 '차이와 반복'을 검토해 볼 것이다. 이는 다시쓰기가 다만 기술적인 방법의 측면만이 아니라, 창작의 본질에 가깝지 않을까 하는 이론적 토대로서의 의미를 살펴보고자 하는 것이다. 이러한 논의를 기반으로 다시쓰기 콘텐츠로서 카뮈의 『이방인』[10]과 카멜 다우드의 『뫼르소 살인사건』[11]의 쓰기와 다시쓰기에서의 차이를 검토해 볼 것이다. 다만, 두 작품의 본격적인 비교 분석에 주안점을 두기보다는 다시쓰기를 통한 차이 생성의 가치와 의미를 검토하는 데 비중을 두고자 한다.

2. 다시쓰기란 무엇인가?

1) 팔랭프세스트(palimpseste)

우리는 일반적으로 생각하고 있는 '다시쓰기'는 "쓰던 것을 되풀이해서 쓰거나", "방법이나 방향을 고쳐서 새로이 쓰거나", "하다가 멈춘 것을 계속하여 쓰거나" 하는 것을 다시쓰기라고 할 수 있다. 즉, 고쳐 쓰거나 새로 쓰거나 이어서 쓸 때 다시쓰기라고 한다. 다시쓰기는 영어로는 리라이팅(re-writing)이고, 한자로는 개작(改作)이다. 다시쓰기와 관련된 용어들은 "리메이크, 리바이벌, 샘플링, 복제, 패러디, 패스티시, 상호텍스트성, 기억의 기술, 메타텍스트, 대화주의, 다성성, 탈정전화, 저자의 죽음, 매체전이 등" 일상어와 학술 용어를 망라하여 그 장르와 패턴에 따라 다양하게 쓰이고 있다.[12]

르페브르에 의하면 '번역' 또한 다시쓰기의 유형으로 구분하여, "또 하나의 작가"로서 번역가의 역할을 제기하고 있다. 즉, 번역이란 단순히 거울의 역할인 '반영(reflection)'이 아니라 '굴절(refraction)' 또는 '다시쓰기(re-writing)'이

10 본 논문에서 다루는 판본: 알베르 카뮈, 『이방인』, 김화영 옮김, 민음사, 2011.
11 본 논문에서 다루는 판본: 카멜 다우드, 『뫼르소 살인사건- 카뮈의 이방인, 살아남은 자의 이야기』, 조현실 옮김, 문예출판사, 2017.
12 이선화, *op. cit.*, p.290.

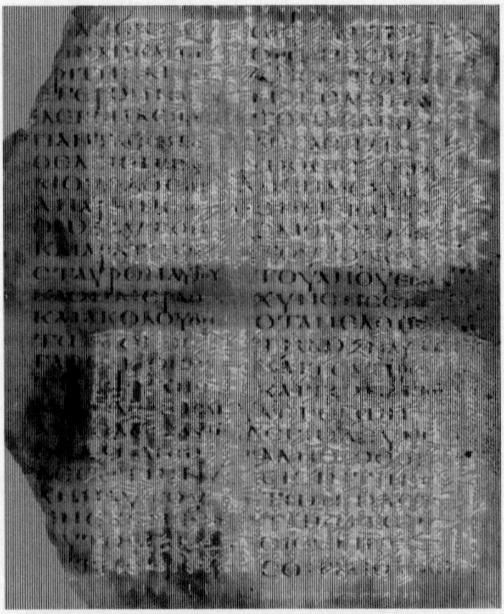

[그림 2] 팔랭프세스트의 사례, 팔림프세스트의 한 예. 먼저 기록된 부분(흰색)은 그리스어로 루가복음서가 적혀 있다.
(출처: https://ko.wikipedia.org)

며 이러한 번역에서의 굴절이 문학 자체의 진화에서 주요한 역할을 맡고 있다고 설명한다. 일반적으로 번역의 목적은 원전의 충실한 재현으로 이해되지만 시대적, 장소적 표현의 굴절로서 다시쓰기를 통해 작품은 새롭게 재탄생하게 되는 것이다. 그래서 곧 또 하나의 작가라고 부르는 번역가의 과제로서 '창조적 번역'이라는 다시쓰기의 역할이 등장한다.[13] 르페브르식 번역의 재창조적 관점에 따르면, 카멜 다우드의 『뫼르쇠 살인사건』은 『이방인』에 대한 역설적이고 창조적인 번역이 될 수도 있을 것이다.

다시쓰기의 개념적 유래는 팔랭프세스트(palimpseste)이다. 팔렝프세스트는

13 장재일, 박윤희, 「르페브르의 '다시쓰기'와 번역가의 과제 -충실성(Fidelity)과 충실성(Loyalty)의 딜레마」, 『철학·사상·문화』 제25호, 동국대학교 동서사상연구소, 2017, p.150.

중세에 널리 사용되던 양피지로 만든 문서에 먼저 쓴 글자를 지우고 그 위에 글씨를 써서 '다시 쓴' 문서를 말한다. 양피지 가격이 비싸 재사용을 위해서 그렇게 덮어쓴 문서인데, 이전 문서의 글씨 흔적이 비쳐 보인다. 문학적 다시쓰기에서는 이와 같은 상태의 '메타포'로서 원 바탕에 있는 텍스트(원텍스트, hypotexte)와 덮어쓴 텍스트(하이퍼텍스트, hypertexte)의 상호관계성을 상호텍스트성(intertextuality), 파생텍스트성이라고 한다.[14]

이러한 개념의 역사를 통해서 보면, '다시쓰기'는 기본적으로 "기존의 작품 일부나 전체를 모방과 변형을 구사하며 재구성"하는 것을 말한다고 할 수 있을 것이다. 다시 말해 다시쓰기는 원작에 대해 새로운 관점과 의미를 부여하기 위해 창작자의 창의력과 상상력을 기반으로 원작의 주제나 소재, 표현의 형식과 방법들에 대해 모방과 변형을 기초로 재구성하는 일이다.

2) 다시쓰기는 왜 하는가?

그렇다면 이렇게 다시쓰기를 하는 이유는 무엇인가. 기본적으로 창작자 본인의 다시쓰기는 새로운 관점과 입장에서 초고나 원작을 바라보고 작품의 충실성을 높이고자 하는 의도가 있을 것이다. 스스로 개정판 등의 다시쓰기를 하는 이유는 소소한 오탈자나 데이터의 수정에서부터 작품의 주제나 목적에 이르기까지 다시쓰기 혹은 새로 쓰기를 통해 작품의 질적 수준을 높이고자 하는 의도가 가장 크다.

다른 이의 작품을 다시 쓰고자 하는 이유는 우선 새로운 시각에서 원작을 바라보고자 하는 것이 가장 클 것이다. 즉, 원작의 시대착오적 오류나 편견

---

14 송지연, 「로빈슨 크루소 다시 쓰기 -투르니에의 『방드르디』와 쿳시의 『포우』의 탈식민주의적 읽기」, 『불어불문학연구』 제114호, 한국불어불문학회, 2018, p.230.

을 바로잡고자 하는 동기나 기존 작품의 권위에 도전하고자 하는 욕망이다. 전통적으로 권위가 인정되어 있는 작품은 다시쓰기를 통해서, 쉽게 그 권위와 명성에 올라탈 수 있다. 잘나가는 작품의 유명세에 편승하여, 효율적으로 자신의 작품이 얹혀서 갈 수 있기도 한 것이다. 트렌디한 작품과 소재가 여러 장르로 다시쓰기가 이루어지는 것은 대체로 이런 이유이다. 물론, 없는 것이 없다고 할 정도로 많은 창작 소재들의 풍요와 범람의 상황은 역설적으로 상상력의 빈곤을 초래하는 이유도 있을 것이고, 또는 좀 더 의미 있는 장르 전환과 표현 방법의 실험적 모색 같은 이유도 있을 것이다.

'로빈슨 크루소' 다시쓰기 등 여러 작품의 다시쓰기를 해온 미셸 트루니에는 다시쓰기(re-writing)의 의미를 "어떤 새로운 형식적인 차원을 창조하려는 것이 아니다"고 강조한다. 오히려, "전통적이고 익숙하여 안심할 수 있는 형식 안에 그러한 자질들을 갖고 있지 않은 재료를 담는 것"에 두고 있다고 말한다.[15] 그리고 이를 통해 "이미 잘 알려진 이야기로 시작하여 독자들이 친숙하게 받아들이도록 하되 역설적으로 '전이와 변화'를 시도하여 독자로 하여금 생각과 삶의 변화를 체험하도록 유도하는 것"에 둔다.[16] 즉, 다시쓰기는 표현이나 내용의 형식적 반복 속에서 의미의 변화와 전이를 시도하여 독자의 체험 속에 스며들고자 하는 창작의 방법이다.

그러나 어쩌면 다시쓰기의 가장 본질적인 이유 중 하나는 그 자체가 인간의 본성일 수도 있다는 점이다. 즉, 인간은 모방을 통해서 사회화된다는 점이다. 모방은 생래적인 본성일 수도 있고, 사회적인 학습의 합리적 판단에

---

15 M. Tournier, *Le vent paraclet*, 1977, p.195, 이은주, 「미셸 투르니에와 읽기의 문제」, 『프랑스어문교육』 제27권, 한국프랑스어문교육학회, 2008, p.442, 황혜영, 「다시쓰기와 사고의 전이 - 『방드르디, 태평양의 끝』을 중심으로」, 『사고와 표현』 제8권 1호, 한국사고와표현학회, 2015, pp.151-152에서 재인용.

16 김계영, 「투르니에 소설의 탈민족화와 보편성 - 『방드르디, 태평양의 끝』을 중심으로」, 『외국문학연구』 제25호, 외국문화연구소, 2007, p.14, 황혜영, *op. cit.*, pp.151-152.

의한 선택일 수도 있다. 이를테면, 야생동물들이 태어나자마자 걸을 수 있는 것처럼 걷기에 대한 본능적 모방능력이 있듯이, 인간의 모방은 생래적인 본성이라고 할 수도 있는 것이다.

한편 모방이 창조의 어머니라고 말하는 것처럼, 사회적인 학습에 의한 합리적 선택의 결과로 볼 수도 있다. 천재 화가 피카소도 끊임없이 벨라스케스의 그림을 '다시쓰기(모방)'하면서 독자적인 화풍을 창조해 냈고, 또 젊었을 때의 그림을 다시쓰기 하여 새로운 영감을 얻기도 하였다. 이렇듯, 다시쓰기는 인간의 생래적, 사회적 특성이라고 할 수 있을 것이다.

그리고 다시쓰기의 중요한 기능 중의 하나는 필사나 사경(寫經)과 같은 다시쓰기를 통해 '원전'의 의미와 메시지를 내면화하면서 자기 성찰과 치유가 이루어진다는 점이다. 때문에 불교에서는 불경을 베껴 쓰는 사경을 중요한 불교 의식으로 다루고 있고, 기독교나 가톨릭에서도 경전 쓰기는 중요한 종교적 실천 방법이다. 문학 작품의 필사와 같은 다시쓰기 활동도 역시 자기 탐색과 이야기 치료에 적극적으로 활용된다.

3) 다시쓰기(re-writing)의 양상과 층위

다시쓰기는 작업 주체와 유형, 방법, 그 기능에 따라서 다양한 양상과 층위를 보여준다. 주네트는 하이퍼텍스트성의 관계 유형을 기본적으로 '모방'과 '변형'의 관점에서 풍자성과 비풍자성이라는 기능을 한데 묶어서 구분하고 패러디(parody)와 패스티시(pastiche)를 구별하여 설명한다.[17]

〈표 1〉은 주네트의 구분을 포함하여 다시쓰기의 제 유형을 재정리해 본 것이다. 앞서 살펴본 것처럼 작가 본인의 다시쓰기는 고쳐 쓰기(改作)의 유

---

17 G. Genette, *Palimpsestes*, Seuil, 1982, p.41, 이선화, op. cit., p.298에서 재인용

형으로 오탈자와 비문의 수정과 같은 소소한 손질을 포함하여, 콘셉이나 메시지에 이르기까지 기존의 작품을 변형하여 원작의 충실도를 높이는 것에 목적이 있다.

〈표 1〉 다시쓰기의 제 유형

작업주체	작가본인	원작자 이외						
유형	개작	번역	모조	차용	패러디	풍자	패스티쉬	오마주
방법	변형(비틀기)					모방(흉내내기)		
기능	충실성		풍자성				비풍자성	

출처: 이선화(2020), 297쪽 표 재구성

번역의 경우는 원천 텍스트의 언어를 타겟(target) 텍스트의 언어로 변환하는 다시쓰기이다. 기본적으로 원작의 충실성을 목적으로 하는 것이지만, 르페브르가 "번역이야말로 가장 명백하고 전형적인 형태의 다시쓰기"로 규정하는 것은 원천 텍스트가 속한 문화권의 경계를 넘어 굴절과 변형 과정을 거치기 때문이다.[18] 그럼에도 원저자와 원천 텍스트의 이미지가 있는 그대로 투사되는 것처럼 보인다는 점에서, 혹은 그렇게 보이도록 한다는 점에서 번역이 가장 영향력이 큰 형태의 다시쓰기라고 규정한다.[19]

모조나 인용, 차용 등은 '베껴 쓰기' 혹은 '빌려다 쓰기'이다. 모조나 인용의 경우는 복제와 표절의 경계에서의 형식과 내용을 다시쓰기 하는 것이다. 방법과 의도, 질적 수준에 따라서 짝퉁, 카피, 이미테이션, 벤치마킹 긍정적 부정적 표현이 수반된다. 차용의 경우는 그 목적에 따라 도용(盜用)이나 전

18 장재일, 박윤희, *op. cit.*, p.154.
19 *Ibid.*, p.154.

유(專有)라는 개념으로 다시쓰기가 된다.

패러디(parody)는 흔히 "예술은 인생을 모방하고 패러디는 예술을 모방한다."[20]는 표현처럼 다른 예술 작품에 대한 반사적인 혹은 대조적인 관점과 입장에서 모방하고 재현함으로써, 원작에 대한 풍자와 비판을 하는 기법을 말한다. 패러디에서 핵심적인 개념은 "비평적 거리를 둔 모방"이다. 패러디는 참조 텍스트와의 유사성과 모방성을 기초로 하고 있는데 이때 중요한 것은 단순 복제나 모방이 아니라 풍자성이나 유희성을 목적으로 하는 '비평적 거리'인 것이다."[21] 때문에 바흐친의 주장처럼 패러디는 "은폐된 모순이나 진실을 드러낼 수 있는 이데올로기적 담론이 될 수 있으며" 흔히 풍자와 저항의 코드가 담겨 있기 마련이다.[22]

패스티시(pastiche)란 다른 작품의 부분들을 거의 변형하지 않은 채 긁어모아 다시 쓰는 혼성 모방이라고 할 수 있다. 회화나 시각 예술에서의 표현 수단으로 많이 사용되는데, 린다 허천은 패스티시를 패러디와 구분하여 "비판과 풍자의 의도를 담지 않은 순수한 흉내내기"라고 정의한다.[23] 한편, 회화에서의 콜라주나 몽타주, 영화에서 자신이 존경하거나 영향받은 특정한 감독이나 장르에 대한 존경을 표시하기 위해 자신의 영화 속에서 표현하는 오마주(hommage)와 같은 다시쓰기의 유형들도 있다.

다시쓰기의 양상에서 특별히 탈식민 문학의 관점에서는 '되받아쓰기' 개념을 살펴볼 필요가 있다. 탈식민화(decolonization)와 관련한 다시쓰기 전략으로는, '되받아쓰기(write back)', '전유(appropriation)', '폐기(abrogation)'의 유형이 제

---

20 서양미술사, https://neolook.com/archives/20000208a

21 린다 허천, 『패러디 이론』, 김상구 외 옮김, 문예출판사, 1998, p.15.

22 박영은, 「'패스티쉬'의 미학: 안나 카레니나에 대한 메타 텍스트로서의 루진방어」, 『노어노문학』 제18권 2호, 한국노어노문학회, 2006, p.260.

23 *Ibid.*, p.260.

시되고 있다.[24] 되받아쓰기란 "제국의 지배 담론에 의해 정전(canon)이 된 텍스트들을 다시 읽고, 저항적 시각으로 원천 텍스트를 되받아서 다시 씀으로써 지배 담론을 전복시키고자 하는 다시쓰기"다.[25] 즉, 식민 지배 담론의 음모와 허구성을 폭로하고 주변부의 경험과 문화의 새로운 가능성을 조명하는 반담론을 제시하는 방법이다.[26] 전유는 지배 문화와 담론을 가져다가 대항 문화의 도구로 활용하는 주요한 유형이다. 이를테면 지배 문화, 그리고 그 담론이 사용한 언어 등을 도구로 다시 써서 지배 담론의 허구와 음모를 폭로하고 균열 내면서 새로운 해방의 가능성을 제시하는 방법이다.[27] 『뫼르소 살인사건』은 프랑스 식민 지배를 받았던 알제리의 아랍인 관점에서 쓰인 탈식민 문학이며, 이를 위한 다시쓰기 전략으로써 되받아쓰기와 전유, 폐기의 양상이 모두 전개되는 작품이다.

4) 다시쓰기(re-writing)의 방법과 원리

다시쓰기 콘텐츠는 그 형식과 내용, 표현의 배치 양상에 따라 사뭇 다른 양상으로 전개된다. 같은 스토리가 인쇄물의 형식을 갖는가, 필름의 형식을 갖는가, 혹은 무대의 형식을 갖는가에 따라서 색다른 콘텐츠로서 다시쓰기가 이루어질 수 있다. 콘텐츠의 내용과 표현은 그 형식의 규정성과 다양한 트랜스미디어 스토리텔링 등을 통해 다시쓰기가 이루어진다.

장르를 넘나들면서 다시쓰기가 이루어지는 것은 말할 것도 없고, 같은 장

24 고현철, 「탈식민주의 문화전략과 패러디의 상관성 연구」, 『한국문학논총』 제36집, 한국문학회, 2004, p.336.
25 송지연, *op. cit.*, pp.230-231.
26 고현철, *op. cit.*, p.336.
27 이봉욱, 「탈식민주의 예술의 정치적 전복가능성으로서 다시쓰기」, 『예술과 미디어』 제18권 2호, 예술과미디어학회, 2017, p.45.

르 내에서 다양한 다른 형식을 취할 수 있을 것이다. 문학 장르 내에서도 시와 산문, 전기, 에세이 등의 다양한 형식으로 다시쓰기의 형식적 변환이 가능하고, 또 소설이라는 문학 유형 내에서도 서술 형식에 따라서 각자의 문체를 취할 수도 있을 것이다.

박여성은 반복과 변형의 원리를 다음과 같이 정리한다. 우선, 반복에는 질료적 반복과 형식적 반복, 복합적 반복으로 구분한다. 질료적 반복은 어떤 작품의 일정 부분을 그대로 옮겨 오는 경우이고, 형식적 반복은 특정 작가의 문체, 통사적 특징이나 구조, 특정한 어휘소의 영역을 반영을 반영하는 반복이다. 그리고 복합적 반복은 질료와 형식의 복합체로 정리하고, 반복의 종류는 양이나 질, 빈도 위치 등으로 반복의 층위는 개인적, 경험적, 이상적인 층위로 구분한다.[28]

다음으로 변형의 경우는 교체와 추가, 확장 또는 압축, 치환, 복합 등으로 분류한다. 교체에는 기호체의 교체와 언어 교체, 장르의 교체가 있고, 추가에는 저자 임의에 따라서 추론하고자 하는 것을 추가하는 경우와 서문, 모토, 후기, 색인, 각주, 인터뷰, 등의 원문의 공간적 연장이 된다. 끝으로 확장과 압축에는 복잡한 부분을 풀어주거나, 요약해 주는 해설, 다이제스트 등이 있다. 치환은 작위적인 기법으로서 콜라주와 혼성 모방 같은 기법이고, 복합은 복합된 잡종 텍스트와 인터넷과 같은 복합된 잡종 미디어 제공물이다.[29]

이와 같은 여러 가지 반복 원리의 유형에도 불구하고, 다시쓰기의 핵심적 재현과 표현의 장치는 반복의 측면과 차이의 측면을 반영한 '모방과 변형'이다. 다시 말하면 '차이와 반복'이다. 이 반복과 차이, 모방과 변형의 기

28 박여성, 「간텍스트성의 문제: 현대 독일어의 실용텍스트를 중심으로」, 『텍스트 언어학』 제3권, 한국텍스트언어학회, 1995, p.102.

29 박여성, *op. cit.*, pp.103-104.

제는 텍스트의 형식과 내용, 그리고 표현의 차원에 모두 작용한다. 그리고 이 차이와 반복에서의 '과정적 의도'와 '결과적 의미'가 상호텍스트성(intertextuality)을 갖는다. 그런 점에서 다시쓰기도 역시 반복이되 복제가 아닌 반복, 즉 차이와 반복이며, 그 과정으로서의 각색 행위는 (재)해석과 (재)창조를 의미한다는 점에서[30] 각색(adaptation) 이론과의 차별성을 뚜렷하게 갖지는 않는다. 이에 '차이와 반복'의 사유를 통해서 다시쓰기의 핵심 원리를 살펴보는 것도 의미 있는 일이다. '차이와 반복'은 들뢰즈 철학에서의 중심 개념이라고 할 수 있다. 다만 본고에서 이 개념을 철학적 학술 담론으로 다루고자 하는 것이 아니라, 다시쓰기 콘텐츠 전략의 이해를 확장하기 위한 차원에서 접근해 보고자 한다.

3. 차이와 반복, 그리고 다시쓰기

있음과 없음이나 같음과 다름은 우리의 사유와 행동의 가장 근원적인 바탕이다. 존재론적 사유의 가장 첫머리와 끄트머리에 있는 철학적 질문이지 않을까 싶다.[31] 물론 세 살짜리도 이해할 것 같은 이 말들이 무슨 궁극의 질문이냐고 생각하기도 하지만, 있음과 없음이 세상만사의 같음과 다름을 규정하고 그 차이를 이해하는 개념적 실체이다.

차이, 다름은 이것에는 있고 저것에는 없는 것을 말한다. 공간과 시간 안에서의 위상과 강도에 따라서 있음과 없음이 펼쳐지면서, 크기, 무게, 깊이,

30 서성은, 「린다 허천의 각색담론」, 『우리어문연구』 제48호, 우리어문연구, 2014, p.319.

31 관련해서는 윤구병, 『있음과 없음 -윤구병의 존재론 강의』, 보리, 2003 참조

부피, 거리, 높이, 길이, 밀도, 색도, 온도 등의 모든 차이가 인식된다. 공간의 차이는 격차, 낙차, 편차, 교차, 연주시차 등은 위상의 차이로 지각되고, 시간의 차이는 이미 없음, 아직 없음의 차이(사이)에 있는 것에 대한 개념적 실체로 인식된다. 그리고 일교차, 농도차, 해기차(海氣差), 괘차(快差) 등 강도의 차이가 있다. 이 모든 것이 있음과 없음의 사유에서 비롯되는 다름과 같음, 동일성과 차이로 이해되는 차이라고 할 수 있다.

세계는 이러한 차이로서 인식된다. 상하좌우, 고저장단, 원근경중 등의 차이가 없다면, 세상의 한치 앞도 내다볼 수 없고 한걸음도 내디딜 수 없이, 어떤 사유와 행동도 불가능할 것이다. 즉 차이가 존재하지 않는다면 세계는 식별 불가능할 것이고, 우리는 차이로서 존재하는 것들만 식별 가능한 것이다. 우리는 일반적으로 사물과의 관계 속에서 가지는 있음과 없음과 지나감과 아직 오지 않음의 위치나 양상에 의해 발생하는 위상의 차이를 식별하며 세상을 살아간다. 따라서 차이는 모든 현상의 실체이자, 사유의 원천 패러다임이다. 차이 없는 현상이 없고, 차이 없이 식별하고 사유할 수 없다.

그런데, 들뢰즈의 차이는 다만 동일성을 전제로 하는 차이를 말하지 않는다. 즉, 있음과 없음을 통해 같음과 다름의 동일성으로 환원되는 가운데 발생하는 '부정적 차이'를 말하는 것이 아닌 것이다. 오히려 있음과 없음을 넘어서는 본연의 차이 그 자체를 말하는 것으로 보인다.

> 존재는 본연의 차이 그 자체이다. 존재는 또한 '비-존재'이기도 하다. 그러나 비-존재는 부정적인 것의 존재가 아니다. 그것은 문제 틀의 존재, 문제와 물음의 존재이다. 본연의 차이 자체는 부정적인 것이 아니다. 거꾸로 그것은 비-존재이고, 이 비-존재는 본연의 차이, 즉 반대가 아닌 다름이다…부정은 이런 상위 원리의 그림자, 이미 산출

된 긍정 옆에 머물러 있는 차이의 그림자일 뿐이다.[32]

들뢰즈의 차이 그 자체는 역(易)에 유비되는 개념으로도 해석된다. 즉, 차이의 개념이 동일성의 상대적 개념으로서 규정(정의)되는 것이 아니라, 비개념적 차이, 규정 이전의 차이 그 자체로서의 미규정성이고 무차별성의 차이를 말한다면, 차이는 어쩌면 태극(太極) 혹은 황극(皇極)이나 무극(無極)이라고 해도 좋을 것이기 때문이다.

> 무차별성은 두 측면을 지닌다. 한쪽에서 보면 그것은 분화되지 않은 심연, 검은 무(無) 규정되지 않는 동물이다. 이 안에서는 모든 것이 용해되어 있다. 다른 한쪽에서 보면 흰 무(無), 다시 고요해진 표면이다. 여기서는 떨어져 나간 사지(四肢), 목 없는 머리, 어깨 없는 팔, 이마 없는 눈 등처럼 서로 연결되지 않은 규정들이 떠다니고 있다. 미규정자(분화되지 않았다는 의미에서) 서로에게는 차이가 없다. 차이는 이 두 극단의 중간자에 해당하는 것일까?[33]

들뢰즈의 차이는 음과 양의 차이 속의 미분적 차이, 잠재성을 품은 태초의 끝으로 태극, 무극, 혹은 황극이라고 부르는 그런 개념으로 유비해 볼 수 있을 것이다. 차이는 미분적 차이이며, 세상을 지배하는 어떤 동일자가 아니라, 모든 잠재성, 미규정성을 관통하는 원리로서 개념적 답이 아니라 비개념적 물음과 질문이라 말하는 듯하다. 들뢰즈의 차이는 이미 만들어져 있는 개념적 차이나 분화적 차이가 아니라, 만들어 내는 차이로서의 미개념적, 미

---

32 질 들뢰즈, 『차이와 반복』, 김상환 옮김, 민음사, 2004, pp.158-159.
33 *Ibid*., p.83.

분적 차이의 가치를 강조하고 있다. 즉, 결과로서의 차이가 아니라, 원인으로서의 차이, 내적 동기로서의 차이라고 할 수 있다. 그런 점에서 어쩌면 들뢰즈가 말하는 차이의 원리야말로 우주 생성의 원리이자, 만유의 법칙이라고 해도 좋을 것이다.

'차이와 반복'에서 반복이 차이를 만든다는 말은, 언뜻 받아들이기 어려운 것이다. 반복은 동일한 것이 반복됨을 의미하는 것이기 때문에 차이를 생성하는 반복은 실패한 반복을 의미한다. 그러나 이러한 일반적인 생각과 달리 들뢰즈는 반복이 차이를 생성하며 차이는 반복 속에 존재한다고 말한다. 반복은 시간의 반복, 생성의 반복이다.

이 그림은 모네의 〈루앙대성당〉 연작이다.[34] 그림은 시간의 흐름 속에서 차이가 생성되고 있는 것을 직관적으로 보여준다. 시간의 반복 속에 세포의 발생과 소멸의 차이와 반복이 없다면, 생명 현상도 존재하지 않을 것이다. 신체는 세포의 발생과 소멸의 반복 속에 있고, 해가 뜨고 지는 반복 속에 우

[그림 3] 클로드 모네의 〈루앙 대성당〉 연작, 유화, 1892~1894년

34 https://sladance.tistory.com/entry

리의 생태계가 있다. 어제와 오늘의 차이, 조금 전과 지금은 그 동일성이 반복되는 것이 아니라, 그 차이가 반복되는 것이다. 이것은 "다시 시작할 수 없는 어떤 것을 반복하는 역설"[35], 그것은 바로 차이의 반복이다. 차이만이 반복되고 차이의 그림자인 그 표상이 동일성으로 재현될 뿐이다. 반복은 동일성을 약화시키고 차이는 반복 이외의 메커니즘으로 자신을 드러낼 수 없다. 그런 점에서 모든 존재는 반복된 차이의 표현이며 차이 그 자체라고 할 수 있을 것이다.

다시쓰기는 본질적으로 이 차이와(그리고) 반복으로서의 다시쓰기이다. 차이는 반복을 통하지 않고서는 이루어지지 않는다는 점에서 모든 창작은 반복이라고 해도 좋을 것이다. 반복이 반복될수록 차이가 강화되고 새로운 차이를 생성해 낸다. 콘텐츠의 다시쓰기란 원작의 반복적 전유가 생성해 내는 차이의 생성이라는 점에서 다시쓰기는 차이와 반복이다. 따라서 차이와 반복에 대한 깊이 있는 통찰과 사유는 다시쓰기의 가장 원초적인 콘텐츠 생산 전략이 될 수 있을 것이다.

즉, 차이의 생성은[36] "사실들의 외적 연결(접속)과 배치를 통해 발생하는 효과로서 차이, 표층에서, 표면에서 작동하는 차이"의 개념이라는 데 주목할 필요가 있다. 그것은 "외생적 요인의 치환에 의해, 다시 말해 접속되는 이웃 항들의 교체에 의해 의미가 생성되고 변화되는 것을 보여 주며, 그런 점에서 차이란 '비교와 분할'이 아니라 반대로 '접속과 생성'을 뜻하는 것"이다. 차이란 "이웃한 항과의 관계와 배치를 통해 형성되는 미분적/차이적 관계를 통해 작동"하며, 그것을 통해 의미가 발생하고 변화한다.

---

35 질 들뢰즈, *op. cit.*, p.24.

36 이 부분의 이하 내용 인용은 〔존재와 사유〕, https://blog.naver.com/mdpsjk/20023305129 자료 참조.

이와 같은 차이의 맥락으로 보면, 다시쓰기는 단순한 반복과 복제가 아니라 이웃 항과의 새로운 관계와 배치, 접속 코드 변경이라고도 할 수 있을 것이다. 소설에서의 다시쓰기는 작품의 인물, 배경, 사건, 문체, 메시지의 위상 등의 새로운 배치와 접속을 통한 반복적 차이를 만들어 낸다. 다름(차이)과 다르게 됨(차이 생성, 차이화)이란 '이미 다른 것'들과 '다르게 되(될)는 것' 즉, Being(현재의 배치)과 Becoming(새로운 배치)의 역동적인 반복이라 할 수 있을 것이다. 다시쓰기가 이러한 차이와 반복의 생성 원리 속에 이해된다면 콘텐츠에 대한 좀 더 풍부한 해석과 창조가 이루어질 수 있지 않을까 한다.

4. 이방인과 뫼르소 살인사건에서의 차이와 반복

다시쓰기의 차이를 발견하기 위한 단순한 프레임은 형식, 내용(서사), 표현이 어떻게 이웃 항과의 코드 변경을 통해 새롭게 접속되었는가가 될 것이다. 즉, 기본적으로는 누가, 언제, 어디서, 어떻게, 왜 다시 쓰는가의 항들이 어떻게 치환되고 배치되었는가가 될 것이다. 여기에 주제적 차이, 인물, 사건, 배경의 차이, 문체의 차이 등을 포함하여 세부적으로는 주요 등장인물과 시대적 배경, 플롯의 형상화를 위한 유기적 요소의 배열과 기술과 문체의 차이 등이 발생한다.

카멜 다우드의 『뫼르소, 살인사건』은 알베르 카뮈의 소설 『이방인』에 대한 다시쓰기이다. 알다시피 카뮈의 『이방인』은 주인공 뫼르소의 살인사건 재판을 통해, 살인사건 그 자체에 주목하기 보다는 '이방인'이라는 제목처럼 사회적 존재의 무의미성과 부조리를 표현하고자 하는 당시의 사회적, 철학적 문맥을 가진 소설이다. 반면, 카멜 다우드의 『뫼르소, 살인사건』에서는 이 접속 코드를 변경하여, ''프랑스인 뫼르소'의 행동과 그 결과에 대한 새로운 관점을 제기하고 카뮈의 원본 텍스트에서 숨겨진 살해된 '아랍인'의 관점으로 식민지 시대의 정치적, 사회적 맥락을 재해석하는 소설이다.

앞서 논의한 바, 이러한 다시쓰기란 접속되는 이웃항의 교체에 의해 생성되고 변화되는 의미의 창출이다. 다음 〈표2〉는 이 두 소설에서의 접속과 배치의 코드 변경 사항들과 이로써 생성된 차이와 의미를 정리해 본 것이다. 일반적으로 제목은 다시쓰기의 의도와 목적을 드러내는 표현 장치이다. 원천 텍스트의 제목을 그대로 고수하여 쓰는 경우는 다시쓰기임을 공개적으로 드러내면서 원전의 문학적 권위를 활용하고자 하는 측면이 있을 것이다.

다시쓰기에서 제목을 수정하는 경우는 원천 텍스트와의 관계성을 드러내면서, 다시쓰기의 목적과 의도를 담아내고자 하는 경우가 있다. 로빈슨 크루소의 작가 디포에 대한 '되받아치기' 전략으로서 '포우'를 제목으로 쓰는 경우처럼 『뫼르소, 살인사건』도 『이방인』의 주인공을 제목에 배치함으로써, 카뮈 작품을 대상으로 다시쓰기 한다는 점을 분명히 하고, 그 명성과 권위를 틀어쥐고 도전하고 전복시키고자 하는 의도가 명백하게 드러난다. 부제가 "카뮈의 〈이방인〉, 살아남은 자의 이야기"로 되어 있는 것도 이러한 의도를 숨기지 않았다.

등장인물의 경우는 『이방인』에서 철저히 배제되고 무시되었던 '아랍인'을 접속시킴으로써 극적인 반전의 차이를 생성해 낸다. 상징적으로는 "엄마는 살아있다"는 선언을 통해서, 『이방인』에서 스토리의 실타래를 되감아서 다시 시작하겠다는 전복적 의사를 밝히는 것이 가장 드라마틱한 표현일 것이다. 아울러 살해된 아랍인 여동생의 존재를 지움으로써 탈식민 전략으로서의 폐기(abrogation)'를 선택하고 『이방인』에서의 원천적인 살해 동기를 탄핵시킴으로써 새로운 배치와 접속을 이끌어 낸다.

〈표 2〉『이방인』과 『뫼르소 살인사건』의 차이와 반복 효과

차이와 반복의 접속 코드	원천 텍스트	다시쓰기 텍스트	다시쓰기의 의미와 효과 등
제목	카뮈의 『이방인』	카멜 다우드의 『뫼르소 살인사건』	- 이미 획득된 소설적 전통 권위의 찬탈과 전복 - 주제 의식의 명료화
주요등장인물	뫼르소, 죽은 엄마 하나님과 사제	하룬, 생존한 엄마, 알라와 이맘	- 인물의 폐기와 전복을 통한 저항과 패러디 효과
시대적 배경	1942년	1970년 공간	- 탈식민문학으로서의 위상과 역할
주요 사건	무명(無名)의 아랍인에 대한 의도 없는 살인과 재판	유명(有名)의 아랍인의 복권과 의도 있는 프랑스인 살인과 재판	- 기억 투쟁을 통한 애도와 균형의 복원
표현스타일 분위기	건조간결	장황 수다	- 언어의 전유를 통한 복수와 저항
철학적 배경	실존주의	사실주의	- 신화의 역사화를 통한 탈식민화
메시지	부조리한 세상에 대한 반항과 생의 자유의지	피식민자의 주체화, 타자에 대한 긍정과 사랑	- 차이를 통한 존재적 '차이 없음'의 반복
의미	무의미/이름 없음	의미/이름 있음	- 차이의 화해와 긍정

이러한 인물의 새로운 배치와 접속을 통해 이루어지는 주요 사건과 스토리의 전개는 원작과 다시쓰기가 마치 극과 극, 태극, 주역의 여와(女媧)상처럼 한 몸으로 엉겨 붙으면서, 패러디와 전복을 통해 대칭적 균형을 복원해 나가고 있는 구조적 차이를 만들어 낸다. 시대적 배경의 전환과 새로운 접속은 해방된 알제리에서의 탈식민적 문학으로 접속하는 되받아쓰기(write back)의 전략적 배경이 된다.

이러한 배치와 접속의 차이는 『이방인』이 한 편의 부조리 드라마라고 한다면 『뫼르소, 살인사건』은 구술사적 다큐의 전개처럼, 소설의 장르와 주제

의 차이를 생성시킨다. 카뮈는 세상과의 불화, 부조리의 실존적 고뇌와 삶을 이야기하고 있는데, 카멜 다우드는 무슨 소리냐? 그 불화와 부조리의 배경에 식민지의 역사와 삶이 있다고 말하고 있다. 카뮈는 '배경'과 철저히 분리된 주인공으로서의 개인의 실존을 말하려고 했다면, 카멜 다우드는 그 실존적 삶의 '배경'에 아랍인의 삶과 역사가 있다고 외친다. 배경과 유리된 존재는 없으며, '신화'로 포장된 태양 빛 아래에는 이름 있는 아랍인들의 존재가 '역사' 하고 있다는 것을 말하는 것이다.[37]

언어적 전유(appropriation)에 의한 접속은 차이의 무한한 생성의 기획이다. 프랑스어가 프랑스 식민지 잔재로서 청산의 대상이 아니라, 제국 지배 담론의 그 무기를 전유하여, 제국이 쌓아 놓은 지배 담론 벽을 무너뜨리고자 하는 기획이 된다. 카멜 다우드의 전유 전략은 작품의 초입에서부터 "복수의 의지가 잔뜩 배어 있듯이 명확하게 천명되어 있다."[38]

> 내가 하고 싶은 말은 간단해. 이 얘기는 다시 쓰여야 한다는 거지. 같은 언어로 쓰되, 단 오른쪽에서 왼쪽으로.[39] 나도 살인자가 썼던 단어들과 표현들을 가져다 내 언어를 만들어 보려는 거지. 그의 언어는 내게는 주인 없는 재산인 셈이거든. 안 그래도, 지금 이 나라는 누구에게도 속해 있지 않은 단어들로 뒤덮여 있다네.[40]

이것은 재일 조선인 작가 김시종이, 일본어를 통해 일본에게 복수하겠다

---

37 지영래는 카멜 다우드의 『뫼르소 살인사건』 다시쓰기 전략을 분석하면서, 크게 균형과 해방의 층위에서, 신화적 해석을 역사적 상황으로 전환, 그리고 언어 전유를 대표적인 전략으로 분석한다. 지영래, 「카멜 다우드의 '뫼르소, 살인사건' 속에 나타난 다시쓰기 전략」, 『프랑스문화예술연구』 제64집, 프랑스문화예술학회, 2018, pp.233-263 참조.

38 *Ibid.*, p.243.

39 카멜 다우드, *op. cit.*, p.16.

40 *Ibid.*, p.8.

는 의지와 오버랩되는 탈식민문학의 전략이다. 김시종은 "나에 관한 한, 일본어로 밑천이 떨어지지 않는 한 절대로 일본어를 버릴 생각은 없습니다. 그것은 곧 일본인에 대한 복수인 셈이고, 복수라는 것은 적대관계를 말하는 것이 아니라, 민족적 경험을 일본어라는 광장에서 서로 나누고 싶다는 의미에서의 복수입니다."고 말한다.[41]

끝으로 '나와 타자'의 관계와 종교적 접속에서는 인류의 보편적 가치의 고뇌를 통해 새로운 차이를 생성해 낸다.[42] 오후 두 시의 살인과 새벽 두시의 살인, 살아 있는 엄마와 죽은 엄마, 뫼르소와 무싸, 무싸와 하룬, 하룬과 뫼르소, 가해자와 피해자, 이유 없는 살인과 이유 있는 살인, 이름 있는 존재와 이름 없는 존재, 산 자와 죽은 자, 조사와 재조사, 이슬람과 기독교, 하나님과 알라 등의 이 모든 대립 쌍들은 결국 나와 타자, 인간과 신과 같은 인간사회의 보편적인 문제로 승화되어 간다.

> 난 말이야. 하늘을 향해 올라가는 자는 싫어. 중력을 함께 나누는 자가 좋아. 감히 말하자면 나는 종교가 끔찍하게 싫다네. 어떤 종교건 간에! 종교는 세상의 무게를 속이기 때문이지.[43] 난 온몸으로, 그리고 두 손을 모아 이 삶에 매달린다네. 삶을 잃을 때 난 혼자이고 또 내가 유일한 삶의 증인이거든.[44] 하, 하. 나는 그의 아랍인이야. 아니면 그가 내 아랍인이던가. 잘 자게, 친구.[45]

---

41 金時鐘, 鄭仁他, 在日朝鮮人と文学 - 詩誌 チンダレ 「カリオン 他 - , 犬飼, 福中編, 『座談 関西戦 後詩史 大阪篇』, ポエトリー.センター, 1975, p.120, 오세종, 「김시종의 시와 '자서전', 『조선과 일본을 살아가다-제주도에서 이카이노로』를 중심으로」, 『한국학연구』 제39집, 2015, p.36에서 재인용

42 지영래, *op. cit.*, p.256.

43 카멜 다우드, *op. cit.*, p.16.

44 *Ibid.*, p.104.

45 *Ibid.*, p.86.

이 말들에서 비추어지는 종교관과 실존적 세계관은 차이를 통해 복수의 칼날을 갈던 주인공이 신과 인간의 보편적 문제에서는 오히려 차이 없음으로 나아가고 있음을 보여준다. 아울러 작가는 내가 그의 타자이거나, 그가 나의 타자이거나 '누군가의 타인'일 수밖에 없는 '타자의 타자'가 되어 자기를 긍정하는 차이 즉, 숙명적인 차이의 의미를 생성하며 화해와 긍정의 메시지를 던지고 있다.

5. '의도'와 '의미'의 다시쓰기

본고에서는 다시쓰기의 개념과 유래를 통해 그 의미와 가치를 살펴보고, 다시쓰기의 양상과 층위 등을 통해 그 유형과 방법이 다양하게 전개될 수 있음을 검토하였다. 아울러, 차이와 반복이라는 철학적 개념을 통해 다시쓰기는 다만 모방과 변형의 원리로서만이 아니라 일반 생성원리를 관통하는 본질적인 의미를 내포하고 있음을 살펴보았다. 다시쓰기는 단순한 반복과 복제가 아니라 이웃 항과 새로운 관계와 배치, 접속 코드 변경이라고 할 수 있으며, 차이란 이 속에서 발생하는 역동적 관계의 의미이다. 새로운 배치와 접속을 통한 차이와 반복 속에 의미가 생성된다는 점에서, 배치와 접속의 코드 변경이 콘텐츠의 해석과 재창조를 위한 전략이자 기본적인 각색의 원리로 기능할 수 있음을 확인하였다.

이러한 배치와 접속의 코드 변경이라는 각색의 원리를 바탕으로 이방인과 뫼르소 살인사건의 차이에서 생성된 의미들을 살펴보았다. 이방인에 대한 카멜 다우드의 다양한 접속 코드 변경의 다시쓰기에는, 프랑스 식민 지배를 받았던 알제리의 아랍인 관점에서 쓰인 탈식민 문학의 다시쓰기 전략으로써 '되받아쓰기(write back)', '전유(appropriation)', '폐기(abrogation)'의 양상이 모두 전개되었다. 이를 통해 이방인이 가지고 있는 권위와 명성에 대한 찬탈과 전복이 이루어지고 새로운 가치와 의미가 창출된다. 신화적 신비주의에 대한 역사적 사실주의로의 코드 변경은 전혀 다른 문학 장르와 주제로 변모시킨다. 원전이 갖는 실존주의적 관점의 삶의 무의미와 사회적 부조리의 스토리는 제국주의의 식민 지배 담론을 성찰하는 탈식민 문학의 스토리로 전환된다. 언어적 전유(appropriation)의 코드 변경은 상대의 무기로 만들어 내는 보복적 차이의 생성을 보여준다.

아울러 '이방인의 이방인'이라는 메시지는 '누군가의 타인'일 수밖에 없는 '타자의 타자'가 되어 자기를 긍정하는 차이 즉, 숙명적인 차이의 의미를 생성하며 내며 화해와 긍정의 메시지를 던지고 있다. 다시쓰기라는 차이의 반복에서 드러나는 종교관과 실존적 세계관을 살펴보면 신과 인간의 보편적 문제에서는 오히려 '차이 없는 차이'로 나아가고 있음을 보여 주기도 한다.

다시쓰기의 핵심적 가치는 '의도'를 가진 반복을 통해 차이로서의 '의미'를 창출하는 것이다. 즉, 다시쓰기는 수동적 자연적 반복이 아니라 의도를 갖고 의미를 만들어 내는 전략이다. 뫼르소, 살인사건에서 보여주는 차이와 반복의 '과정적 의도'와 '결과적 의미'는 다양한 성과로 나타났다. 다시쓰기 콘텐츠인 『뫼르소, 살인사건』으로 카멜 다우드는 '프랑수아 모리악상'과 '2015 콩쿠르상 최우수 신인상'을 수상했고 이 책은 35개 언어로 번역되며, 수많은 독자들에 의해 탈식민 문학으로서의 새로운 차이를 생성해 내고 있다.

본고의 논의와 분석 과정을 통해 '차이와 반복'과 '다시쓰기'는 콘텐츠 기획과 개발의 크리에이터들에게는 물론, 문화콘텐츠 연구에서도 매우 결정적(critical)인 개념이 아닐까 하는 문제의식이 가치가 있음을 확인하였다. 다시쓰기의 성공적 전략은 새로운 배치와 접속의 '차이와 반복'이며, 특히 동일성을 기반으로 하는 비교와 부정, 분할과 배제의 차이가 아니라, 반복 속에 생성하는 '긍정과 포용'으로서의 차이 전략이다. 이것은 특히 챗GPT 등 인공 지능의 기술적인 배치에 의한 반복과는 차원이 다른 과정적 의도를 통해, 결과적 의미를 생성한다는 점에서 가장 중요한 인간적 특성의 전략이다.

금성이라는 하나의 이름을 기준으로 다른 이름들이 부정되는 것이 아니라, 바라볼 때마다 바라보는 이에 따라 무한한 의미가 생성되는 표현의 차이가 긍정되는 그런 이름의 차이가 필요한 것이다. 금성이 샛별로 개밥바라기 별로 다르게 불리면서, 각각의 의미를 생성하고 저마다의 사유와 표현의 영토를 이루듯이, 카멜 다우드 역시 또 하나의 표현과 의미의 고원을 만들어 낸 것이다. 이 차이와 반복, 다시쓰기는 문화콘텐츠학을 더욱 생기발랄하게 발전시켜 나갈 학문적, 실용적 중추 개념으로서의 삼아도 좋지 않을까 한다.

영화 〈톰 하디의 도망자〉와 피에-누아르(Pied-Noir)의 에스닉 정체성

○ 김기홍

"모든 문화는 지배하거나 어떤 경우에 있어서는 통제하기 위해, 외국 문화를 더 잘 묘사하는 경향을 보인다. 그러나 모든 문화가 외국 문화를 묘사할 수는 없고 현실적으로도 지배하거나 통제할 수 있는 것은 아니다. 나는 이것이 근대 서구 문화의 특징이라고 믿는다. 그렇기 때문에 비유럽 세계에 대한 서구의 지식과 묘사를 연구할 때 그들이 표현한 정치권력에 대한 연구가 함께 이루어져야 한다."

○ E. 사이드, 『문화와 제국주의』, p.191.

"몇몇 사람들은 확신에 차서 국민이란 인종(race)에서 온 것이라 주장합니다. 봉건 정치, 군주의 혼인, 외교 회담에서 비롯된 인위적 구획들이 쇠퇴하고 있다고 〔그들은 주장합니다〕. 주민의 인종이 확고하고 고정되어 있다는 것이고, 이것이 권리, 합법성을 이룬다는 거지요. (…) 이것은 너무나 큰 오류입니다. 만약 이 이론이 지배적이라면, 유럽 문명을 무너뜨릴 것입니다. 국가의 원리가 정당하고 합법적이라고 보는 것만큼이나 인종의 원초적 권리를 진정한 진전으로 보는 것은 편협하고 위험천만한 것입니다."

○ E. 르낭, 『국민과 서사』(H. 바바 편저), p.30.

1. 대중 영화 속의 에스닉 정체성

본 논문은 2002년 제작된 영국영화 〈톰 하디의 도망자(deserter)〉에 대한 주제 비평 연구이다. 1960년대 초반 알제리는 프랑스 식민지에서 벗어나기 위한 8년간의 전쟁이 한창이었고, 프랑스는 독립을 억누르기 위해 정규군과 함께 외국인 용병으로 구성된 외인부대를 투입한 바 있다. 영화는 당시 외인부대에 복무했었던 영국인 머레이(Simon Murray)가 1978년 출간한 수기[1]를 각색한 작품이다.

〈사이먼: 외인부대의 영국인 용병(Simon: An English Legionnaire)〉 혹은 〈탈영병(deserter)〉이라는 제목으로 영어권 국가들에서 개봉되었으나 큰 주목을 받지 못했다. 이후 출연 배우 톰 하디(Tom Hardy)가 크게 인기를 끌자 여러 나라에서 이 배우가 출연한 과거 영화들이 제목과 포장지를 적당히 손본 상태로 케이블 TV나 DVD 판매 시장에 재출시되었다.[2] 이런 분위기에서 한국에서

1 S. Murray, *Legionnaire, An Englishman in the French Foreign Legion*, Pan Books, 1978.

2 톰 하디는 영국 배우로, 조연을 맡은 〈인셉션(Inception)〉, 〈다크나이트 라이즈(Dark Knight Rises)〉, 주연을 맡은 〈매드 맥스: 분노의 도로(Mad Max : Fury Road)〉(2015)가 흥행에 성공했고, 〈레버넌트 : 죽음에서 돌

도 람보류 액션 영화를 연상시키는 커버 디자인에 〈톰 하디의 도망자〉(이하 '도망자'로 표기)라는 제목을 달고 케이블 TV 등을 통해 선보이게 되었다.

비평하고자 하는 주제는 에스닉(ethnic) 정체성과 시각이다. 정치적 격변기에 유혈 사태가 난무하는 특정 장소에 내던져진 여러 정체성들의 충돌 양상과 영화적 재현에 있어서 시각의 문제를 다루고자 했다. 구체적인 대상은 극중 화자인 주인공 영국인, 즉 알제리에 프랑스 용병으로 투입된 영국 청년의 탈역사적 자기정체성 인식이다.

정체성이 집단 구성원에 내재된 고유성과 같은 것이 아니라 이질적인 것들과의 비교를 통해 드러나는 차이를 일컫는 것이며, 자연 발생하는 것이 아니라 다양한 정체성들 간의 관계망 속에서 상호형성적 특징을 가진다는 의미에서,[3] 한 세기 이상 알제리에 정착해 있던 유럽-프랑스인인 피에-누아르(pied-noirs)의 정체성도 중요한 분석 대상이다.

연구 방법은 아일랜드 비평가 오브라이언(Conor Cruise O'Brien)과 사이드(Edward Said)의 카뮈(Albert Camus) 비평을 통해 영화에 재현된 에스닉 정체성을 분석하는 것이다. 피에-누아르였던 카뮈의 알제리 독립에 대한 인식은 큰 비판을 받았으며, 꾸준한 논쟁의 대상이다. 카뮈에 천착하기보다는, 카뮈를 비판하는 시각 또한 신의 속임수(God Trick)[4]와 같이 '객관적 절대 시선'이 아니라는 데 착안하여, 카뮈를 비판하는 그 시각에 내재된 특수한 에스닉성(ethnicity)를 읽고자 한다.

아온 자(Revenant)〉(2015)로 아카데미 남우조연상 후보에 올라 연기력을 인정받았다. 인지도가 크게 오르자 그의 과거 작품들이 제목과 커버 포장을 바꾸어 디렉터즈 컷(director's cut) 형식으로 출시되었고, 2002년 작품인 〈도망자〉의 경우 2016년 미국에서 톰 하디의 이름과 용병 군복을 차려입은 브로마이드 이미지를 전면에 내세워 〈Legion of Honor〉라는 제목으로 DVD 출시되었다.

3 F. Barth, *Ethnic Groups and Boundaries: The Social Organization of Culture Difference*. Little, Brown and Co, 1969.

4 D. Haraway, "Situated knowledges: the science question in feminism and the privilege of partial perspective", *Feminist Studies*, Vol. 14, No. 3, 1988, pp.586-587.

[그림 1] 영화배우 톰 하디의 뒤늦은 명성에 힘입어 재출시된 영화 〈톰하디의 도망자〉 포스터 (출처: 라인트리 엔터테인먼트)

따라서 이 연구는 특정 영화의 작품론은 아닌 셈이 된다. 종종 서사에 대한 문예 비평은 작품의 완성도가 연구자의 미학적 감수성을 자극하여 주제와 내용에 대한 옹호와 불용의 감정을 촉발하는 데서 비롯되는 듯하다. 본 연구자의 견해에 이 영화는 그러한 수준에 미치지 못한다. 플롯은 단선적이고 캐릭터도 평면적이며 반전 장치도 아주 쉽게 읽힌다. 해석을 기다리는 풍성한 알레고리와 같은 것이 있으리라 기대하기 힘들다. 액션 영화로서도 박진감이 떨어지고, 영화 연구에서 주요한 분석 대상인 감독의 경우 필모그래피가 일천해 연구 대상이 되지 못했다.

그러나 역사적 사건의 미디어적 생산, 재생산은 사람들의 기억을 그것 그대로 전달하는 것이 아니라 어떤 의도에 따라 조작된 기억으로 형성해 낼 수 있다는 점에서[5], 특히 피의 역사를 다루는 영화의 시각은 중요한 비평 대상일 수밖에 없다. 다양한 에스닉 정체성들이 충돌하고, 양립하기 힘들어 보이는 시선들이 제동 장치 없는 차량처럼 과속으로 마주보고 질주하는 〈도망자〉는 '에스닉과 영화'로 범주화 할 수 있는 주제 비평 연구에 부합하는 대상으로 여겨진다.

2. 내용과 주요 쟁점

1) 영화의 내용과 문제 제기

영화는 1960년대 초반 프랑스 용병으로 알제리 전쟁에 복무한 영국 청년의 경험을 극화한 것이다. 다섯 개의 큰 덩어리로 시퀀스를 나눠볼 수 있는데, 첫 번째가 입대와 훈련, 두 번째가 알제리 독립군과의 전투, 세 번째가 알제리인과 피에-누아르와의 교류, 네 번째가 1961년 알제리 주둔 프랑스군의 반란 사건과 파국, 다섯 번째가 전역과 해피 엔딩이다. 역사적 사건에 대한 해설을 덧붙여 순서대로 간략히 내용을 정리해 보겠다.

1830년 프랑스는 오스만투르크 제국의 변방으로서 무슬림 지역이던 북아프리카의 알제리를 무력 점거하고, 점진적으로 토착민의 땅을 몰수해 이민 온 프랑스인들인 피에-누아르 혹은 알제리-프랑스인(Français d'Algérie)에게 분할하는 식민 지배 정책을 펼친다. 저항은 끊이지 않았고, 특히 1956년부터 1962년까지 FLN(Front de la libération nationale; 알제리민족해방전선)을 중심으로 알제리 독립전쟁이 전개되었다. 알제리 측의 주장으로 150만 명 이상이 사

5 A. Huyssen, "Present Pasts: Media, Politics, Amnesia", *Public Culture*, Vol. 12, No. 1, 2000, P.30.

망한 끔찍한 전쟁이었다.

참상이 막바지로 치닫던 1960년, 영국군 입대를 거부당하고 여자 친구에게 버림받기까지 한 청년 머레이가 프랑스 용병 부대에 입대한다. 다국적으로 구성된 동료들과 함께 알제리 북서부 마스카라(Mascara) 주둔 외인부대에 입소한 주인공은 독립 투쟁을 진압하도록 독려받으며 혹독하고 비인간적인 훈련을 받게 된다. 그 과정에서, 리더십 있고 총명한 벨기에 출신의 동기생 파스칼 듀퐁(Pascal Dupont)과 친분을 맺는다.

실전에 투입된 머레이와 듀퐁은 산악 전투에서 무슬림 반군 몇을 죽이는 무공을 세우는데, 상부로부터 증거가 필요하니 시신의 신체 일부를 절단해 오라는 명령에 머리를 잘라오게 된다. 창녀들이 동원된 파티에서 그 머리는 커다란 수프 냄비에서 발견되고, 목격 병사가 구토를 하며 환멸을 느끼는 동안 다른 몇은 웃어 젖히는 전쟁과 살육의 광기가 표현된다.

라디오에서 드골 대통령이 전쟁을 종식하고 알제리 식민지를 포기하겠다는 발표가 흘러나온다. 어수선한 가운데, 정규군으로서 외출이 허가된 머레이는 현지인들인 피에-누아르들과 알제리인들을 경험하게 된다. 듀퐁과 함께 방문한 카페에서 만난 피에-누아르 여성 니콜(Nicole)의 미모에 매료되기도 하고, 마을을 혼자 방문해 아랍인들과 차를 마시거나 기도회를 경험하며 무슬림 현자의 안내에 따라 텅 비어버린 대학교 등 전쟁에 의한 알제리 문화의 피폐를 목격하기도 한다. 알제리인 거주 지역을 거닐던 중 불현듯 폭탄 테러가 발생하고, 우연히 만난 니콜이 머레이를 멋진 컨버터블 스포츠카에 태우고 멀리 달아나, 알제리인 마을에 있다가는 언제 죽을지 모르니 조심하라고 경고하며, 알제리는 프랑스에 속해야만 한다는 강한 식민주의자적 입장을 노골적으로 보인다.

한편, 알제리 주둔 프랑스군은 100년이 넘는 식민지 점령의 과정에서 본토의 군대와 대립각을 세우며 관행적인 자치권을 행사하고 있었다. 프랑스 정부 입장에서는 군통수권이 제대로 작동하지 않는 심각한 문제였다. 알제리의 프랑스 군부는 알제리를 포기할 생각이 없었고, 결국 드골 대통령의 알제리 독립 허용 정책에 반란으로 대응하기로 한다. 외인부대는 알제리 수도 알제(Algiers)의 비행장을 장악하기 위해 출동하라는 명령을 받는다. 쿠데타군이 된 외인부대가 시내에 진입하자 수많은 피에-누아르들이 거리에 운집해 열렬히 환영한다. 100여 년 동안 알제리에 뿌리를 내려 온 피에-누아르들에게 알제리 독립은 가옥과 토지를 비롯한 모든 재산과 권리의 소멸을 의미하는 공포 자체였고, 드골 정부는 알제리 식민지를 포기한다는 원칙 이외에 피에-누아르의 미래에 대한 대책은 없다시피 했다.

쿠데타군은 비행장을 지키고 있던 프랑스 해군을 겁박해 몰아내고 시설을 무혈 점거한다. 비행장 농성이 시작되고, 시국에 대해 잡담을 나누던 중 듀퐁은 피에-누아르들과 식민주의자 비밀 부대인 OAS(Organisation de l'armée secrète)가 알제리를 포기하지 않을 것이라 말한다. 머레이는 알제리가 독립하는 것은 시간 문제이며 OAS 같은 조직은 고통을 연장할 뿐이라고 맞받는다. 어느 날 밤 머레이는 몇몇 병사들이 프랑스군 무기를 OAS에게 몰래 넘기는 것을 발견한다. 그들의 리더는 놀랍게도 듀퐁이었다. 그는 프랑스인으로서, 군사 훈련을 받고 동조자와 OAS에 합류하기 위해 프랑스 국적자의 입대가 금지된 외인부대에 신분을 속여 입대한 것이었다. 또, 앞선 알제리인 거주지역 폭탄 테러도 조직원인 니콜에 의한 것이었다.

군의 반란은 실패하고 철수 명령이 떨어진다. 듀퐁과 추종자들은 노골적으로 정체를 드러내고서 부대를 이탈해 마을로 내려가 알제리 반군에 대한 숙청을 시도하고, 이를 진압하러 출동한 외인부대와 대치하다 결국 머레이가 듀퐁을 사살하게 된다. 세월이 흘러 군복무를 잘 해낸 머레이는 병장으

[그림 2] OAS의 선동 포스터. '휴전'이라고 써진 양의 탈을 쓴 늑대로 묘사된 FLN의 기만에 대항해 OAS에 가담하라는 내용. (출처: http://www.lacontemporaine.fr/collections/quels-documents/affiches?com_content=&id=93)

로 전역하게 되고, 영국으로부터 홀연히 찾아온 옛 여자 친구와 재회의 기쁨을 누리며 영화는 끝이 난다.

에스닉과 관련하여 본 연구의 관심은 피에-누아르의 정체성과 이를 다루는 영화의 시각이다. '영화의 시각'은 수기 형식을 빌린 대상 작품의 특수성상 화자(narrator)인 용병 머레이의 보고에 크게 의존해 구성되고 있는데[6], 개인의 에스닉 정체성이 다른 에스닉을 바라보는 관점에 의해 부각되어 드러나기도 하고, 조형되거나 강화되기도 한다는 점에서, 영국인 용병이라는 주

6 수기의 저자이자 주연 배역의 실제인물인 사이먼 머레이가 이 영화의 제작도 겸했다는 사실에 주목할 필요가 있다.

인공 머레이의 에스닉 정체성도 분석의 대상이다. 다시 말해, 분석 대상인 영화 서사는 그 자체로 특정한 에스닉 정체성에 바탕을 두고 있는데, 그것을 드러내기 위해 영화 내용상의 이슈로 제기된 다른 에스닉에 대한 화자의 논평과 시각을 분석하겠다는 것이다. 이를 위해 먼저 에스닉 정체성에 대해 이론적으로 고찰할 필요가 있다.

2) 에스닉 정체성 이론

'에스닉'은 광범위하게 쓰이는 용어이지만 정의가 다양하며, 개념에 대한 서로 다른 견해들이 상충하고 있다.[7] 종교, 언어, 관습, 국적, 정치적 정향 등 정체성 조형에 개입하는 요소들이 다양하기 때문이다.[8] 영어 단어이지만 가치중립적이지 않아서 영국과 미국에서의 쓰임새에 뉘앙스의 차이가 있고,[9] 우리말로 적합한 번역어 한 단어를 찾기도 매우 힘들다. 흔히 '인종'으로 번역하지만 이 단어를 쓰면서 피부색과 같은 신체적 특징을 떠올린다면 영어 'race'에 가깝지 최근 쓰이는 에스닉의 의미에서는 다소 비껴간다고 보겠다. 다국적, 다인종 구성 사회를 '다문화'로 개념화하는 최근의 관행으로 보자면 오히려 '문화'에 가깝지만, 'culture'가 있으므로 번역어로의 차용은 곤란하다. 따라서 지시어로서의 에스닉 개념과 지시체의 에스닉성을 정의하는 것이 에스닉과 관련된 연구의 공통 과제라고 하겠다.

---

7 이에 대해서는 R. Brubaker, "Ethnicity, Race, and Nationalism", *Annual Review of Sociology*, Vol. 35, 2009, pp.21-42 참조.

8 M. Omi, H. Winant, *Racial Formation in the United States from the 1960s to the 1980s*, Routledge and Kegan Paul, Inc, 1986.

9 개념의 뿌리는 '백인이 아닌 외부의 타자'로 출발하지만, 일상생활에서 영국의 '에스닉'은 인종이나 인종-국가를 함께 의미하고, 미국에서는 비영어권 국가 출신자로서 백인이 아닌 이들을 일컫는 뉘앙스가 있다. 영국에서 '당신의 에스닉은 무엇인가?'라는 질문에 white, black, East Asia 등이 에스닉의 내용으로서 답이 될 수 있고, 미국에서는 에스닉이라는 용어 자체가 chicano, hispanic 등 백인이 아니고 비영어 사용자와 관련되는 경우 쓰이는 경향이 있다.

본 연구에서 다룰 '에스닉'은 여러 성격 중 항존성과 가변성을 동시에 가진다는 점이 중요하다. 과거 이론들은 에스닉을 인종이나 부족으로 국한해 운명처럼 개인과 집단에 부과된 영속적 특징으로 보았다. 현대에 들어서는 가변적이고 구성적인 것으로 여기는 경향이 뚜렷하다. 이는 원시주의(primordialist) 혹은 항존주의(perennialism)적 접근과 구성주의적(constructivist) 접근의 대립을 통해 간략히 요약된다.

먼저 항존성을 중요시하는 접근은 "당신이 가난하게 태어났더라도 부자로 죽을 수는 있다. 그러나 당신의 에스닉 그룹은 〔날 때부터 죽을 때까지〕 고정된다"식의 접근으로서[10], 개인은 "하나의 유일한 에스닉 그룹에 속하며, 구성원 신분은 평생 고정되고, 세대를 거듭하여 세습되므로, 전쟁 발발과 종전, 국가의 생성 소멸, 경제의 융성과 몰락 등과 상관없이 에스닉 그룹은 원래 상태로 유지"된다는 시각이다.[11]

이런 시각은 에스닉 정체성 이론의 '인지적 전환(cognitive turn)' 이후 크게 변한다. 에스닉은 "세계 안에 있는 그 무엇을 지칭하는 것이 아니라 세계에 대한 시각들(not things in the world, but perspectives on the world)"을 의미한다는 것이다.[12] 외부적 요인에 의해, 혹은 개인의 자기정체성 인식의 변화에 따라 에스닉 정체성이 큰 폭으로 바뀔 수 있다는 구성주의 접근이 사례다. 정체성이라는 것이 식별 가능한 특질이나 본질과 같은 게 아니라 자타에 의한 규정으로서 가변적이라는 것이 핵심이다. 가령 잉글랜드, 스코틀랜드, 웨일스, 북아일랜드 등 4개국으로 구성된 영국에서 통합을 강조하던 시기인 1992년

---

10 영국 일간지 Economist, 2005.05.14. 기사. 여기서는 K. Chandra (ed.), *Constructivist Theories of Ethnic Politics*, Oxford University Press, 2012, p.1에서 재인용.

11 *Ibid.*, p.3.

12 R. Brubaker, M. Loveman, P. Stamatov, "Ethnicity as cognition" *Theory Sociology*, Vol. 33, No. 1, 2004, p.45.

설문조사를 해 보니 31퍼센트만이 자신을 지배적 국가인 잉글랜드인이라 인식했고, 나머지 잉글랜드인으로 분류할 만한 사람들도 영국인(Briton)으로 자기를 규정했는데, 10년이 채 지나지 않아 41퍼센트가 자신의 에스닉 정체성을 잉글랜드인이라 보고했다는 것이다.[13] 10퍼센트만큼 인구가 증가한 것은 물론 아니다. 사회·정치·경제적 요인에 의해 인식이 바뀐 것이며, 정체성에 대한 자기 규정이 에스닉을 형성하는 요체라면, 실제 영국 땅에서 '잉글랜드인'은 10퍼센트 증가했다고 보지 않을 근거가 없게 된다.

그렇다고 하더라도 에스닉 정체성이란 것이 늘 바뀌기만 하는 것이라면, 한 인간의 자기 규정이나 특정 집단의 정체를 정의하는 기능이 불가하게 될 것이다. 에스닉 정체성은 고정되고 바뀌는 두 가지 특징을 모두 가진다고 보겠다.[14] 오히려 어떤 요인들이 에스닉 정체성의 유지와 변화를 추동하느냐가 중요하다.

에스닉이 개인의 사회적 지위의 토대가 된다는 도구적 항존주의 이론에서 답을 찾아볼 수 있다. 에스닉 서열화(ethnic stratification)로 개념화된 이론으로, 종교, 언어, 피부색 등에 의해 형성된 특정 에스닉이 사회적 지위를 결정하는 중요한 평가 수단이 된다는 것이다.[15] 근저에는 재화나 영역 등을 둘러싼 경쟁에서 우위를 점하고자 하는 욕망이 있으며, 이는 특정 에스닉에 대한 개인적 편견을 조장해 인종중심주의를 촉발하는 기제가 되기도 한다.[16]

---

13 영국 일간지 Economist 2005.04.02., 51면 기사, 여기서는 ibid., p.4에서 재인용.

14 원시주의나 항존주의 접근 또한 모든 정체성의 영속적이고 완벽한 고정상태 유지를 상정하는 것은 아니다. 가령, 항존주의 접근은 국가 정체성이 매우 오랫동안 에스닉성에 영향을 미치는 지속적 항존주의(continuous perennialism)와, 생성소멸과 반복적 재생에 초점을 두는 반복적 항존주의(recurrent perennialism)를 구분하고 있다. 다만 양쪽 모두 항존성에 무게중심을 둔다. A. D. Smith, *Myths and memories of the Nation*. Oxford University Press. 1999.

15 D. L. Noel, "A Theory of the Origin of Ethnic Stratification". *Social Problems*, Vol. 16, No. 2, 1968, pp.157-172.

16 L. Bobo, V. L. Hutchings, "Perceptions of Racial Group Competition: Extending Blumer's Theory of Group Position to a Multiracial Social Context", *American Sociological Review*, Vol. 61, No. 6, 1996, pp.951-972.

이를 통해 알 수 있는 것은 제국주의나 식민 지배가 에스닉 정체성을 규정하는 중요한 변수였다는 것이다. '백인'이라는 에스닉 정체성의 이름은 백인우월주의를 포함한다. 그것은 백인이 아닌 '기타 인종'의 열등주의와 동전의 양면이다. 필연성은 없으나 한번 규정된 에스닉 정체성은 첫째, 재화의 획득 및 유지의 기반인 사회경제적 신분을 인종 간 경쟁의 룰로 불평등하게 조형하는 방식으로써 유지하는 사회문화적 기반이 되므로 좀처럼 변하지 않는다. 둘째, 따라서 에스닉 정체성은 정치 경제와 같은 외부 변화에 따라 변할 수 있는 것이다. 에스닉 개념 자체가 17세기 이래 유럽의 근대화와 식민지의 팽창에 의해 생성된 것이라는 점[17]을 상기할 필요가 있다.

따라서 '백인'의 에스닉 정체성을 만드는 것은 그들의 피부 색깔이 아니라 그들이 타자와 사물을 바라보는 시각이며, 그 시각에 반영된 자기 규정이다. 이런 의미에서 알제리인으로서 프랑스 제국주의를 위해 복무한 원주민 보충병 아르키(Harki)들은 오랜 식민 피지배 환경에서 사회경제적 혜택을 추구하며 자신을 '일반 알제리인'과 차별화된 아르키로 규정해 왔다는 점에서, 인종적으로 '이웃사촌'과 똑같은 알제리인이지만 그들과 다른 에스닉 정체성을 가졌다고 볼 수 있다. 피에-누아르 역시 마찬가지다. 역사는 피에-누아르들의 에스닉 정체성이 대단히 큰 폭으로 변화해 왔음을 기록하고 있다.

---

17 E. Gellner, *Nations and Nationalism*, Blackwell Publishing. 2006.

3. 피에-누아르의 시각과 에스닉 정체성

에스닉 정체성과 시각의 문제와 관련하여 이 영화에서 살펴볼 것은 크게 주인공 머레이와, 유럽-프랑스인으로서 130여 년 알제리에 정착하며 3, 4세대를 이어간 피에-누아르의 정체성이다. 피에-누아르는 '검은 발'이라는 뜻으로, 그 어원에 대해 탄광 노동이나 아프리카인의 피부색과 관련된 여러 주장이 있으나, 정설은 없고 관용적으로 써 온 용어다. 등장인물 중 니콜이 이 그룹을 대표한다.

생각해 볼 문제는 작품이 피에-누아르들을 그리는 시각과 태도가 너무나 노골적으로 부정적이라는 점이다. 먼저, 영화에서 피에-누아르는 골수 식민주의자로 그려진다. 아랍인 거주 지역에서 폭탄 테러를 자행하는 니콜은 시종일관 알제리가 프랑스 땅이라는 주장을 펼친다. '알제리는 광활한데 아랍인들과 공유할 생각이 없냐'는 머레이의 질문에 고급 컨버터블 스포츠카를 운전하던 니콜은 '로마 제국도 그러지 않았나. 여하간 지금 이곳은 프랑스 땅이다. 이 도로는 누가 만들었다고 생각하느냐'고 반문하며, "알제리 프랑세스!(프랑스의 알제리!)"를 함께 외치자고 독려한다. 식민 지배를 위한 도로나 철도와 같은 사회 간접 자본의 설치를 문명화의 사명 완수로 미화하는 논리는 제국주의 국가에 보편적인 것이었고, 포스트식민주의를 거치며 식민 지배 정당화 논리 중에서도 야비한 것으로 인식된 것이기도 하다. 이런 의미에서, 2002년 제작된 이 작품의 해당 장면과 대사는 피에-누아르에 대한 관객의 비호감 유발을 목적으로 배치된 듯 보인다.

또 한편, 피에-누아르는 자신들의 기득권을 노골적으로 즐기고 지키려 하는 봉건적이고 수구적인 상류 계급으로 그려진다. 몇 번의 만남 후 니콜이 머레이를 자신의 집으로 초대하는 장면에서 소개되는 그의 집은 정원사를 비롯해 아랍인들을 하인으로 거느린 대저택이다. 감탄한 머레이에게 대놓고 이제 자신이 왜 이곳 알제리를 좋아하는지 알겠냐고 묻는 장면을 통해 영화는 식민지 억압을 통한 피에-누아르의 정치경제적 기득권 수호 욕망을 전경화시키며 관객의 혐오를 충동한다.

과연 제국주의의 식민지에 법과 제도의 편파적 지원을 받으며 정착한 상류 계급이라면 응당 도덕적 비난을 피할 수는 없겠다. 이러한 의미에서 피에-누아르에 대한 논의는 1962년 알제리 독립 이후 프랑스의 치부로서 암묵적으로 금기시 되어왔다. 알제리는 프랑스의 아킬레스건이었고, 1960년대의 전쟁과 이후의 후유증은 그들에게 끔찍한 것이었다. 1999년 죠스팽(Lionel Jospin) 총리가 전쟁에 대해 언급하기 전까지 정부의 공식적인 움직임도 대단히 미약했다. 이후 알제리, 아르키, 피에-누아르 문제는 표면 위로 떠오르기 시작한다.

〈도망자〉의 원작이 1978년 출간되었고 2002년이 되어서야 영화화된 것은 이런 분위기와 무관하지 않아 보인다. 주인공인 사이먼 머레이의 실존인물이 제작까지 겸하며 40년 전 과거를 정리하고 있다. 따라서 영화의 시각은 최근의 철학이 반영된 정리된 것이라 기대해 볼 수 있을 것이다.

과연 이 영화에서 그리는 것처럼 피에-누아르는 식민주의적 특권층이었을까? 그들의 에스닉 정체성 또한 영화에서 그리는 이미지와 같이 탐욕적 프랑스인 식민주의 지배자로 획일화할 수 있을까? 무엇보다 그들은 본토 프랑스인이 아니라 알제리에서 나고 자란 사람들이다. 정착 기간도 한 세기가 넘어간다. 프랑스에서 태어나 살다가 여행이나 사업차 식민지 알제리를 방문했던 프랑스인과 같은 에스닉 정체성이라 볼 수는 없을 것이다. 피에-누아르가 알제리를 바라보는 시각이 그들의 에스닉 정체성 규정에 큰 영향을 미쳤을 것이다. 어떤 시각이었을까?

특기할 사항은 그간 적지 않게 논의되어 온 피에-누아르의 정체성 논쟁에서 빠질 수 없을 만큼 중요한 인물로 알제리에서 태어난 피에-누아르 지식인 카뮈가 지목되어 왔다는 점이다. 글을 풀어 가며 살펴보겠지만, 특히 알제리를 바라보는 그의 시각과 그것에 투영된 자기 규정이 문제의 핵심이다. 이 논의로 카뮈가 입은 타격은 상당하다. 특히 사이드와 같은 포스트식민주의 학자들은 카뮈를 몹시 경멸해서, "제국주의를 찬양한 관변 어용작가"로 낙인찍고 싶어 한다.[18] 좀 더 정확하게 사이드는 "20세기 반식민지 운동의 추악한 식민지적 소란에서 특히 중요"한 인물로 카뮈를 지목하며 그를 "제국주의의 절정기를 살았을 뿐만 아니라, 지금은 잊혀진 식민주의에 뿌리를 둔 '보편주의적' 작가로서 여전히 읽힌다는 점에서도 가장 최근의 식민지주의 작가"로 몰아세운다.[19] 카뮈와 알제리 문제는 연구가 많이 되어있다. 인용을 통해 현상을 간단히 정리하면 다음과 같다.

> 주지하다시피, 알제리 문제에 관한 카뮈의 입장은 늘 논쟁거리가 되어왔다. 카뮈는 알제리를 단지 몽환적인 폐허로 장식된 해안을 갖춘 광활한 영토로 보았을 뿐이라고 비난하는 측과 잡지에 기고한 카뮈의 글들을 토대로 그가 비난한 식민 체제와 그를 동일시하는 것은 부당하다고 옹호하는 측이 첨예하게 대립을 이룬 것이다. 카뮈가 비난을 받은 가장 큰 이유는 물론 그가 알제리 독립을 지지하지 않았다는 것 때문이지만, 그가 작품 속에서 아랍인들에 대해 이야기하지 않았다는 것도 그에 못지않게 큰 비난을 사는 요인이 되었다. 그의 작품 속에서 아랍인은 기껏해야 위협적인 익명의 단역으로밖에는 다루어지지 않았다는 것이다.[20]

---

18 박홍규, 「사이드와 카뮈」, 『인문연구』 제61집, 영남대학교 인문과학연구소, 2011, p.1.
19 에드워드 사이드, 『문화와 제국주의』, 박홍규 옮김, 문예출판사, 2005, p.340.
20 진인혜, 「물루드 마므리와 알베르 카뮈, 그리고 알제리」, 『인문과학』 제100집, 연세대학교 인문학연구원, 2014, p.182.

[그림 3] 오브라이언의 저서 『알베르 카뮈』 (출처: Faber & Faber)

이런 비판에 아일랜드 지식인이자 정치가인 크루즈 오브라이언이 적지 않은 기여를 했다. 특히 그의 카뮈 읽기는 작가의 알제리에 대한 시각을 상당히 비판적으로 조명하고 있기 때문에 관심이 간다.

가장 크게 문제 삼은 것은 카뮈가 1937년 2월 한 연설에서 주창한 소위 '지중해 문화'로서, 그 자체로 오류이자 대단히 잘못된 역사의식에 기반을 둔 왜곡된 세계관이라는 것이다.[21] 본 연구와 관련해서는 '알제리를 바라보는 시각'을 통해 카뮈의 자기정체성 규정을 추적해 볼 수 있는 단초가 된다. 카뮈는 다음과 같이 주장한 바 있다.

---

21 C. 오브리앙, 『작가와 역사의식 : 까뮈의 경우』, 강대석 옮김, 미래사, 1987, p.23.; 해당 번역본은 Camus를 '까뮈', O'Brien을 '오브리앙'으로 표기하고 있으나, 최근 번역의 경향을 존중하여 '카뮈', '오브라이언'으로 통일하겠다.

> 북아프리카는 동·서양이 공존하는 몇 나라 중의 하나이며 이러한 공존 상황에서는 알제리 해안의 스페인이나 이탈리아인의 생활이 아랍인의 생활과 전혀 다를 바 없다. 지중해 정신의 가장 본질적인 특성은 사실상 이러한 동·서양 간의 독특한 역사적·지리적 만남에서 연원한 것이다. (…) 지중해 문화의 존재가 여러 관점에서 입증된다. 첫째는 한 가지 언어를 알고 나면 로만어를 배우기 쉽다는 언어학적 단일성에 있고, 둘째는 기사와 종교가 중심이 되는 봉건 제도, 즉 중세의 경이로운 집단주의라는 전통의 단일성에 있다.[22]

오브라이언은 "다수의 주민이 아랍어를 사용하는 나라"인 알제리에서 카뮈가 "로만어의 유사성으로부터 도출된 언어학적 단일성이라는 가정을 근거로 지중해 문화권에 대한 확고한 신념을 내보인" 점을 문제 삼는다. 또 "지중해 문화의 '근원적인 단일성'을 가정하고 정의할 수 있는 개념들이 모두 유럽의 전통에서 나온 것"으로서, 심지어 "십자군 원정과 관련이 있는 듯" 하다며 비판한다. 이를 통해 결국 드러나는 카뮈의 역사 인식은 "지중해 문화가 유럽적인 문화이고, 알제리 문화는 프랑스 문화이며, 이 문화에 참여한 아랍인은 프랑스적인 아랍인이 되었다는" 것이다.[23]

이런 왜곡된 역사 인식의 토양은 필연적으로 카뮈로 하여금 알제리의 현실과 식민 상태의 비참과 고통을 모른 채 방조하고 유기하도록 만들었다. 가령, 식민자(le colon)와 피식민자(le colonisé)간에 본질적 차이가 있음을 간파한 파농(Franz Fanon)의 예를 들며, 오브라이언은 카뮈가 지중해 문화로서 양자를 근원적으로 단일하다고 보기 때문에 이러한 기본적 분별조차 보여 주

22 알베르 카뮈, 「토착문화·새로운 지중해 문화」, 전집 II권, pp.1321-7.; 여기서는 ibid., p.22에서 재인용.
23 C. 오브라이언, *op. cit.*, pp.22-23.

지 못했다고 비난한다.[24]

지중해 문화라는 '프랑스적 알제리'의 신화는, 결국 카뮈로 하여금 알제리 독립을 반대하게 만든다. 그에게 알제리는 프랑스였고, 그가 스스로를 '알제리인'이라 칭한다면, 따라서 스스로의 에스닉 정체성을 알제리인이라 규정한다면, 그것은 알제리가 프랑스라는 대전제하에서이다. 이러한 이유로 카뮈는 피에-누아르와 관련된 논의에서 항상 비판의 중심에 서게 된다. 그의 입장은 〈도망자〉에 묘사된 피에-누아르인 니콜의 대사 "알제리는 프랑스라구요. 나를 좀 더 알고 싶다면, 이 사실을 받아들여야 해요." "알제리 프랑세스!"와 크게 다르지 않다고 볼 수 있다.

정체성 문제로 돌아와, 한 가지 고려해야 할 것은 '피에-누아르'라고 해서 모두 다 같은가의 문제이다. 많은 경우 알제리 프랑스인들은 '피에-누아르'라는 이름의 균질한 집단으로 여겨져 왔다. 그런데 그들은 '프랑스인'으로 취급되지는 않았다. 피에-누아르는 프랑스 본국(metropolitan France)에 거주하는 프랑스인과 다름을 강조하기 위해 붙여진 이름이라고 볼 수 있는 것이다. 공식적인 국적과 같은 것이 아니라 이는 에스닉 정체성의 문제이며, 앞서 살펴본 구성주의적 견해에 따르자면, 피에-누아르는 독립적인 에스닉의 이름인 것이다.

그렇다면 카뮈는 니콜과 동일한 정체성을 가진 '같은 피에-누아르' 인가? 그렇지 않다. 피에-누아르의 구성은 프랑스 출신자들과 스페인, 이탈리아, 몰타, 알제리 유대인 등 다양한 양상을 보였고, "소수의 부유한 식민주의자들과 노동을 통해 근근이 연명하는 대다수로 나누어지게" 되었으므로, 이들

24 *Ibid.*, p.23.

백여만 명을 균질하거나 균등하게 볼 수는 없다.[25] 지독히 가난한 피에-누아르도 있었고, 기득권층도 있었다.

카뮈는 1913년 알제리 북부 몽도비(Mondovi)에서 출생했다. 프랑스 알자스 출신인 부계는 1871년에 알제리로 건너왔고, 모계는 스페인 쪽이다. 포도주 창고지기였던 부친은 카뮈가 태어난 지 얼마 되지 않아 사망했고, 문맹인 모친은 청소부 등 잡일을 해 노동자 주거 지역에서 다섯 식구의 생계를 이어갔다. 가난과 병약한 유년 시절의 찌든 기억들이 카뮈의 인격 형성에 크게 영향을 미쳤다. 따라서 그의 출신 성분은 극중 인물 니콜과는 전혀 다른 가난한 노동자 계급의 피에-누아르다.

오브라이언은 이 점을 역으로 문제 삼는다. 지적하고자 하는 핵심은 카뮈의 침묵이다. 오브라이언은 "유럽의 노동 계급 중에서도 가장 가난한 사람들 사이에서 성장한 카뮈와 고향 도시 주민의 대부분을 차지했던 아랍어를 사용하는 회교도들과의 관계는 어떠했는가?"라고 물으며, 이에 대해 카뮈 연구자들이 관심을 두지 않거나 잘못 해석하고 있으며, 실제 카뮈의 작품에서 "이 지역의 구체적인 생활 조건들이 반영되고 있지 않다"고 단정 짓는다.[26]

이러한 심인성 망각과 침묵의 근저에 가난이 있다. 오브라이언은 어린 시절의 가난과 소외가 카뮈로 하여금 "프랑스 시민 문화를 (이 계층의 성원들에서 그러했던 것 보다) 더 매력적으로 보이게" 만들었다고 주장한다.[27] 알제리라는 변방의 비주류성과 가난과 병약이 가져온 자기 멸시와 소외감, 다양한 공포에서 벗어나 주류 프랑스인의 에스닉 정체성을 가지고 싶은 무의식적

25 E. Savarese, "After the Algerian war: reconstructing identity among the Pieds-noirs", *Pied-noir identity after the Algerian war*, UNESCO, 2007, p.458.
26 C. 오브라이언, *op. cit.*, p.19.
27 *Ibid.*, p.21.

욕망이 너무 강한 나머지, 카뮈가 위선적인 인생을 살게 되었다는 것이다. 가난과 그것을 둘러싼 일체의 심리적인 자기 억압에서 탈출하기 위해 더욱 악착같이 합리적 교육을 비롯한 프랑스적이고 유럽적인 것에 천착했고, "니체(Nietzsche)와 바레(Barrès), 지드(Gide) 등의 영향이 지대하게 작용"하는 "프랑스 시민 계층에 속하는 한 젊은이의 특징"과 정신적으로 완전히 같아지게 되었으며, 그 결과 공산주의자였으나 딱히 마르크스주의의 흔적을 찾기 힘든 이념을 가지게 되었고, 아랍인들과 분명 오랜 기간 어울려 살았으므로 정체성 조형에 지대한 영향을 미쳤을 터인데, 정작 그들에 대한 직접 접촉의 기록 없이 작품에서는 익명의 타자로 주변화하고 있다는 것이다.[28] "태어나면서 유럽인이었고 반은 프랑스인이었던 카뮈는 교육을 통해 완전한 프랑스인이 된 것"이다.[29]

카뮈가 모든 노동자계층 피에-누아르의 대표성을 가질 수는 없으나, 정치경제적 기득권층인 니콜과의 비교는 상당히 용이하게 당대 피에-누아르의 정체성에 대한 자기 인식을 추정하게 해 준다. 결론적으로, 1962년 알제리 해방 이전 알제리에 거주하던 피에-누아르의 에스닉 정체성은 첫째, 다채로운 출신지와 배경, 계층이 다양하게 분포하는 세분화된 에스닉 정체성으로 나눠 볼 수 있으며, 둘째, 하나의 공통점은 그들의 자기 인식이 모두 알제리인이었고, 이때의 알제리인은 우리가 지금 알고 있는 아랍계 알제리인이 아니라 프랑스로서의 알제리인이었다는 점이다.

28 *Ibid.*, p.21.
29 *Ibid.*

4. 피에-누아르를 보는 시각과 에스닉 정체성

사이드가 오리엔탈리즘론을 통해 지적했던 시각의 문제를 본 연구의 논리로 풀어 보자면, '지배자인 백인이 피지배자를 바라보는 시선이 피지배자 스스로의 에스닉 정체성을 결정하는 자기 규정으로 왜곡 변질'된 것이다. 필연적으로 피지배자는 스스로를 부끄러워하고 자신의 지위나 사회경제적 대우를 마땅한 것으로 내면화하게 된다. 유사한 자기 규정의 왜곡 변질 현상이 피에-누아르의 에스닉 정체성 문제에서도 발견된다. 여기서 피에-누아르라는 이름의 에스닉 정체성은 타자의 시각에 의해 조형된 것이고, 그 시각의 내용은 도덕적 판단이다. 다시 말해 피에-누아르는 '나쁜 것', '잘못된 것'이라는 도덕적 판단에 의해 '설계된' 에스닉 정체성이었다는 것이다.

어느 경우에도 '올바른 지식인이었다면, 특히 프랑스의 좌파 지식인이었다면, 알제리 독립을 옹호했어야 한다'는 프레임에서 카뮈가 빠져나갈 수 있을 가능성은 없어 보인다.[30] 그러나 도덕적 판단을 근거로 사회경제적 출신 성분을 초월해 피에-누아르를 획일화하는 것은 경계할 일이다. 다시 말해, 식민지 이주자들 중 기득권층은 사회경제적 이해에 기초해 프랑스-알제리를 옹호했고, 카뮈와 같은 소외된 노동자계층 출신자들은 지중해 문화와 같은 환상을 근거로 프랑스-알제리를 옹호했기 때문에, 결론적으로 피에-누

30 어떤 경우에도 알제리 독립을 적극 옹호하지 않았던 카뮈의 행위가 결과론적으로 윤리적 흠결이 되는 것을 피할 수는 없다는 것이 전제이지만, 최근 카뮈와 알제리의 관계에 대한 다양한 연구들이 수행되고 있다는 점은 강조될 필요가 있다. 태도는 대체로 두 가지다. 첫째, 카뮈를 식민주의 옹호자로 몰아가는 것은 과도한 매도 행위라는 것으로, 그가 생전에 알제리와 알제리인들을 위해 수행했던 많은 업적이 묵과되고 있다는 문제의식에서 이를 추적하는 일이다. 둘째, 알제리인에 대한 그의 '사후 부정적으로 추정된 시각'을 카뮈의 문학을 해석하는 프레임으로 삼아 공격하는 것은 올바른 자세가 아니라는 인식으로서, 카뮈가 문학을 통해 추구한 휴머니즘과 같은 가치들을 순환논법적 식민주의 프레임으로 간단히 훼손하는 것을 경계하고자 하는 연구이다.

아르들이 모두 같은 정체성이라 결론을 내리는 것은 경계해야 하는 것이다. 도덕적 판단이 에스닉 정체성을 규정하는 근거가 되는 것은 결국 비난의 순환논법적 재생산 기제가 되어 바람직하지 못하다.

이 주장을 펼치는 것은 실제 이러한 일이 벌어지고 있기 때문이다. 카뮈를 비롯해 모든 피에-누아르들이 비슷한 입장에 처해 있는 것 같다. '식민지 알제리에서 토착민들을 억압했던 제국주의 종주국 출신자들'이라는 도덕적 판단이 피에-누아르의 정체성을 규정하는 요체가 되고 말았다. 이 영화 〈도망자〉와 같은 인식, 대중문화를 통해 재현되며 재생산되는 시각들이 피에-누아르의 에스닉 정체성을 획일화하고 있다. 〈도망자〉를 보면, 피에-누아르를 시대착오적이고 봉건적인 기득권 집단으로서 마치 '균질적인 한 덩어리'인 것처럼 묘사하고 있다. 혹은 특정한 집단의 사람들이라기보다 계급의 이름이나, 혹은 그 자체가 단일한 비밀 결사 같은 느낌도 준다.

그러나 '피에-누아르'라는 이름은 사실 허구로 포장된 한 덩어리의 기만일 수 있다. 머레이와의 대화 중 니콜은 자신의 정체성을 아프리카의 태양과 관련지으며 검은 발, 즉 피에-누아르라 스스로를 칭한다. 사실 이는 역사 왜곡일 가능성이 높다. 연구에 의하면 '피에-누아르'는 식민 알제리에 거주했던 당시의 프랑스인들을 칭하는 보통 명사가 아니었다. 1962년까지의 알제리 거주 프랑스인들은 "Français d'Algérie"로 불렸다.[31]

피에-누아르는 이후에 붙여진 이름으로서, 조르디(Jean-Jacques Jordi)는 피에-누아르가 프랑스의 알제리 점령인 1830년이 아니라 1962년 여름의 "대대적이고 비극적인 본국 송환(Le rapatriement massif et tragique)"을 기점으로 '생성된'

31 F. Barclay, "Reporting on 1962: The Evolution of pied-noir Identity across 50 years of Print Media", *Modern & Contemporary France*, Vol. 23, No. 2, 2015, p.209.

것이라 주장한다.[32] 드골 정부가 알제리 식민지를 포기하고 난 후, 즉 알제리 독립이 확정된 후, 알제리 거주 프랑스인들은 죽음을 피하기 위해서라도 대대적으로 프랑스로 이주해야 했다.

피에-누아르라는 에스닉 정체성의 기원은 여기서 시작된다.[33] 알제리 거주기에 이들은 프랑스 땅인 알제리 지역에 거주하는 프랑스인들로서, 에스닉 정체성 문제가 제기될 일이 없었다. 확실히, 이들은 프랑스인이다. 가령, 알튀세르(Louis Althusser), 데리다(Jacques Derrida)와 같은 철학자들도 피에-누아르지만, 우리는 이들이 알제리에서 태어났다는 이유로 프랑스인이 아니라고 말하지는 않는다. 그러나 식민 종식과 함께 110만 명에 달했던 이들의 인생도 순식간에 바뀐다. 슈트 케이스 하나에 짐을 챙겨 프랑스로 달아나던가, 아니면 알제리에 남아 죽임을 당하든가 양자택일의 기로인 소위 "옷 가방 아니면 관(la valise ou le cercueil)"의 상황이었고,[34] 사실상 빈손으로 돌아간 모국은 안주할 수 있는 따뜻한 어머니의 땅이 아니라 종주국(mère-patrie) 이자 피난지(terre d'accueil)가 되어 의심과 멸시가 뒤따랐다.[35] OAS 동조 여부에 대한 조사 혹은 의심과 파시스트와의 동일시에 끊임없이 시달렸고, 존중의 뉘앙스를 찾아보기 힘든 '검은 발'이라는 호명과 명백한 차별 속에 변변한 직업을 얻기도 힘들었다. 알제리를 잃어버린 피에-누아르는 프랑스인도 아니고 알제리인도 아닌, '잊고 싶은 과거와 결부되어 거들떠보고 싶지 않은', '부정 탈 것 같아 가까이하고 싶지 않은', '여하간 '우리'는 아닌' 에스닉 정체성을 가지게 되었고, 그리고 버림받았다.

---

32 J.-J. Jordi, *1962: L'Arrivée des Pieds-Noirs*, Autrement, 1995, p.114.

33 이들을 '검정색 발'이라는 뜻의 피에-누아르라 부른 것과 대구를 이루어, 독립 후 알제리에 남은 유럽-프랑스인들이 '녹색 발'인 피에-베르(pieds-vert)라 불리었다는 점에 주목할 필요가 있다.

34 B. Stora, *Algeria, 1830-2000: A Short History*, Cornell University Press. 2005, pp. 12-77.

35 F. Barclay, *op. cit.*, p,198.

식민지 이주 정착자들도 윤리적 책임을 면하지 못할 역사의 맥락이 있으나, 제국주의라는 거대한 기획은 프랑스의 역사적 책임으로서 총체적인 반성이 요구된다는 점에서 이와 같은 태도는 실패한 제국주의에 대한 회한이 낳은 무책임한 희생양 찾기가 아닌가 의심해 볼 만하다. 결론적으로 피에-누아르는 프랑스에서 철저히 타자화되었다. 그들은 모국에서조차 (아니, 특히 모국에서) 알제리인들을 착취한 가해자인 동시에 정치적 희생자라는 모순된 입장에 내몰렸고, 상황은 이들에게 정체성에 대한 새삼스러운 재정립을 강하게 요구했다.[36]

이처럼 피에-누아르의 정체성은 타자의 시각에 의해 정립을 방해받고 있다. 타자의 시각은 '객관적 시각' 혹은 '역사의 시선'이 되어 피에-누아르를 한 무리의 (준)범죄자로 균질화하고자 한다. 헌데 이는 정체성을 규정하는 요소들을 살피는 것이 아니라 도덕적 판단에 의한 선제된 정의에 정체성을 끼워 맞추는 것이며, 이는 〈도망자〉와 같은 영화를 통해 재생산되고 있다.

따라서 이 '타자의 시각'은 누구의 시선이며 어떤 시각인지 살펴볼 필요가 있다. 이 시선이야 말로 프랑스 제국주의를 피에-누아르에 투사하는 탈역사적 프리즘이며, '절대 객관으로 판단한 도덕의 절대 시선'과 같은 역할을 하는 것으로 보이기 때문이다. 〈도망자〉에서는, 당연하게도, 피에-누아르를 관찰하는 머레이의 시각이 타자의 시각이 된다. 머레이는 원작 수기의 저자이고, 이 영화에 제작으로도 참여했으므로, 부스(Wayne Booth)적 의미[37]에서 극중 화자와 암시된 저자(implied author)를 동일시하는 것도 가능할 수 있

---

36 C. Eldridge, "Blurring the boundaries between perpetrators and victims: Pied-noir memories and the harki community", *Memory Studies*, Vol. 3, No. 2, 2010, pp.123-136.

37 W. Booth, *The Rhetoric of Fiction*. University of Chicago Press, 1983, p.431. 참조.

다.[38] 따라서 주인공 머레이가 피에-누아르를 바라보는 시각이 전반적인 작품의 시각을 규정하는 요체가 된다. 이는 머레이의 시각이 작품 안에서 자연화되어 관객들에게 객관적 시각으로서의 동의를 얻게 됨을 의미한다.

그러나 먼저 이 시각이 외국인 용병의 시각이라는 점을 생각해 볼 필요가 있다. 프랑스 식민지였던 인도차이나와 알제리 등지에 복무했던 다국적 군인은, 애국 논리에 의해 윤리·도덕적 보호를 받는 자국민 군대와는 크게 다르며, 폭력에의 항거와 평등 사상 등 이상을 위해 남의 나라 전쟁에 자원해 전투병으로 복무한 스페인 내전 참전 좌파 지식인들의 경우와도 매우 다르다. 남의 나라 군대에 자원 입대해 식민지 유지를 위해 살육을 마다 않은 자의 정체성은 에스닉적으로 어떻게 해석할 수 있을 것인가?

특히 주인공이 영국인이라는 점은 넘어 갈 수 없는 요소다. 식민대국이었던 영국 국적자라는 점에서 머레이의 태도는 정체성 해석을 더욱 혼미하게 만든다. 시종일관 그는 알제리의 독립을 지지하고 프랑스의 제국주의와 군사적 강압에 반대 내지 최소한의 반발을 유지하는 입장을 취한다. 그의 시각은 언뜻 보기에, 포스트식민주의 윤리관을 가진 객관적인 관찰자인 듯 보이기도 한다. 정리하자면, 프랑스와 쌍벽을 이루는 제국주의 국가인 영국인으로서, 프랑스의 식민지를 지키는 군대에 자원 입대해 피지배자 독립군을 척살하는 무공을 세우는 한편, 제국주의적 행태에 반대하고 식민지의 독립을 옹호하는 시각을 견지하는 것이다. 이 모순은 분명 해석을 필요로 한다.

모순의 시작은 영화 시작과 동시에 소개되는 자막에서부터 시작된다. "알제리는 127년간 프랑스의 식민지였다. 프랑스인 식민지 거주자들인 피에-

38 물론 수기를 시나리오로 각색한 작가들이 '저자'이고, 각색이라고 해도 이들의 시각이 배제된다고 볼 근거는 없겠다. 따라서 암시된 저자를 규정하는 것은 좀 더 복잡해진다. 다만, 수기 저자이자 영화제작자인 머레이의 입장이 가장 강하게 반영되었다는 것을 강조하고자 한다.

누아르와 아랍 원주민들이 어우러져 평화롭게 살아왔다. 그런데 산악 지역에 똬리를 튼 아랍 민족주의자들이 독립을 위한 무장투쟁을 시작했다. 프랑스 외인부대는 프랑스의 이익을 지키고 반란군을 진압하기 위해 투입되었다." 피지배자와 지배자가 식민지에서 어우러져 평화롭게 살았는데 피지배자가 저항을 해서 모든 문제가 시작되었으며, 따라서 군대의 파견이 불가피했다는 주장은 명확하게도 제국주의자의 시각이다. 최소한 이런 시각을 가진 사람이 식민지 옹호자들을 도덕적으로 꾸짖는 공정성과 정의관을 가졌으리라 기대하기는 힘들다.

그러나 머레이는 외출을 나가면 아랍인 찻집에 들러 알제리 청년이 '프랑스인들은 우리를 짐승처럼 다룬다', '우리를 발로 깔아뭉갤 생각만 한다'는 성토에 맞장구를 쳐주고, 피에-누아르인 니콜을 만나면 무고한 알제리 시민들이 폭탄 테러로 죽임을 당했으며, 식민지 유지의 대가가 너무 크다고 훈계를 하고, 무슬림들이 기도하는 현장을 방문해 종교 지도자(Imam)가 프랑스와 전쟁하러 간 젊은이들이 이 광기가 끝나면 돌아올 것이며, 광기는 유한하고 영혼은 영원한 것이라는 영적 가르침에 숙연해하며 무슬림들과 어울려 기도를 드리는 시늉도 하고, 작전을 위한 부대 이동 중 동료인 듀퐁에게 영국 식민지들도 거의 독립했으니 이제 알제리도 프랑스로부터 독립할 때가 되었다는 탈식민지적 역사관을 피력한다. 전투복을 입은 머레이는, 프랑스군에 복무하다 장교들을 살해한 후 달아난 아랍인들을 수류탄 투척으로 폭사시키고, 어두컴컴한 무기고를 지키던 아랍 소년을 사살하고(비록 실수였고, 양심의 가책으로 괴로워하긴 했지만), 식민지 수호의 보루인 외인부대에 충실히 복무해 동료와 상관들의 신임을 얻어 결국 병장으로 승진하게 된다.

여자 친구에게 버림받고, 영국 육군으로부터 입대를 거부당한 열아홉 청년이 큰 신념과 같은 것 없이 외국의 용병부대에 입대한 이야기라면, 그것은 당연하게도 성장드라마가 되어야 한다. 청년 머레이는 '성장'했는가? 내면적 성찰과 경험을 통한 상황 인식의 누적이 성장을 가져왔고, 그 결과가 제국주의에 대한 반대라면 대단히 자연스럽다. 그러나 작품에서는 그 어떤 성장의 단계도 보이지 않는다. 말하자면 머레이는 원래부터 그런 사람이었다.

머레이의 역할을 맡은 배우는 진지한 표정으로 연기에 임하지만, 이런 무책임하고 원칙 없는 이율배반을 정상적이라 판단하기는 힘들다. 이는 프랑스 외인부대에 대한 낭만에서 비롯되는 듯하다. 머레이는 다음과 같은 내레이션을 시작으로 등장한다. "많은 이들이 내게 왜 프랑스 외인부대에 지원했냐고 끊임없이 묻는다. 명확한 답은 없다. 서두를 일이 없었다. 누구에게도 영국 육군 입대를 거부당했다는 말은 하지 못했다. 도통 생각이 떠오르지 않았다. 그래서 다른 운명을 찾아 떠난 것일 뿐이었다." 그리고 모험 활극(swashbuckler) 장르로 유명한 할리우드 배우인 "에롤 플린(Errol Flynn)마저 외인부대 출신이라는데 더 망설일 이유가 있었겠는가?"라고 반문한다.

대중문화의 판타지와 자신이 겪은 현실은 너무나 달랐다고 토로하지만, 알제리와 외인부대에 대한 이러한 태도는 식민지를 무대로 펼쳐지는 모험소설의 주인공을 모방하고자 한 것이 명백하며, 군대 생활을 통해 진정한 현실을 깨달아 식민주의가 모험 활극과 다름을 절실히 깨닫게 되는 성장의 증거는 빈약하다. 식민지에서의 모험 소설은 사이드가 비판한 바와 같이, 제국주의 함의로 가득하다. 사이드는 "19세기와 20세기 초엽 영국과 프랑스 문화에서 제국이라는 사실에 대한 암시는 거의 모든 영역에 나타나나, 그것이 가장 규칙적으로 빈번하게 나타나는 영역은 아마도 영국 소설"일 것이라 주장한다. 그러면서 제인 오스틴(Jane Austin), 찰스 킹즐리, 찰스 디킨즈의 소설들을 언급하고, 키플링, 콘래드, 코난 도일, 조지 오웰, E.M. 포스터, ,T.H.

로렌스 작품에서도 제국이 중요한 배경이었음을 상기시킨다.[39] 머레이가 수기와 영화에서 밝히고 있듯, 그의 입대 결심에 큰 영향을 미친 것은 1924년 첫 출간된 퍼시벌 렌(Percival Christopher Wren)의 모험 소설 『보 제스트(Beau Geste)』다. 보석 도둑으로 몰려 도망을 친 후 알제리 주둔 외인부대에 복무한 보 제스트 형제들의 모험담을 그린 소설이다. 사이드는 이러한 소설에서 나타나는 식민지 재현에 대해 다음과 같이 비판한다.

계속된 식민지 소유, 원격의 공간과 때로는 미지의 공간, 이상하거나 혐오감을 주는 인간, 이민이나 일확천금이나 성적 모험과 같은 운수 대통이나 환상적 활동과 연결되었다. 버림받은 어린 자식들은 식민지로 쫓겨나고, 늙고 초라해진 친척은 잃어버린 재산을 식민지에서 회복하고자 그곳에 간다

[그림 4] 알제리 주둔 외인부대 활동을 낭만과 모험 서사로 그린 퍼시벌 렌의 모험 소설 〈보 제스트(Beau Geste)〉 (출처: Wilder Publications)

39 E. Said, *op. cit.*, pp.149-150.

(마치 발자크의 『사촌 베트(La Cousine Bette)』에서처럼). 진취적 기상의 젊은 여행자들은 여자와 놀아나고 이국의 미술품을 수집하기 위해 그곳에 간다. 식민지의 영토는 가능성의 영역이고, 따라서 그것은 언제나 리얼리즘 소설과 연결되었다. 로빈슨 크루소의 존재는 식민지화라는 사명감, 즉 아프리카, 태평양, 대서양이라는 원격지에 그 자신의 새로운 세계를 창조하게 한다는 사명감 없이는 실질적으로 생각될 수 없다.[40]

머레이에게 알제리 외인부대는 테마파크와 같은 안전한 모험의 장이었다. 본국의 군대에 입대를 거부당한 그에게 식민지의 외인부대는 과거를 세탁하고 남자로 거듭날 수 있는 기회의 땅이었다. 진취적이고 싶은 그는 아름다운 피에-누아르 여성 니콜의 집에 초대받아 좋은 대접을 받고, 성행위를 즐기고, 식민지에 대한 윤리적 훈계를 하려 들지만, 그마저도 여성이 굳이 싫어하면 멈추고 소리 내어 웃으면 그만이다.

머레이를 통해 재현되는 〈도망자〉의 시각은 철저히 모험 소설적이고, 수기 형식을 빌린다는 점에서 유사 리얼리즘적이고, 주인공 자신만이 이성적, 합리적, 중간자적, 객관적 시각을 견지한다는 태도를 가졌다는 점에서 계몽적이고 모던하며, 그리고 유럽적이다. 수기를 출간한 1978년이나 영화를 발표한 2002년에 이미 피에-누아르는 약자이다 못해 존재 자체를 인정받지 못하는, 프랑스라는 군복에 묻은 한 방울의 피딱지였다. 피에-누아르를 바라보는 머레이의 회고적 시각은 결코 프랑스 제국주의를 비판하는 것이 아니다. 프랑스라는 더 센 권력의 뒤에 서서 버림받은 희생양들을 짓밟으며 정의감을 만끽한다는 점에서 사디스트적이고, 제국군의 군복을 입고 무슬림 사원을 안전하게 거닐며 다문화를 체험하면서 서구적인 보편 휴머니즘을

---

40 *Ibid.*, p.152.

가장하고 있다는 점에서 기만적이고, 영국이 저지른 제국주의의 잔재는 식민지가 이미 독립했다는 한두 마디 대사로 완전히 털어버리고 세척된 중립성과 보편적 도덕성을 가장한다는 점에서 위선적이다. 그러한 머레이의 에스닉 정체성은 너무나 명백하게도 근대적 제국주의의 발명자로서의 유럽인에서 한 치도 벗어나지 않는다.

5. 미디어 이야기와 서사로서의 정체성

〈도망자〉에서 다룬 1960년대 이야기는 현재 진행형 비극이기에 본 연구는 시의성이 있다. 알제리 문제는 프랑스 근현대사의 오랜 갈등으로, 테러리즘 문제와 결부되며 최근 긴장이 더욱 증폭되고 있다. 2015년 1월 샤를리 에브도(Charlie Hebdo) 잡지사에 침투해 편집자와 경찰 12명을 사살한 테러리스트들이 모두 알제리 독립 이후 프랑스에 건너와 살게 된 무슬림 2세들이다.

이는 프랑스에 보혁 갈등의 상징이기도 하다. 프랑스 우파는 전통적으로 위대한 프랑스를 지지해 온 '비바 프랑스' 세력으로서, 제국주의의 과거를 영광스럽게 기억하고 문명화의 사명으로 미화하려는 성향이 있다. 반면 좌파는 제국주의와 폭압적 식민 경영을 총체적인 반성의 대상으로 지목해 왔다. 이런 와중에 2017년 5월 프랑스 대통령으로 취임한 마크롱(Emmanuel Macron)은 유세 기간 중 알제리를 방문하여 식민 통치를 "반인륜적 범죄(crime contre l'humanité)"라 칭하고, 1962년 종결된 알제리 독립전쟁의 참상에 대해 "완전히 야만적인 것이며 과거의 일부로서, 우리〔프랑스〕는 사죄해야" 한다고 주장한 바 있다. 전몰자 추도관을 방문해서는 양국 간 "기억의 화해(réconciliation des mémoires)"를 지지한다고 밝히기도 했다. 이에 대해 극우 국민전선의 르펜(Marine Le Pen) 측은 "등 뒤에서 프랑스를 쐈다"고 비난했고, 공화당의 필롱(François Fillon) 후보는 "이와 같은 우리 역사에 대한 혐오, 이와 같은 끝도 없는 회개는 공화국 대통령 후보의 가치가 없음"을 보여준다고 공격했다. 특히 필롱은 과거 프랑스 식민주의에 대해 "아프리카 사람들과 〔프랑스의〕 문화를 공유하고자 한 것이 죄는 아닌 것"이라고 주장하기도 했다.[41] 이런 문제들이 조만간 해결될 것 같지 않다.

모두 본 논문에서 다룬 시각의 문제에서 한 치도 비껴가지 않는다. 이는 모두 기억과 관련이 있다. 기억은 단순히 과거에 머물러 있지 않기 때문에 과거의 재현은 늘 문제가 된다. 사실 기억은 소멸한다. 재현이 기억을 창조해서 우리가 기억이라 일컫는 과거를 대체하는 것이다. 기억이 과거가 아니라 재현이 과거다. 추인된 재현은 우리의 과거로서 역사가 된다. 이는 바르트식으로 말하자면 신화다. 즉, "역사를 자연으로 변형시키는 과정"이며, "조작된 것(fabriqué)이라는 성질을 제거한 것"이다.[42]

특정한 사실관계가 아니라 우리의 시각을 우리 스스로 바꾸도록 유도하기 때문에 미디어는 힘이 세다. 이때 우리는 우리 스스로의 판단과 의지에 의해 우리의 인식과 정체성을 선택했다고 착각하게 된다. 착각도 우리의 일부이기 때문에, 그 착각이 우리의 정체성을 조형했다면 그것이 바로 우리의 정체성이다. 〈도망자〉와 같은 대중 영화가 과거를 다루는 방식은 그래서 중요하다. 비평이 서사의 시각과 정체성을 끊임없이 문제 삼아야 하는 이유이기도 하다.

41 The Local, "Macron causes uproar by saying France's colonisation of Algeria was 'crime against humanity'" 2017.02.16.

42 롤랑 바르트, 『신화론』, 정현 옮김, 현대미학사, 1995, p.68.

탈식민주의 서사에서 트랜스아이덴티티 스토리텔링으로의 전환

소설 『이방인』과 『뫼르소, 살인사건』을 중심으로

○ 이종현

"나는 땀과 태양을 흔들어 털었다. 나는 내가 대낮의 균형과, 내가 행복을 느끼고 있었던 어느 바닷가의 그 특별한 침묵을 깨뜨려 버렸다는 것을 깨달았다. 그래서 나는 그 움직이지 않는 몸에 다시 네 발을 쏘았다. 총알들은 깊이 들어가 박혀 보이지 않았다. 그것은 마치 내가 불행의 문을 두드리는 네 번의 짧은 노크 소리와도 같았다."

○ A. 카뮈, 『이방인』, p.77-78.

"캐릭터에 감정 이입할 때는 정교한 감수성이 발휘된다. 간접적 동일시가 우리의 감각을 자극하고 사고를 활발하게 만든다. 캐릭터를 통해 우리는 스스로를 반추하고 자신의 외면과 내면을 알아 갈 기회를 얻는다. 캐릭터는 우리가 어떤 사람인지, 왜 이렇게 이상하고 모순적이고 이중적이면서 은근히 아름답기도 한지 우리에게 보여준다."

○ R. 맥키, 『캐릭터』, p.23.

1. 탈식민주의, 새로운 방향 설정을 위하여

탈식민주의 이론과 비평을 이해하는 데에 알베르 카뮈(Albert Camus)의 『이방인(L'Étranger)』과 카멜 다우드(Kamel Daoud)의 『뫼르소, 살인사건(Meursault, contre-enquête)』을 함께 읽는 것은 유의미한 작업이다. 『이방인』은 문학에 문외한인 사람도 제목은 한 번쯤 들어 봤을 정도로 20세기 최고의 명저로 손꼽히는 작품이고, 『뫼르소, 살인사건』은 이 명저를 탈식민주의적 관점에서 다시 쓴 작품으로 세계 3대 문학상인 '콩쿠르상' 최우수 신인상을 수상한 세간의 화제가 된 작품인 까닭에서다.

하나는 서사성의 원리와 문학의 형식성을 온전히 구현하고 있는 작품이고, 다른 하나는 그런 작품을 단순히 전복하는 데에만 매몰된 작품으로서, 두 소설을 비교하며 읽을수록 탈식민주의에 대한 평소의 가치관에 균열이 발생하게 되었다. 탈식민주의 서사는 다양성과 새로움의 가치를 꾀하는 양식으로서, 서사 미학의 외연을 확장하는 긍정의 인식으로 자리하고 있다. 그러나 두 소설의 대조로 여실하게 드러나는 텍스트 간의 질적 수준과 문학성의 차이는 탈식민주의 서사 양식에 깊은 의구심을 낳게 만든다.

[그림 1] 소설 『이방인』과 『뫼르소 살인사건』의 한국어판 표지(출처: 민음사, 문예출판사)

따라서 이 글은 두 소설을 비교 분석하면서 발견되는 차이를 중점적으로 논의하며, 탈식민주의 이론의 본질을 탐색하고자 한다. 연구 대상인 두 소설을 읽으며 들었던 지엽적인 의문에 답을 찾아가는 사유 과정을 통해 탈식민주의라는 거대한 연구 대상에 근원적인 물음을 던져 보고자 한다. 단순한 비교 분석으로 두 텍스트 간의 차이를 조직하거나 이분법적인 가치 평가를 내놓는 작업이 아닌, 학문적으로 유의미한 고민과 사유를 펼쳐 내 탈식민주의 서사와 표현 양식의 가치와 의의를 재구성하고자 한다.

먼저 두 텍스트를 읽고 나서 가장 의문이 들었던 것은 『뫼르소, 살인사건』이 "과연 문학상을 받을 만큼의 가치가 있는 작품인가?" 하는 지점이었다. 물론 문학상의 결정을 의심하는 것은 아니고, 오히려 시상의 권위를 깊이 인정하는 연구자로서 상의 존재는 수작을 가리는 요건이 될 수 있기에 더욱 궁금증이 들었다. 서사학의 관점에서 스토리텔링의 원리에 입각해 봤을 때, 『뫼르소, 살인사건』은 애석하지만 볼품없는 작품이기 때문이다. 서사성의 결여가 문학상으로 이어지는 아이러니한 상황을 이해하기 위해서 해당 소설이 지닌 가치를 찾고자 여러 비평 자료를 찾은 끝에 비로소 의문은 해소되었다.

> 다우드의 『뫼르소, 살인사건』에서는 형의 이름을 "무명의 '아랍인'" 상태에서 '무싸'로 복원시킴으로써 형의 개인-정체성(일종의 '신원확인서')을 회복시켜 주는 것, 나아가서는 "카뮈의 펜 아래서 치욕을 당해야 했던 알제리의 원주인의 이미지"를 복원하는 것도 작품 전편에서 줄거리를 이끌어 가는 작가의 무의식으로 작동되고 있다.[1]

소설 『이방인』에서 주인공 '뫼르소'가 벌인 살인사건의 피해자였던 '아랍인'은 그의 이름을 『뫼르소, 살인사건』에 이르러서야 찾는다. 전작에서 무명 처리되었던 아랍인의 신원이 복원된 것, 그것도 아랍인에 의해서 회복된 것은 프랑스와 알제리 간 식민 지배의 역사를 반추한다면 그 의미를 이해할 수 있다. 이는 피식민자의 민족적 정체성의 구축과 식민자-피식민자 간 권력 전복 등의 가치를 지니며, 특히나 그 식민 지배 역사의 이해관계에 놓인 사람들에게는 대단한 의미 부여가 될 것이다.

『뫼르소, 살인사건』에 작품성이 존재한다면, 그건 탈식민주의가 지닌 역사적 의의와 다양한 가치 지향의 토대로부터 창출되었다고 판단한다. 누구보다 탈식민주의가 표방하는 가치들에 공감하고, 피식민자의 정체성 형성과 주체성 회복의 중요성을 인식하고, 탈식민주의적 서사와 비평을 권장하는 연구자로서, 해당 작품이 함의하고 있는 의미와 가치를 인정하고 존중한

---

1 박치완, 「『뫼르소, 살인사건』: 장소-정체성의 재고와 '무싸'의 신원증명서」, 2022 GCIC 동계 워크숍 발표집, 2022, p.74.

다. 그럼에도 불구하고 일차적 의문에 이어 보다 본질적인 물음이 생겨나는 데, "탈식민주의는 절대 선, 절대 이상, 절대 진리인가?" 하는 문제이다.

정확히 말하자면, 탈식민주의는 문학이나 예술을 평가하는 데에 절대적인 문예 사조라고 할 수 있는가? 문학적, 예술적 요건이 부족함에도 탈식민주의적 가치관이 내포되어 있다는 이유만으로도 수작으로 평가될 수 있는 것인가? 탈식민주의 내러티브가 표방하는 양식, 예컨대 식민자의 서사를 비틀고, 전복시키고, 조롱하는 방식들은 정말로 탈식민자의 정체성을 구축하는 방법이 되는가? 우리 사회의 모든 대상과 현상을 설명함에 있어서 탈식민주의적 시각은 언제나 옳고, 선하며, 대안이 되는 프리 패스 이념인 것인가?

이렇듯 『이방인』과 『뫼르소, 살인사건』을 함께 읽은 감상의 결과는 탈식민주의에 대한 비판적 고찰로 나아가게 한다. 만약 『이방인』이 담지하고 있는 주제 의식이 더 가치가 있다면? 『이방인』의 스토리텔링이 인간의 주체성을 나타내는 데에 너욱 효과적인 방안이라면? 『이방인』의 이야기가 더 흥미롭고 공감 가며, 예술적이면서도 사회적 울림이 있다고 평가한다면, 단지 식민자 혹은 권력자의 서사이기 때문에 식민주의에 동조하게 되는 걸까? 아니면 반탈식민주의인 건가?

이러한 우문을 던지는 까닭은 작금의 탈식민주의 경향성에 대해 진단하고, 해당 개념에 재검토 혹은 새로운 전략 모색이 필요함을 역설하기 위함이다. 탈식민주의가 제국주의의 억압과 잔재로부터 해방이라는 기치 아래서 전유와 전복 같은 '저항'적 형식만을 추구하다 보니, 비판의 대상이었던 그들의 이항 대립적 사고와 타자화 전략을 고스란히 답습하고 있는 것은 아닌지 의구심이 든다. 절대 악과 절대 선의 대결, 이러한 명제가 사실이고 옳다고 한들 논증하는 과정에 논리적 오류가 발견된다면 수정해야 할 것이다.

대중문화를 정치적 투쟁의 장소로 인식하는 스튜어트 홀(Stuart Hall)은 대중문화의 원리를 바흐친(Mikhail Bakhtin)의 '카니발성' 개념을 빌려 와 설명한다. "카니발성은 이항 대립적 틀 안에 갇혀 있던 두 가지를 단지 뒤집어 놓는 데 그치지 않는다. 여기에는 바흐친이 대화적이라 부른 것들도 관통하고 있다."[2] 홀은 대중문화를 엄격한 대립적 방식이 아니라 대화적인 방식으로 이해해야 함을 피력한다.

대중문화가 개인의 혹은 특정 문화의 정체성을 재현하고 인정받는 정치적 투쟁의 공간이라고 한다면, 그 정체성의 정치의 성공적 결말을 위해서라면 '대립'이 아니라 '대화'의 전략이 더 효과적일 수 있다. 대화적인 방식이란 이항 대립적 관계 설정을 초월하여 대상 간의 자유로운 교섭과 넘나듦의 과정을 통해 융합과 새로움을 창출하는 방향이다. 여기서 융합과 새로움이란 것은 기존 지배 문화와 양식에 대한 무비판적 추앙이나 무조건적인 전복으로부터 잉태되는 것이 아니라, 대상 간의 차이에 대한 인정과 존중 그리고 반영을 통해서 획득될 수 있을 것이다.

홀이 설명하는 대중문화의 인식 즉 "지배와 저항, 둘 사이에서 끊임없는 투쟁과 협상이 일어나는 장소"로서의 의미는 기존의 식민주의와 탈식민주의가 취했던 관점과 방식에 변화를 불러올 수 있다.[3] 작용과 반작용처럼 어느 한 편이 이기거나 지는 싸움의 원리가 아닌, 투쟁과 협상을 통해서 제3의 길을 모색하는 방식을 말이다.

이처럼 이 연구는 탈식민주의의 전향된 입장과 내용을 구상해 봄으로써 탈식민주의 논의의 외연을 넓히고, 궁극적으로는 탈식민주의 서사의 동태

2 스튜어트 홀, 『스튜어트 홀 선집: 문화, 이데올로기, 정체성』, 임영호 옮김, 이리라, 2015, p.567.
3 제임스 프록터, 『지금 스튜어트 홀』, 손유경 옮김, 앨피, 2006, p.69.

성 구축을 통한 발전을 도모해 보고자 한다. 구체적으로 『이방인』과 『뫼르소, 살인사건』을 함께 읽으며 발견되는 차이를 중점적으로 논하며, 탈식민자를 비롯한 개인의 정체성 재현의 서사 방식의 본질을 탐구하고자 한다. 이 연구가 규명하는 탈식민주의 서사 양식의 내용을 기반으로 해당 이론의 변화와 전망을 모색해 보려고 한다.

2. 소설 『이방인』과 『뫼르소, 살인사건』의 서사적 차이

두 소설을 가리켜 흔히 "닮은 듯 다른"이란 표현을 쓴다. 그러나 나의 관점에선 닮은 점이라고는 동일한 '살인사건'이 소설 속에 등장한다는 것밖에는 닮은 게 없는 전혀 다른 작품이다. 두 작품의 차이는 제목에서부터 단적으로 나타나는데, 『이방인』은 인물을 지칭하는 단어를 『뫼르소, 살인사건』은 특정한 사건을 명명하는 단어를 제목으로 차용하여, 두 소설이 각각 인물 중심의 서사와 사건 중심의 서사가 될 것임을 암시하고 있다.

일반적으로 서사는 사건 중심의 서사 또는 인물 중심의 서사로 구분된다. 전자는 서사를 관통하는 핵심적 사건에 초점이 맞춰 진행되는 것으로서 사건 자체가 흥미로움을 유발하고, 사건의 전달 과정, 즉 플롯의 개연성, 역동성, 통일성, 완결성 등이 요구된다. 후자는 서사를 이끌고 가는 주된 인물에 초점이 맞춰진 것으로서 캐릭터 자체의 매력과 독창성이 중요하며, 사건보다는 사건을 만들거나 맞이하는 캐릭터의 성격, 심리, 의식, 행동 등을 자세하게 기술하는 데에 목적이 있다.

서사에서 사건 중심과 인물 중심의 구분에는 위계가 존재하는 것은 아니지만, 시대의 흐름에 따라 선호되는 이야기가 달라지는 경향은 발견된다. 과거에는 인물보다는 사건 중심의 이야기가 주를 이루었고, 전통적인 서사학의 연구 대상과 강조점도 주로 사건 요소와 플롯이었다.[4] 그러나 현대의 포스트모더니티 사회에서는 개인의 미시적 이야기가 주목을 받게 되며, "대중의 관심이 역사, 현실, 민중으로부터 일상, 내면, 대중으로 옮겨가고 있는 중임"을 알 수 있다.[5]

현대의 서사 취향이 인물 중심이라고 해서 『이방인』이 현대적 관점에 적합한 이야기라고 주장하는 것은 아니다. 사건 중심과 인물 중심의 서사 구분은 상대성을 기반으로 한 분류로서, 사건 중심의 서사라도 인물 요소는 중요하고 인물 중심의 서사에서도 플롯이 고려된다. 중요한 것은 상대적으로 더 주안을 두는 요소의 성질이 부각되도록 서사가 구성되고 있는지의 문제로서, 이로 인해 이야기의 완성도 혹은 소설의 작품성은 결정지어진다.

이러한 맥락에서 『이방인』은 '뫼르소'라는 인물의 내면을 수기 형식으로 상세하게 기술하고 있으며, 삶과 죽음 그리고 사회의 부조리에 대한 개인의 사색과 성찰을 솔직하게 담아내고 있다. 여기서 주인공 뫼르소의 독특함은 소설의 묘미에 중추적 역할을 한다. 뫼르소는 삶에 대해 시종 시니컬한 태도와 현재의 욕망에 충실한 모습을 보이며, 엄마의 죽음조차 담담하게 받아들이고, 살인의 이유를 태양 때문이라고 진술하는 등 일반적인 통념에 부합하지 않는 캐릭터로서 독특한 개성을 지닌다. 인물의 사상과 행동이 신선함을 유발하고, 그 비전형성은 독자로 하여금 계속해서 소설로의 몰입을 유도하여, 결국 공감으로까지 이어지게 만든다.

더하여 자신의 생각에 대한 표현과 행위에 대한 진술은 현학적이고 문

4 아리스토텔레스, 『시학』, 천병희 옮김, 문예출판사, 2010, 제6장 참조.
5 김병익, 『새로운 글쓰기와 문학의 진정성』, 문학과지성사, 1997, p.52.

학적이며, 그 중심을 아름다움이 관통하고 있다. 이는 『뫼르소, 살인사건』의 화자인 '하룬'의 입을 통해서도 증명되는데, 그에 의하면 "다이아몬드처럼 정교하게 다듬어진 완벽한 언어"라고 한다.[6] 뫼르소의 묘사가 정점을 이루는 대목은 살인을 저지르게 되는 순간으로 그 상황을 둘러싼 알제리 바닷가의 특수한 환경과 아랍인과 대치하고 있는 긴장감 등 살인을 앞둔 복잡한 주인공의 내면을 수려한 문체로 담아낸다.

> 이마 위로 태양이 때리는 심벌즈 소리와 칼에서 뻗어 나온 눈부신 빛만이 어렴풋하게 느껴졌다. 그 칼날은 속눈썹을 쑤셨고 괴로운 두 눈을 파내는 것 같았다. 바로 그때 모든 게 흔들렸다. 바다는 무겁고 뜨거운 바람을 실어 왔다. 온 하늘이 활짝 열려 불의 비를 쏟아내는 것 같았다. … 마치 불행의 문을 두드리는 네 번의 짧은 노크 소리 같았다.[7]

살인사건을 다룬 소설 중에서 〈이방인〉은 살인 장면을 가장 낭만적으로 묘사한 작품이 아닐까 싶다. 뫼르소의 언어에는 묘사하는 상황 속으로 빨려 들어가게 하는 생동감이 있으며, 무엇보다 사람을 설득하는 힘이 있다. 살인에 면죄부가 주어질 정도로 치밀하고 면밀하며, 인물의 내면과 심리를 전달하는 데 탁월하다. 인물 중심의 서사에 적합한 이야기 방식이라 할 수 있고, 인물이 벌인 사건까지도 극적으로 구성하고 있으며 무엇보다 흥미롭게 표현하고 있다.

『뫼르소, 살인사건』은 사건 중심의 서사를 표방하고 있음에도 플롯 자체의 극성이나 다이내믹함이 떨어진다. 사실 제목으로 내세우고 있는 서사의

---

6 카멜 다우드, 『뫼르소, 살인사건』, 조현실 옮김, 문예출판사, 2017, p.2.
7 알베르 카뮈, 『이방인』, 최헵시바 옮김, 더스토리, 2020, pp.78-79.

핵심 사건인 살인사건에 대한 진술보다는 그 사건을 둘러싼 맥락적인 이야기 진술에 초점이 맞춰져 있다. 살인자 뫼르소에 대한 비판, 죽은 아랍인 '무싸'에 대한 기억, 가족을 잃은 엄마와 하룬의 투쟁, 동시대를 살아가는 알제리 원주민들의 삶의 모습까지, 살인사건 외적인 주변부의 이야기를 전달하는 데에 집중한다. 살인사건 자체에 대한 인상적인 진술도 부재하고, 맥락적인 사건들도 잘 짜인 플롯(극적인 설계)이라기보다는 기록의 의미로서 화자의 주관에 의해 그저 전시되고 있다는 인상이다.

『뫼르소, 살인사건』이 사건 중심적 성격이 결여되어 있다는 것은 소설의 도입부 첫 문장에서 이미 예견된다. 이 소설의 첫 문장은 "오늘, 엄마는 아직 살아 있네"로 『이방인』의 유명한 첫 문장인 "오늘 엄마가 죽었다"를 모방하여 교묘하게 비튼 문장이다. 닮은 듯 다른 두 문장은 전혀 다른 서사성을 견지한다. 서사적 관점에서 『이방인』의 첫 문장이 지시하는 진술은 극적 사건이 될 수 있지만, 『뫼르소, 살인사건』의 첫 문장은 사건으로 성립되지 않는다.

로버트 맥키(Robert McKee)는 사건이란 '변화'를 의미한다고 전제하며, "이야기적 사건은 등장인물의 삶의 상황에 의미 있는 변화를 일으킨다"라고 설명한다.[8] 이야기에서 사건으로서 기능하려면 기본적으로 변화의 성격을 내재해야 하며, 그 이야기적 의미가 확장되기 위해선 인물에게 일어나서 삶의 변화를 이끌 수 있어야 한다는 것이다. 맥키의 관점에서 본다면 "오늘 엄마가 죽었다"라는 진술은 변화를 담아내고 있으며, 이 사건을 맞이한 인물의 삶에 큰 영향을 미치는 일임을 짐작할 수 있다. 그러나 "오늘, 엄마는 아직 살아 있네"라는 진술은 어떤 변화도 없는 정태적 진술이며, 이를 맞이한 인

8 로버트 맥키, 『Story』, 고영범 옮김, 민음인, 2002, pp.59-60.

물의 삶도 큰 변화가 없을 것임을 유추할 수 있다.

이처럼 『뫼르소, 살인사건』의 첫 문장은 사건 중심의 서사임에도 전혀 극성을 구축하지 못하고 있기에 서사적 재미를 형성하지 못한다. 인물 중심의 서사임에도 극적 사건을 전면에 배치하여 흥미를 유발하는 『이방인』과 대조적인 모습이다. 『뫼르소, 살인사건』이 사건 중심의 서사로서 면모를 구축하려 했다면 소설의 첫 문장은 마찬가지로 엄마가 죽었다는 진술이어야 했다. 『이방인』을 넘어서고 싶은 의도가 있었다면 보다 더한 변화를 담는 극적 사건을 배치했어야 했다. 아무런 변화가 없는 진술로 시작하는 이야기는 끝날 때까지 정태적 상태를 유지하며 지루함을 야기하고, 이런 패착은 단지 『이방인』을 표적 삼아 유명한 문장을 전복시키겠다는 전략만을 고수한 결과일 것이다.

또 다른 문제는 『뫼르소, 살인사건』에서 하룬의 입을 통해 진술되는 사건은 '진짜'가 아니라는 데 있다. 하룬이 이야기하는 것은 대부분 그의 관점에서 관찰한 형, 엄마, 사랑하는 여자의 이야기들로서 화자에 의해서 추측, 해석, 상상된 이야기로 무수한 오인과 오해가 섞여 있어서 진실과는 괴리가 있다. 대표적으로 살인사건에 단초가 되었던 '수수께끼 여인'의 실체를 두고도 하룬은 자신의 욕망을 반영한 의도적인 오역을 보여준다.

> 난 그녀가 형의 여인이라고 거의 단정 지었지. 그랬으면 좋겠다고 바랐기 때문에 그렇게 단정해버린 것인지도 몰라. 그래야 형의 실종이 더 멋있어 보일 것 같았거든. 무싸에게는 어떤 구실과 이유가 있어야 했어.[9]

9 카멜 다우드, *op. cit.*, p.35.

이처럼 하룬의 이야기엔 죽은 형의 명예 회복과 살인자 뫼르소에 대한 적개심이란 내적 욕망이 투영되어 있고, 그렇기에 그가 소환하는 사람들의 이야기는 주관성이 깊이 개입되어 있어서 실제 사정이나 형편이 다를 가능성이 농후하다. 본래 타자의 시각 속에서 규명되는 주체 대상은 실존과 차이가 발생되는 것으로서,[10] 그의 관점으로 서술된 타자들의 이야기는 진짜와는 거리가 멀 수 있다.

더 큰 문제는 『뫼르소, 살인사건』의 화자 하룬은 형의, 엄마의, 그 시대의 사람들에 대한 이야기를 통해 자신의 삶을 규정하고 있다는 것이다. 그의 이야기에는 자기 인식이나 주체성이 결여되어 있다. 『이방인』의 뫼르소가 오로지 자신의 관점에서 모든 대상을 규정하며 제 이야기를 하는 방식과는 차이가 크다.(물론 뫼르소는 과도한 주체성으로 인해 고독했지만 주체성의 결여보다는 훨씬 나은 방향이다.) 하룬은 자신의 존재 이유를 타자에게서 찾는 경향이 짙고, 자신의 정체성을 스스로 나타내거나 이야기하지 못한다.

하룬은 오로지 이 소설의 일차적 목적인 뫼르소의 부정을 통해서만 존재하고, 자기 자신이 빠진 이야기를 개진하다 보니 서사에 진정성이 부족하다. 하룬은 살인사건의 이야기를 다시 쓰면서 뫼르소와 동일시하는 착각에 빠지기도 한다. "뫼르소와 나, 우리 둘이 얼마나 닮은 꼴인가를 실감하게 된 거야."[11] 두 소설을 모두 읽은 관점에서 둘은 전혀 다른 사람이다. 뫼르소는 인생에 의미 없음을 깨닫고, 투철한 자기 인식을 바탕으로 세상을 바라보며 주체적으로 그 부조리를 고발한다. 반면에 하룬은 인생의 모든 사건에 의미를 부여하고, 과거의 사건과 이해관계자들에 얽매어 불안전한 정체성을 형

10 서동은, 『하이데거와 가다머의 예술 이해』, 누멘, 2009, p.29 참조.

11 카멜 다우드, *op. cit.*, p.22.

성하며, 결국 자기 연민과 피해망상으로 귀결된다.

이러한 소설 안에서의 두 인물의 차이는 서사상의 재미의 편차를 불러온다. 앤드루 호튼(Andrew Horton)은 "깊은 인상을 주는 캐릭터에 대한 내러티브는 우리가 깊은 흥미를 느끼는 사람들을 다루기 때문에 정서적 정신적 반향을 갖는다"라고 주장한다.[12] 능동적이고, 비범하며, 예측 가능하지 않은 행동들을 보이는 뫼르소와 수동적이고, 스테레오 타입에, 그 의도가 훤히 들여다보이는 하룬 중에서 누가 더 인상적이고 정신적 반향을 일으킬지는 주관에 따라 다르게 판단될 수 있겠지만, 굳이 서사학의 원론적 입장을 원용하지 않더라도 예측 가능한 진술만을 반복하는 하룬보다 독특한 생각과 행위로 궁금증을 유발하는 뫼르소의 이야기에 관심이 가는 것은 자명한 사실이다.

3. 정체성의 서사, '하룬'과 '뫼르소' 실존 방식의 절합

그럼에도 불구하고 『뫼르소, 살인사건』이 가지는 문학적 의미와 가치는 분명히 존재한다. "『뫼르소, 살인사건』은 인간 실존의 물음, 정체성의 물음은 기본적으로 재지성(在地性, locality)에 뿌리를 두고 있다는 점을 성찰하게 한다."[13] 인간은 공간-내-존재로서, 정체성 형성에 있어서 지리적 특수성에 기반한 삶의 공간과 개인-집단 간의 유대가 중요하다. 하룬을 앞세운 다우드는 소설 안에서 알제리라는 특수한 장소성에 깃든 알제리인들이 공유하는 문화와 역사를 회복시키며, 카뮈에 의해 권태로운 공간으로 모독되었던

12 앤드루 호튼, 『캐릭터 중심의 시나리오 쓰기』, 주영상 옮김, 한나래, 2000, p.38.

13 박치완, *op. cit.*, pp.75-76.

장소-정체성의 진정한 가치를 제고한다.

장소-정체성이 실존의 토대가 됨을 상기한다면, 이는 알제리인들의 정체성 복권을 의미하는 일대의 과업이라고 평가될 만하다. 뫼르소와 카뮈의 패착은 여기에 있다. 인간의 실존, 정체성의 문제에 접근함에 있어서 지나치게 주체(자아)의 관점만을 강조했다는 지점이다. 마르틴 하이데거(Martin Heidegger)는 실존을 인간의 '있음(실재)'이라고 지칭했는데, "하이데거의 인간의 '있음'이란 '거기-있음'이고, 그 '거기'라는 것은 바로 '세계'라고 말한다. 따라서 인간의 '거기-있음'이란 '세계-안에-있음'이다."[14]

인간의 실존은 그가 살아가는 장소 혹은 공동체 안에서 주체와 타자, 개인과 집단 간의 끊임없는 소통을 통해서 형성되는 것이다. 뫼르소는 알제리라는 공간을 자기중심적 해석으로 개인적인 공간으로 치부해 버렸고, 원주민들이 공유하는 유구한 역사와 전통의 자부심을 간과하였다. 따라서 세계적 명작으로 평가받는 『이방인』이 작금의 알제리인들에게는 알제리성이 없는 작품이라고 저평가되는 것이라 판단된다.

그러나 카뮈의 입장에서 생각해 본다면 알제리에 대한 그의 시니컬한 태도가 이해되는 측면도 있다. 알제리에서 살아가지만 인종적 정체성이 다르고, 식민자를 대변하는 위치에 선 카뮈는 알제리에선 영원한 타자, 이방인일 수밖에 없었을 것이다. 식민 지배와 이항 대립적 갈등 상황에서 알제리의 이방인인 카뮈가 그들의 장소-정체성을 온전히 이해하는 것이 가능했을까? 이해하려고 든다면 알제리인들이 경계하지 않고 수용하기는 했을까? 소설 속 뫼르소가 삶의 공간에 권태로움을 느끼고, 명철한 사색을 하게 되는 배경이 자못 이해가 간다.

---

14 이기상, 『존재와 시간』, 살림, 2006, p.178.

이처럼 『이방인』은 알제리에서 평생을 이방인으로 살아오고, 계속 살아가게 될 카뮈 스스로의 운명과 문제의식을 온전하게 구현하고 있다. 그렇기에 소설 속 뫼르소의 이야기가 더욱 솔직하고 진정성이 있게 다가오는 것이다. 적어도 자기 자신의 이야기를 하고 있지 않은가. 또한 작품이 말하고자 하는 바, 주체와 타자 간 몰이해의 부조리는 인간 세상의 이면을 들춰내면서도 차이의 인정, 존중의 미덕을 일깨우기에 더 유의미한 메시지가 된다.

뫼르소가 장소-정체성에 다른 인식을 형성하고, 카뮈가 인종적으로 프랑스인이고, 『이방인』에 알제리성이 부재하다는 비판은 명백한 사실이지만, 이러한 구분 짓기는 또 다른 형태의 차별과 억압, 타자화의 소산이다. 스튜어트 홀은 이분법적 사유의 모순을 경계하며, 차이를 억압하기보다는 차이와 씨름하고, 정체성의 문화적 구축에 의존하는 새로운 정체성의 개념과 문화 정치를 고안한다.[15] 홀은 동일한 범주 안에서도 차이는 발생하며, 차이를 인식하고, 차이를 구현할 수 있는 문화 전략의 필요성을 개진하고 있다.

과연 알제리의 민족성은 단일한 형태로 형상되어 고정불변할 수 있을까? 인종적 기준 하나로 알제리성 전체를 재단한다는 생각 자체가 얼마나 터무니없고 협소한 태도인지 깨달아야 한다. "단지 인종적 차이가 우리 전체를 구성하지는 않으므로 우리는 항상 다를 수밖에 없고, 젠더, 섹슈얼리티, 계급 등 다양한 종류의 차이와 타협하고 있다."[16] 정체성이 특정 기준 아래서 동일한 범주로 묶인다 하더라도 그 안에서 개별적 차이는 발생할 수 있으며, 언제든 다른 기준의 개입으로 인해 또 다른 차이는 계속해서 증식될 것이다.

---

15 스튜어트 홀, *op. cit.*, p.541.
16 *Ibid.*, p.565.

홀은 정체성을 완전하지 않은 '생산물'로서 인식하며 새로운 정체성의 개념을 제시한다. 제임스 프록터(James Procter)에 의하면 홀은 새로운 정체성에 대한 개념들을 '차이의 정치학', '자기 반영성의 정치학', '맥락(상황)에 따라 달라지지만 끊임없이 작동 가능한 정치학' 등 세 가지의 형태로 제시한다.[17] 이는 정체성에서 이항 대립을 거부하는 다원성을 인식하고, 발화 입장의 특수성을 부각하고, 시간과 환경에 따라 자신을 재위치시키는 변동성을 강조하는 것이다.

홀의 새로운 정체성의 개념을 받아들인다면, 하나의 범주에 옭아매고 대립하는 구시대적 인식에서 벗어나 더욱 유동적이고 자유로운 정체성의 인식을 도모할 수 있다. 그렇다면 알제리의 장소-정체성 안에서도 다원성은 발견될 수 있고, 카뮈의 다른 관점의 장소-정체감도 부각될 수 있으며, 맥락에 따라서 카뮈의 자아도 재구성되어 날개를 펼칠 수 있지 않을까? 이러한 개방된 정체성에 대한 사유와 인식은 오히려 알제리성의 관점과 내용을 더욱 다채롭고 폭넓게 만들어 줄 수도 있을 것이다.

물론 새로운 정체성의 형성을 위해 카뮈와 그를 대변하는 뫼르소의 인식에도 변화는 필요하다. 홀은 정체성이 무한한 분산의 의미는 아니라고 설명하며, '절합의 정치학'과 '차이 안에 통일성들'을 강조한다.[18] 정체성은 차이의 지속을 통해서 계속해서 변화하고 끝없이 유동하는 것이 아닌, 어느 순간에는 마침표를 찍어 스스로 위치 짓는 것이다. 여기서 중요한 것은 이 마침표에는 자의적이고 맥락적인 성격이 내포되어야 하며, 절합, 즉 다른 정체성들과의 배제와 갈등이 아닌 타협과 절충이 내재되어야 한다.

---

17 제임스 프록터, *op. cit.*, p.220 참조.
18 *Ibid.*, p.226 참조.

"인간의 실존은 '그들'의 세계(사회성)와 '나'의 실존적 세계 사이의 긴장 속에서 존재함을 말한다."[19] 인간은 고립되어 살아가는 자아가 아니기에, 뫼르소는 알제리의 세계 안에서의 정체성을 찾으려고 노력했어야 했다. 다시 말하면 알제리를 권태로운 공간으로 치부하고 타자와의 소통을 단절해 자아의 사색에만 빠질 것이 아니라, 그들의 세계가 이룩하고 공유하고 있는 장소-정체성을 직시하고, 자신의 관점과 사유를 꺼내 놓으며 투쟁과 타협을 시도했어야 하는 것이다.

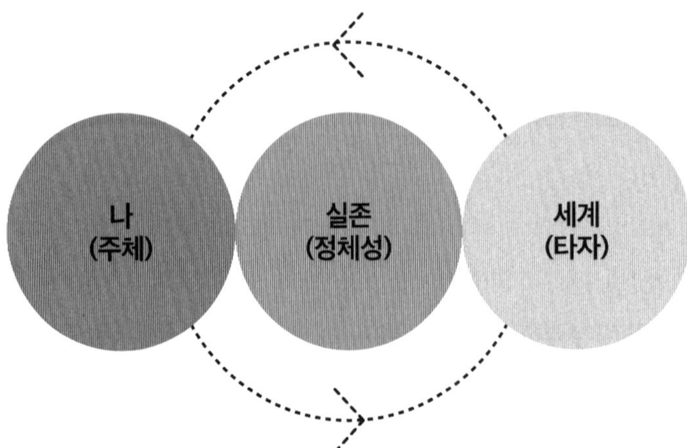

[그림 2] 실존과 정체성의 메커니즘

이는 『뫼르소, 살인사건』의 하룬에게도 적용되는 말이다. 실존과 정체성의 문제에서 그들의 세계만큼이나, 오히려 그보다 더 중요한 것이 나의 세계이다. 인간 스스로의 주체성과 주체적인 활동을 통해 정체성을 찾아가야

---

19 이기상, *op. cit.*, p.40.

지, 세계에 기대거나 타자를 거울삼는 정체성 구축은 바람직하지 않다. 또한 누군가를 맹목적으로 비판하며 제 존재를 찾으려는, 오로지 비판을 위한 파괴와 전복의 방식으로는 새로운 정체성의 인식과 재현을 이뤄낼 수 없다.

하룬과 다우드가 보여주는 서사 방식, 즉 맹목적 비판과 타자에 기댄 정체성의 서술은 그 서사를 읽는 독자(혹은 타자)들을 설득하는 데에 효과적인 방법은 아닐 것이다. 오히려 오해와 거부감을 생산할 수도 있다. 당장에 『뫼르소, 살인사건』의 집필 목적이 된 뫼르소가 무싸를 이름 없는 아랍인으로 묘사했다는 부분은 정말로 비판의 대상이 되는 문제인 건지 소설을 읽는 내내 의문으로 남는다.

물론 형의 죽음과 살인자가 추앙받는 상황에서 피해자로서의 개인적 울분과 비판하고 싶은 심정은 공감하지만, 그 비판의 타깃과 내용이 잘못됨을 지적하는 것이다. 『이방인』은 타국에서 이방인으로 살아가며 실존을 향한 끝없는 물음과 타자화를 문제시하는 작품인데, 이를 가해와 피해자의 문제로 귀결시켜 지극히 개인적인 영역으로 협소화하는, 즉 맥락에 어긋나는 지적과 비판을 하고 있다는 생각이 든다. 특히나 주체성이 강해 자신의 관점으로 알제리를 바라보는 뫼르소의 입장에선 무싸를 이름 없는 아랍인으로 거론하는 것은 당연할 수 있다.

뫼르소의 타자 인식은 칭찬할 만한 일도 아니지만 그렇다고 해서 비판받을만한 일도 아닐뿐더러, 소설을 읽고 그의 독특한 성격과 기행을 알고 있다면 충분히 이해될 만한 부분이다. 이것이야말로 다름의 문제로서 이를 비판하는 것은 『이방인』에서 사회적 통념에 부합하지 않는다는 이유로 차이를 문제 삼아 뫼르소를 죽음으로 몰고 간 부조리한 사회가 범한 어리석음과 다름없다. 그렇기에 하룬의 이야기를 읽을수록 그의 의도와 입장에 공감 가기보다는 뫼르소의 문제의식이 더욱 돋보이는 역설을 경험하게 된다.

만약 하룬의 주체성이 분명히 구축되고 자기중심적으로 세계를 사유할 수 있었다면, 『뫼르소, 살인사건』의 비판적 글쓰기는 다른 양상을 나타낼 수 있었을 것이다. 그런 의미에서 하룬은 뫼르소가 되었어야 했다. 자기 생산 혹은 자기 창출적인 내러티브, 즉 자신의 이야기를 펼쳤어야 했다. 자신의 민족성과 국가의 장소-정체성의 의미를 바로 세우고, 집단 공동체의 문화와 규범을 정립하려는 의도와 취지는 훌륭하지만, 이를 표현하려면 뫼르소의 말하기 방식, 즉 자신의 이야기를 자신의 말과 표현으로 주체적으로 구현하는 방법을 취해야 한다.

피해자 혹은 피식민자도 주체성을 갖는 위치에 올라서야 한다. 그리고 탈식민주의 미학의 지시대로 권력자의 서사를 전유하기 위해서 권력자의 언어를 이용하여 재구성하는 것이 아닌, 자신의 인식을 제대로 구현해 줄 수 있는 자신만이 언어와 표현을 구사해야 한다. 식민자의 이야기를 전복하려면 그 못지않게 완벽한 언어와 형식미를 구사해야 하는데, 그러기 위해서는 자기 언어로 이야기를 해야 할 것이다. 무엇보다 주체적으로 대상을 바라보고 인식하며, 주체적인 관점에서 이야기를 구성하는 양식을 선보여야 한다. 탈식민주의 서사 방식에 변화를 모색해야 하는 이유이다.

4. 탈식민주의의 유연화, 트랜스아이덴티티

우리가 경계해야 하는 것은 특정 식민 국가나 제국주의가 아닌 그 거대 이데올로기가 양산하는 차별과 억압의 폭력성, 그리고 이항 대립과 타자화이다. 식민 이데올로기에 저항하기 위해서 똑같은 우를 범하고 있다면, 즉 단일하고 동일한 탈식민 정체성(민족 혹은 국가의)을 형성하려고 개개인의 차이를 억압하고 있다면, 본래 비판하고자 했던 규범과 체제를 강화하는 역설을 맞이하게 될 것이다.

이러한 맥락에서 기존 탈식민주의의 전략에 수정을 시도하는 것이고, 보다 유연한 입장과 사고방식을 위하여 자유로운 정체성의 개념과 새로운 정체성 재현의 방식을 문제화하려고 한다. 먼저 정체성의 개념에 있어서 유동적인 의미화에 필요성을 주장한다. 인간의 정체성은 세계 안의 존재로서 집단 안에서의 공유된 문화와 동질성이 물론 중요하겠지만, 그것보다 더 중요한 것은 균질화 안에서의 차이를 인식하는 것, 즉 개인의 개성과 특수성을 존중하며 이를 권장하는 자세가 더욱 중요하다.

인간의 정체성이란 자아(내면)의 주체성을 기반으로 맥락에 따라서 변화하는 성격을 지니기에, 계속해서 차이를 발산하는 것이 일반적인 현상이다. 그러므로 사회는 개인의 자아 정체성의 자유로운 재현의 장이 되어야 하고, 단일한 범주로 옭아매거나 특정 이데올로기에 포섭하는(그것이 아무리 선한 의도라 할지라도) 차이의 외면이나 억압으로 이어져서는 안 된다. 동일한 장소 혹은 문화 안에서도 개인은 다른 감정을 품을 수 있고, 그 차이로 인하여 해당 장소와 문화는 다양한 내용으로 구성된다. 정체성의 다원성을 인정해야만 다양성의 사회로 나아갈 수 있는 것이다.

두 번째로 정체성의 재현의 문제에 있어서도 기존의 탈식민주의가 취했던 방식에서 벗어난 새로운 발상과 양식의 개발을 피력한다. 탈식민주의 미학이라고 한다면 식민자와 권력자의 서사를 의도적으로 전복하거나 전유하는 방식들이 거론되어 왔다. 예컨대 일부 급진적 페미니스트들은 작금의 대중 서사의 양식이 남성-지배자들의 서사에 적합한 형태로 발전해 온 것임을 지적하며, 여성 서사를 재현하는 데에 있어서는 대중 서사의 양식을 의도적으로 해체하거나 파괴하는 전위적인 방식을 도모해야 한다고 주장한다.

나는 피지배층이라 불리는 사회적 소수자들의 이야기를 중심부적 위치에 올려 놓는 데에 이러한 인위적이고 과도한 접근 방식이 온당한 것인지 의문을 품는다. 물론 일각에서는 중심부와 주변부를 경계 짓는 사고방식 자체가 이미 기존의 지배 문화를 중심이라고 상정하는 인식이기에 거부감을 표명하기도 한다. 또한 소수자의 문화적 특수성을 보존하거나 문화 정치의 투쟁에서 승리하려면 기존의 문화와 보편적 양식에 타협해선 안 된다고 주장한다.[20]

일견 일리가 있는 주장이나 공감하지는 않는다. 이미 대중문화 영역 안에서 권력관계가 형성되어 있는 것은 사실이고, 대중이 선호하는 취향, 장르, 양식, 코드가 존재하는데 이상적 사유를 위해 애써 부정하는 것도 현실성이 없는 태도다. 또한 소수 문화의 특수성과 보편적 문화와의 관계 설정의 문제에 대해선 스튜어트 홀의 인식이 대답이 될 수 있다.

> 흑인 대중문화에서 순수한 형태란 존재할 수 없다. 이 형태는 항상 부분적으로 동시화의 산물이자, 여러 문화직 경계를 가로지르는 교진의 신물이며, 한 가지 이상의 문화적 전통이 융합한 결과다. 이는 또한 지배적 위치와 종속적 위치 간 타협의 산물이고, 은밀한 재코드화와 초코드화 전략의 결과이자, 비판적 의미 작용, 의미화의 소산이기도 하다.[21]

문화란 여러 가지 특수한 문화들 간에 교접으로 인한 혼종적 성질을 지님으로써, 특정 문화의 순수성이란 성립될 수 없다. 그렇다면 대중문화에 있어

20 사라 아메드는 퀴어의 정치성을 강조하면서 기존 대중문화 양식을 이성애주의의 '행복 대본'이라 일컬으며, 퀴어 서사가 행복 대본에 포섭되면 불행한 퀴어를 인식하지 못할 위험성이 있다며 세상과 계속 불화해야 한다고 설명한다(사라 아메드, 『행복의 약속』, 성정혜, 이경란 옮김, 후마니타스, 2021, pp.190-191 참조).

21 스튜어트 홀, *op. cit.*, p.561.

서 주류와 비주류의 경계를 무너트리고, 소수자의 특수한 이야기가 중심부에 위치하기 위한 다양한 창의적 발상들을 시험해 볼 수도 있을 것이다.

나는 이 논문을 통해서 문제화하려는 두 가지 명제에 대한 해답을 트랜스아이덴티티 스토리텔링에서 찾고자 한다. 트랜스아이덴티티 스토리텔링은 인간의 정체성이 끊임없이 변화하는 성질임을 전제하고, 서사체 내의 인물의 정체성 전환에 입각해 이야기가 구성된다는 내용의 서사 이론이다. 여기서 트랜스아이덴티티 스토리텔링의 전제는 홀이 설명하는 새로운 정체성의 개념과 연결될 수 있다.

"'트랜스'는 세계를 인식함에 있어 특정한 대상을 공고한 분류 체계 속에 위치시키려고 했던 가치 선택을 부정하면서, 새로운 가치로서 대상들 간의 횡단과 초월을 논의한다."[22] 접두사 트랜스가 의미하는 바는 뒤에 수식하는 대상의 자유로운 넘나듦을 야기함으로써, 기존 세계의 이항 대립, 이분법적 인식 체계의 초월을 함의한다. 이 접두사가 아이덴티티 앞에 위치하면서 정체성의 개념에 있어도 고정불변의 의미가 아닌, 자유롭게 변화하고 유동하는 의미로의 전환을 초래한다.

또한 트랜스아이덴티티, 즉 정체성을 전환하려는 행위는 인간의 근본적 욕망으로서, 해당 서사소는 대중을 사로잡는 서사체의 핵심 원리이자 내러티브 방식이 될 수 있다.[23] 이는 아리스토텔레스(Aristotle)부터 조지프 캠벨(Joseph J. Campbell)을 거쳐 로버트 맥키까지 이르는 서사학의 주요 학자들이 공통적으로 설명하는 서사의 보편적 구조이자 양식인 '인물의 변화상'과 연결되며, 그 논리를 획득한다. 이처럼 트랜스아이덴티티 스토리텔링은 새로

22 임대근, 「'트랜스 아이덴티티'의 개념과 유형 -캐릭터, 스토리텔링, 담론」, 『외국문학연구』 제62호, 외국문학연구소, 2016, p.140.

23 *Ibid.*, pp.132-134 참조.

운 시대에 적합한 정체성의 개념에 부합하면서도 대중성을 포섭하는 정체성 재현의 보편적 양식과 조우한다.

지금까지의 논의를 종합해 보면, "트랜스아이덴티티 스토리텔링은 세상의 변화한 담론에 적합한 인간들의 이야기를 담아내면서도, 해당 개념이 지닌 대중성을 통해 아직은 낯설고 특수한 인간과 이야기를 보편적으로 수용될 수 있는 토대를 조성한다."[24] 피지배층의, 소수자의 특색 있는 이야기를 보편의 이야기 방식에 길들여진 대중들에게 친숙하게 전달할 수 있는 스토리텔링이 되는 것이다. 즉 트랜스아이덴티티 스토리텔링은 탈식민주의 서사, 탈식민적 정체성의 재현 방식에 새로운 대안적 모델이 될 수 있다.

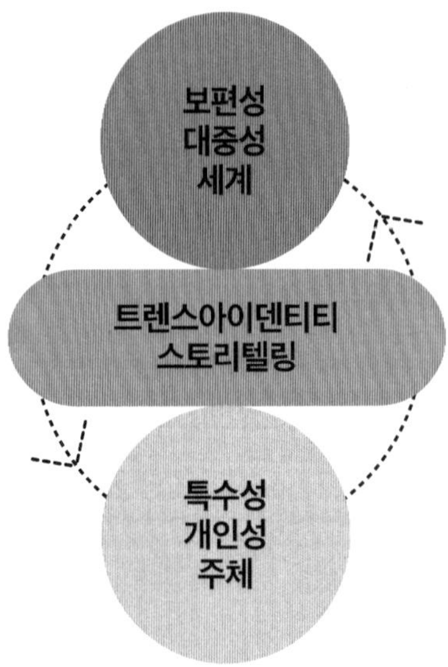

[그림 3] 트랜스아이덴티티 스토리텔링의 지향 가치

24 이종현, 「트랜스아이덴티티 스토리텔링의 영화 비평 방법론으로서의 가능성 모색」, 『글로벌문화콘텐츠』 제52호, 글로벌문화콘텐츠학회, 2022, p.301.

다시 『이방인』과 『뫼르소, 살인사건』의 이야기로 돌아가 보자. 이 두 소설 중에 트랜스아이덴티티 스토리텔링에 더 가까운 이야기 방식은 『이방인』이라고 할 수 있다. 뫼르소는 자신의 정체성을 찾고자 세계의 이분법적인 질서에 맞서고, 이항 대립의 벽을 넘어서려는 고뇌를 보여준다. 또한 서두에서 설명했지만 이야기를 재현하는 데에 있어서 서사의 보편적 원리와 역동적인 내러티브 전개를 보여준다. 거기에 문학적 형식성과 예술적 아름다움까지 겸비하고 있다.

그럼에도 불구하고 『이방인』과 『뫼르소, 살인사건』에 대한 알제리의 평가는 이미 한쪽으로 기운 듯싶다.

> 이들 작품에 대한 반응이 다른 것은 작품성에서 기인한 것이 아니라 재지성에 대한 인식 차이 때문이다. 따라서 우리는 우리와 문화권이 다른 곳에서 창작된 소설 작품을 대할 때 그것이 지구촌의 모든 독자가 같은 방식으로 읽고 이해할 것이라고 속단해서는 안 된다.[25]

작품을 평가하는 기준은 개인마다 집단마다 상이할 수 있다. 알제리 국민들이 자국의 장소-정체성을 제대로 구현한 작품에 민족적 자긍심을 느끼는 것은 당연한 일일 수 있다.

그러나 조금 더 유연한 사고와 포괄적 입장을 모색해 볼 필요가 있다. 인간의 정체성을 인식하는데 단일한 기준과 범주에 입각하면 안 되듯이, 작품을 평가하는 데에 있어서 민족성의 잣대만을 들이대는 것은 스스로의 문화적 영역을 협소하게 만드는 것은 아닐까? 나는 감히 단언할 수 있다. 두 작

---

25 박치완, *op. cit.*, p.82.

품 중에 하나를 다시 한번 읽어야 한다면 그것은 단연코 『이방인』이다. 알제리를 제외한 글로벌 국가의 국민에게 오랫동안 회자되고 명작으로 추앙받을 작품 역시 『이방인』일 것이다.

소설 『이방인』의 부조리극으로의 매체 전환

극단 산울림의 《이방인》을 중심으로

○ 이효원

"아! 하느님밖에 쳐다볼 곳이 없는 이 세상이 미워! 그렇지만 나는, 불공평한 처사에 신음하지만, 아무도 내 권리를 인정해 주지 않지만, 나는 무릎 꿇지 않을 거야, 천만에. 이 세상천지에서 설 곳을 잃고 내 어머니에게도 버림받고 스스로 저지른 죄만 가득한 가운데 홀로 남았으니, 나는 결코 화해하지 않은 채 이 세상을 떠날 거야."

○ A. 카뮈, 『오해』, pp.91-92.

"그러나 이와 반대로 돌연 환상과 빛을 잃은 세계 속에서 인간은 스스로 이방인이 되었음을 느낀다. 이 낯선 세계로의 유적(流謫)에는 구원이 없다. 왜냐하면 그곳에는 잃어버린 고향의 추억도 약속된 땅의 희망도 없기 때문이다. 인간과 그의 삶, 배우와 무대 장치 사이의 절연(絶緣), 이것이 다름 아닌 부조리의 감정이다."

○ A, 카뮈, 『시지프 신화』, p.19.

1. 왜 『이방인』은 소설로서 머무르고 있는가?

알베르 카뮈(Albert Camus)의 『이방인(L'Étranger)』은 뫼르소의 자연과 사물 그리고 경험에 대한 철학적인 관찰과 논리적인 일인칭 구술로 이루어진 실존주의 문학을 대표하는 소설이다. 1942년 출판된 이후, 80여 년이 지났음에도 불구하고 이 정전은 변함없이 세계인의 필독서로 굳건히 자리하고 있다.

일반적으로 저명한 문학 작품은 영화, 연극, 뮤지컬 등 다른 장르로 변형되어 OSMU(One Source Multi-Use) 전략으로 활용하거나 예술성을 확장하는 데 기여한다. 그러나 『이방인』은 예외다. 1967년 이탈리아 감독 루치노 비스콘티(Luchino Visconti)의 〈이방인〉[1] 이후로 영화로 각색된 사례는 없고, 연극의 경우 2002년 이탈리아 프랑코 페로(Franco Però)연출[2], 2018년 영국의 벤 오크리(Ben Okri)연출의 《이방인》[3] 등을 대표적으로 꼽을 수 있으며, 국내의 경우

1 〈The Stranger〉(Lo Straniero, 1967), 이탈리아, 프랑스, 알제리, 감독: 루키노 비스콘티, 주연: 마르첼로 마스트로야니, 안나 카리나.

2 《L'Étranger》(2002), 조각 극장(pièce de théâtre), 각색: 로버트 아젠콧.

3 《The Outsider》(2018), 코로넷 극장(The Coronet Theatre), 각색: 벤 오크리.

는 2018년 극단 산울림의 《이방인》[4], 극단 피악[5]의 《죽음을 등지고 태양을 향해 총을 쏜 인간, 이방인》 외에는 주목할 만한 번안극이 부재하다.

왜 『이방인』은 다른 장르로 전환한 사례가 희박한 것일까? 뫼르소의 내면을 깊이 있게 탐독해야 하는 작품이니만큼 소설이 가진 매체적 특성을 다른 매체로 전환할 때 이 작품이 가진 절대적인 의도나 가치가 희석될 수 있다는 우려 때문일까? 거의 한 세기가 다 되어 가도록 『이방인』이 소설로서 머무르는 까닭이 무엇일까?

비스콘티 감독의 〈이방인〉은 골든글로브 외국어영화상과 베네치아영화제 황금사자상에 노미네이트 된 작품임에도 불구하고 흥행에는 실패했다. 원작의 충성도 높은 팬층의 입장에서는 원작을 영화화했을 때 문학성이 상실되는 측면에 대해 충분히 비판할 여지가 있다. 그러나 문제는 『이방인』에 내재된 제국주의적 사관에 대한 부정적 평가, 나아가 원작자 카뮈에 대한 혐오가 영화의 작품성을 판가름하기 이전에 선행된다는 점이다. 이를 이해하기 위해서는 카뮈가 짧은 생애 동안 어떠한 이념을 가진 인물로 살았는지에 대해 짚어 볼 필요가 있다.

카뮈는 1951년 『반항인(L'Homme révolté)』이라는 철학적 에세이에서 자본주의와 부르주아 계급 및 미국뿐만 아니라 스탈린 치하의 소비에트 전체주의를 비판하였다.[6] 좌파 우파를 막론한 그의 저격은 오늘날에는 지식인의 소신으로 치하될 수 있지만 당시에는 좌우에서 모두 고립되는 결과를 낳았다. 더군다나 1957년 노벨문학상 수상 이후, 강연회에서 알제리 독립 문제에 대

---

4 《이방인》(2018), 산울림극장, 번역, 각색, 연출: 임수현.

5 《죽음을 등지고 태양을 향해 총을 쏜 인간, 이방인》(2019), 동양예술극장2관, 각색 및 연출: 나진환.

6 O. Todd, *Albert Camus*, Paris: Gallimard, 1996.; H. R. Lottman, *Albert Camus : A Biography*, Michigan: Doubleday, 1997, 정의진, 「『이방인 *L'Étranger*』의 영화화와 관련된 예술적, 정치적 쟁점들-알베르 카뮈와 루키노 비스콘티」, 『프랑스학연구』 제63권, 프랑스학회, 2013, p.251에서 재인용.

한 카뮈의 견해를 묻는 알제리 학생에게 자신은 알제리에 있는 어머니와 형의 안전이 알제리 독립보다 더 중요하다고 대답한 사건으로 카뮈는 비호감으로 전락하고 만다. 결국 프랑스에서도 알제리에서도 외면당한 카뮈는 정치적 견해로 인해 자신이 잉태한 소설까지 의심받게 된 것이다.

무엇보다 카뮈는 자신의 작품이 각색되는 것에 대해 우려했다. 이는 1954년 독일인 연출자가 카뮈에게 『이방인』을 연극으로 각색하여 상연하고자 한다는 계획을 제시하자 그에 대한 회답으로 쓴 편지에 잘 드러나 있다.

> 당신의 계획을 접하고 나서 내가 다소 망설이고 있다는 것을 짐작하실 수 있겠지요. 나는 온갖 형태의 연극 활동에 관심을 기울여 온 지 어언 20여 년 입니다(나 자신이 배우였고 연출도 했습니다.). 그래서 연극 무대의 조명은 소설 속에 도입될 수 있는 계산된 빛과는 아무런 상관이 없다는 것을 나는 잘 알고 있는 터입니다. (…) 당신은 『이방인』을 각색하여 무대에 올리는 것에 대하여 나의 허락을 받은 것으로 생각해도 좋습니다. 나 자신은 그 작품을 각색하지 않겠습니다. 사실상 나는 그 인물을 나의 이야기 속에서 결정적인 모습으로 보았던 것이므로 그러한 조망에서 시선을 딴 데로 돌릴 수가 없습니다.[7]

위의 글을 통해 연극으로의 각색에 대한 카뮈의 우려와 독일 연출가와 별개로 원작자로서 각색에 관여하지 않겠다는 의지를 읽을 수 있다. 연극 배우이자 작가, 연출가였던 카뮈가 무대화 과정에서 원작자의 의도와 관계없이 창발할 예술적 표현 양상이 불가피하다는 것을 알고 있었을 것이다. 이어지는 편지글에서 각색에 관한 몇 가지 반대 및 경고를 전하는데, 표면상

---

7 알베르 카뮈, 「이방인에 대한 편지」, 『알베르 카뮈 전집 2』, 김화영 옮김, 책세상, 2020, p.439.

으로는 조언이나 충고로 보이나 그 이면에는 『이방인』이 그저 소설로서 존재하도록 내버려 두길 바랐던 카뮈의 의도가 드러난다.

『이방인』이 영화나 연극으로 각색될 때 소실하는 문학성에 대한 비판, 정치적 인간으로서의 카뮈에 대한 혐오 그리고 매체 전환에 대해 카뮈가 부정적 견해를 가진 이유 등으로 카뮈의 『이방인』은 아직 소설로서 머무르고 있다.

2015년 카멜 다우드(Kamel Daoud)는 뫼르소가 죽인 이름 없는 아랍인의 동생 하룬의 관점에서 『이방인』을 전복시키는 소설 『뫼르소, 살인사건(Meursault, contre-enquête)』을 출판한다. 이는 학계에 엄청난 반향을 일으켰으며 다우드는 콩쿠르 신인상 외 다수의 문학상을 수상한다. 작가가 현지 언론인으로서 가진 알제리에 대한 시각이 고스란히 반영되어 있기 때문에 글로컬라이제이션(glocalizion) 관점에서 다시쓰기 전략으로 볼 수 있다. 글로컬이란 글로벌(global)과 로컬(local)의 합성어로 글로벌의 대안 개념으로 제시되었다. 글로벌라이제이션이 경제 강국의 주도하에 문화대차(서로 다른 문화 간의 외직분석의 관계)적 입장을 견지하면서 보편성으로 나아가려는 것이라면, 글로컬라이제이션은 각 문화의 개성과 특징을 인정하고 문화세차(서로 다른 문화 간의 내적 심화의 관계)를 통해 문화다양성으로 발전하려는 것이다.[8] 피식민지의 비주류 하룬을 주인공으로 『이방인』을 다시-쓰기한 『뫼르소, 살인사건』은 원작을 다시-주목하게 한 동시에 다양한 문화적 관점에서 다시-읽기할 수 있는 중요한 계기가 되었다.

이처럼 고전을 활용하여 새로운 문화콘텐츠를 생산해 내는 작업은 중요하다. 현대적 관점에서 다시 읽고 재구성해 내는 작업을 통해 역사 속에 머

---

8 박치완, 『호모 글로칼리쿠스』, 한국외국어대학교 지식출판콘텐츠원, 2019, pp.79-104.

[그림 1] 극단 산울림의 《이방인》 포스터(출처: 극단 산울림)

무르는 작가와 그의 작품들을 현재화하는 것은 다양한 관점으로 심화하는 후속 연구와 다름없기 때문이다. 특히, 자신의 고향에서조차도 이방인인 채로 부조리하게 생을 마감한 카뮈의 경우라면 더욱 의문을 가지고 연구할 필요가 있다.

극단 산울림은 2017년, 여러 가지의 부정적 전제들에도 불구하고 연극으로의 번안 작업을 마치고 『이방인』의 무대화에 성공했다. 연출가 임영웅이 창단한 산울림은 첫 작품 1969년 베케트(Samuel Beckett)의 《고도를 기다리며》를 성황리에 연출하여 1989년 한국 최초로 프랑스 아비뇽 페스티벌에 참가한 극단이다. 보수적인 유럽 문화권에서 제3국이 공연한 자신들의 고도를 인정하고 초청한다는 것은 매우 이례적인 일이다. 이후 아일랜드, 폴란드, 일본 등 여러 차례의 해외 초청 공연을 통해 '세계의 고도'로 인정받았다. 이처럼 산울림의 뿌리에 부조리극이 있는바, 『이방인』의 부조리극으로의 번안은 필연적이라 해도 과언이 아니다.

전회 매진을 기록하며 호평을 받은 《이방인》은 초연 이듬해 앵콜 공연을 올렸고, 주인공 뫼르소 역을 연기한 배우 전박찬은 동아연극상 연기상을 수상했다. 이 같은 성과를 거둔 연극임에도 불구하고 관련한 연구가 부재한 실정이다. 비슷한 시기에 공연한 극단 피악의 《이방인》에 대해 분석한 논문이 있는 것과는 상반되는 결과다. 산울림의 《이방인》은 원작에 충실하되 포스트모던 경향을 결합한 새로운 부조리극이다. 에피소드로 이루어진 서사극적 구성, 인물의 축약을 통한 탈식민주의적 사상 강화, 작품 외의 이야기를 극중극으로 삽입하여 자기반영성을 드러내는 메타구조 그리고 원형의 다차원적 무대와 객석의 활용에 이르기까지, 다양한 특성을 드러내는 번안 양상을 깊이 고찰해 볼 필요성이 있다. 이에, 2장에서는 연극의 내재적 측면을, 3장에서는 형식적 측면을 분석하여 소설을 부조리극으로 어떻게 번안했는지 심화해 보고자 한다.

카뮈가 생전 연극에 대해 가졌던 철학을 녹여낸 《이방인》에 대한 연구는 원작을 보다 다채롭고 깊이 있게 탐미할 수 있도록 안내할 것이다. 뿐만 아니라 재구성된 작품에서 드러나는 새로운 특성은 고전문학에 대한 보수적이고 부정적인 시각을 변화시켜 다양한 매체로 전환할 수 있는 마중물이 될 것이다.

2. 연극 《이방인》의 내재적 번안 양상

1) 해설과 에피소드로 이루어진 서사적 구성

소설 『이방인』은 총 11개의 장으로 이루어져 있으며 뫼르소의 아랍인 살해 장면을 기점으로 1부와 2부로 나누어져 있다. 각 장 사이에는 몇 시간, 며칠에서부터 몇 달까지의 시간적 건너뜀을 허용하고 장소 역시 다양하다. 1부는 어떤 한 가지의 사건을 향해 나아가기보다는 뫼르소의 일상에서 벌어진 여러 사건을 다발적으로 나열하고 있다. 2부 감옥에서는 1부의 뫼르소의 행위들을 타인들의 증언을 통해 다른 시각에서 바라보게 한다.

연극 《이방인》은 14장으로 구성하였는데 장마다 제목을 붙여 보다 간결하고 명료하게 구성하였다. 장으로 연결된 이 같은 구성은 원작의 에피소드식 구성을 따른 것이다.

〈표1〉 소설과 연극의 장면구분표

소설 『이방인』		연극 《이방인》	
부/장	내용	장	제목-내용
1/1	엄마의 장례식	1	부고
		2	장례식
1/2	장례식 이후의 주말 (마리와의 해수욕-영화관- ~~동침- 발코니에서 사람들 구경~~)	3	마리
1/3	평일의 사무실-~~에마뉘엘과 셀레스트네 식당 점심~~- 퇴근 이후 살라미노 영감- 레몽과의 와인, 대필	4	이웃들
1/4	주말- 마리와의 데이트, 레몽의 집에 온 경찰, 개를 잃어버린 살라마노 영감	5	사건들
1/5	평일의 사무실- 레몽의 초대 전화, 사장의 파리 발령 거절, 마리와의 결혼 약속, ~~셀레스트 식당에서의 저녁~~, 개를 그리워하는 살라마노 영감		

소설『이방인』		연극《이방인》	
부/장	내용	장	제목-내용
1/6	~~경찰서에서의 증언~~, 주말- 알제 근처 마송의 오두막으로, 해수욕, 점심, 산책, 아랍인과의 싸움, 다시 홀로 산책, 네발의 총격	6	해변
		7	한낮의 균형을 깨다.
2/1	체포된 후 예심판사, 변호사, 예심판사의 심문들(서기 동행)	8	심문
2/2	다섯 달의 경과- 독방, 마리면회, 여자, 담배, 수면에의 어려움을 극복, 체코슬로바키아인의 신문 기사	9	고립
2/3	여름- 재판, 양로원장, 수위, 페레, ~~셀레스트~~, 마리, 마송, 살라마노, 레몽 증언	10	재판
2/4	검사와 변호사의 공방 그리고 선고	11	선고
2/5	아버지의 참수형 구경 회상, 항소의 포기, 교도소 부속 사제의 면회, 행복을 느끼는 뫼르소	12	삶과 죽음의 경계에서 체코의 신문기사 『오해』마르타 독백
		13	구원과 분노 사이
		14	행복

〈표1〉은 소설 『이방인』과 연극 《이방인》의 장면구분표이다. 연극은 원작을 내용을 거의 그대로 가져왔지만 셀레스트의 식당 장면이나, 발코니에서 사람들을 하루 종일 구경하는 장면 등, 연출이 무관하다고 판단하는 장면들이 일부 삭제, 축소되었다. 소설의 내용 중, 밑줄 친 항목은 연극에서 삭제되었음을 뜻한다. 형광펜을 처리한 부분은 연극에서 소설과 순서가 다르거나 소설에 없는 장면을 삽입했음을 뜻한다.

뫼르소가 보고 느끼고 말하는 소설을 연극으로 번안하면서 연출은 해설과 에피소드를 반복하는 형식을 취했다. 새로운 장이 시작하거나 같은 장 안에서도 시공간이 변화할 때 뫼르소는 해설자가 되어 관객들을 바라보며 설명조로 상황을 나열한다. 이후 홀로, 혹은 타인들과 함께 에피소드를 재현한다. 재현의 사이사이에는 방백을 삽입하기도 한다.

뫼르소: 이제 엄마는 땅에 묻혔고, 다시 또 일주일이 시작되었다. 전에 없이 사장이 내게 살갑게 군 것을 빼고는 변한 건 아무것도 없었다. 퇴근하고 돌아오는 길에, 아파트 계단에서 살라마노 노인을 만났다. (살라마노 등장, 개와 실랑이) 그는 이곳에서 늘 개랑 같이 살고 있었다. (…)

살라마노: 개새끼, 망할 놈!

뫼르소: 안녕하세요.

살라마노: 개새끼, 망할 놈!

뫼르소: 개가 뭘 잘못했나요?

살라마노; 개새끼, 망할 놈!

뫼르소: 개가 뭘 잘못했냐구요!

살라마노: 늘 내 눈앞에 있으니까. 개새끼,

망할 놈! (퇴장) (레이몽 등장)

레이몽: 안녕하세요, 영감님!

뫼르소: 내 두 번째 이웃, 레이몽 상태스. 동네에선 그가 여자들을 등쳐 먹고 산다고 한다. 하지만 누가 직업을 물어보면, 창고 일을 한다고 한다. (…)

레이몽: 참, 힘들게 산다! 저러는 거, 역겹지 않아요?

뫼르소: 아뇨

레이몽: 나랑 와인 한 잔 할래요?

(이하 생략)

4장 이웃들 중.[9]

---

9 임수현, 『연극 이방인 희곡집』, 극단 소극장 산울림, 2018, pp.25-26. (이하 대본 인용에서는 각주를 생략하

뫼르소의 주변 이웃들이 처음으로 등장하는 '4장 이웃들'의 시작 부분이다. 뫼르소가 장례식 이후 바다와 극장에서 마리와 함께 주말을 보내고 다시 평일이 되어 일상을 보내는 장면이다. 독백을 통해 자신의 일과와 이웃들을 소개하는데 이는 해설자의 역할과 같다. 살라마노가 등장하자 대화를 하며 뫼르소의 배역으로 분하다가 새로운 인물 레이몽이 등장하자 다시 해설자가 되어 레이몽에 대해 소개한다. 즉, 해설을 통해 일인칭 시점을 강조한 뒤, 재현을 통해 사건을 객관적으로 묘사하는 방식인 것이다. 해설과 재현의 반복, 배우가 해설자와 등장인물을 오가는 컨벤션은 서사극의 특징이다. 이러한 구조는 독립된 장면들을 나란히 제시하는 에피소드 기법을 사용했기에 가능한 것이다. 선형적인 이야기가 아니라 장으로 분리된 독립된 이야기들은 관객으로 하여금 사건의 전개 양상에 몰입하기보다는 좀 더 객관적 거리를 두고 무대 위의 사건을 지켜보는 이른바 소격 효과(疎隔効果)를 경험하게 한다.

이처럼 연극《이방인》은 해설과 에피소드로 이루어진 서사적 구성을 취함으로써 인물과 장소를 제거하거나 장면의 순서를 변형하고 새로운 내용을 삽입하는 등의 번안을 가능하게 했다.

2) 실체 없는 아랍인, 그리고 탈식민주의적 세계관

소설『이방인』을 둘러싸고 제국주의적 사상이 팽배하다는 견해와 탈식민주의적 관점이 내포되어 있다는 견해가 맞붙고 있다. 사이드는「카뮈의 제국주의 경험」에서 카뮈를 제국주의의 절정기를 살았던 식민주의 작가로 평

고 인용 끝에 장만 기재하겠음.)

가한다.[10] 『이방인』은 유럽 알제리인과 아랍인 사이에 화해도, 의사소통도 없는 암흑을 씌움으로써 식민 체제의 정치적 소외를 철학적인 내러티브로 상기할 수 있도록 끊임없이 시도한 작품이라는 견해도 있다.[11]

그러나 이와는 반대로 카뮈를 식민주의자로 가차 없이 묘사한 견해에 반대하는 주장도 있다. 사이드는 카뮈를 절대적으로 프랑스인 즉, 식민지의 개척자로 묘사하지만 실은 카뮈, 그리고 뫼르소는 피에-누아르(pied-noir)[12]라는 사실을 간과해서는 안 된다는 것이다. 프랑스 알제리 출신의 유대인인 철학자 데리다(Jacques Derrida) 역시 프랑스의 프랑스인과 알제리의 프랑스인 간의 매우 두드러진 사회적 격차에 대해 논평한 바 있다.[13] 뫼르소는 피에-누아르로서 파리에 대한 혐오, 교도소의 판사나 목사와 같은 대도시 당국의 대표자들에 대한 경계심을 가지고 있으며 무엇보다 뫼르소가 살인 혐의로 체포되면서 식민 사회에서 프랑스 시민으로서의 특권적인 위치를 상실하게 된다는 것이다.[14]

또한 캐롤(David Carroll)은 뫼르소의 기독교 거부를 탈식민주의적 사상의 일환으로 보았다.

뫼르소는 개종(또는 식민주의 용어로 동화)의 대상인데, 이는 그가 기독교 신에 대한 믿음

---

10 에드워드 사이드, 『문화와 제국주의』, 박홍규 옮김, 문예출판사, 2005, p.340.

11 M. Azar, "The stranger, the mother and the Algerian revolution-A postcolonial reading of Albert Camus", *Eurozine*, K. Halliwell (ed.), 2010.10.15.

12 피에-누아르는 프랑스령 알제리하에 알제리에 정착하여 살던 유럽계 백인들을 일컫고, 넓게는 프랑스의 지배에 협력하며 프랑스 시민권을 부여받았던 세파르딤 유대인들도 포함하는 용어다.

13 J. Derrida, "There is No One Narcissism" (Autobiophotographies), *Points... Interviews 1974-1994*, E. Weber (ed.), Stanford University Press, 1992, p.204.

14 D. Munos, "From The Stranger to The Outsider: The different English translations of L'Étranger, the Postcolonial Reception of Camus' classic, and the Memorialization of Camus in Post-Imperial France", In J. Misrahi-Barak, S. Ravi (ed.), Montpellier, *Translating the Postcolonial in Multilingual Contexts*, PoCoPages, PULM (Presses Universitaires de la Méditerranée), 2017, p.196.

> 을 선언하면 프랑스 알제리인(…)으로서의 지위를 되찾을 것이라는 의미이다. 기독교를 거부함으로써(…) 그는 사실상 프랑스인의 정체성 자체와 프랑스 사회에 동화(다시)될 가능성을 거부하고 있는 것이다.[15]

기독교의 신에 대한 믿음을 선언해야만 프랑스 식민지 사회에서 특권적 지위를 얻을 수 있는 당시 상황을 감안한다면, 뫼르소의 태도를 탈식민주의의 일환으로 볼 수 있다는 것이다.

부조리한 존재로서의 이방인은 큰 의미 없이 단절된 일련의 순간만을 보고 있는 데 반해, 정치적 이방인은 살인에 의존하고 있다. 부조리하고 탈식민주의적인 이방인이냐, 정치적이고 식민주의적인 이방인이냐의 논쟁은 마침표 없이 계속되고 있다.

한편, 영화감독 루키노 비스콘티는 『이방인』을 영화화하는 과정에서 알제리의 아랍인들과 프랑스계 백인 공동체 사이의 갈등을 부각시키는 방향으로 각색하고자 했다. 1960년대는 베트남 전쟁과 같은 제3세계 민족해방투쟁이 정치적 쟁점이 되던 시대였기 때문에 카뮈의 이데올로기를 비판적으로 바라볼 수밖에 없었던 것이다. 그러나 카뮈의 아내이자 『이방인』의 저작권자 프랑신이 이를 반대하면서 원작에 충실한 각색을 하기로 결정한다.[16]

그럼에도 불구하고 비스콘티 감독의 최초 의도대로 인종(공동체) 간의 갈등이 드러난 장면들이 있다. 해변에서 뫼르소 무리와 아랍인들 간의 집단 싸움 장면과 뫼르소의 총격 장면은 매우 긴박하고 적대적인 상황으로 연출된다. 또한 체포되어 감방에 갇힌 뫼르소가 수많은 아랍 죄수들 틈에 껴서

---

15 D. Carroll, *Albert Camus the Algerian: Colonialism, Terrorism, Justice*, Columbia University Press, 2007, p.33. *ibid*에서 재인용.

16 정의진, *op. cit.*, pp.255-256.

대립 구도가 형성되었을 때, 한 아랍 죄수가 무슨 일로 여기 오게 되었냐고 묻자 뫼르소가 "아랍인을 한 명 죽였다."고 대답한 이후 아랍인들의 주눅 들거나 아부하는 듯한 반응을 추가한 각색은 백인우월주의에 대비되는 노예근성과 백인들에 대한 적대감을 드러낸다.[17] 이 같은 각색의 의도는 감독의 인터뷰에서 잘 드러난다.

> 이 책(『이방인』)에는 무엇보다 엄청난 직관이 있습니다 : 생선튀김과 포도주로 몸이 무거워지고, 태양열로 마비된 뫼르소가 표면적으로는 우연히 저지른 행위, 마치 그림 속에서 보듯, "눈부신 검처럼" 빛나는 흰 치아와 함께 비친 아랍인을 총으로 쏜 행위 속에서, 우리는 오늘날 그 이상의 것을 간파하게 됩니다 : 아랍인들의 땅에서 성장한 아프리카 태생 프랑스인들의 공포, 스스로를 잉여 인간으로 느끼며 언젠가는 이 땅을 원래 그것의 주인이던 사람들에게 넘기고 떠나야만 하리라는 공포가 그것입니다.[18]

비스콘티는 영화 개봉을 위해서 프랑신의 요구대로 원작에 최대한 흡사한 각색을 하기로 계약했으나 영화에는 뫼르소나 백인들의 제국주의적 뉘앙스를 풍김으로써 최초의 의도를 완전히 포기하지 못했던 것으로 보인다.

반면, 극단 산울림의 연극 《이방인》에서는 아랍인들의 무리를 무대에 등장시키지 않음으로써 인종 간 혹은 공동체 간의 갈등 양상을 피했다.

> 레이몽: 버스 타고 가자! (사이, 이동하다가 반대편에 있는 아랍인들을 발견) 저기 좀 봐! 왼쪽에서 두 번째가 나랑 붙은 놈이야! 우리가 무슨 돌이나 죽은 나무라도 되는 것처럼 노

---

17 *Ibid.*, pp.261-262.

18 A. Sanzio, P.-L. Thirard, *Luchino Visconti, cinéaste*, Paris: Persona, 1984. *ibid.*, p.254에서 재인용.

려보고 있잖아!

6장 해변 중.

레이몽이 발견한 건너편의 아랍인들은 등장하지 않고 연극적 컨벤션으로 처리한다. 특히 마송, 레이몽, 뫼르소, 아랍인 두 명, 총 5명이 등장하는 원작의 난투 장면은 재현하지 않고 뫼르소의 독백으로 압축하여 전달한다. 뒤이어 뫼르소 혼자 무대에 등장하여 실체 없는 아랍인과의 미묘한 전운, 긴장감, 따가운 햇볕 그리고 5발의 총격까지 표현한다. 이는 단편적인 순간만을 홀로 살아내는 부조리한 존재로서의 뫼르소를 묘사하며 탈식민주의적 사상에 무게를 싣는 번안인 것이다.

이처럼 연극 《이방인》은 아랍인의 실체를 아예 지움으로써 다우드가 『뫼르소, 살인사건』에서 묘사한 아랍인의 신세—"존재했었다는 것조차 증명하는 게 불가능한"—를 연상하게 한다.[19] 허공을 향해 발사하는 다섯 발의 총

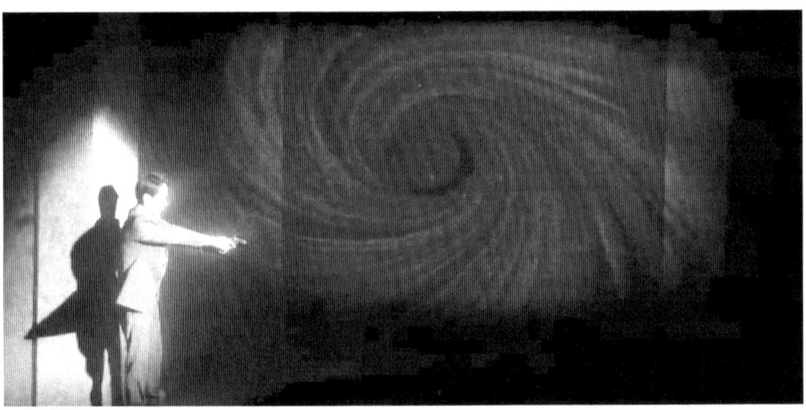

[그림 2] 연극《이방인》 7장- 실체 없는 아랍인에게 총을 쏘는 뫼르소

19 카멜 다우드, 『뫼르소, 살인사건』, 조현실 옮김, 문예출판사, 2018, p.26.

격은 그 어떤 서스펜스도 유책도 느껴지지 않는다. 그저 부조리한 인간만이 남을 뿐이다.

이 밖에도 연극은 원작의 장면과 인물을 변형, 삭제하거나 언급하되 실체를 없앰으로써 탈식민주의적 사상을 강조한다. 학자들이 뫼르소의 제국주의적 행위로 지목한 부분- 죄책감 없이 레이몽의 편지 쓰는 것을 도와주고, 이로 인해 아랍 여인이 레이몽에게 맞고 있는 것을 보고도 묵인하며, 경찰에 출두하여 거짓 진술을 하는 장면-을 연극에서는 변형하거나 삭제하였다. 또한 편지 쓰는 장면을 무미건조하고 압축적으로 표현하였고 아랍 여인을 폭행하여 경찰이 출동한 부분은 사후에 레이몽이 이야기를 전하는 방식으로 바꾸었으며 경찰에 출두하여 진술하는 장면은 삭제하였다.

이처럼 연극 《이방인》은 제국주의적 경향의 부분을 삭제, 변형하거나 아랍인들을 등장시키지 않음으로써 정치적이고 식민주의적인 이방인이 아닌, 부조리하고 탈식민주의적인 이방인으로서 바라볼 수 있도록 재구성하였다.

3) 극중극의 메타구조를 통한 자기반영성 강화

카뮈는 소설가이기 이전에 연극에 조예가 깊은 연출가이자 극작가, 배우였다. 소설이 6편인데 반해 희곡이 11편인 사실이 그의 연극에 대한 관심을 말해 주고 있다. 그중 카뮈의 희곡 『오해』는 『이방인』에서 뫼르소가 읽은 체코의 신문 기사로부터 탄생한 작품이다.

뫼르소가 독방에서 시간을 보낸 지 5달이 경과 되었을 무렵 침대 매트리스 사이에서 체코슬로바키아인에 관한 신문 기사 조각을 발견하게 된다. 돈을 벌기 위해 고향을 떠나 25년 만에 부자가 되어 돌아온 남자가 여동생과 어머니가 운영하는 여관에 가서 그들을 놀라게 해 줄 요량으로 아들임을 밝히지 않았다. 그날 밤, 돈에 욕심이 난 여동생과 어머니는 남자를 망치로 때

려죽이고 돈을 훔친 뒤 남자의 시신을 강물에 던졌다. 다음 날 남편을 찾아 온 아내로 인해 자신이 죽인 남자가 아들임을 알게 된 어머니는 목을 매었고 여동생은 우물에 투신했다. 뫼르소는 이 이야기를 수천 번도 더 읽었을 것이라고 하면서 "한편으로는 그것은 있을 법하지 않은 이야기였다. 또 한편으로는 그럴 법도 한 이야기였다."라고 말한다.[20]

있을 것 같지 않지만 일어난 이야기. 이성으로 설명되지 않는 세계와 주체의 문제는 부조리의 문제와 동음이의어다.[21] 카뮈는 소설 속에 부조리한 이야기를 삽입하고 그것이 부조리함을 뫼르소의 입을 통해 전하는 방식으로 부조리극의 사상을 보다 직접적으로 드러냈다.

그런데 이 신문 기사의 내용은 카뮈가 창작한 것이 아니라 실제 사건을 옮겨 왔을 것이라는 주장이 있다. 알제리의 신문 〈레코 달제(L'Echo d'Alger)〉의 1935년 1월 6일자 1면에는 "한 호텔 여주인이 딸의 도움을 받아 그의

L'ECHO D'ALGER

Treize ans d'efforts pour la paix et la justice

MM. Laval et Mussolini ont examiné hier tous les problèmes qui se posent en Europe centrale

EFFROYABLE TRAGÉDIE

Aidée de sa fille une hôtelière tue pour le voler un voyageur qui n'était autre que son fils

En apprenant leur erreur la mère se pend, la fille se jette dans un puits

[그림 3] 레코달제의 1935.01.06. 기사(출처: 김세리(2015) p.11.)

20 알베르 카뮈, 「이방인」, 『알베르 카뮈 전집 2』, *op. cit.*, p.518.

21 이영석, 「알베르 카뮈의 연극미학과 부조리 인식: 『칼리굴라 *Caligula*』를 중심으로」, 『프랑스문화예술연구』 제58집, 프랑스문화예술학회, 2016, p.339.

물건을 훔치고자 자신의 아들이었던 여행객을 살해하다(Aidée de sa fille une hôtelière tue pour le voler un voyageur qui n'était autre que son). 자신들의 잘못을 알게 된 후, 어머니는 목을 매고 딸은 우물에 몸을 던지다(En apprenant leur erreur, la mère se pend, la fille se jette dans un puit)."라는 기사가 있다.[22] 소설의 체코 신문 기사의 내용과 매우 유사한 알제리의 이 사건은 카뮈가 약 20세 되는 시기의 것이므로 카뮈가 이 기사를 접했을 가능성을 염두해 볼 수 있다는 것이다.[23]

카뮈가 소설 속에 집어 넣은 짤막한 이야기는 2년 뒤 『오해(Le Malentendu)』라는 희곡을 통해 완성된다. 『이방인』의 스핀오프(spin-off) 버전이라고 할 수 있는 『오해』는 부조리극의 대표작 이오네스코(Eugène Ionesco)의 『대머리 여가수(La Cantatrice chauve)』, 『수업(La Leçon)』이나 베케트의 『고도를 기다리며(Waiting for godot)』를 선행하는 작품이다. 이오네스코나 베케트의 부조리는 부조리한 상황을 그대로 드러내 보이고 언어 파괴와 의사소통의 불가능성을 강조하며 기존 연극의 틀을 벗어나는 시도에 초점을 맞추었다면 카뮈의 부조리는 부조리한 세계를 설명하는 방식으로 전개되며 실존의 부조리성을 강조한다는 점에서 차이가 있다.[24]

극단 산울림의 《이방인》은 뫼르소가 체코의 신문 기사에 대해 이야기하는 장면을 극의 후반부로 재배치하고 이어서 『오해』의 절정의 장면을 삽입하는 번안을 시도했다(〈표1〉 참고). 『오해』의 살해당한 남자의 여동생 마르타의 독백은 연극의 정체성을 집약적으로 드러내는 부분으로 극을 클라이막스로 치닫게 하는 매개가 된다.

---

22 〈L'Echo d'Alger〉, Dimanche 6 Janvier 1935. 김세리, 「알베르 카뮈의 희곡 『오해 *Le Malentendu*』의 기원」, 『프랑스학연구』 제74권, 프랑스학회, 2015, p.11에서 재인용

23 *Ibid.*, p.74.

24 이영석, *op. cit.*, pp.340-342.

뫼르소: 어머니는 목을 매달아 죽었다. (상수에서 마르타 등장) 여동생은 우물에 몸을 던졌다. 난 이 이야기를 수천 번은 읽었던 것 같다.

마르타: 난 평생 동안 날 데려가 줄 파도를 기다리며 살아왔지만, 이젠 오지 않을 걸 알아. 바다가 아무리 불러대도 주위의 아우성과 수군대는 소리에 묻혀버리는 이곳에 틀어박혀 살아야만 해. (…)오빠가 미워, 자기가 원하는 걸 모두 가진 그가 밉다구! 내 고향이라곤 하늘도 잘 보이지 않는 감옥처럼 숨 막히는 이곳뿐이고, 먹을 거라곤 이 땅의 자두 열매뿐이고, 목이 말라도 마실 건 내가 흘린 피밖에 없어. 다정한 어머니로 인해 내가 치러야 할 대가가 이거야! 그러니 어머니 따윈 죽어버리라고 해. 난 사랑받지도 않았으니까! (…) 싫어! 우리가 신(神)에게 굴복할 수밖에 없는 이 세상이 난 싫어! 하지만 부당하게 고통스러워하는 나를, 아무도 인정해 주지 않았어. 난 무릎 꿇지 않을 거야. 난 이렇게 이 땅에서 설 자리를 빼앗기고 어머니한테도 버림받고, 내가 지은 죄들 속에 혼자 남겨졌지만, 이 세상과 화해하지 않은 채 떠날 거야. (퇴장)

12장 삶과 죽음의 경계에서 중.

마르타의 독백은 『오해』의 3막 2장을 각색한 것으로, 만류에도 불구하고 아들을 따라 자살을 선택하는 어머니에 대한 원망과 자신의 신세와 세상에 대한 분노를 표출하는 절정의 장면이다. 『이방인』에서 체코 신문 기사에 대한 뫼르소의 (부조리함에 관한) 생각을 직접적으로 전한 것과 달리, 연극에서는 마르타의 독백을 병렬시킴으로써 부조리한 현상에 대한 파편들을 관객들에게 제시할 뿐이다. 관객들은 『오해』에 대한 선이해가 없어도 내가 속해 있으면서도 속하지 못하는 이 세상에 대한 원망과 분노를 표출하는 여인의 심리를 뫼르소에게 투영하게 된다. 동시에 방향 감각을 상실한 인간이 죽음으로 이행하기 직전의 대사를 통해 실존의 부조리를 강조한다.

연극 《이방인》 속의 신문 기사, 그 이야기에서 탄생한 희곡 『오해』가 극

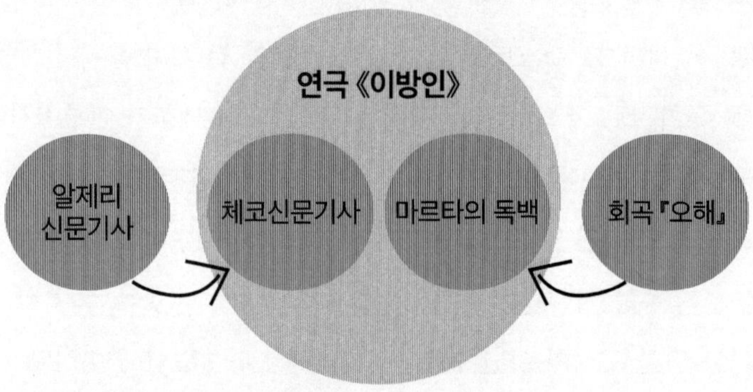

[그림 4] 연극《이방인》의 극중극과 메타구조

에 삽입된 양상을 그림으로 나타내면 다음과 같다.

연극《이방인》속의 체코 신문 기사나 마르타의 독백은 극의 분위기와 사상을 집약적으로 드러냈다는 점에서 극중극으로 볼 수 있다. 그리고 실제 기사와 작가의 출간작을 활용했다는 측면에서 메타텍스트성(metatextuality)을 활용한 메타구조로 볼 수 있다. 메타텍스트성이란 포스트모더니즘적 자기 반영성(self-reflexivity)의 일환으로, 현실과 가상의 영역에 존재하는 비 실재를 작품에 드러냄으로써 자기 반영을 취하는 특성과 같다.[25] 화가 자신을 화폭에 담은 벨라스케스(Diego Velázquez)의 〈시녀들(Las Meninas)〉, 영화감독인 자신의 얼굴을 삽입한 히치콕(Alfred Hitchcock)의 작품들, 도관과 철근을 노출하는 건축 양식 등을 예로 들 수 있다. 메타텍스트성은 다른 텍스트에 근거하고 있는 텍스트로, 하나의 텍스트와 다른 텍스트 사이의 관계가 중요하다는 점에서 상호텍스트와 공통적이나, 텍스트의 층위를 구분할 수 있다는 점에서 차이가 있다. 텍스트를 심층과 표층으로 구분했을 때, 메타텍스트는 심층 구

25 김욱동,『포스트모더니즘』, 서울: 연세대학교출판부, 2009, pp.110-114쪽 참조.

조로부터 발생한 표층을 통해 다시 심층을 추론해 내는 과정이다.[26] 예컨대, 텍스트의 주석이 그 텍스트에 대해 갖는 관계와 같다. 이를 추론하는 과정에서 텍스트와 텍스트의 해석자 사이에서 끊임없는 대화가 이루어진다.

연극《이방인》속에 체코의 이방인(부자가 되어 금의환향했지만 엄마와 누이에게 살해당한 남자)이 등장하는 신문 기사, 다시 그 속에 이방인을 자처하는 마르타가 들려 주는『오해』를 중첩시키는 메타 구성은 작품을 작품 안에 머무르게 하는 닫힌 구성이 아닌 외부를 자기 반영하는 열린 구성이다. 뫼르소, 체코의 이방인, 마르타 세 명의 이방인들이 겪는 모순적 삶의 단면들은 한데 모여 부조리 사상을 강화하는 효과를 창출한다.

3. 연극《이방인》의 형식적 번안 양상

1) 가번적 원형 무대

연극《이방인》의 무대는 이층 짜리 계단이 평평한 무대를 빙 두르고 있고 상·하수 양쪽에 기둥이 세워져 있는데 그 생김새가 마치 고대 그리스의 원형 극장을 상기시킨다. 무대 중앙은 디오니소스 축제에서 희생양을 놓을 제단을, 그 주위를 둘러싼 계단은 시민들이 앉았던 관람석을 연상케 한다.

카뮈가 고대 그리스의 문화에 조예가 깊었다는 것은 잘 알려진 사실이다. 그는 소설가로서 활동하기 이전 대학에서부터 그리스 문학을 섭렵했고 그리스 민족과 사상을 동경하고 있었다.[27] 연출은 이를 의식이라도 한 듯 원형

---

26 송효섭,「서사학과 문화기호학」,『한국언어문학』제36권, 한국언어문학회, 1996, pp.10-11쪽 참조.

27 이소연,「알베르 카뮈의『안과 겉』에서 나타난 지중해적 요소 연구」, 연세대학교 석사학위논문, 2008, pp.12-18.

[그림 5]《이방인》의 원형 무대

무대를 통해 그리스적 미감을 재현했다.

일반적으로 원형 무대는 무대를 가변적으로 활용한다는 것을 전제한다. 공간을 구획하고 지정하는 것이 아닌, 모든 가능성을 수용할 수 있는 개방형 무대인 것이다. 그러나 고대 그리스 연극은 무대를 가변적으로 활용하지는 못했다. 대신 오늘날 해설자의 역할을 한 코러스장이 해설을 통해 시간과 공간의 변화를 관객에게 전하고 코러스의 노래와 악기 연주로 스펙터클을 구현했다. 연극《이방인》은 무대 디자인은 고대 그리스의 외형을 따랐으나 기능 면에서는 열린 무대의 컨벤션을 수용한다.

연극《이방인》의 막이 오르면 무대 가운데에는 직육면체의 나무판자가 놓여 있다. 이것은 연극의 유일한 대도구인데 이것은 관으로, 침대로, 의자로 그 역할을 시시각각 달리한다. 사물과 공간을 지칭하는 사실적인 대도구가 없기 때문에 배우의 움직임과 뫼르소의 독백으로 시공간을 자유롭게 이동할 수 있는 것이다.

뫼르소: 어제 하루 종일 피곤했던 탓인지, 아침에 일어나기가 힘들었다. 면도를 하면서 오늘은 뭘 할까 생각을 하다가, 해수욕을 하러 가기로 했다. (뫼르소 일어난다. 마리 등장) 난 전차를 타고 항구의 해수욕장으로 갔고, 물속에 뛰어들었다. 거기서 마리 카르도나를 만났다. (…)

마리: 내가 재밌는 놀이 하나 가르쳐 줄까요? 봐요, 수영하면서 물을 들이마셔요. 그래서 입 속에 거품을 가득 채운 다음에 똑바로 누워서 하늘을 향해 내뿜는 거예요. 그럼 이렇게 작은 물방울들이 생겨서 공중에 흩어지거나 따뜻한 비처럼 얼굴로 떨어져요. (웃음, 두 사람, 다가가서 옷을 입는다.)

마리: 내가 당신보다 더 탔어요.

뫼르소: 우리 저녁때 영화 보러 갈래요?

마리: 그래요! 나 코미디 영화 보고 싶어요. 페르난델 나오는 거! (옷을 입은 후, 뫼르소는 검은 넥타이) 혹시, 누가 돌아가셨어요?

뫼르소: 엄마가요.

마리: …언제요?

뫼르소: 어제.

(침묵. 뫼르소를 안아 주는 마리. 페르난델의 영화 투사. 두 사람 영화관으로 이동. 영화 보다가 처음에는 서툴게, 결국 뜨겁게 키스하는 두 사람. 천천히 암전. 마리 퇴장)

3장 마리 중.

위는 연극 《이방인》의 3장으로 아침부터 저녁까지 뫼르소의 집, 해변, 극장이라는 시간과 공간의 변화가 있는 장면이다. 2장에서 어머니의 관으로 쓰였던 직육면체 나무판자는 3장에서 뫼르소가 누웠다 일어나며 침대가 된다. 겉옷을 벗고 마리와 함께 무대 뒤쪽의 계단에 비스듬히 기대면 해변이 된다. 뫼르소와 마리가 무대를 한 바퀴 돌면 무대 전면에 페르난델의 코미디 영화가 투사되고 둘이 무대 앞쪽에서 관객과 같은 방향으로 앉아서 투사된 영화를 보면 이내 영화관이 된다.

이처럼 연극 《이방인》은 원형 무대에서 시공의 전환에 필요한 사실적인 대소도구나 무대 장치를 사용하지 않고 배우의 대사와 움직임 그리고 최소한의 조명만을 이용하여 시공의 전환을 손쉽게 구현해 내었다. 이는 무대를 수행적 공간으로 활용했기 때문이다. 포스트모더니즘 이후 연극은 데카르트(René Descartes)의 이성주의에서 후설(Edmund Husserl)과 메를로-퐁티(Maurice Merleau-Ponty)의 현상학으로 관심을 옮겼다. 이성보다는 신체성, 연속성 대신 이질성을 부각하면서 공감각을 총체적으로 활용하기 시작했다. 배우의 퍼포먼스만으로 채워지는 수행적 공간이 무대의 키워드로 급부상하며 빈 무대는 자연스러운 흐름이자 우리에게 익숙한 광경이 되었다. 그러나 빈 무대, 그중에서도 원형 무대는 한국의 고유한 양식으로 서구의 원형 극장처럼 고정된 의미가 아니라 가변적이란 점에서 차이가 있다[28]. 이는 마당판의 원리를 통해 심화할 수 있다.

마당(麻當)은 한 사람의 소유라기보다는 여럿이 모이는 공간을 뜻한다. 씨름판이나 약장수판을 구경꾼들이 빙 둘러싸는 원형을 떠올릴 수 있다. 원형의 무대를 쓰는 탈춤, 마당극 같은 전통극이 무대 장치나 조명의 도움 없이 쉽게 시공간을 넘나들거나 축약할 수 있는 것은, 마당판이 다차원적인 공간이기 때문이다.[29] 마당극의 공연장이 기본적으로 무대 설비가 갖추어진 극장이 아닌 비상설 야외무대나 집회장이 많기에, 여기서 발휘되는 판의 원리

---

28 임진택, 『민중연희의 창조』, 창작과 비평사, 1990, p.33.

29 마당극은 70년대 대학가를 중심으로 생겨난 전통극의 부활과 기성 서구 연극에 대한 부정 그리고 정치 풍자적 내용을 담은 연극으로 80년대 후반까지 성행했다. 내용 면에서는 유신 치하에 대한 저항, 형식 면에서는 전통연극미학의 계승의 특징을 가진다.

는 관객들과의 약속이자 연극성이 발휘되는 장치로 쓰인다. 한국 전통극에서부터 마당극에 이르기까지, 시공의 넘나듦이 자유로운 한국 연극에 익숙한 관객들은 이러한 마당판의 원리를 낯설어하지 않는다. "이 같은 양자의 넘나듦은 현실의 인식을 극 중 상황에서도 잃지 않게 하고, 극을 통해 증폭된 인식과 정서를 현실 속으로 이행시키는 데에 결정적인 역할을 한다."[30]

이처럼, 한국의 경우 전통극에서부터 이미 빈 무대를 마당판의 원리로 활용했었기 때문에 연극에서 열린 무대의 컨벤션을 따른 경우, 포스트모더니즘의 영향을 받은 것이라고 단정 짓기 어렵다. 산울림의 《이방인》은 고대 그리스식 원형 무대를 가변적으로 이용하여 시공의 다차원성을 구현한 독창적인 형식을 지닌다고 할 수 있다.

2) 변화하는 관객의 역할

원형 무대의 또 다른 기능은 제4의 벽을 없애고 관객을 무대로, 극으로 끌어오는 것이다. 프로시니엄 무대에서 공연하는 서양 근대극에서 관객의 지위는 관찰자에 불과했다. 관객을 극에 몰입하도록 유도하여 인물에 동화시키는 것이 극의 목표였기에 관객은 자신의 존재를 제거당한 채 무대와 객석 사이에 있는 보이지 않는 네 번째 벽을 통해 극을 관조할 뿐이었다. 그러나 포스트모던에 이르러 극장주의적 공연이 기치가 됨에 따라 관객은 반논리적 내러티브나 메타적 서사, 시·공을 초월하는 공연을 관람하며 극에 적극적으로 감각을 투영하고 참여하는 존재로 부상하게 된다. 객석에 앉은 이들은 공연을 관람하는 관객이면서 동시에 에피소드마다 달라지는 역할을 소임 받게 된다. 객석이 무대와 심리적·물리적인 거리가 가까워지는 것은 당

30 이영미, 『마당극 양식의 원리와 특성』, 시공사, 2002, p.208.

[그림 6] 연극 『이방인』의 객석- 무대와 더 가깝게 좌석을 추가 설치했다.(출처: 『이방인』 프로그램)

연한 결과라고 하겠다.

연극 《이방인》은 관객이 무대 위 이야기를 더 가까이서 느낄 수 있도록 좌석을 추가 설치했다. 객석은 원형 무대와 한 걸음 정도밖에 거리를 두지 않고 높이 또한 같다. 무대와 객석의 물리적으로 가까운 거리는 단순히 무대와 객석의 분리를 걷어냈다는 것뿐만이 아니라 심리적으로도 극에 참여를 독려하며 관객의 태도를 변화시킬 수 있다는 것이다. 이러한 연극에서 관객은 원하든 원하지 않든 자신도 모르는 사이에 역할을 수행하고 있게 된다.

3장에서 뫼르소가 해설자가 되어 관객을 향해 설명할 때 관객은 《이방인》을 관극하고 있는 관객이 된다. 무대 전면에 영화의 장면이 투사되고 뫼르소와 마리가 등을 돌려 객석과 가장 가까운 원형 계단에 앉았을 때 관객은 알제리의 한 영화관에서 페르난델의 코미디 영화를 함께 보는 관객이 된다(3장 마리 참조). 10장에서는 보다 적극적으로 관객에게 역할을 위임한다.

뫼르소: 내 재판은 중죄 재판소의 마지막 회기에 잡혀 있었고, 6월에 끝날 것이었다. 변론은 밖에 온통 해가 내리쬐는 가운데 시작되었다.

(변호사 등장, 법정으로 들어가며)

변호사: 이삼일밖에 안 걸릴 겁니다. 게다가 당신 사건은 이번 회기에서 제일 중요한 사건도 아니거든요. 바로 다음에 존속 살해 재판이 열리니까요.

뫼르소: 아니, 웬 사람들이 이렇게 많은가요!

변호사: 신문 때문이죠.

(…)

뫼르소: (독백) 피고인석에 앉아 있다 해도, 자신에 대해 얘기하는 소릴 듣는 건 항상 흥미로운 일이다. 5분 동안 휴정하는 사이, 변호사가 내게 와서 모든 게 잘 되어가도 있다고 했다. 하지만 무언가가 방청석 전체를 흔들어 놓고 있었고, 나는 처음으로 내가 죄인이라는 걸 알게 되었다.

10장 재판 중.

뫼르소가 변호사와 함께 재판장으로 들어가 객석을 보며 "아니, 웬 사람들이 이렇게 많은가요!"라고 할 때 관객은 재판장을 채운 신문 기자들, 배심원들, 방청객들 그리고 변호인단과 검사들이 된다. 증인들이 증언을 할 때 뫼르소가 객석으로 걸어와 관객과 섞이며 "하지만 무언가가 방청석 전체를 흔들어 놓고 있었고, 나는 처음으로 내가 죄인이라는 걸 알게 되었다."라고 대사하면 관객은 방청인이 된다. 이때 관객은 나(관객)의 시선으로 계속 배우의 연기를 감상해야 하는지 아니면 뫼르소가 말한 대로 방청인이 되어 그를 죄인 취급해 주어야 하는지 갈등하게 된다. 뒤이어 뫼르소를 중앙에 두고 검사와 변호사의 변론이 오고 갈 때 검사가 객석을 향해 "배심원 여러분"이라고 외치면 관객은 일시에 재판의 승패를 좌우할 배심원이 되어 검사의 긴

변론에 집중하게 된다.[31]

이렇듯, 배우의 행동과 대사를 통해 관객은 끊임없이 새로운 역할을 부여받는다. 극과 소외된 관찰자가 아니라 극의 일부가 되고 끊임없이 역할을 수행하는 참여자가 되는 것이다. 이때 관객이 보는 연극은 단순히 구경거리가 아니라 "경험 미학에서 강조하는 유기체적 경험의 특성"을 갖게 된다.[32] 관객에게 있어 공연은 감상을 넘어 사건을 함께 겪어낸 것과 동일한 경험으로 남게 되는 것이다.

《이방인》의 원형 무대는 장례식, 집, 해변, 사무실, 감옥, 법정 등의 공간을 사실적인 대소도구 없이 배우의 움직임과 대사만으로 구현해 내고 관객을 극으로 적극적으로 끌어들여 연극《이방인》의 관객으로, 알제리의 영화관의 관객으로, 재판장의 방청인으로, 배심원으로 역할을 바꾸게 한다. 이러한 판의 역학은 관객을 관조자가 아닌 적극적인 수용자로 변모시킬 뿐 아니라 관객 역할의 가변성까지 제공하였다.

4. 고전의 시의적 매체 전환의 필요성

극단 산울림은 원작을 최대한 수용하면서 포스트모더니즘의 색채를 덧입혀 새로운 부조리극 《이방인》으로 번안하였다. 연출 임수현은 원작의 번역과 연극으로의 번안을 직접 했는데 그리스의 원형 극장을 상기하는 무대 디자인이나, 카뮈의 희곡 『오해』를 삽입한 점 등을 미루어 봤을 때 카뮈를 다

31 임수현, *op. cit.*, p.50
32 박연숙, 「존 듀이의 경험 미학과 마당극의 신명」, 『범한철학』 제49호, 범한철학회, 2008, p.134.

각도로 연구한 흔적이 농후하다. 또한 에피소드로 이루어진 서사극적 요소의 차용이나 인물의 축약, 메타 텍스트의 삽입, 원형 무대의 가변적 활용, 수행적 관객으로 변모시킨 점 등은 포스트모더니즘의 변혁을 거친 현대 연극이기에 가능한 재구성 양상이라고 볼 수 있다. 고전적인 카뮈의 정신을 이어 나감과 동시에 현대적으로 재해석한 이러한 번안은 1940년대의 알제리가 아닌 부조리한 시간과 공간의 어느 지점에 관객을 머무르게 한다.

『고도를 기다리며』에 관한 유명한 일화가 있다. 처음 작품을 유럽의 세련되고 지적인 관객들에게 공개했을 때 파편화된 대사나 모호한 이야기로 숱한 비난과 외면을 받았다. 그러나 한 교도소에서 공연했을 때 무식하고 거친 죄수들은 오히려 금방 이해하고 공감의 박수갈채를 보냈다. 죄수들은 그 어떤 편견 없이 고도의 상황을 자신들의 상황과 중첩시켜서 받아들였고 고도의 기다림을 사회나 바깥세상에 대한 기다림으로 치환하여 해석한 것이다.[33]

이러한 일화에서 알 수 있듯, 부조리를 품은 작품은 어느 시대, 어느 장소에서 공연하던지 각자의 처지에서 새롭게 볼 수 있다. 칸트가 말했듯 인간은 존재 자체가 자율적 이성과 감성적 한계를 동시에 지닌 모순으로 이뤄져 있기 때문이다. 더군다나 현대 사회 구성원들의 개별적이고도 해체적인 세계관 속에 부조리가 이미 내재되어 있으므로 인간과 사회의 모순을 원형으로 삼는 소설의 대명사인 『이방인』은 시공에 구애받지 않고 다시-쓰기 할 수 있는 잠재력을 지닌 작품이라고 할 수 있다.

그러나 『이방인』은 다양한 장르와 매체로 전환되지 않고 소설로 머무르고 있다. OSMU는 최소의 투자 비용으로 최대의 경제적 효과를 창출하는

33 정지창, 『서사극, 마당극, 민족극』, 창작과 비평사, 1989, p.321.

문화 산업의 전략이기 때문에 난해한 부조리 장르는 대중의 관심을 끌기 힘들다고 판단하여 전략의 일부로 채택되기 어렵다. 스낵 컬쳐로 소비되는 웹툰, 소설 등이 무분별하게 영화, OTT 시리즈, 뮤지컬로 재생산되는 OSMU의 홍수 속에서 『이방인』과 같은 명저가 외연을 확장하지 못하는 이유다.

고전을 현대적 관점에서 매체 전환을 할 경우, 시공과 장르의 특성을 적용하는 과정에서 원작의 새로운 부분을 재발견하여 파생 콘텐츠를 창출하는 기회를 제공한다. 이는 보수적인 주류 문화가 개방적인 로컬 문화로 이행하는 원동력이 되며, 글로컬라이제이션 관점에서 다시-쓰기를 촉발한다. 역사 속에 머무르는 작가와 작품을 시의적 관점에서 연구하게 하는 선순환을 이끌어 내는 것이다. 따라서 고전을 활용하여 새로운 문화콘텐츠로 재생산해 내는 작업은 OSMU의 산업적 전략 그 이상의 가치를 지닌다고 할 수 있다.

오늘, 여기에서 《이방인》을 공연한다면 우리는 어떤 지점에서 나와 극 중 인물을 중첩시킬까? 또 어떤 정치적 사건이 연관될 수 있을까? 카뮈의 문학을 애정한다면 그것을 문학 속에 머무르게 하지 말고 다양한 모습으로 부활시켜 관객과 질의응답을 시도해야 한다. 그것이야말로 뉴미디어 시대 팬덤(fandom)의 증표인 것이다. 소설의 글자 언어를 공연의 시청각 언어로 탈바꿈하는 과정 속에서 보다 직관적이고 새로운 부조리극으로 매체 전환을 한 극단 산울림의 시도는 훌륭한 선례로 남을 것이다.

부조리한 삶에 대한 반항

『시지프 신화』와 『사서』를 중심으로

○ 정혜선

"나는 또한 그의 바위를 향해 되돌아가는 시지프를 상상해 본다. 그것은 고통으로 시작되었다. 대지의 영상이 너무나도 기억에 생생할 때, 행복의 부름이 너무나도 강렬할 때, 인간의 마음속에 슬픔이 고개를 쳐들게 마련이니 그것은 바위의 승리요, 바위 그 자체다."

○ A. 카뮈, 『시지프 신화』, p.183.

"소설일 따름, 허구일 뿐이라는 얘기다. 진실은 참으로 멀고 먼 곳에 있었으며 언어는 덧없는 허상이었을 뿐이라는 얘기다. 마찬가지로 진실은 내 심장 속 깊은 곳에 유폐되어 영원히 침묵한다는 얘기도 되겠다. 칠팔 년 전에 나는 어느 책에다 언어가 지닌 숙명적인 마성(魔性)에 대해 얘기한 적이 있다. 진실이 머문 강물 저켠을 향해 한치도 헤어나갈 수 없는 허수아비의 언어, 그럼에도 언어에 사로잡혀 빠져날 수 없는 것은 그것만이 강을 건널 가능성을 지닌 유일한 것이기 때문이라고. 나는 전율(戰慄) 없이 그 말을 되풀이할 수 없다."

○ 박경리, 『토지』 1부 1권, p.20.

1. 부조리의 문제를 어떻게 할 것인가?

2022년 10월에 열린 20차 당대회에서 실질적으로 3연임을 확정지은 시진핑 중국 국가 주석은 2023년 3월 전국인민대표대회 폐막식 연설에서 '중국식 현대화'의 건설을 촉구했다.[1] 중국에서 '현대화', '사회주의', '시장경제'와 같은 용어가 사용될 때는 '중국식'이라는 수식어를 붙여서 이해해야 하는데 이는 일반적으로 사용되는 의미가 아닌 중국만의 방식 또는 중국적 변용으로의 현대화, 사회주의, 시장경제를 의미하기 때문이다. 중국 작가 옌롄커(阎连科)는 자신의 소설 『작렬지(炸裂誌)』의 작가의 말에서 중국을 다음과 같이 설명하고 있다. "이곳은 새로운 나라면서 오래된 나라다. 극도로 봉건적이고 전제적이지만 무척 현대적이고 풍족하다. 지극히 서구적이면서도 본

---

1 여기에서 말하는 중국식 현대화는 중화의 전통문화에 뿌리를 두고 과학적 사회주의 본질을 구현하며 모든 인류의 우수한 성과를 참고해 받아들인 것으로, 서양의 현대화 모델과는 다른 새로운 그림을 보여주는 새로운 인류 문명 형태라고 주장했다. 중국식 현대화의 특징으로는 인구 규모가 거대한 현대화, 모든 인민이 공동으로 부유한 현대화, 물질문명과 정신문명이 조화로운 현대화, 인간과 자연이 조화롭게 공생하는 현대화, 평화발전의 길을 걷는 현대화의 5가지를 제시했다. 한종구, 「시진핑, 집권 3기 출범 앞두고 '중국식 현대화' 추진 강조」, 『연합뉴스』, 2023.02.07.

[그림 1] 중국에서 판매금지 조치를 받은 옌롄커의 책들(출처: 자음과 모음, 웅진지식하우스, &(앤드), 자음과 모음)

질은 동양적이다."[2] 옌롄커의 묘사는 지금의 중국을 상당히 잘 드러내고 있다. 그의 묘사처럼 함께 공존하기 어려운 개념들이 혼재한 중국은 필연적으로 모순적일 수밖에 없다.

옌롄커는 위화, 모옌과 더불어 현존하는 중국 현대문학의 3대 거장으로 평가받는 소설가로, 매년 노벨문학상 유력 후보로 거론된다.[3] 옌롄커의 책은 전 세계 20여 개국에 번역, 출간되었으며 한국에도 지속해서 소개되고 있다. 본고에서 다룰 옌롄커의 소설 『사서(四書)』는 2014년 프란츠카프카 문학상을 수상하였고 2016년 맨부커 인터내셔널상을 두고 우리나라 한강 작가의 『채식주의자』와 최종 경쟁을 빌였다.[4] 국제직인 명성을 쌓고 있는 그의 이력과는 다르게 중국에서는 옌롄커의 책 다수가 출판, 홍보, 게재, 비평, 각색을 할 수 없는 '5금(禁)' 조치를 받았으며 출판되어 있어도 그중 몇 권은 언론 보도나 공개 토론이 금지되어 있다.[5]

옌롄커는 『사서』의 서문에서 자신을 글쓰기의 반역자로 부르며, "저는 늘

---

2 옌롄커, 『작렬지』, 문현선 옮김, 자음과모음, 2020, p.655.

3 김유태, 「中현대문학 거장 옌롄커 단독 인터뷰 "문학은 정신의 밥...가려진 진실까지 드러내야"」, 『매일경제』, 2018.11.06.

4 프란츠카프카상은 생존 작가에게 수여되며, 한 작품 이상이 체코어로 출간된 적이 있어야 한다. 후보 선정 기준은 '작품의 질과 독창성 및 인본주의적 특성, 문화·국가·언어·종교적 관용에 대한 공헌, 실존적이며 시간을 초월한 특징, 인간의 타당성, 우리 시대를 전달하는 능력'에 있다. 노벨문학상 수상자들이 이 상을 받은 적이 많아 흔히 '노벨상으로 가는 길목'이라는 말이 있다.

5 이혁, 「옌롄커(閻連科)의 『爲人民服務』와 영화 『인민을 위해 복무하라』 비교 연구」, 『한중언어문화연구』 제66집, 한국중국언어문학연구회, 2022, p.307.

제가 처한 '환경'에 맞는 출판이 아니라 제 '현실'을 반영하는 자유로운 글쓰기를 소망해 왔습니다."라고 밝히고 있다.[6] 중국은 콘텐츠 및 미디어에 대한 강력한 통제 시스템을 가지고 있다. 중국 공산당의 이념에 맞지 않는 콘텐츠는 검열을 통과하여 대중에게 공개될 수 없으며, 이는 작가뿐만 아니라 콘텐츠를 생산하는 이들에게 자발적인 검열을 통해 자신이 처한 환경에 맞는 것만을 만들도록 한다.[7] 이것이 중국이라는 곳, 곧 "규칙과 과정이 목적으로 대체되고, 어떤 수단이든 빨리만 갈 수 있다면 그 길은 발전과 부귀, 영웅과 승리자로 나아가는 지혜나 계단으로 받아들여지는, 14억 인구의 오래된 땅에서 매일 매 순간 발생하는 일들이 놀랍고도 의미심장한 곳"의 현실이다.[8]

같은 현실을 살아가며 누군가는 침묵하고, 누군가는 부조리한 상황과 문제에 자신의 목소리를 내며 적극적으로 드러내고자 한다. 이는 눈이 밝은 자들, 곧 작가의 사명이고 책무이며 예술이 감당해야 할 역할이기도 하다. 옌롄커는 환상, 신화, 전설, 꿈과 같은 요소를 사용하여 작품을 구성한다. 이로 인해 그의 작품 속에서 그려지는 세계는 정합성이 부족하고, 불가능을 가능으로 만들어 내는 허구의 비유적 묘사들로 가득하다. 아래에서 다시 언급하겠지만 옌롄커의 이러한 작품 경향은 실제로는 현실에 대한 날카로운 인식을 바탕으로 실존과 부조리의 문제를 형상화하고자 한 시도이다.

본고에서 다룰 『사서』는 '네 권의 책'이라는 뜻이다. 소설 속에 등장하는 네 권의 책 각각의 장이 뒤섞여 『사서』라는 한 권의 책을 구성한다. 네 권의

---

6 옌롄커, 『사서(四書)』, 문현선 옮김, 자음과모음, 2012, pp.8-9.
7 김진용, 「시진핑 시기 중국의 모바일 인터넷 발전과 통제」, 『아세아연구』 제60권 2호, 고려대학교 아세아문제연구원, 2017, pp.480-481.
8 옌롄커, 『작렬지』, *op. cit.*, p.654.

책 중 마지막 책이자 마지막 장은 '시시포스의 신화'이다. 이는 카뮈(Albert Camus)가 쓴 부조리 3부작 중 하나인 『시지프 신화(Le Mythe de Sisyphe)』[9]와 동일한 제목으로 『시지프 신화』는 카뮈가 자신의 '부조리' 철학을 직접적으로 설명하고 있는 책이다. 옌롄커가 시시포스의 신화를 『사서』의 네 번째 책이자, 마지막 장으로 정한 것은 책 전체의 주제를 시시포스의 신화로 갈음하고자 하는 작가의 의도로 볼 수 있다.

본고는 『사서』뿐만 아니라 옌롄커의 여러 작품을 관통하고 있는 주제이자 키워드를 부조리와 반항으로 보고, 이 부조리의 문제가 옌롄커의 작품, 특히 『사서』 속에서 어떻게 드러나는지 고찰해 보고자 한다. 이를 위해 먼저 카뮈의 『시지프 신화』에서 설명하고 있는 부조리와 반항의 개념을 알아보고 『이방인(L'Étranger)』의 뫼르소를 통해 부조리가 드러나고, 그것에 반항하는 방식을 살펴볼 것이다.

그러나 이러한 부조리의 문제를 단순히 문학 작품 속에서만 살펴보는 것으로는 부족하다. 작가가 고민하며 탐구했던 이 부조리는 작가의 개인적 층위, 나아가 시대적, 역사적 상황과도 무관하지 않기 때문이며 『이방인』과 『사서』라는 책이 나오게 된 배경으로 작가에 관한 고찰이 필요한 이유이다. 부조리는 늘 우리의 삶과 맞닿아 있는 게 사실이고, 이것이 많은 작가에게 문학적인 자양분이 되었음은 분명하다. 여기에서 특별히 옌롄커를 주목하는 이유는, 책을 시작하는 서문의 첫머리에 "말을 하고 싶었다."라고 고백하는 옌롄커의 글 때문이다.[10] 말을 하고는 있지만, 내가 원하는 말을 할 수 없는 현실, 따라서 영혼의 호흡과도 같은 진정한 말을 했는지를 자문하고 있

9 Sisyphus를 다양하게 표기하고 있기 때문에, 카뮈의 『시지프 신화』의 내용을 인용할 때는 '시지프'로, 옌롄커의 『사서』 속 시시포스의 신화를 인용할 때는 '시시포스'로 지칭하기로 한다.

10 옌롄커, 『침묵과 한숨』, 김태성 옮김, 글항아리, 2020, p.7.

는 한 명의 중국인이자 작가로서의 정체성에 대한 치열한 고민이 그의 삶을 관통하여 작품 속에서 어떻게 표출되고 있는지를 살펴보려고 하는 것이다. 이는 부조리의 작가 카뮈로부터 시작되어야 하고, 옌롄커로 이어질 것이다. 비단 중국에서뿐만 아니라 이해할 수 없는 일들로 가득한 부조리한 현실을 살아가는 우리 각 개인이 어떻게 삶을 살아가야 할지에 대한 하나의 의미 탐구로써 방향을 제시해 줄 것으로 기대한다.

2. 부조리와 반항

1) 『시지프 신화』 속 부조리와 반항의 개념

앞서 언급한 바와 같이 『사서』의 네 번째 책이자 마지막 장은 '시시포스의 신화'이며 카뮈의 『시지프 신화』 마지막 장도 '시지프 신화'이다. 『시지프 신화』에서는 다양한 방식으로 부조리를 논의하다가 마지막 장에서 짧게 시지프의 신화를 설명하며 부조리와 반항을 정리하고 있다. 『시지프 신화』에서 부조리의 논의가 방대하므로 '시지프 신화' 속에서 드러나는 부조리와 반항의 개념을 중점적으로 살펴보고, 이어서 이 부조리와 반항이 『이방인』에서 뫼르소를 통해 어떻게 형상화되는지를 고찰해 본다.

카뮈는 『시지프 신화』의 서두에 '자살'의 문제를 통해 삶의 의미와 죽음, 부조리에 관해 이야기를 꺼내고 있다.[11] 우리는 삶을 살아가면서 언제든 부조리한 순간을 만나게 된다. '그것은 부조리하다'라고 말하는 것은 '그것은 있을 수 없는 일이다' 또는 '그것은 모순이다'라는 뜻이며 불공정, 불합리,

---

11 알베르 카뮈, 『시지프 신화』, 김화영 옮김, 민음사, 2016, p.15.

불가해를 인식하는 순간이다.[12] 부조리는 두 개 항의 비교나 대비에 의해 생겨나며 두 항의 간격이 증가할수록 부조리는 더욱 커진다. 인간과 세계 사이에는 부조리가 놓여 있는데 인간은 자신의 이성과 생각으로 세계를 이해하려고 하지만, 세계는 우리가 이해할 수 있는 범위 밖에 놓여 있으므로 부조리가 나타난다. 카뮈는 이 상태에 대해 다음과 같이 말한다.

> 중요한 것은 바로 그 부조리의 상태에서 사는 것이다. 나는 그것이 무엇에 기반을 두는지 안다. 이 정신과 이 세계는 서로 부둥켜안지 못한 채 서로 힘을 겨루듯이 떠밀며 버티고 있다.[13]

카뮈의 인식에 따르면 부조리는 해소할 수 있는 것이 아니다. 서로 힘을 겨루듯이 밀며 버티는 대치의 상태에 있으며, 우리는 그 안에서 계속해서 삶을 살아간다. 따라서 부조리의 상태를 벗어나기 위해 애쓰거나 회피하기보다는 부조리를 직시하기를 요청한다. 지금 당장 내 손에 만져지는 것과 나에게 저항해 오는 것, 내가 이해하는 것 안에서 삶을 살아가야 한다는 것이다. 이것이 바로 '반항'이다. 반항에는 희망이 없으나 짓눌러 오는 운명을 확인하는 것이며, 확인 후 따라오는 어떤 체념을 거부한다. 삶이 곧 반항이므로 삶의 매 순간을 명징하게 살아내는 것이다. 그러므로 이 반항은 자신의 현존을 끊임없이 깨닫게 하며, 삶에 가치를 부여할 뿐만 아니라 삶의 위대함을 회복시킨다.[14]

다시 책의 서두에 언급한 '자살'의 문제로 돌아가 보면 부조리의 경험은 자

---

12 *Ibid.*, pp.51-52.
13 *Ibid.*, p.65.
14 *Ibid.*, pp.83-84.

살과는 거리가 멀다. 자살은 나름의 방식으로 부조리를 해소해 버리고, 부조리를 죽음 속으로 끌고 들어가는 행위이다. 그러나 부조리는 죽음에 대한 의식이며, 죽음의 거부라는 점에서 자살에서 벗어나는 것이라고 카뮈는 말한다.[15]

『시지프 신화』의 마지막 장에 이르러서야 '시지프 신화'에 관한 내용이 등장한다. 시지프는 커다란 바위를 산비탈로 처절하고 고통스럽게 올려다 놓아야 한다. 올려다 놓는 순간 바위는 아래로 떨어지고, 또다시 그것을 올려 놔야 하는 것이 시지프 신화 속 시지프의 형벌이자 운명이다. 힘든 것은 물론이거니와 의미를 찾을 수 없는 행위의 반복, 이것은 시지프가 극복할 수 있는 무엇이 아니라는 사실, 그것이 바로 부조리를 깨닫는 순간이다. 그러나 카뮈는 여기서 한 걸음 더 나아간다. 이 바위를 올리는 순간의 시지프를 다음과 같이 묘사한다. "경련하는 얼굴, 바위에 밀착한 뺨, 진흙에 덮인 돌덩어리를 떠받치는 어깨와 그것을 고여 버티는 한쪽 다리, 돌을 되받아 안은 팔 끝, 흙투성이가 된 두 손."[16] 이 순간은 부조리를 깨달음과 동시에 자신의 존재를 확인하는 시간이며, 이 바위를 자신의 형벌이 아닌 나의 바위로 받아들이는 순간이자 부조리를 피하지 않고 정면으로 응시하는 반항의 순간이다. 신을 추방하여 삶을 자신의 것으로 만드는 순간인 것이다.

> 그리하여 그것은 불만과 무용한 고통의 취미를 가지고 들어온 신을 이 세계로부터 추방한다. 그 한마디가 운명을 인간의 문제로, 인간들 사이에서 처리해야 할 문제로 만드는 것이다. 시지프의 소리 없는 기쁨은 송두리째 여기에 있다. 그의 운명은 그의 것이다. 그의 바위는 그의 것이다. 이와 마찬가지로 부조리한 인간이 자신의 고통을 응

15 *Ibid.*, pp.84-85.
16 *Ibid.*, pp.181-182.

시할 때 모든 우상은 침묵한다.[17]

시지프는 끊임없이 이 행위를 반복해야 하지만, 그 행위 가운데 자신의 현존을 생생하게 느끼며 행복한 시지프로 삶을 받아들이고 살아가게 되는 것이다.

2) 『이방인』의 뫼르소를 통해 본 부조리와 반항

카뮈가 말하는 부조리와 반항은 『이방인』의 뫼르소를 통해 더욱 명확하게 표출된다. 『이방인』의 주인공 뫼르소는 세 번의 죽음을 마주하게 되는데 처음엔 어머니, 자신이 죽인 아랍인 그리고 사형수로서 자신의 죽음이다. 뫼르소가 이 죽음들을 대하는 태도의 변화를 따라가 보자.

뫼르소에게 있어서 어머니의 죽음은 자신의 일상을 흩트려 놓은 작은 하나의 사건에 불과할 뿐, 그에게 어떠한 영향도 미치지 못하는 것처럼 보인다. 금세 자신이 원래 살던 방식으로, 일상으로 돌아온다.[18] 그러나 이것은 뫼르소가 어머니의 죽음에 영향을 받지 않은 것이 아니라 어머니의 죽음이라는 현실을 외면했기 때문이다.

두 번째의 죽음은 뫼르소가 아랍인을 살해함으로 만나게 된다. 뫼르소는 아랍인을 살해한 이유를 태양 때문이라고 말한다. 어머니의 장례식날 뫼르소를 괴롭히던 태양, 소설 속에서 뫼르소를 계속해서 따라다니던 지독하고 진득한 그 태양을 견디지 못하고 방아쇠를 당긴다.[19] 『이방인』 곳곳에서 나타나는 태양은 죽음과 연관된다. 벗어나고 싶어도 벗어날 수 없는 죽음, 외

---

17 *Ibid.*, p.184.

18 알베르 카뮈, 『이방인』, 김화영 옮김, 민음사, 2011, p.37.

19 *Ibid.*, pp.76-78.

면하려고 했지만 외면할 수 없는 죽음을 상징한다.[20]

재판을 거쳐 사형을 선고받은 뫼르소는 세 번째 죽음 곧 자기 죽음을 목전에 두고서야 삶과 죽음을 정면으로 대면하게 된다. 『이방인』에서 자주 반복되는 뫼르소의 '그건 아무 의미 없었다'라는 말들처럼 삶의 의미를 알지 못했던 뫼르소가 자신의 죽음을 앞두고 비로소 그 의미를 깨닫는다. 뫼르소는 자신을 찾아온 신부 앞에서 기독교적 의미의 죽음을 부정한다. 앞서 살펴본 자살과 같이 기독교적 의미의 죽음은 죽음 이후를 약속하며 부조리를 해소하려고 하는 것일 뿐이라는 것이다. 그러나 죽음은 모두에게 평등한 것이며, 삶을 직시하게 해줄 수 있는 것, 헛된 희망을 품지 않게 해주는 것이다.[21]

죽음과 대면하기 전의 뫼르소는 삶의 의미와 가치를 알지 못했기 때문에 자기 삶 속의 이방인이었다. 어떤 일도, 어떤 행동도 아무런 의미를 찾을 수 없었다. 그러나 사형수로 언제가 될지 모르는 사형 집행 앞에서 부조리를 직시하며 삶의 의미를 회복하고, 삶의 위대함을 비로소 깨닫게 된다. 어머니가 양로원에서 약혼자를 가진 이유, 죽음이 목전에 있으나 남은 삶을 포기하거나 회피하지 않고 적극적으로 살아간 이유를 깨닫는다. 오히려 이 순간의 뫼르소는 『이방인』 전체를 통틀어 가장 활력이 넘치고, 주체적이 된다. 행복한 시지프의 모습처럼 뫼르소도 행복을 말한다.

---

20 조현천, 「막스 프리쉬의 소설 『호모 파버』-잃어버린 시간을 찾아 떠나는 여행」, 『독일어문학』 제94호, 한국독일어문학회, 2021, p.32.

21 알베르 카뮈, 『이방인』, *op. cit.*, pp.145-146.

3. 알제리와 카뮈, 중국과 옌롄커

1) 알제리와 카뮈

알베르 카뮈는 더 이상 설명이 필요 없는, 누구라도 한 번쯤은 들어 보았을 노벨문학상을 수상한 작가이며 그의 작품 『이방인』과 『페스트(La Peste)』는 두루 읽히는 고전이다. 특히나 『이방인』은 세계 백여 개의 언어로 번역되어 있을 뿐 아니라 한국에서도 계속해서 번역본이 나올 정도로 인기가 많은 작품이다. 그러나 카뮈는 여전히 논쟁의 중심에 서 있는 인물이기도 하다.

카뮈를 단순히 프랑스의 작가이자 철학자, 저널리스트로 알고 있는 경우가 많지만, 카뮈를 설명하는 말은 그리 간단치 않다. 카뮈는 피에-누아르(pied-noir), 알제리에서 태어난 프랑스인, 프랑스 국적, 프랑스계 알제리인과 같은 다양한 말로 설명되곤 한다.[22] 노벨상 공식 홈페이지의 카뮈 소개를 보면 카뮈는 본국 프랑스가 아닌 문학(non-metropolitan French literature)을 대표하며, 알제리 출신으로, 알제리에서의 경험이 그의 생각과 작품에 지배적인 영향을 미쳤다고 설명한다.[23] 카뮈는 알제리에서 태어나 자랐으며 건강상 요양과 기자 생활을 위해 프랑스에 머문 때를 제외하고는 대부분 알제리에서 지냈다. 카뮈가 살았던 알제리는 당시 프랑스의 식민지였으며, 카뮈가 불의의 사고로 사망 후 2년 뒤 1962년에 알제리는 프랑스로부터 독립하게 된다.

카뮈가 비난받는 이유를 크게 두 가지로 나눠보면 첫째로 그가 알제리의

---

22 19-20세기 유럽의 여러 지역에서 알제리(알제리는 1830-1962년까지 프랑스의 식민지였다)로 이주해 프랑스의 시민이 된 사람들이 알제리 독립 이후 본국 프랑스로 송환되었다. 그들을 지칭해 피에-누아르라고 불렀다. E. Savarese, "After the Algerian War: Reconstructing Identity among the Pieds-Noirs." *International Social Science Journal*, Vol. 58, No. 189, 2006, pp.457-466.

23 The Nobel Prize, "Albert Camus (1913-1960) was a representative of non-metropolitan French literature. His origin in Algeria and his experiences there in the thirties were dominating influences in his thought and work."

독립을 지지하지 않았기 때문이다.[24] 카뮈에게 있어서 알제리는 '프랑스적 알제리'이다. 알제리의 분리 독립이 이루어지면 알제리에 사는 프랑스인들, 곧 카뮈 같은 이들의 거취와 같은 중대한 현실의 문제도 있었지만, 이러한 그의 인식은 사실상 식민 상태의 알제리, 피에-누아르가 아닌 자들의 실제적 현실과 고통을 외면했다고 볼 수 있다.[25]

둘째로 카뮈의 작품 속 주요 무대가 알제리임에도 불구하고 알제리인에 대한 언급이 없을 뿐만 아니라 알제리의 정치적 현실을 드러내는 일이 없었다.[26] 『이방인』을 비롯한 여러 작품 속엔 아랍인이라는 호칭만 나올 뿐 구체적인 이름에 대한 언급이 없고, 알제리의 자연에 대한 찬양은 있지만, 알제리에서 함께 어울려 살았던 아랍인, 베르베르인에 대한 내용은 없다. 이러한 연유로 세계적인 작가로 인정받는 카뮈이지만, 알제리에서 그의 흔적은 찾을 수 없으며, 알제리에서 그의 작품은 거부되었다. 그의 작품 속에 이름 없이 삭제된 존재들을 통해, 카뮈가 알제리에 가지는 장소감(sense of place), 곧 장소 정체성을 엿볼 수 있다. 에드워드 렐프(Edward Relph)는 『장소와 장소상실』에서 장소감에 대해 다음과 같이 말한다.

> 진정한 장소감이란 무엇보다도 내부에 있다는 느낌이며, 개인으로서 그리고 공동체의 일원으로서 나의 장소에 속해 있다는 느낌이다. 이 소속감은 곰곰이 생각해 보지 않아도 알 수 있는 것으로, 집이나 고향, 혹은 지역이나 국가에 대해서 느끼는 감정일 것이다.[27]

---

24 19-20세기 유럽의 여러 지역에서 알제리(알제리는 1830-1962년까지 프랑스의 식민지였다)로 이주해 프랑스의 시민이 된 사람들이 알제리 독립 이후 본국 프랑스로 송환되었다. 그들을 지칭해 피에-누아르라고 불렀다. E. Savarese, *op. cit.*, pp.457-466.

25 김기홍, 「영화 〈톰 하디의 도망자〉와 피에누아(Pied-Noir)의 에스닉 정체성」, 『글로벌문화콘텐츠』 제30호, 글로벌문화콘텐츠학회, 2017, pp.9-10.

26 이양재, 「알제리 전쟁과 카뮈」, 『불어불문학연구』 제86권, 한국불어불문학회, 2011, p.213.

27 에드워드 렐프, 『장소와 장소상실』, 논형, 2005, p.150.

나의 장소에 속해 있다는 느낌은 보통 자신이 나고 자란 고향, 고국에서는 당연한 것이다. 그러나 프랑스 식민지로서의 알제리에서 나고 자란 카뮈에게 알제리는 자신의 고국이 아닌, 자신이 거주하는 땅에 불과했던 것이 아닐까, 알제리를 어떤 장소로서의 진정한 공간이 아닌 단지 거주하는 공간으로 여겼던 것이 아닐까 하는 의문이 든다. 렐프는 실존적 내부성에 대해 다음과 같이 설명한다.

> 가장 근본적인 형태의 내부성은 적극적이고 자각적인 깊은 생각 없이 장소를 경험하지만, 여전히 그 장소가 의미로 가득 차 있을 때 생기는 것이다. 대부분의 사람들이 경험하는 내부성은 자기 집이나, 동네, 또는 자기 지역에 있을 때, 그리고 자신이 그곳과 그곳 사람들을 알고 있을 때, 자신이 다른 사람들에게 알려져 있거나 거기에서 자신이 받아들여질 때 나타난다. 실존적 내부성의 특징은 장소 개념의 토대가 되는 그 장소에의 소속인 동시에, 깊고 완전한 동일시이다.[28]

바꿔 말하면, 원래 알제리에 살던 아랍인과 베르베르인들은 카뮈와 같은 피에-누아르를 자신들과 같은 알제리인으로 받아들이지 못했을 것으로 추측된다. 같이 어울려 살았을지는 몰라도 온전히 받아들여지지는 않았을 것이다. 카뮈는 알제리에서 실존적 내부성을 갖지 못했고, 깊고 완전한 동일시를 이루지 못했다는 것이다.

피에-누아르는 카뮈가 알제리에 살던 당시, 알제리에 거주했던 프랑스인들을 지칭한 말은 아니다. 알제리 독립 후, 알제리에 살던 유럽인들과 프랑스인들이 프랑스로 이주하면서 프랑스 본국 사람들과 구별하기 위해서 만

---

28 *Ibid.*, p.127.

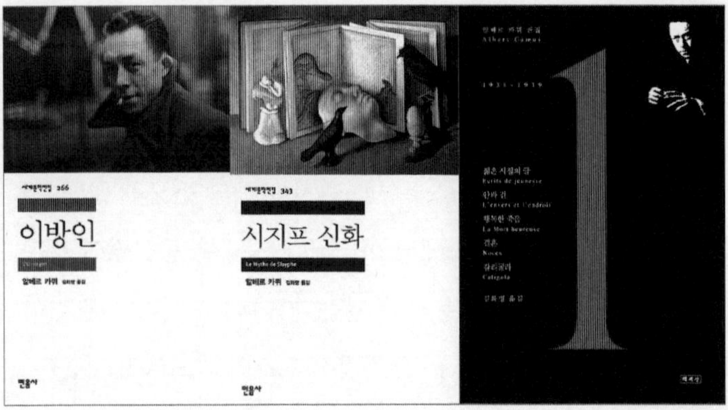

[그림 2] 카뮈의 부조리 3부작으로 불리는『이방인』,『시지프 신화』,『칼리굴라』(출처: 민음사, 책세상)

들어진 말이다.[29] 알제리에서도 피에-누아르는 받아들여지지 않았으며 프랑스에서도 그들은 구별되었다. 피에-누아르로서 카뮈는 알제리에서 진정한 장소감을 느낄 수 없었으며 이것은 프랑스에서도 마찬가지다. 어디에서도 피에-누아르는 이방인일 수밖에 없었다.

앞서 살펴보았듯이 부조리는 카뮈의 작품을 관통하는 하나의 큰 키워드이다. 카뮈의 대표 작품인『이방인』과『칼리굴라(Caligula)』,『시지프 신화』는 부조리 3부작이라고 불린다. 카뮈는 부조리에 관한 여러 작품을 쓸 만큼 실존과 부조리의 문제에 가깝게 맞닿아 있었다. 피에-누아르라는 자신의 정체성과 더불어 제2차 세계대전과 알제리 전쟁을 겪은 카뮈의 삶은 왜 그토록 카뮈가 '부조리'의 문제에 천착했는지를 보여주는 하나의 단면이다.

29 김기홍, *op. cit.*, p13. 당시에는 사용되지 않았지만, 식민지 시기 알제리에 살았던 유럽, 프랑스인들을 구분하여 지칭하기에는 적절한 용어로 사료된다.

2) 중국과 옌롄커

카뮈와 그의 작품은 프랑스의 식민지였던 알제리, 그곳에서 살았던 피에-누아르, 당시의 시대 상황 속에서 읽혀야 하는 것처럼 옌롄커의 작품을 읽을 때도 '중국'이라는 나라의 특수성을 먼저 이해할 필요가 있다. 이 특수성은 사회주의 국가라는 맥락 속에서 이해된다. 중국은 공산당이 추구하는 이념, 목표와 다른 목소리를 허용하지 않는다. 그러나 이러한 과정이 겉으로 보기에는 절차에 따른 결과일 뿐 그다지 억지스러워 보이지 않는다.

우리나라의 경우 누구나 출판사 등록을 하면, ISBN을 부여받고 책을 낼 수 있으며 굳이 ISBN이 없어도 독립서점과 같은 곳에서 책을 판매할 수 있다. 그러나 중국은 심사를 통해 국유 출판사에만 정해진 숫자의 ISBN을 제공한다. 민영 출판사는 국유 출판사에 높은 비용을 지불하고, 명의를 빌려 책을 출간하며 국유 출판사는 민영 출판사를 대신해서 검열 절차를 밟아 준다. 이러한 수직적인 구조 속에서 출판사는 정부의 눈치를 볼 수밖에 없다. 정부의 검열을 통과하기 전에 이미 여러 차례의 자기 검열을 거치기 때문에 정부의 이념에 반하는 책은 세상에 나오기 어렵다.

옌롄커는 중국식 정치와 시장경제의 관계를 호랑이를 통해 비유한다. 호랑이를 우리 안에 가두지 않고 일정한 범위 안에서 다닐 수 있도록 자유를 주고, 적당한 음식을 공급하게 되면 제한된 경계지를 이탈하지 않는다는 것이다.

> 호랑이에게 상대적으로 원래의 생태에 가까운 서식지를 마련해 주어 일정한 범위 안에서 자유롭게 돌아다니게 하고 적당히 음식을 공급하여 적당한 제한 속에서 자유를 누리게 함으로써 그처럼 다급하게 제한된 경계지를 이탈하여 순수한 자유의 산천으로 회귀하지 않아도 되게 하는 것이다. … 풀어 놓고 먹이는 것이기도 하면서 또 풀어

놓고 가두는 셈이 된다. 이것이 바로 오늘날 중국의 정치와 중국의 시장경제, 중국식 권력 집중과 중국 문학의 특수한 관계다. 애석한 것은 중국 문학이 아름다운 얼룩무늬 호랑이가 아니라 비교적 온순한 면양이라는 점이다.[30]

가장 중요한 부분인 경제와 관련해서는 문제없이 돌아갈 수 있도록 많은 자유를 주고, 정치나 이념과 관련해서는 체계적이고 수직적인 절차를 통해 마치 자유가 있는 것처럼 통제한다. 자유가 없는 것은 아니지만, 그렇다고 자유로운 상태도 아니다. 이것이 지금 중국의 현실이며 모순이다. 그러나 이러한 구조에 이미 익숙해진 호랑이는 더 이상 이곳을 벗어날 생각을 하지 않는다.

옌롄커는 그의 에세이 『침묵과 한숨 –내가 경험한 중국, 문학, 그리고 글쓰기』의 서문을 다음과 같이 열고 있다.

말을 하고 싶었다. 날이 갈수록 나는 진정한 말이란 인간 영혼의 호흡이라는 것을 실감한다. 하지만 우리 일상의 말은 그저 육체와 생명의 살아 있는 교류 및 전달에 그치고 만다. 그저 일종의 소리일 뿐인 것이다. 따라서 끊임없이 자문하게 된다. 내가 말을 했던가? 내가 말을 할 수 있는 건가? 내가 또 어떤 말들을 했던가?[31]

옌롄커는 작가이다. 그러나 중국에서 작가로서 진정한 말을 할 수 있는지 되묻는다. 옌롄커는 중국 현대사에서 가장 비참했던, 그래서 중국이 감추고 싶어 한 대약진 운동, 대기근, 문화대혁명 등을 작품의 소재로 삼았고, 그로

30 옌롄커, 『침묵과 한숨』, *op. cit.*, p.232.
31 *Ibid.*, p.7.

인해 그의 책은 차례대로 금서로 지정된다.[32] 옌롄커가 소재로 삼는 내용들은 그가 듣고, 보고 경험했던 엄연히 존재했던 사실들이 다르게 포장되거나, 굳이 들춰지지 않는 지금 중국의 현실에 대한 부조리한 인식에서 나온다고 할 수 있다.

또한 옌롄커는 그가 나고 자란 마을, 그 땅에 관한 관심, 그 속에서의 경험을 자신의 글쓰기로 확장해 왔다. 그의 작품 속에는 특히나 농촌과 농민의 현실이 많이 녹아 있어서 『딩씨 마을의 꿈』 이후로 "농촌의 현실과 농민이 처한 상황을 가장 잘 이해하고 그려내는 작가"라는 수식어가 붙었다.[33] 그의 모든 관심과 염려, 응시와 집중은 중국에 있으며 그의 글쓰기는 개인의 층위를 넘어선다.

이것이 카뮈와 옌롄커의 부조리와 반항을 다루는 방식에 있어서 차이를 보이는 지점이다. 카뮈가 자신이 나고 나란 알제리의 독립을 지지하지 않은 점, 그의 작품 속에 알제리인과 그 속의 삶이 담기지 않은 점은 알제리에 소속되지 못하고, 구별된 피에-누아르로서의 정체성 때문이며, 그의 작품이 부조리와 반항을 탐구하고 있지만 이것이 개인의 삶을 벗어나 알제리로까지 확장되어 나오지 못한 한계점으로 볼 수 있다. 옌롄커의 부조리와 반항에 관해서는 아래에서 좀 더 다루기로 한다.

---

32 김용출, 「이호철문학상 『사서』 옌롄커 "생명의 마지막 시간, 철저하게 서재로 돌아가서 글쓰기 속 침 묵을"」, 『세계일보』, 2022.10.05.

33 김봉연, 「『레닌의 키스(受活)』에 나타난 三農의 단면들과 재현 방식」, 『중국어문논역학회』 제49권, 중국어문논역총간, 2021, p.133.

4.『사서』 속 부조리와 반항

옌롄커의 작품에서 보여지는 부조리는 옌롄커의 독특한 창작 방식인 '신실주의'를 통해 표출된다. 신실주의는 상상, 신화, 꿈, 환상, 마법과 같은 설정과 묘사를 통해 작가가 말하고자 하는 진실과 현실을 표현하는 방식이다. 외부적인 요소가 아닌, 작가가 추구하고, 밝히고자 하는 내적인 진실과 주제를 표현하기 위해 인물, 플롯, 원인과 결과를 이끌어 가는 것이다.[34] 따라서 옌롄커의 소설을 읽는 독자들은 표현이 과장되고, 앞뒤가 맞지 않으며 내용이 허무맹랑하다고 느끼게 된다.

> "정말 무(畝)당 10만 근을 생산할 수 있단 말입니까?"
>
> 추궁을 받자 그가 목을 꼿꼿이 세우며 말했다.
>
> "내가 애국하는 걸 막겠다는 뜻이오? 10만 근을 생산하지 못하면 내년에 우리 집안과 마을 사람들 목을 전부 베시오."
>
> 아이[35]가 받고 싶은 상품은 작두였다. 작두를 받으려면 3000근을 보고해야 했다. 두 자루를 받으려면 6000근이었다. 하지만 아이가 다섯 자루를 받기 위해서 몇 근이 더 필요한지 계산을 끝내기도 전에 숫자는 이미 10만 근까지 이르렀다.
>
> 아이가 깜짝 놀라서 눈을 동그랗게 떴다. 눈앞에 펼쳐지는 세상일들을 이해할 수 없었다.[36]

---

34 조영현, 「옌롄커(閻連科)의『작렬지(炸裂誌)』와 '신실주의(神實主義)'」, 『중국문학연구』 제85권, 한국중문학회, 2021, p.173.

35 『사서(四書)』는 책 속의 책 형식을 취한다. '하늘의 아이', '옛길', '죄인록', '시시포스의 신화' 4권의 책은 아이, 작가, 학자 3명의 관점에서 쓰여졌는데, 각 챕터가 교차 편집되며 서사를 이끌어간다. 책 속 인물들은 자신의 이름이 아닌 아이, 작가, 학자, 음악, 실험, 교수, 종교와 같이 자신이 가졌던 직업으로 불린다. 전체적인 내용은 죄인들을 모아놓은 위신구, 그중에서도 지식인들을 모아놓은 99구 속에서 벌어지는 일들을 다뤘는데, 위신구는 황허 옆 모래사장으로 너무 크고 넓어서 빠져나갈 수 없는 감옥과도 같은 땅으로 죄인들은 모래땅을 비옥하게 만들어 경작해야 한다.

36 옌롄커, 『사서』, *op. cit.*, p.69.

현실의 세계에서 가능하지 않은 설정과 논리적인 인과 관계를 무시한 내용상의 전개가 이어진다. 불가능한 목표치를 어떻게 가능하게 만들지를 고민하는 아이(99구의 지도자)에게 주인공 중 한 명인 작가는 조 이삭보다 크고, 옥수수 이삭만큼 커다란 밀 이삭을 재배해 보겠다고 선언한다. 그러나 생각만큼 잘 자라지 않고, 시들해진다. 우연히 자신의 피를 물에 섞어서 주게 되는데 그 후로 밀이 빠른 속도로 자라는 것을 보고 목표한 바를 위해 자신을 피를 계속해서 주게 된다. 상부에서 설정한 목표치를 달성하기 위해서 고통받는 개인의 모습이 그려지는데, 이러한 상황의 설정과 극한으로까지 몰고 가는 묘사는 독자들에게 당혹스러움을 유발한다. 왜 그 목표를 달성해야만 하는지, 목표의 달성이 어떤 의미가 있는지 이해할 수 없기 때문이다.

신실주의적 창작 방식을 통해 옌롄커가 실제로 드러내고자 하는 것은 무엇일까. 옌롄커가 그리고 있는 말도 안 되는 상황들이 실제로는 중국의 면면이자 중국이 공개하고 싶지 않은 과거의 역사이다. 옌롄커는 이 소설을 대약진 운동과 내기근을 바탕으로 썼다. 위에서 언급한 불가능한 목표를 달성하는 경작은 실제로 있었던 일이다. 중국의 유도탄의 아버지라 불리는 전학림은 태양광 에너지의 '과학적 계산'을 통해 다음과 같이 말한다. "현재 벼와 보리는 매해 무(畝)당 생산량이 최대 2,000여 근(斤)이다. 만약 '과학적 생산'을 실행하면 2,000여 근의 20배, 즉 4만 근에 달할 수 있다." 이는 당시 추진하던 농업 생산량 신기록 세우기를 위해 신문에 실린 글이다. 대약진 운동이 시작된 이상 지역마다 양곡 생산량의 보고는 과장될 수밖에 없었다. 실제 생산량은 1.5억 근밖에 되지 않았는데도 보고된 것은 3.3억 근이었다. 이 숫자를 근거로 징수량을 책정했고, 부족한 양은 결국 농민의 식량에서 공제되었다. 이 때문에 대약진 후 대기근 시대 이 지역의 전체 농민의 비

정상적 사망이 5만 명에 달했다.[37]

대약진 운동의 첫 번째는 농업 생산이고 두 번째는 제강 운동이었다. 농업 생산에서 제강 운동으로 넘어가면서 농업 생산량이 감소하였고 이는 대기근의 원인이기도 하다. 『사서』에서도 대기근이 닥치고 사람들은 먹을 것이 없어서 흙을 먹고, 그리고도 더 이상 먹을 것이 없어서 굶어 죽은 동료의 시체마저 먹게 되는 과정을 처절하게 그리고 있는데 이 역시 이 시기 중국에서 실제로 일어났던 일들이다. 『사서』에는 대약진 운동, 대기근의 내용이 거의 그대로 표현되었다. 중국의 근현대사에 대한 지식이 없는 사람이 『사서』를 읽었다면 이를 단지 상상력의 산물이라고 취급할 것이다. 그러나 실제로 이런 일들이 벌어지고, 일어났다는 사실에 놀라움을 넘어서, 도저히 있을 수 없는 일이라는 부조리함을 느끼게 된다. 이처럼 옌롄커는 중국의 역사 속에서 실제로 일어났던 일들을 모티브로 작품을 구성한다.

옌롄커가 소설에서 창조한 위신구는 권력으로 통제하는 공간이다. 위신구에 사는 사람들은 죄인이기 때문에 거취의 자유가 없다. 그러나 권력에 순응하고, 이바지하면 위신구 밖으로 내보내 주겠다는 약속을 받는다. 위신구는 어느 정도의 자율성이 주어지는 열려 있는 형태의 감옥으로, 앞서 말한 호랑이를 키우는 것과 동일한 공간으로 묘사된다. 대기근을 겪고 겨우 살아남은 99구의 사람들은 책의 마지막에 위신구를 빠져나가게 된다. 그들이 위신구를 나갈 때 99구를 유일하게 탈출한 실험이라는 인물이 있었는데, 그가 자신의 가족들을 이끌고 다시 위신구로 들어가는 장면이 나온다. 위신구에서의 삶은 절대 녹록지 않았다. 권력자에 의해 억압받고, 많은 사람이

37 전리군(첸리췬), 『모택동 시대와 포스트 모택동 시대 1949-2009: 다르게 쓴 역사』, 연광석 옮김, 한울, 2012, pp.319-321.

여러 이유로 죽었으며, 천신만고 끝에 위신구를 탈출했다. 하지만 위신구 밖 자유가 보장된 곳에서의 삶도 위신구와 다르지 않음을 보여준다.

위신구를 통해 중국의 부조리함을 드러내고자 함도 있지만, 위신구 밖의 삶에서도 부조리함은 존재한다. 부조리는 우리와 세계 사이에 늘 존재하기 때문이다. 어느 곳이든 그 속에서 살아가는 개인의 삶은 선택할 수 있다. 『사서』 속 인물들은 대부분 지식인이라고 불리는 직업군을 대표하는 작가, 학자, 음악, 실험, 교수, 종교이다. 억압과 죽음을 목전에 둔 극한의 상황에서 우리의 삶은 더 명징해지고, 그 의미는 더욱 뚜렷해진다. 눈앞의 현실에만 함몰되어 자신의 안위만을 생각하며 살아가는 사람이 있는가 하면, 부조리에 맞서 반항하며 자신과 타인의 존엄을 추구하는 사람도 있다. 선택할 수 있다는 것이다.

『사서』의 마지막 책인 '시시포스의 신화'는 다른 책과 섞여 나오지 않고 단 하나의 장으로 책의 마지막에 나온다. 우리가 익히 알고 있는 카뮈의 『시지프 신화』는 서양의 시시포스였고, 『사서』의 '시시포스 신화' 속 시시포스는 동양의 시시포스라고 『사서』에서 설명한다. 『사서』 속 시시포스가 기존의 시시포스와 다른 점은 무한히 반복되는 그 형벌 자체는 시간 속에서 적응했고 자신의 의무이자 소임으로 받아들였다는 것이다. 그가 찾은 삶의 의미는 나에게 지금 맞닿아 있는 이 바위가 아닌, 그가 사랑하게 된 외부의 한 명의 아이 혹은 산 밑의 세상의 모습이다. 삶의 부조리함은 어느새 적응되어 무디어지고, 익숙해질 수 있지만, 그것에 안주하지 않고 내 옆의 한 사람, 나의 이웃, 나의 국민을 생각해야 한다는 것이다. 이 지점에서 카뮈와 옌롄커의 반항에 대한 관점의 차이를 볼 수 있다. 카뮈의 반항은 자신이 삶의 주체가 되기를 바라는 것으로 반항을 나라는 개인의 층위에 놓고 있으나, 옌롄커는 이 반항의 이유와 목적이 오히려 중국이라는 나라 전체에 있다고 볼 수 있다. 자신의 나라와 국민을 사랑하고, 그래서 이 나라가 옳은 방향으로 가기를 원하는 마음으로부터 그의 반항은 시작된다. 부조리함을 비판함에 그치지 않고, 그 부조리함에 대해 각 개인이 반항하며, 더 나은 미래를 향하기를 원한다.

다시 말해 카뮈가 말하는 부조리에 대한 반항은, 그 부조리와 맞닿은 상태에서 정면으로 응시하며 삶을 자신의 것으로 여기며 살아가는 것이다. 옌롄커가 얘기하고 싶은 반항 역시도 그러하지만, 현재 중국이라는 이 특수한 상황 가운데에서 사는 사람으로서 삶을 자신의 것으로 여기는 것은 과연 무엇일까 묻고 있다. 그가 자신의 글과 삶으로 보여주는 반항은, 가려지고 지워진 역사 속의 부조리함을 밝혀 내는 것이다. 수레바퀴 속에 적응해서 개인의 안위만을 위해 살기보다는 내가 할 수 있는 반항을 선택할 것을 요구한다. 나 한 사람의 외침과 글이 아무런 영향을 미칠 수 없다고 생각되더라도 말이다. 아래는 옌롄커가 카프카상 수상 강연 중의 한 단락이다. 마을의 시각장애인처럼 주위를 환히 밝혀줄 수 있는 사람이 되기를, 그럴 용기를 가지기를 촉구한다.

> 우리 마을의 70세 시각장애인이 매일 해가 뜨면 동산을 마주하고 아침 해를 바라보며 묵묵히 중얼거리는 것을 생각한다. "햇빛은 원래 검었구나-그래도 좋구나!" 더욱 기이한 일은, 시각장애인인 그는 젊었을 때부터 몇 개의 다른 손전등을 가지고 있었고, 밤길을 걸을 때마다 손에 켜진 손전등을 들고 다녔는데, 날이 어두워질수록, 그의 손에 손전등이 더 길어지고 불빛도 더 밝아졌다. 그가 밤에 캄캄한 마을 거리를 걷고 있으면 사람들이 멀리서도 그를 볼 수 있었기 때문에 그의 몸에 부딪히지 않았다. 그리고 우리가 그를 스쳐 지나갈 때, 그의 손전등은 당신의 앞길을 비추어서 어둠 속에서도 무사히 빠져나올 수 있게 되었다. 그가 죽은 후 그의 가족과 우리 마을 사람들은 그

에게 애도를 표하러 갈 때 그와 그의 손에 들려 있는 불빛을 그리워하며, 배터리가 가득 담긴 각종 손전등을 보냈다. 그가 입관한 관에는 전부 빛을 내는 손전등이 있었다. 문학만이 어둠 속에서 가장 희미한 빛과 아름다움, 따뜻함과 성실한 사랑을 발견할 수 있다. 나와 나의 글쓰기는 어둠 속에서 손전등을 켜고, 어둠 속을 걷고, 제한된 빛을 이용하여 어둠을 밝히고, 사람들이 어둠을 보고, 피할 수 있도록 하는 우리 마을의 시각장애인이길 바란다.[38]

5. 부조리한 삶에 대한 반항

삶이 무엇인지, 그 의미에 대해 정면으로 맞닥뜨리게 되는 것은 죽음이다. 죽음은 곧 내일이 없음을 의미하기 때문이다. 인간은 부조리한 상황을 만났을 때 내일이 되면, 어떻게든 해결이 되겠지, 다른 방법이 있겠지 생각하며 회피하기도 하고, 희망을 품는다. 그러나 죽음이라는 것을 만나면 회피할 수 없고, 희망조차 가질 수 없기에 이런 부조리 속에서 삶의 의미에 대해 정면으로 마주할 수밖에 없다. 이는 『이방인』의 뫼르소를 통해 살펴보았다.

『시지프 신화』 속의 시지프는 매일 반복되는 행위 속에서, 바위를 굴려 올라가면 다시 떨어질 것을 아는 상황이다. 다시 말해 내일도 없고, 희망도 없는 상황에 부닥친 시지프는 자신의 삶을 한탄하거나 이것이 나에게 무슨 의미가 있는지를 계속해서 생각하며 자신의 삶을 피폐하게 만들지 않는다. 자신의 상황을 직시하고, 이게 바로 현재 나의 삶임을 받아들인다. 그러나

38 "閻連科卡夫卡獎受獎演說", 超越新聞, 2014.10.27.

옌롄커는 여기에서 멈추지 않고, 한 걸음 더 나아가기를 원한다.

> 오늘날의 중국은 세계의 태양이자 빛인 동시에 세계의 거대한 걱정이자 무더운 그림자인 것 같다. 그리고 그곳에 사는 사람들은 매일 매 순간 알 수 없는 격정을 갖고 있고, 알 수 없는 불안, 근거 없는 두려움과 근거 없는 경솔함을 갖고 있다. 역사를 되돌아보는 데 대한 두려움과 망각이 있고 미래에 대한 동경과 근심이 있다. 현실에 대한 매일 매 순간 넋이 뒤흔들릴 정도의 놀라움과 기본적인 상식 및 이치에 위배되고 논리에 부합하지 않는 상황들이 있다.[39]

문학의 역할은 무엇일까? 이는 작가라면 늘 가지는 고민일 것이다. 옌롄커는 자신의 글이 지금 당장 중국의 현실을 변화시키거나 체제를 전복하는 데 어떤 역할을 할 수 있을 것으로 생각하지 않는다. 카뮈가 부조리 상태를 극복해야 할 것이라고 말하지 않은 것처럼, 그것은 빛과 어둠의 관계처럼 회피하거나 극복할 수 있는 성질의 것이 아니다. 부조리는 늘 우리와 함께 있다. 하지만 부조리에 대해 반항할 수 있다. 남들보다 더 어두움을 잘 느끼는 사람이자 작가로서 서재로 돌아가 쓰고 또 쓰는 것이다.

옌롄커는 역사와 기억에 대해 말한다. 국가가 망각해야 할 것, 기억해야 할 것을 전부 선택적으로 골라 이를 체계적으로 다음 세대에게 전달하고, 이로 인해 인민 전체가 기억 상실의 늪에 빠지게 되었다고 말한다. "역사가 아주 완벽하고 아름답게 다시 쓰이게 되는 것이다."라고 말이다.[40] 당시를 겪어 내었던 한 사람으로, 우리의 진짜 기억 속에 남아 있는 역사에 대해서

39 옌롄커, 『침묵과 한숨』, *op. cit.*, p.22.
40 *Ibid.*, pp.34-39.

침묵할 수는 없다. 선택적으로 골랐기 때문에 삭제된 당시의 역사는 놀랍게도 현재 중국의 모습을 투영한다. 이 때문에 옌롄커는 그가 마주하는 부조리 앞에서, 그의 삶이 위협당하고 그의 글이 금서가 되어 읽히지 못하는 '문학적 죽음'이라는 현실 앞에서도 포기하지 않고 글을 계속 써 내려가고 있다. 이것이 그가 선택한 부조리한 삶에 대한 반항이며, 그의 반항은 우리에게도 유효하다. 어떤 반항의 삶을 살아가야 할지 옌롄커는 그의 작품을 통해 우리에게 물음을 던질 뿐만 아니라 움직이기를 촉구한다.

| 3부 |

카뮈는 알제리인이었나?

기억과 망각의 충돌과 전복

『이방인』과 『뫼르소, 살인사건』을 중심으로

○ 김정현

"무싸, 무싸, 무싸…… 난 가끔씩 형의 이름을 되풀이해 불러 보곤 한다네. 이 이름이 한낱 무의미한 글자로 흩어져 사라져 버리지 않게 하려고. 나에겐 중요한 일이야. 자네의 형의 이름을 큼지막한 글자로 한 번 써보지 않겠나. 한 남자가 이 세상에 태어났다 죽은 지 반세기가 지나서야 비로소 자기 이름을 갖게 된 거니까."

○ K. 다우드, 『뫼르소, 살인사건』, p.26.

"이 문제는 '나는 누구인가'라는 질문이고, 더 정확히 말하자면 '우리는 누구인가'를 묻는 것이다. (…) 우리가 공동으로 기억하고 망각하는 것을 통해 우리 자신을 정의한다는 뜻이다. 정체성의 개조는 곧 기억의 개조이기도 하다."

○ A. 아스만, 『기억의 공간』, p.82.

1. 전복된 이방인의 기억

전 세계의 독자들을 매료시킨 알베르 카뮈(Albert Camus)의 작품 『이방인(L'Étranger)』은 1940년대 소설임에도 불구하고 여전히 많은 독자의 사랑을 받으며 노벨문학상 수상작으로서의 권좌를 지키고 있는 고전문학으로 꼽힌다. 그러나 실존주의와 부조리의 대표작으로 평가받아 온 『이방인』은 카멜 다우드(Kamel Daoud)의 소설 『뫼르소, 살인사건(Meursault, contre-enquête)』을 통해 정면으로 도전받는다. 다우드의 소설은 무려 반세기에 걸쳐 그 위상을 유지하던 『이방인』의 전복을 꾀하면서 그간 우리가 가졌던 상식을 뒤흔들어 놓는다.

카뮈에 따르면, 『이방인』은 실존주의와 부조리를 묘사하기 위한 허구적 이야기로 집필되었다. 그러나 『이방인』은 『뫼르소 살인사건』과 나란히 놓이는 순간 역사적 사실을 위반하는 소설로 그 권위가 추락한다. 『이방인』이 지배자의 관점에서 서술된 낭만적이고 서정적인 서사라면, 『뫼르소 살인사건』은 피해자의 관점에서 서술된 처절한 절규에 가까운 증언으로서 일종의 기억 소환에 해당한다고 볼 수 있다. 본 연구에서는 두 작품 속 식민주의적 혹은 탈식민주의적 요소에 나타난 기억의 충돌을 분석하면서 이들이 기억 매체의 관점에서 어떻게 상호 기능하고 전환되는지 탐색하고자 한다.

이와 같은 연구 관점은 작가의 문화적 배경과 사상이 작품에 의식적이든 무의식적이든 반영될 수밖에 없다는 전제에 기초한다. 비평은 바르트(Roland Barthes)가 '저자의 죽음'을 공표한 이후 작품을 해독하는 과정에서 저자를 작품으로부터 완전히 분리한다. 그러나 이미 푸코(Michel Foucault), 호프만, 야니다스 등이 저자의 기능에 대해 논의하였다시피, 저자의 기능은 정도의 차이일 뿐 저자가 텍스트를 생산하는 창작자이기 때문에 작품과 완전하게 분리되기란 거의 불가능하다. 빙코는 "저자 기능은 작품해석에 포함시킬 수 있는 맥락을 확정하는 데에 필수적"이기 때문에 "저자가 자신이 잘 알고 높이 평가하는 철학적, 정치적, 학문적 이념과 인식 그리고 역사적인 사건들을 작품에서 의도적으로 수용하고 변형하며 진척시키는 것은 흔한 일"이라고 정리한다.[1]

알제리에서 태어났으나 프랑스 작가로서의 삶을 영위한 카뮈와 알제리에서 태어나 알제리 작가로서 살아 온 다우드가 같은 이야기를 다르게 쓸 수 있었던 연유가 여기에 있는 것이 아닐까. 이 두 소설은 가해자와 피해자가 존재하는 트라우마 기억에 있어서 서로 다른 기억의 양상이 대립할 때 동전의 양면처럼 기억과 망각의 역학이 작동하는 것을 보여준다. 어떤 것을 기억한다는 것은 다른 것을 망각하게 하는 원리로 인해 그간 기억의 충돌은 소수자의 기억 투쟁으로 이어졌고 이데올로기의 도구가 되기도 하였다. 프랑스가 세계적으로 문화의 선구자라는 인식, 노벨문학상의 세계적 권위, 세

1 고규진, 「저자/저자성의 문제 - 바르트와 푸코의 영향을 중심으로」, 『저자의 죽음인가, 저자의 부활인가』, 한국문화사, 2015, pp.225-226.

[그림 1] 이방인처럼 다양한 해석이 있는 잭슨 폴락의 '무제'. 그림 속 세 인물이 이방인에 등장하는 뫼르소, 레몽, 마송 혹은 아랍인 3인을 연상시킨다는 해석도 있다. (출처: https://thehyperbolichypothetical.blogspot.com/2015/04/interpreting-stranger-through-jackson.html)

기를 관통하는 세계 고전이라는 정전의 위치는 카뮈의 『이방인』에서 작품의 배경과 무대로 그려졌던 알제리의 이미지를 아무런 의심 없이 받아들이기에 이르렀다. 그렇게 독자들은 평화롭고 청량한 알제리의 해변에 대한 서정성에도, 이름 없는 아랍인들에게도, 종교만 믿는다면 아랍인을 살해해도 용서받을 수 있는 허술한 재판 과정도 모두 알제리에 대한 '당연한' 사실로 인식했다.

이러한 상식에 반기를 드는 것은 오직 알제리 땅에 현재 살고 있고 프랑스의 핍박을 경험했던 알제리인들뿐이다. 그런 점에서 카뮈 독자들에게 『이방인』은 알제리의 역사적 사실을 지우는 망각제로 작용했다고 볼 수 있다. 하지만 그것이 알제리인들에게는 되려 자신의 정체성을 회복하고 알제리의 불명예를 바로잡으리라는 기억 행위에 대한 자극제로 작용한다. 『이방인』은 "기억에게 말을 걸어 자극"함으로써 알제리인이 "스스로 자신을 확인"하

게 하였다.[2]

카뮈의 『이방인』에 대한 해석과 선행 연구는 헤아릴 수 없이 많다. 그러나 『뫼르소, 살인사건』의 등장으로 인해 달라진 『이방인』의 지위와 그 정체성에 대해 논한 연구는 아직 많지 않다. 두 작품을 비교하면서 다룬 연구로는 서영희의 연구가 있고, 다우드의 작품을 중점으로 다룬 연구로는 지영래의 연구들이 대표적이다.[3] 모두 탈식민주의적 관점을 다루었고 본 연구 또한 탈식민주의적 관점들을 배제할 수는 없으나 기억 담론의 입장에서 두 작품을 바라본다는 점에 의의가 있다. 본고는 먼저 기억 담론에서 제기하는 기억과 망각, 그리고 그 매개체로서의 문학에 대해 이론적 검토를 전개한다. 이를 기반으로 『이방인』에서 식민주의적 관점으로 회상된 알제리를 해석한 후, 이와 대칭되는 탈식민주의적 관점으로 재현된 기억인 『뫼르소, 살인사건』을 분석할 것이다.

2. 기억과 망각, 그리고 문학

문화 연구에서 기억에 대한 담론은 1980년대 신문화 연구의 경향이 두 차례의 세계대전을 비롯한 여러 전쟁과 혁명으로 인해 희생당한 사람들을 기억하고자 하는 운동과 맞물리면서 새로운 연구 방법론으로 부상하였다. 물론 인간의 기억 행위와 기억 행위에 대한 인식이 그 이전에 없었다는 의미

2 알라이다 아스만, 『기억의 공간』, 변학수, 채연숙 옮김, 그린비, 2011, pp.218-219.

3 서영희, 「카뮈의 『이방인』, 내부로부터의 탈식민주의」, 『문화와 융합』 제42권 12호, 한국문화융합학회, 2020; 지영래, 「알제리 프랑스어 작가에게 있어서 언어와 타자의 문제」, 『프랑스학연구』 제90호, 프랑스학회, 2019; 지영래, 「카멜 다우드의 『뫼르소, 살인사건』속에 나타난 다시쓰기 전략」, 『프랑스문화예술연구』 제64집, 프랑스문화예술학회, 2018 참조.

가 아니다. 다수의 기억 담론 서두로 등장하는 그리스 시인 시모니데스의 일화는 재난의 유일한 생존자로서 증언할 때 기억과 장소가 어떻게 연결되는지를 보여 주면서 이미 오랜 역사에 걸친 기억에 대한 관심을 증명한다. 그러나 우리는 20세기를 기점으로 기억 담론이 새롭게 등장하게 된 사실에 주목할 필요가 있다. 왜냐하면 20세기에 이르러, 기존에 당연시 여겼던 역사적 사건을 둘러싼 인식과 의미가 전복되는 상황이 대대적으로 일어났기 때문이다. 즉 지배층의 역사에서 다층적 관점의 기억으로 관심이 이동하게 되는데, 이는 다음과 같은 두 가지 현상을 반영한다. 첫째는 귀족 사회와 지배계급 외부에 대한 관점의 전환이며, 둘째는 제국주의 토대의 식민 지배와 전쟁에 대한 회의적 시각이다. 기억 연구는 전자의 관심으로부터 여성, 노동자, 소수 집단 등으로 대변되는 하위 주체들을 비롯하여 권위와 권력이 없는 일반 대중의 목소리를 역사에 귀속시키고자 하였고, 후자의 시각으로 국가와 민족적 차원에서 과거에 대한 반성과 성찰을 목표로 기억에 대한 논의와 실천을 펼쳤다.

일반적으로 기억과 망각은 등을 맞댄 음양과 같이 정반대 성향으로 다루어진다. 동일한 대상에 대해 기억과 망각이 동시에 작동되기는 어렵기 때문이다. 그러나 아이러니하게도 기억은 망각을 전제 조건으로 한다. 완전한 망각으로 인해 폐기되어 기억되지 않는 것도 있지만, 기억한다는 것은 망각하지 않기 위한 행위이기 때문이다. 피터 버크(Peter Burke)는 문화사를 정리하면서 "유대인 학살과 제2차 세계대전의 기억에 대한 관심의 증가는 그 깊은 충격을 준 사건들이 일상의 기억에서 사라지려고 하는 시점에 일어났다는 것"이라고 강조한다.[4] 기억은 강력한 망각이 작용될 때 오히려 역설적으로

4 피터 버크, 『문화사란 무엇인가』, 조한욱 옮김, 도서출판 길, 2005, p.114.

더욱 그 의지가 강렬해진다는 것이다.

기억과 기억이 혹은 기억과 역사가 부딪치는 기억 전쟁은 유대인 학살이나 세계대전 때 일어난 각종 죽음과 같이 인간 존엄성이 훼손된 잔혹한 참사 앞에서 무의미하다. 자연적 죽음이나 인간이 미처 방지하지 못한 사고로 인한 것이 아니라 인간의 다분한 고의와 의도로 집단과 민족을 말살하는 일은 인간이라면 그 누구라도 도덕적으로 용서받지 못할 일이며 성찰해야 할 과거로 인식하기 때문이다. 그러나 정확히 어떤 집단 혹은 민족이 얼마나 피해를 입었고 그에 대한 가해자는 정확히 누구인가에 대한 문제에서 기억은 충돌한다. 가해자가 모호하다면 서로 가해자가 아님을 증명하기 위해, 가해자임이 분명하다면 그것이 온 천하에 드러나지 않도록 피해자의 목소리를 억누르기 위해 기억을 왜곡하거나 일방적으로 공식화한다. 개인보다 강력한 권위를 지닌 국가는 이러한 '역사화' 작업을 매우 수월하게 할 수 있으며 그중에서도 강대국의 권위는 약소국의 기억을 쉽게 짓누른다. 프랑스가 파리에서 알제리인들에 대해 무차별적인 폭력을 행사하고 학살했던 '10월 17일 학살'의 경우에도 마찬가지이다. 최근 프랑스도 국가의 잘못을 일부 인정하는 태도를 취하기도 하였으나 잘못을 인정하기까지 60년의 세월이 흐른 것은 그만큼 권위가 약한 집단이 자신들의 억울함을 호소하고 인정받는 것이 얼마나 어려운지를 보여 준다.[5] 권위와 권력의 차이로 인한 기억 전쟁은 국가 내에서도 발생한다. 미국은 유대인 학살의 기억을 공식화하고 홍보하는 데 적극적으로 나섬으로써 자신들이 자행했던 인디언에 대한 학살을 감춰버리는 데서 비난받은 바 있다.[6] 미국의 이러한 일명 '홀로코스트 산

---

5 김재영, 「프랑스, 60년전 알제리인 파리 '학살' 추모…120명 희생」, 『뉴시즈』, 2021.10.17.

6 L. Friedberg, "Dare to Compare: Americanizing the Holocaust", *American Indian Quarterly*, Vol. 24, No. 3, 2000, pp.353-380.

업'은 홀로코스트의 기억을 선명화하는 동시에 인디언 학살을 망각시키면서 자국의 관대하고 포용적인 이미지를 확보한다.

알라이다 아스만(Aleida Assmann)은 기억이 하나의 고정체가 아니라 다양한 형태와 역학에 따라 움직이는 유기체임을 인지하고 문화적 기억(cultural memory)의 개념을 고안하였다. 이는 기억 행위(remembering)와 망각 행위(forgetting)를 포함하며 이 둘은 각각 능동적(active) 행위와 수동적(passive) 행위로 구분된다. 부연하자면, 능동적 기억 행위는 정전(canon), 수동적 기억 행위는 단순히 축적되는 아카이브, 수동적 망각 행위는 간과되거나 자연히 사라지는 것, 능동적 망각 행위는 의도적으로 부정하고 파괴되는 검열로 설명된다. 프랑스가 10월 17일 학살을 묵인하던 행위는 '능동적 망각 행위'로, 프랑스의 공식적인 인정과 사과를 받고 알제리인의 명예를 회복하고자 개진한 여러 문화적 운동들은 '능동적 기억 행위'로 구분할 수 있다.

기억 행위는 과거로서 남아있는 수동체가 아닌 살아있는 능동체로서 작용할 때 망각 행위에 대항할 수 있는 에너지를 발산한다. 아스만은 "능동적 기억을 지니기 위해서는, 그 무엇보다도, 반복적으로 읽히고, 감상하고, 무대에 올리고, 공연하고, 회자되는 예술의 형태가 되어야 한다"고 주장한다.[7] 그러나 모든 예술이 능동적 기억으로서 작용할 수 있는 것은 아니며 '회자되는' 형태의 예술, 즉 많은 이들의 입에 시대를 넘나들며 오르내릴 때 문화적 기억이 된다.

아스만은 문화적 기억 중에서도 일부만이 '정전'으로 규정할 수 있으며, 능동적인 동적 기억(active working memory)으로 작용한다고 덧붙인다. 이러한

7 A. Assmann, "Cannon and Archive", In A. Erll & A. Nünning (ed.), *Cultural Memory Studies: An International and Interdisciplinary Handbook*, Berlin: Walter de Gruyter, 2008, p.99.

정전은 집단의 문화적 정체성에 기반하며, '선택', '가치', '내구성'의 요소로 이루어진다고 제시한다.[8] '선택'은 권력 우위에 상정하며, '가치'는 아우라 혹은 신성한 지위를 갖춘 것, '내구성'은 시대가 달라져도 영속될 수 있는 특성을 말하는데, 내구성은 문화적 기억에 있어서 가장 주요한 요인으로 꼽힌다.[9] 『이방인』의 경우, 출판 당시 큰 인기를 끌며 노벨문학상을 수상함으로써 대중에게 선택받았고, 여러 세대를 관통하며 필독서로 읽히는 과정에서 일종의 '문화적 기억'이자 '문학의 정전(正典)'으로 군림하고 있다.

그런데 이러한 정전도 권력의 역학이 작용한다. 특히 이는 앞서 말한 요소 중 '선택'의 문제와 연루된다. '선택'이란 결국 무엇을 '배제'할 것인가에 대한 문제를 야기하며, 선택과 배제는 상위와 하위의 계급을 양산한다. 일례로 유네스코 세계기록유산의 등재 과정과 같이 우위를 논할 수 없는 문화의 측면에서도 선택과 배제의 메커니즘이 작동된다.[10] 마찬가지로 특정 문학상의 경우, 수상작을 선정하는 과정에서 동일한 논리가 적용된다. 선택과 배제를 결정하는 가치의 기준 또한 누가 결정하느냐에 따라 달라지기 때문에 어떤 기억에 대한 공통적 합의를 도출하는 과정은 매우 어려울 수밖에 없다. 돌려 말해 정전은 보이지 않게 내재된 힘의 원리가 작용하며, "국가적, 인종적, 성적 우월성의 원리"가 적용된다.[11] 허버트 그래이브스(Herbert Grabes)는 정전으로 선택된 문학들은 교육의 필수 과목으로 자리 잡고 현재와 미래에 걸쳐 계속해서 영향을 끼치는데, 문제는 이 정전 내의 힘의 원리로 인해

---

8 *Ibid.*, p.106.

9 R. Sloggett, "Valuing Significance or Signifying Value? : Culture in a Global Context", *Archives and Manuscripts*, Vol. 33, No. 2, 2005, p.100.

10 *Ibid.*, pp.110-129 참조.

11 H. Grabes, "Cultural memory and Literary Canon", In A. Erll & A. Nünning (ed.), *Cultural Memory Studies: An International and Interdisciplinary Handbook*,, Berlin: Walter de Gruyter, 2008, p.317.

사회적, 정치적, 정신적으로 특정 방향을 지시할 수 있다고 지적한다.[12] 그에 따르면, 정전은 결코 사라지지 않으며, "정전을 버리는 행위는 곧 문화적 기억을 폐기하는 것"과 같다.[13] 그의 말대로 결코 사라지지 않는 정전이라면 이를 받아들이는 독자가 더욱 면밀하고 비판적인 독해 능력을 갖추는 것만이 내재된 힘의 통치를 피하는 방법일 것이다.

『이방인』과 『뫼르소, 살인사건』을 분석하는 데 있어 위와 같은 논의가 필요한 까닭은 바로 이 두 사례가 양극의 대립점에 위치하고 있기 때문이다. 『이방인』은 서양 고전의 정전으로서 능동적 기억 행위로 작용하였으나 알제리에서는 능동적 망각 행위의 고전으로 작용하였고 그 결과 이방인과는 완전히 반대되는 시점의 『뫼르소, 살인사건』이 등장하였다. 이로써 카뮈는 능동적 망각 행위자로 완전히 전복되었으며 『뫼르소, 살인사건』은 『이방인』의 존재로 인해 능동적 기억 행위로 부상하게 된다. 본고는 이와 같은 관점에 중심을 두고, 이 두 소설이 보여주고 있는 기억과 망각이 충돌하고 전치되는 양상에 대한 논의를 이어가도록 하겠다.

3. 『이방인』과 『뫼르소, 살인사건』

1) 망각제로서의 『이방인』

에드워드 사이드(Edward Said)를 비롯한 탈식민주의자들은 카뮈를 식민주의 작가로 비판했지만, 사실 카뮈는 알제리에서 태어나고 자란 피에-누아르

12 *Ibid.*, p.312-313.
13 *Ibid.*, p.318.

(Pied-Noir)로서 알제리에 대한 각별한 애정이 있었다. "카뮈는 아랍인들이 당하는 불의를 고발했던 최초의 알제리 프랑스인"이었으며, 지속적인 고발을 통해 폭력은 중단되어야 함을 외쳤다.[14] 그는 무고한 희생의 종식과 평화를 프랑스와 알제리 양측 모두에 촉구한 바 있다. 그러나 알제리에서는 이를 알제리의 독립운동을 부정당하는 것으로 여긴 한편 프랑스에서는 알제리의 식민 통치에 대한 반발로 여겼다. 결과적으로 카뮈는 알제리에서도 프랑스에서도 환영받지 못하는 인사가 되어 버렸다.[15]

카뮈가 아무리 알제리에 대한 애정을 열렬히 표명했다 하더라도 많은 독자가 이방인에서 알제리에 대한 식민지적 관점을 읽어 냈다는 것은 부정할 수 없으며, 이는 특히 프랑스·알제리와 관계없는 독자들에게는 식민주의적 관점이 다르게 혹은 거꾸로 읽히기보다 그대로 읽히게 될 가능성을 시사한다. 이들은 프랑스 혹은 알제리 독자들과 역사·문화적 배경이 다르기 때문이다. 피에르 부르디외(Pierre Bourdieu)는 구별짓기의 서문에서 다음과 같이 지석한다.

> 통상 지식인들은 재현되는 사물보다도 재현 자체 즉 문학, 연극, 회화를 더 믿는 반면, 대중들은 표상이나 이러한 표상을 지배하고 있는 실천이 재현 대상들을 '그 모습 그대로' 믿을 수 있도록 만들어 준다고 믿는다.[16]

저자와 같은 기호의 해독법을 가진 독자에게는 저자의 의도가 그대로 전

---

14 이기언, 「카뮈와 알제리」, 『불어불문학연구』 제95집, 한국불어불문학회, 2013, p.269.
15 김기홍, 「영화 〈톰 하디의 도망자〉와 피에 누아(Pied-Noir)의 에스닉 정체성」, 『글로벌문화콘텐츠』 제30호, 글로벌 문화콘텐츠학회, 2017, p.10.
16 피에르 부르디외, 『구별짓기(상)』, 최종철 옮김, 새물결, 2005, p.28-29.

달되는 반면 식민주의적 기호를 가진 사람에게는 식민주의적으로 읽힌다는 것이다. 그러나 별다른 연관 배경을 가지지 않은 대다수의 독자는 비판적 시각을 갖기보다 대상을 지면에 쓰인 그대로 받아들이고 만다.[17] 『이방인』이 세계적인 고전으로 문학의 정전이 된 시점에는 이미 정전이라는 권위로 인해 소설은 무비판적으로 받아들여지기 십상이었고, 실존주의와 부조리라는 개념 뒤의 식민주의적 시선이 많은 이들로 하여금 당연하게 받아들여졌다. 이런 시선은 대표적으로 알제리 지형에 대한 서정적 묘사, 배제된 아랍인들의 정체성, 프랑스인과 알제리인 사이의 불공정 등으로 나타난다.

주인공 뫼르소는 알제리에 동화되거나 그들과 함께 어울리고자 하지 않는다. 뫼르소와 관계를 맺는 인물들은 모두 알제리에 정착한 프랑스인들인 '피에-누아르'다. 소설 속 알제리는 피에-누아르를 통해 그려진다. 거리에 지나가는 아랍인들의 복식이 약간이나마 나오지만, 이것을 알제리의 문화를 표현했다고 하기에는 충분치 않다. 그래서인지 알제리의 모습은 지배자의 시선으로 묘사되는 자연만이 전부다. 작열하는 태양, 더위, 바다의 풍광. 그리고 그 모든 것을 서정적으로 풀어내는 카뮈의 시선이 드러난다.

> 우리는 알제 교외에서 내렸다. 바닷가는 버스 정류장에서 멀지 않았다. 그러나 바다를 굽어보며 모래밭 쪽으로 내리뻗은 조그만 언덕을 지나야 했다. 언덕은 하늘의 이미 단단해진 푸른빛을 배경으로 노르스름한 돌들과 새하얀 수선화들로 뒤덮여 있었다. 마리는 방수포 가방을 휘둘러 꽃잎들을 흩뜨리며 장난을 치곤 했다. 우리는 초록색 또는 흰색의 울타리를 둘러친 작은 별장들 사이를 걸어갔다. 어떤 별장들은 베란다까지 타마리스 나무에 파묻혀 있었고, 또 어떤 별장들은 돌들 가운데 덩그렇게 서

17 *Ibid.*, p.23.

> 있었다. 언덕 끝에 이르기도 전에 벌써 움직임 없는 바다가 나타났고, 더 멀리 맑은 물 속에 조는 듯 잠겨 있는 육중한 곶(岬)이 보였다. 나직한 모터 소리가 고요한 대기를 뚫고 우리에게까지 들려 왔다. 그리고 아주 먼 곳에, 반짝이는 바다 위로 움직이는 듯 마는 듯 가고 있는 조그만 트롤 어선 한 척이 보였다. 마리는 바위붓꽃을 몇 송이 꺾었다. 바다로 내려가는 비탈에서 바라보니 벌써 수영하는 사람들이 더러 있었다.[18]

교외에 대한 묘사에서 알제리는 평화로운 향수를 풍기는 청량하고 맑은 색채로 묘사된다. 작가가 사랑했던 알제리에서의 시간과 기억이 투영되었을 터다. 그러나 그 시대를 생각해 보면 알제리인들에게 카뮈의 시선은 달갑지 않았을 것이다. 우리로 따지면 일제강점기 때의 풍경을 따사롭고 포근하며 아름다운 광경이었다고 묘사하는 것과 유사하다. 식민 지배에 강력히 항의하는 알제리인으로서는 광분할 만한 대목이다.

등장하는 아랍인들은 모두 이름도 없고 단역으로 등장한다. 그나마 소설 속에서 비중 있게 등장하는 레몽의 정부였던 여인은 레몽의 편지로 인해 뫼르소에게 이름이 알려지지만 독자들은 알 길이 없다. 이 여인마저도 몇 마디 비명과 같은 대사만을 남기고 이렇다 할 변론도 제기하지 못한 채 창녀로 이미지화된다. 뫼르소의 재판과 투옥의 과정을 그린 2부에서는 뫼르소가 감옥에서 유일한 프랑스인으로 묘사되는데 그를 제외한 아랍인들은 우둔한 존재로 그려진다. 같은 아랍인을 죽인 살인자에게조차 친절하게 감옥 생활의 요령을 알려주는 관대한 모습은 이해하기 어렵다.

수감된 뫼르소는 신, 정확히 말하면 그리스도를 믿는다고만 말하면 곧바로 석방될 수 있는 '일시적인' 수감자다. 실제로 알제리의 피에-누아르는 유

---

18 알베르 카뮈, 『이방인』, 김화영 옮김, 민음사, 2019, pp.66-67.

럽에서 왔다는 사실보다 기독교인인가의 여부로 분류되었는데, 프랑스 본토 출신이든 타 국가 출신이든 간에 기독교인이라면 프랑스 시민으로 프랑스법이 적용되었고 알제리인보다 훨씬 많은 권리가 부여되었다. 소설 속에서는 뫼르소가 신앙을 거부하는 모습만 나타날 뿐 대부분 이슬람교였던 알제리인들이 종교적으로 차별받는 현실에 대해서는 드러나지 않는다.

이외에도 인물의 행동이나 명칭, 묘사적 측면에서 식민주의적 관점이 드러나는 부분이 여럿 지적된다. 그런데 많은 독자는 이러한 부분들에 대해 탈식민주의 관점으로 해석하는 데에 한계를 가진다. 이는 앞서 부르디외의 이론처럼 독자가 문학을 해독하는 데 있어서 자신의 문화적 배경과 지식이 간섭하기 때문이다. 독자들은 알제리에 대한 의식, 더 나아가 식민지에서 지배자와 피지배자가 처한 위치에 대한 이해가 부족하거나 연결 짓지 못한다.

그렇다면 그토록 알제리를 사랑했던 카뮈의 작품에 왜 이토록 논쟁적인 식민주의 사관이 내재되었을까? 이 물음에 대한 답은 '그가 지키고자 한 알제리는 누구를 위한 알제리인가'하는 물음과 연동된다. 카뮈는 식민자본가로 호의호식을 누리는 알제리-프랑스인이 아니라, 노동자로 살아가며 가난한 삶을 살아냈던 대다수의 피에-누아르 역시 알제리 공동체이며 자신 또한 마찬가지라고 주장하였다.[19] 그러나 "피에르 노라는 뫼르소가 아랍이 없는 알제리를 원하는 프랑스 시민들의 무의식적 바람을 표현했다고 주장했다."[20] 유럽식 식민주의를 비평하던 에드워드 사이드가 직접적으로 카뮈를 식민주의자로 촌철살인했다는 점은 말할 것도 없다. 카뮈의 작품들과 저서로 미루어볼 때 카뮈가 사랑한 알제리의 기저에는 "알제리가 프랑스라는 대

19 이양재, 「알제리 전쟁과 카뮈」, 『불어불문학연구』 제86집, 한국불어불문학회, 2011, p.236.

20 P. van Slyck, "Provocative Strangeness of Camus's L'Etranger and Coetzee's Disgrace", *Modern Fiction Studies*, Vol. 67, No. 4, 2021, p.667.

전제"가 존재한다.[21] 그는 알제리가 프랑스와의 연방제를 통해 독립하기를 원했지만, 알제리 그 자체가 아니라 백만 명의 피에-누아르 안위를 걱정했을 뿐이라는 것이다.[22]

저자의 집필 의도대로 『이방인』을 실존주의·부조리 문학만으로 볼 수 없는 이유는 이렇듯 소설 속에 녹아 있는 알제리에 대한 프랑스식 우월성 때문이다. 허구성을 강조하며 서사를 서사로만 받아들일 수 있다면 최근 영화계에서 그려지는 이미지들에 반기를 올리는 일은 없었을 것이다. 할리우드에서는 기존에 팽배했던 남성우월주의와 백인우월주의에 반발하며 여성, 흑인, 아시안, 장애인을 중심인물로 등장시키는 등 영화에 다양성을 부여하는 노력을 기울이고 있다. 국내에서도 서사 속에 등장하는 무의식적 이미지로 인해 갈등을 야기한 사건이 있다. 일례로, 영화 〈청년경찰〉과 〈범죄도시〉 등은 영화로 만들어진 이미지 탓에 선량하게 살아가던 조선족조차 흉악한 범죄 집단이라며 손가락질 받게 만드는 데 일조했다는 비판에 시달려야 했다. 특히 〈청년경찰〉의 경우 대림동이라는 특정 지역을 묘사하면서 손해 배상 소송까지 일었다. 1심에서는 표현상의 자유라며 영화사 측의 편을 들어줬지만 2심에서는 혐오적 표현이 폭력이 될 수 있음을 인정하고 영화사가 사과해야 한다고 판결했다.[23] 『이방인』은 〈청년경찰〉처럼 알제리를 직접적으로 혐오의 대상으로 취급한 것은 아니지만, 소설 내에서 알제리인과 알제리스러움이 부정되고 삭제되었다는 측면은 주목할 필요가 있다.

따라서 『이방인』이라는 피에-누아르의 기억은 알제리 토착민 혹은 그 땅의 기억과는 이질적인 것이며 이러한 이질성은 오랜 역사를 품은 알제리의

---

21 김기홍, *op. cit.*, p.10.

22 이양재, *op. cit.*, p.234.

23 한승곤, 「〔르포〕"우리는 범죄자 아닙니다" 중국 동포 '혐오 영화' 사라질까」, 『아시아경제』, 2020.06.19.

[그림 2] 영화 '청년경찰'의 대림동 이미지로 인해 피해를 입은 주민들의 시위현장(출처: 연합뉴스)

기억과 충돌하게 된다. 아스만이 분류한 기억 행위로 대입하자면, 죽음으로 점철된 핏빛 기억을 아름다운 추억쯤으로 매몰해 버린 『이방인』은 비록 카뮈가 그럴 의도가 없었다고 할지라도 알제리의 기억을 지우고 배제하는 매체로 확산하면서 능동적 망각이 진행되었다. 그러나 동시에 알제리인들에게 『이방인』이 부정되면서 대항적 기억의 공론화가 요구되었다. 그 결과, 『이방인』에 전면적인 도전장을 내민 소설 『뫼르소, 살인사건』이 이와 같은 공론화에 앞장서게 되었다.

2) 기억의 증인이 된 『뫼르소, 살인사건』

카뮈는 제목 '이방인'을 알제리에 온 프랑스인으로, 이방인으로서 알제리에서 배척당하고 소외되는 한 인간을 지시하는 의미로 썼겠으나 알제리인에게 뫼르소는 피해자로서의 이방인이 아닌 자신들에 반하는 '가해자'다. 반갑지도 않고 받아들일 의무도 없는 '가혹한 지배자'이자 당시의 기억을 소환하는 '매개자'로 간주된다. 이러한 인식은 카멜 다우드의 『뫼르소, 살인사건』을 통해 대변된다. 다우드의 소설 속 알제리의 기억은 카뮈의 알제리와 어떻게 다를까.

직설적인 다우드의 소설에서는 카뮈의 서정성을 찾아보기 어렵다. 앞서 카뮈가 알제 외곽의 풍경을 서정적이고 고요하게 묘사한 것과 대비된다.

> 하주트로 가던 길이 생각나. 길가에 수확한 곡식이 쌓여 있었지만 그건 우리 몫으로는 돌아올 리 없는 것이었지. 벌거벗은 태양, 먼지 낀 버스 속의 여행객들. 중유 냄새가 멀미를 일으켰지만, 난 원래 부릉거리는 엔진 소리를 좋아했어. (…) 빌딩들, 짓눌린 사람들, 판자촌, 더러운 아이들, 심술궂은 경찰들, 그리고 아랍인들에게는 치명적인 해안. 우리 두 사람에게 도시는 여전히 범죄 장소 또는 뭔가 오래되고 순수한 것을 잃어버린 장소로 남아 있었던 것 같아. 맞아. 내 기억 속에서 알제는 더럽고 부패한 피조물, 사람들을 훔쳐 가고 배반하는 음험한 피조물이었다네.[24]

하주트(Hadjout)는 이방인에서 뫼르소가 어머니의 장례를 치르기 위해 찾아갔던 요양원이 위치한 마랑고(Marengo)의 현재 지명이다. 옛 지명인 마랑고가 프랑스식의 지명이었다면 지금의 명칭인 하주트는 알제리식 지명으로 정정된 것이다. 멀리 떨어져 있는 하주트든 알제리의 수도인 알제이든 간에 다우드는 이 도시들을 모두 더럽고 오염되고 시끄러운, 즉 부정적인 공간으로 그려내고 있다. 더욱 흥미로운 사실은 정작 '오늘 엄마가 죽었다'로 유명한 소설의 엄마가 죽은 장소인 이 도시에서 카뮈의 존재를 아는 이가 드물다는 것이다. 서정완은 카뮈와 관련된 알제리의 공간 탐방을 기록한 책에서

---

24 카멜 다우드, 『뫼르소, 살인사건』, 조현실 옮김, 문예출판사, 2017.

알제리에서 카뮈가 어떻게 인식되고 있는지를 보여준다.[25] 옛 마랑고에서 양로원이었을 것으로 추정되는 하주트의 병원을 방문했을 때 카뮈와 이방인의 흔적을 발견하고자 그곳 경비원과 간호사에게 카뮈에 대한 설명을 했지만, 그들은 카뮈가 누군지 알지 못했다. 또한 그는 알제리에서 카뮈가 살았을 것으로 추정되는 집을 찾았으나 그 주변에 물었을 때 이번에도 알제리인들은 하나같이 카뮈를 모른다는 사실을 짚기도 하였다. 알제리에서 카뮈의 인지도가 얼마나 낮은지 알 수 있는 대목이다. 전 세계에 카뮈가 그의 작품들을 통해 '그가 생각한 알제리'에 대한 인식을 확산해 나갈 때 정작 알제리에서는 카뮈가 누구인지조차 도통 인지하지 못했다는 것이다. "장소란 사람들이 그에 대한 걱정을 할 경우에만 기억을 가지게 된다"는 말을 새겨 보자면 적어도 알제리에서만큼은 카뮈도, 카뮈의 알제리도 없다.[26] 만약 위대한 세계문학으로서 카뮈가 교육 과정에 포함되었다면 알제리에서도 한 번쯤 그 이름을 들어 봤을 법한데 이렇듯 카뮈를 아는 자가 드문 것은 알제리에서 카뮈를 읽게 하기는커녕 배제하고자 했음을 알 수 있다. 이로써 우리는, 알제리 사람들은 카뮈가 그려낸 알제리의 모습을 거부하는 능동적 망각 행위를 통해 알제리의 정체성을 지켜내려는 능동적 기억 행위를 실현하고자 했으며, 그 과정에서 다우드의 소설이 등장했다고 볼 수 있다.

카뮈가 자신이 살고 경험했던 알제리의 공간을 중심으로 소설을 전개했듯이 다우드 또한 자신이 공부하고 일하며 터를 잡았던 오랑(Oran)을 배경으로 둔다. 오랑의 한 선술집에서 카뮈를 연구하겠다는 한 청년에게 자신의

25 서정완, 『알베르 카뮈와 알제리』, 이지퍼블리싱, 2020. 이 책과 유사한 의도로 알제리를 기행했던 김화영의 저서 『김화영의 알제리 기행』이 있으나, 카뮈 전문가의 저서라는 학문적 신뢰도에도 불구하고, 최근 알제리의 모습을 반영하기 위해 더 최근의 저서인 서정완의 서적을 참고하였음.

26 알라이다 아스만, *op. cit.*, p.451.

이야기를 구술하는 하룬의 이야기로 전개되는데, 이야기 곳곳에는 오랑에 대한 묘사가 자주 등장한다.

> 칼레르 데 제스파뇰 근처의 시디 엘 후아리 구역 쪽으로 내려가면서 항구 쪽을 한 번 바라보게. (…) 그래, 거기엔 낯선 식물들이 밀집해 있다네. 무화과나무, 침엽수, 알로에 게다가 종려나무까지. 또 깊숙한 곳에 숨어있는 또 다른 나무들은 땅속 깊이 뿌리내린 것만큼이나 하늘을 향해서도 뻗어 있지. 아래쪽에는 에스파냐식 아케이드와 터키식 아케이드들이 거대한 미로를 이루고 있는데 나도 몇 번 가보긴 했어.[27]

다우드는 오랑에 대한 묘사에서 땅에 축적되어 있는 식민의 기억을 끌어낸다. 그는 오랑에 토착적인 것이라고는 찾기 어려운 외래의 식물과 건축물들이 서로 얽혀져 있다고 묘사한다. "피에-누아르들이나 부모에게서 알제리에 대한 향수를 물려받은 자들을 위해 조직된 여행"에서 자신들의 추억과 발자취가 새겨진 길, 이름, 나무와 같은 것들을 찾곤 한다는 점에서 독자들은 여전히 바뀌지 않고 그 자취 그대로 남겨져 있는 오랑의 땅을 읽어낼 수 있으며 그에 대한 저자의 못마땅한 어조를 마주한다.[28] 덧붙여 그는 "몇 세

[그림 3] 시디 엘 후아리, 오랑(출처: https://flic.kr/p/h4uF4y)

27 카멜 다우드, *op. cit.*, pp.24-25.
28 *Ibid.*, p.23.

기 전부터 식민자들은 자기들이 길들인 것들에는 이름을 주고, 자기들을 괴롭히는 것들에게선 이름을 빼앗으면서 재산을 늘려 왔다"고 비난한다.[29] 카뮈의 글에서는 당연하게 여겼던 자연 배경, 나무들과 건축물의 존재에 대해 다우드는 그 정체성, 알제리에 잠식한 침입자의 출신을 고발한다.

『뫼르소, 살인사건』의 화자인 하룬은 카뮈의 『이방인』에서 지워진 이름들에 집요한 집착을 보인다. 카뮈에 의해 무명의 아랍인들로 희석되어 버린 알제리인들은 다우드에 의해 그 이름과 정체성을 부여받는다.

> 아랫동네에는 타우이 영감과 아들들이 살았어. 거동이 둔한 영감은 왼쪽 다리가 아파 질질 끌고 다녔고 계속 기침을 하면서도 연신 담배를 피워댔는데, 새벽마다 아무 거리낌 없이 벽에다 오줌을 갈기는 습관이 있었지. (...) 또 윗동네 오른쪽에는 엘 하지, 즉 순례자가 살고 있었어. (...) 그 사람 역시 조용하긴 했지만 자기 엄마를 때리고 동네 사람들을 경멸하는 표정으로 바라보는 걸 소명으로 삼고 있는 것처럼 보였지. 그 옆작은 골목길 첫 번째 모퉁이에서는 모로코 사람이 '엘 블리디'라는 카페를 운영했어. (...) 타이비아라는 늙은 여자도 생각나는군. 변덕이 죽 끓듯 하는 뚱뚱한 여자였는데, 자식이 없던 그 여자가 다른 여자의 자손인 우리를 바라보는 눈길에는 뭔가 좀 표독스럽고 불길한 구석이 있었어.[30]

뫼르소의 이웃들이었던 레몽, 살라마노, 셀레스트 등의 프랑스식 이름은 다우드의 소설에서 하룬의 이웃들인 타우이, 엘 하지, 타이비아 등과 같은 이름으로 대치된다. 하룬의 이웃들은 레몽이나 살라마노처럼 주인공과 관계를

29 *Ibid.*, pp.25-26.
30 *Ibid.*, pp.30-31.

맺는 인물은 아니지만 그들의 이름은 프랑스가 아닌 알제리를 특정한다. 하룬은 『이방인』에서 훼손된 아랍 여인의 명예를 회복시키기 위해 알제리 여인들에 대한 설명을 덧붙이기도 한다. 『이방인』의 레몽에 의해 무참하게 창녀로 이미지화된 아랍 여인은 다우드의 소설에서 그 존재가 아랍의 이미지, 알제리의 여인들, 그리고 하룬의 형이자 뫼르소에게 살해당한 무싸와 철저히 분리된다. 특히 카뮈가 인물화시킨 이미지의 대상은 "우리 세계와 루미 세계 사이에 끼어 있는 아래쪽 프랑스인 구역"에서 살아가는 '마리-파트마'라고 명시한다.[31] 다시 말하면 알제리인과 프랑스인 사이의 피에-누아르가 모여 살던 지역에 있는 마리-파트마는 프랑스인 마리도 아니고 아랍인 파트마도 아닌 피에-누아르이며 그녀는 우리-알제리인과 다른 존재라고 선을 긋는다.

이렇듯 다우드는 『이방인』에서 알제리를 다루면서 뭉뚱그려진 부분들을 보다 더 명확하게 표현하려는 시도를 보여준다. 알제리인이 곧 아랍인으로 일반화되어 버린 지점을 지적하며 결코 보편적 특성으로 일축해 버릴 수 없는, 복잡하게 얽혀 있는 문화적 특수성이 있음을 강조한다.

> 그 많은 사람 중에 무싸의 국적이 어딘지를 궁금해하는 사람은 단 한 명도 없었어. 아랍인들 사이에서도 그를 아랍인이라고 지칭했지. '아랍'이라는 게 국적인가? 자네가 말 좀 해보게.[32]

> 아랍인이라. 나는 내가 아랍인이라고 느낀 적이 한 번도 없었어. 흑인이라는 속성이 백인의 시각에 의해서만 존재하는 것과 같은 이치지. 동네에서, 우리 세계에서, 우리

31 *Ibid.*, p.32.
32 *Ibid.*, p.191.

> 는 무슬림이었고 저마다 이름과 얼굴과 습관을 갖고 있었어. 그게 다였어. 그리고 그 자들은 '이방인들', 즉 우리를 시험에 들게 하느라 신이 보낸 루미들이었지.[33]

아랍은 일반적으로 아라비안 반도와 북아프리카의 국가들을 가리킨다. 알제리를 포함하여 사우디아라비아, 예멘, 오만, 이집트, 수단, 리비아, 모로코, 소말리아 등을 모두 아랍으로 정의한다. 이처럼 아랍은 많은 국가을 포함하기 때문에 아랍인으로 통칭하는 것은 알제리의 문화적 특수성을 아랍이라는 보편성으로 흐리는 것이 된다. 다우드는 아랍이 알제리를 대변할 수 없다는 것을 분명히 하고 있다. 이방인에 대해 프랑스인을 루미, 피에-누아르를 가우리로 지칭하는 것 또한 알제리인과 그 외부인을 철저히 구분하기 위한 전략이라 할 수 있다.[34] 즉 알제리인이란 루미, 가우리, 아랍인과 동일한 의미가 아니며, 알제리 국적은 알제리인의 고유한 특성을 반영하는 근간으로 작용한다고 토로한다.

그러나 다우드가 강조하는 알제리라는 '국적'은 동질한 정체성의 집단인가? 국적을 정체성으로 규정하는 것은 내셔널리즘에 근간한 보편성을 중심으로 하며 집단의 특수성을 간과한 것이 아닐까? 국적을 단위로 정체성을 규정하는 것은 자칫 국가 이데올로기적 비판을 받을 수 있다. 의도된 이데올로기는 국가라는 제도하에 소속된 국민을 동일한 양식의 문화적 테두리 안으로 가둬 두기 때문이다. 일례로 국적을 기준으로 하는 세계스포츠대회에서는 내셔널리즘으로 인한 여러 이슈가 촉발된다. 월드컵 경기 시작 전 국가를 제창할 때 프랑스 국가를 부르기를 거부했던 축구 선수들은 다수의 비난을 샀다.[35]

---

33 *Ibid.*, p.90.
34 *Ibid.*, p.28.
35 이정우, 「프랑스를 위해 뛰지만 국가에는 관심 없다」, 『일간스포츠』, 2022.09.07.

그러나 프랑스 국가인 '라 마르세예즈'의 가사는 전쟁터에서 적군을 함락시키는 장면을 묘사하며 식민 지배를 떠올리게 한다. 식민 지배의 영향으로 인해 프랑스로 건너오게 된 이주민들, 가령 알제리 2세나 3세가 같은 국적이라는 이유만으로 기꺼이 국가를 부를 수 있을까. 따라서 다우드가 여기에서 말하는 국적은 내셔널리즘의 이데올로기를 염두에 두기보다는 프랑스 식민지를 살아갔던 알제리이자 그 이전에는 여러 나라의 침략으로 인해 문화적으로 융해되었던 알제리로 이해된다. 이슬람 문화를 공유하는 아랍 집단으로 보편화할 것이 아니라 '저마다 이름과 얼굴과 습관을 갖고' 식민지의 피해자로서 동질한 기억을 공유하는 집단으로서 알제리인을 일컫는다.

이렇게 정의된 알제리인은 『뫼르소, 살인사건』에서 '무싸'라는 이름으로 매개된다. 하룬의 형이자 뫼르소에게 살해당했던 피해자 무싸는 식민 지배하에 억압당했던 피해자들을 연대한다.

> 이 지역 사람들은 모르는 사람이면 무조건 '모하메드'라고 부르는 습관이 있기든. 나는 누구에게든 '무싸'라는 이름을 붙여준다네.[36]

> 이 얘기는 좀 거창하게 말하자면, 그 시대 모든 사람의 얘기라고 할 수 있다네. 형은 자기 집과 동네에선 무싸였지만, 시내의 프랑스인 구역 안으로 몇 미터만 들어가도 아무것도 아닌 존재였어.[37]

하룬이 누구에게든 무싸라고 이름 붙일 수 있는 까닭은 흔한 이름인 모하

---

36 카멜 다우드, *op. cit.*, p.38.
37 *Ibid.*, p.92.

메드만큼이나 무싸와 비슷한 사연을 가진 이들이 흔하기 때문일 것이다. 가해국인 프랑스 사람들에게 있어서 무싸와 같은 존재는 이름도 사연도 알 필요 없는 엑스트라 같은 존재이며 한낱 유희에 불과하거나 대의를 위한 소모품일 뿐이지만 피해국인 알제리의 사람들에게 무싸는 집마다 존재하는 억울한 희생자이자 소중한 가족이다. 하룬은 형인 무싸가 살해된 것이 명백한 사실이지만 살해당한 자가 무싸라는 것, 무싸가 자신의 가족이라는 것을 증명할 길이 없어서 "피해자 가족에게 주어지는 연금"을 받지 못했다고 호소한다.[38] 현실에 존재하는 수많은 무싸와 그의 가족인 하룬들도 사정은 마찬가지이다. 아직 완전히 규명되지 않은 광주민주화운동, 제주4·3사건, 노근리사건 등 우리 현대사의 피해자들에게서도 쉽게 찾아볼 수 있는 사정이다.[39] 이렇게 『뫼르소, 살인사건』은 하룬의 사연을 통해 수많은 현실 속 무싸에 다다른다. 소설을 매개로 독자를 거쳐 역사 속 피해자는 연대되고 그들의 기억을 수면 위로 끌어올려 그들을 억압하는 주체에 대한 항체로 활성화된다.

『뫼르소, 살인사건』은 『이방인』에서 망각되었던 사실을 알제리의 기억으로 되살려 내고자 하는 기억 행위로 표현되었다. 위에서 여러 예시가 등장하였다시피 『뫼르소, 살인사건』에서 식 민 지배의 피해자로서 알제리인을 대표하는 무싸와 하룬은 전 세계 독자들에게 또 다른 기억의 자극제로 기능

---

38 *Ibid.*, p.26.

39 국내의 제주4.3사건의 경우 정부의 주도로 자행된 민간 학살임이 공식적으로 인정되어 피해자에 대한 명예회복과 배상을 진행하게 되었으나 그 피해자와 가해자를 구분하는 일은 여전히 쉽지 않다. 동시다발적으로 발생된 수많은 학살로 인해 피해자가 속출했고, 살아남은 이들끼리 뒤죽박죽 되어 버린 호적으로 인해 피해자의 유족임을 입증하기가 모호해진 탓이다. 피해자는 있으나 그 유해가 발굴되지 않아 입증하기 어려운 경우도 있으며, 가해자임에도 피해자로 은근슬쩍 둔갑하는 일도 잦다. 제주4.3공원의 희생자 추모비에는 무려 수백명의 이름들이 희생자로 둔갑한 가해자의 이름으로 밝혀지기도 했다. (김영헌, 「제주 4·3 여전히 텅 빈 '백비'... 윤석열 정부는 어떤 글자 써내려갈까」, 『한국일보』, 2022.04.02., 「제주 4.3 공원 내에 있어서는 안 될 4.3 폭동 주모자들의 위패」, 『미래한국』, 2015.04.07.

할 것이다. 『뫼르소, 살인사건』은 잊혀가는 알제리의 기억을 공론의 장으로 소환시키는 매개자로서의 역할을 충실히 수행하고 있음을 알 수 있다.

4. 연대되는 기억과 투쟁

위에서 우리는 『뫼르소, 살인사건』에서 무싸는 알제리 내외부에서 그와 유사한 경험을 공유하는 공동체를 형성한다는 것을 확인할 수 있었다. 이처럼 무싸에서 알제리인 모두로, 알제리에서 알제리 밖의 집단과 개인에게로 이끄는 기억의 고리는 『뫼르소, 살인사건』을 두 가지 기억의 연대로 견인한다. 첫째는 소설 속에서 직접적으로 언급된 바와 같이 알제리인이라면 누구나 무싸의 상황이 될 수 있는, 즉 무싸로 연대되는 알제리인이고, 둘째는 알제리 밖의 무싸와 하룬의 이야기로 뻗어 나가는 연대이다. 이는 홀로코스트의 이야기로부터 일본 식민 시배하의 이야기로, 또는 베트남 전쟁의 피해자에게로 연결되고 연대되는 모습으로 나타나기도 한다. 마이클 로스버그(Michael Rothberg)는 이를 다방향 기억(multidirectional memory)이란 개념으로 정립하였다.

> 집단 기억을 경쟁적 기억으로 - 혹은 희소한 자원에 대한 제로섬 투쟁으로 - 이해하는 틀에 맞서 나는 우리가 기억을 다방향으로, 지속적인 협상, 상호 참조 및 차용으로, 생산적이나 사적이지 않은 것으로 받아들일 것을 제안한다. 이러한 관점의 변화는 무함마드와 마이클의 사례를 돌아보게 한다. 둘은 마치 홀로코스트가 노예제와 식민주의의 기억을 가리는 것처럼 말하지만(경쟁 기억의 모델), 사실은 광범위한 홀로코스트 의식이 미국의 과거와 현재의 인종 차별에 대한 비전을 명확하게 표현하는 플랫폼으로

활용된다는 것이다. 이렇듯 서로 다른 역사적 기억의 교차는 필자가 다방향 기억이라 고 부르는 생산적이고 상호문화적인 관계를 보여준다.[40]

로스버그는 소위 이기고 지는 기억 전쟁의 개념에서 벗어나 모두가 상생하는 기억 연대의 개념으로 나아가야 한다고 주장한다. 기억 전쟁의 경우 충돌하는 기억 중 더 강력한 기억만이 살아남고 다른 한쪽은 쇠락하거나 사라지게 되기 마련인데, 다방향 기억에서는 서로가 서로에 힘입어 다 함께 목소리를 드높이게 된다. 이는 기억이 서로 유기적으로 연결되어 있으며 그 이면에는 감정의 연대, 트라우마의 연대, 기억의 연대가 가능하기 때문이라고 할 수 있다.[41] 위의 인용에서 설명하는 예는 미국의 사례로, 미국은 자국에서 희생된 수많은 인디언에 대해서 기억하는 문화 행위에 적극적으로 나서지 않는 반면 미국에서 일어나지도 않은 홀로코스트에 대해서는 워싱턴에 추모관을 설립하고 국제명예위원회 따위를 주도하는 위선을 보인다는 것이다. 그러나 홀로코스트를 내세워 자신들의 악행을 덮으려는 행보는 오히려 홀로코스트라는 대명제로부터 노예제의 억압이나 식민 지배하의 피해에 대한 연상과 이해를 더 쉽게 만든다. 부연하자면, 아무리 처음 들어보는 역사적 사건이나 집단의 기억이라도 전 세계적으로 인지도가 높은 홀로코스트의 맥락에 대입하면 이해하기 수월해진다. 반대로 자신에게 더 익숙한 자국의 역사를 끌어와 홀로코스트와 각종 대학살, 차별 등에 대해 이해하고 투쟁의 의지를 불태우기도 한다.

기술의 발전으로 변화된 우리 사회는 이러한 다방향 기억을 활성화하는

40 M. Rothberg, *Multidirectional Memory*, Stanford University Press, 2009, p.3.
41 *Ibid.*, p.524.

데 일조했다. 글로벌과 디지털 환경으로 인해 기억은 전달되는 매체가 다양해지고 시공간의 제약으로부터 보다 자유로운 이동이 가능해졌다. 매체로 재현된 문화적 기억이 또 다른 매체로 재생산되고 재매개하는 것은 흔한 일이 되었다. 이전에는 『이방인』 작품 안에서의 독해에 안주했다면, 이제 독자들은 자신이 읽은 문학 작품에 대한 다른 독자들의 시각을 공유하고 작품에 등장하는 배경에 대해서도 더 자세히 탐색한다. 그 과정에서 『이방인』의 독자는 『뫼르소, 살인사건』이라는 작품을 만나게 되기도 하며 다양한 독해를 통해 여러 기억에 닿게 되고 관련 담론의 장(場)을 키워간다. 이러한 과정은 복잡하게 얽히고설킨 관계들을 포함하는데, 이들 관계를 단순화시켜 가시화해 보자면 [그림4]과 같다.

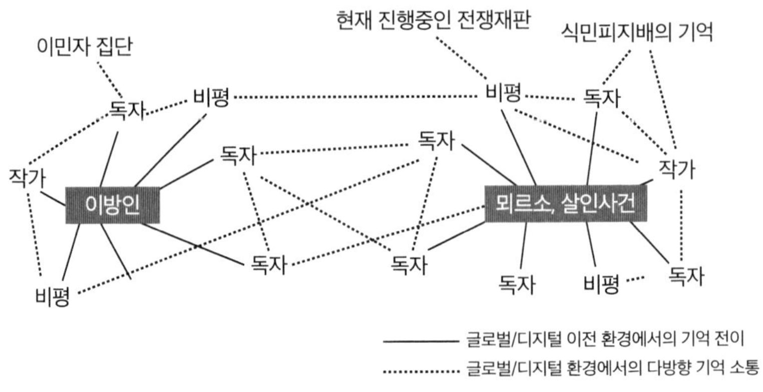

[그림 4] 환경에 따라 달라지는 두 소설의 기억 전이와 소통

알제리의 사례는 다방향 기억의 대표적인 예이기도 하다. 홀로코스트 재판 중 하나였던 모리스 파퐁(Maurice Papon)의 재판에서 알제리에 대한 프랑스의 만행은 만천하에 공론화되었다. 당시 파퐁은 기소되기까지 많은 시간이 소요되었고 "마지막 비시 재판"이라는 점에서 언론이 앞다투어 다루면서

엄청난 이목이 집중되었다.[42] 이때 파퐁이 파리 경찰청장 재임 시절 파리에서 알제리계 이주민을 대대적으로 학살했던 사실이 드러나면서 '10월 17일 학살'의 전말이 일파만파 퍼졌다. 그로써 프랑스가 감추려던 치부는 파리의 학살부터 알제리 전쟁의 참상까지 폭로되었고 이는 알제리에서 끝나지 않고 여러 식민 지배를 받았던 민족들과 인종 차별로 인한 아픔을 겪고 있는 집단의 기억과 행위로 이어졌다. 안타깝게도 프랑스는 최근까지도 10월 17일 학살을 포함하여 알제리에 대한 과거 폭력 사실에 대해 모호한 태도를 보였다.[43] 마침내 지난 2021년, 학살이 일어난 지 60여 년이 지나서야 프랑스 마크롱 대통령은 10월 17일 학살이 프랑스 측의 일방적 폭력이었음을 인정하였다.[44] 그러나 피해자들이 주장하는 사상자의 규모에 비해 축소된 사건으로 일축하여 이후에도 알제리는 연대를 통해 진실에 대한 투쟁을 이어나갈 것으로 보인다.

기억의 연대는 기억의 주체가 오로지 평화적 화해의 방향으로 나아가야 한다는 의미가 아니다. 연대한다는 의미는 오히려 단일 집단의 투쟁만으로는 부족하기 때문에 범집단으로 그 규모를 키워서 투쟁의 상대에게 대항하겠다는 의지를 표명한다. 그렇기에 연대는 투쟁과 분리된 것이 아니라 그 의미 자체로 저항과 항쟁을 수반한다. 이 기억의 항쟁은 정체성을 찾는 순간 종결한다. 애초에 항쟁 의지는 자신이 속한 집단의 정체성 회복을 목적하기 때문이다. 망각의 순간에 정체성은 상실 위기를 맞게 되고 정체성이 상실되면 집단의 특수성은 말살되면서 국적과 같은 제도적 구분만이 남는

42 권윤경, 「기억의 경쟁에서 기억의 연대로? - 홀로코스트와 프랑스 탈식민화 기억의 다방향적 접합」, 『역사비평』 제113호, 역사비평사, 2015, pp.380-381.
43 민유기, 「어찌 잊으리, 10월17일 학살을…」, 주간동아, 2004.11.19., https://weekly.donga.com/3/all/11/66992/1.
44 김재영, 「프랑스, 60년전 알제리인 파리 '학살' 추모…120명 희생」, 『뉴시즈』, 2021.10.17.

다. 그러나 기억이 투쟁과 경쟁에서 벗어난다고 해서 그 주체가 트라우마를 극복하는 것은 아니다. 기억 투쟁의 이후에는 서로 대립하는 것이 아닌 아픔과 치유를 위한 연대기 남아 트라우마를 극복하는 힘을 키워낸다. 이에 대해 아스만은 『기억의 공간』에서 다음과 같이 서술한다.

> 치료의 과정은 정체성 찾기와 정체성 발견 등으로 장식되는데, 그렇게 함으로써 자신이 망각한 전통, 즉 문화적인 종족의 기억은 중대한 방향의 기준점을 결정짓게 된다. 이러한 정체성 회복은 민족과의 관계와 결부되어 있는데, 그 민족은 정복을 통해서가 아니라 이야기와 기억을 통해서 정체성을 되찾게 된다. 실코(여류 작가로서 전쟁 트라우마를 미국의 소수 민족 관점에서 서술)에게 문제가 되는 것은 의식의 약화가 아니라 강력한 의식의 확대다. 이러한 의식의 확대는 이런 변화를 하나의 개방된 과정으로 서술하고 있는데, 다시 말해 주인공에게는 민족의 정체성을 조사한다는 의미에서 열려 있고, 독자들에게는 참여한다는 의미에서 열려 있는 것이다.[45]

다우드의 『뫼르소, 살인사건』은 『이방인』에서 잃어버린 작가의 혹은 작가가 소속된 민족 집단의 '정체성 찾기와 정체성 발견'의 결과이며, 이는 그 정체성을 '이야기와 기억을 통해서' 회복한 사례라 할 수 있다. 다우드의 『뫼르소, 살인사건』은 『이방인』을 읽은 전 세계 독자들에게 알제리에 대한 의식의 전환과 확대를 강화하고 이에 대한 참여를 독려하고 있다.

---

45 알라이다 아스만, *op. cit.*, p.409.

5. 이방인 읽는 이방인

지금까지 우리는 카뮈의 『이방인』과 다우드의 『뫼르소, 살인사건』을 기억과 망각의 대척적 관점에서 분석하였다. 다우드는 오랜 기간 문학 고전으로서 신격화된 카뮈의 소설을 대칭적으로 배치해 『이방인』에서 지워진 알제리의 역사성, 정체성을 복원시켰다. 『이방인』에서 서정적으로 형상화된 알제리의 모습은 전 세계 독자들에게 실상과 다른 알제리의 모습을 고착화시키는 결과를 낳았으나 『뫼르소, 살인사건』을 통해 식민주의의 폐해를 부각시켜 독자들의 인식 전환과 연대를 이끌어내는 데 성공했다.

다우드의 소설에서는 프랑스식 지명과 이름을 알제리식으로 정정하여 호명하고, 이름 모를 아랍인으로 등장했던 인물에 '무싸'라는 이름을 돌려 주었는가 하면, 창녀화된 알제리 여인들의 명예 또한 회복시켰다. 특히 소설의 화자로 등장하는 하룬은 피해자의 유족으로서 자신의 기억을 되살림으로써 그와 유사한 기억을 가진 알제리인들을 하나의 역사적 고리로 연결하고 있다. 무싸와 하룬을 통해 연대되는 기억의 주체들은 문학이라는 매개를 통해 트라우마를 치유하기도 하는 다방향 기억의 원리를 보여준다.

『이방인』과 『뫼르소, 살인사건』은 같은 사건을 다루고 있다는 점에서 비교 대상이지만 서로가 완전히 다른 느낌으로 다가온다. 그 까닭은 하나는 서사적 표현을 강조하고 다른 하나는 역사적 기억의 복원을 강조하기 때문이다. 같은 1인칭 시점의 서술일지라도 『이방인』은 서술체, 『뫼르소, 살인사건』은 구술체의 형식을 주로 취하고 있다. 『뫼르소, 살인사건』은 『이방인』에 비해 구술을 받아쓰기하듯 기록한 것이며 소설 속에서 하룬의 이야기를 듣고자 찾아온 대학원생을 장치시켜 이러한 효과를 극대화한다. 서로 다른 의도와 목적으로 묘사된 두 소설이기에 작품으로서의 문학적 우위를 논하기보다 동일한 사건에 대해 어떻게 관점을 달리하는가에 초점을 맞추어 독서와 비평이 이루어져야 하는 이유가 여기에 있다.

다우드는 『뫼르소, 살인사건』에서 『이방인』을 비판하는 데 몰두하고 있지만 『뫼르소, 살인사건』을 프랑스어로 집필했다는 점에서 그 역시 비판의 대상이 되기도 한다. 식민 시대의 교육 체계를 통해 교육받은 식자층, 즉 오리엔탈리스트들의 제자의 제자에게 교육받은 알제리의 지식인들이 과연 진정으로 오리엔탈리즘에서 벗어날 수 있을 것인가?[46] 이 질문 앞에 다우드도 예외일 수 없는 것이다. 또한 그는 알제리 문화의 주류를 형성하고 있는 종교적(이슬람교) 전통을 거슬렀다는 점에서 비판받기도 한다.

오늘날 정치적으로 식민지 상태에서 벗어난 국가는 많지만, 문화적으로는 여전히 식민 상태에 남아 있는 국가들이 많다. 한 편의 소설로 문화적 탈식민화를 꾀하는 것은 한계가 따를 수밖에 없다. 그럼에도 『뫼르소, 살인사건』처럼 '알제리'라는 동일 장소를 탈식민적 관점에서 증언함으로써 성취할 수 있는 것은 예상외로 클 것이다. 특히 『이방인』에 의해 고착회된 '알제리'에 대한 독자들의 기억을 전복시키고 있다는 점에서 그렇다. 동일 장소를 상반되게 증언하는 카뮈의 『이방인』과 다우드의 『뫼르소, 살인사건』, 피에-누아르도, 프랑스인도, 알제리인도 아닌 제3자의 위치에 있는 국내 독자의 몫은 무엇일까? 각 작품에 내재된 차이를 제3의 공간에서 해석해 내는 일 아닐까?

46 에드워드 사이드, 『오리엔탈리즘』, 박홍규 옮김, 교보문고, 2007, pp.554-555.

카멜 다우드의 『뫼르소, 살인사건』

다문화 주체의 언어와 정체성

○ 조미정

“새로운 언어, 즉 뫼르소의 모국어를 배우고 책을 읽을 줄 알게 되면서 나는 점차 사물들에 다른 이름을 붙여줄 수 있게 됐고, 또 내 고유한 단어로 세상을 다스릴 수도 있게 된 거야”.

○ K. 다우드, 『뫼르소, 살인사건』, pp.58-59.

“아랍인이라. 나는 내가 아랍인이라고 느낀 적이 한 번도 없었어. 흑인이라는 속성이 백인의 시각에 의해서만 존재하는 것과 같은 이치지. 동네에서, 우리 세계에서, 우리는 무슬림이었고 저마다 이름과 얼굴과 습관을 갖고 있었어. 그게 다였어”.

○ K. 다우드, 『뫼르소, 살인사건』, p.90.

1. 다양한 문화 속 언어와 정체성 (문화다양성 시대의 언어와 정체성)

문화는 속성상 단층적이거나 단일할 수 없다. 알제리는 일찍부터 페니키아, 로마, 반달족의 침입을 받았을 뿐 아니라 7세기 중엽 아랍인들에 의해 정복되어 이슬람화가 된 후에도 16세기에는 오스만 튀르크, 19세기에는 프랑스에 의해 오랜 식민 지배를 받으며 다양한 언어, 문화, 종교적 색채가 드러나는 다원적 사회로 발전하였다.[1] 이렇게 오랜 식민의 역사를 되새겨 볼 때 알제리가 다문화 사회를 이룬 것은 자명한 일이다.

언어는 문화의 투영된 모습으로 언어 현상을 통해 다양한 문화 요소를 발견할 수 있다. 언어와 문화는 불가분의 관계에 있기 때문이다. 알제리는 132년간 프랑스의 오랜 식민 통치하에 놓여 있었고 식민국의 동화 정책으로 말

---

1 조희선, 「포스트 콜로니얼 알제리 문학 연구」, 『한국중동학회연구』 제20-1호, 한국중동학회, 1999, p.2.

미암아 프랑스어를 받아들여야 하는 상황 가운데 있었다.[2] 이에 따라 알제리 문학은 프랑스어와 아랍어를 사용하는 이중 언어 구조를 가지게 되었다. 여기에 소수이기는 하지만 베르베르어로 작품 활동을 하던 구비문학 작가까지 포함하면 삼중 언어 구조를 가지고 있다.

알제리 정부는 프랑스로부터 독립한 이후 정치적 독립을 위해 아랍어를 통한 민족 통합을 시도했지만, 오랜 시간 식민국의 지배를 당한 까닭에 문화적, 언어적, 정신적 측면에서 어려움을 겪었으며 여전히 프랑스어를 사용하는 작가도 있었다.[3] 그로 인해 알제리 문학의 표현 언어는 프랑스어를 사용하는 작가와 아랍어를 사용하는 작가로 양분되었다. 프랑스어를 사용하는 작가는 프랑스의 대리자 역할을 한다는 인식 때문에 그 작품이 진정한 알제리 문학일 수 있는가 하는 비판을 받기도 했다. 물론 알제리 작가에 의해 프랑스어로 쓰여진 작품이 프랑스 문학이라 할 수 있을지도 논쟁거리가 된다. 일반적으로 문학 작품의 국적을 분류할 때 1차적으로 사용 언어를 기준으로 삼지만, 알제리 작가가 프랑스어로 작품을 썼다고 해서 이를 프랑스 문학이라 분류하기에는 무리가 있다. 그들이 어떠한 언어를 선택해서 쓰더라도 그들은 알제리적으로 표현하기 때문이다.

작가의 작품 집필 동기와 목적은 무엇인가? 이는 독자가 작품을 이해하고 소화하기에 어려움이 없는, 언어의 제약을 받지 않는 동일한 단일 언어를 가진 독자층을 대상으로 하는 작품의 작가에게 해당하는 질문이다. 그러나 문학적 표현어로 프랑스어를 사용하는 알제리 작가들의 경우는 어떠한가? 복잡한 역사적, 문화적 맥락 속에서 형성된 언어적 상황에서는 이 질문

---

2 *Ibid.*
3 *Ibid.*

에 대한 단순한 답을 내리기가 어렵게 만든다. 작가들이 일반적으로 고려하지 않는 가장 기본적인 문제가 있는 것이다.

알제리는 세 개의 언어를 가지고 있고, 각각에서 파생되는 문화가 공존하는 사회다. 독립 이전만 해도 알제리 민족의 고유 언어인 베르베르어는 구비문학에만 사용되는 구어였고, 아랍어 또한 통일된 언어로서의 기능을 제대로 하지 못하는 상황이었다. 식민 지배하에서 사용되던 프랑스어는 여전히 그 잔재가 남아 알제리의 지식인층이 선호하는 상황이다. 식민지 경험을 가졌다는 역사적 맥락까지 고려한 복합적인 상황인 알제리에서 알제리인으로서 프랑스어로 작품을 쓴다는 것은 단순한 문제가 아니다. 두 개의 언어를 구사한다는 것은 단순히 도구로써의 언어의 기능을 넘어 문화적이고 정신적인 세계까지도 동반하는 것이며 알제리인에게 그것은 식민자의 세계와 피식민자의 세계가 된다.[4]

언어는 시대 상황의 반영이다. 언어는 시대의 변화에 따라 작품 속에 또 다른 형태로 표현되기도 한다. 이러한 역사적 배경을 가진 알제리의 작품을 어떠한 관점에서 이해해야 하는가? 이런 질문을 바탕으로 알제리에서 프랑스어로 활동하는 작가인 카멜 다우드(Kamel Daoud)의 소설 『뫼르소, 살인사건(Meursault, contre-enquête)』을 분석함으로써 그에게 프랑스어가 가지는 의미와 더불어 과거부터 지금까지 알제리에서 프랑스어는 어떤 관계로서 존재하는지 살펴 보고자 한다. 이는 우리의 과거로 존재하는 국내 중국 동포와 고려

4 A. Memmi, *Portrait du colonise*, Gallimard, 1957(2006), p.124, 김용우, 「인종주의와 식민주의, -알베르 멤미(Albert Memmi)의 경우」, 『프랑스사연구』 제31호, 한국프랑스사학회, 2014, pp.175-180에서 재인용. 프랑스어로 활동하는 마그레브 작가들의 어려운 상황에 대해 "모어와 교양어 사이의 불일치가 피식민자에게만 해당하는 특별한 일이 아니다, 그렇지만 식민지 상황에서의 이중언어의 사용은 아무 언어적 이중성과 동일시 될 수 없다. 두 언어를 소유한다는 것은 단지 두 개의 도구를 사실을 넘어서, 두 심리적이고 문화적인 왕국에 참여한다는 것이다. 그런데 여기서는, 상징화된 이 두 세계가, 두 언어에 의해서 지탱되면서 서로 투쟁 상태에 있다. 즉 그것은 식민자의 세계와 피식민자의 세계이다."라고 기술하고 있다.

인을 비롯해 이주노동자, 결혼 이주 여성으로서 정주하고 있는 이민자, 즉 '다문화'라 호명되는 다문화 주체의 현재와 미래에 대한 설명과 제언으로 연결될 수 있다.

2. 알제리 문학과 표현 언어

알제리 문학은 크게 두 개의 영향권 아래에서 형성되었다. 첫째, 프랑스에 의해 지배되었던 1830년 이후 알제리의 정치와 경제는 완전히 프랑스에 종속되어 있었으며, 문화까지 프랑스의 영향 아래 놓인 것은 1차 세계대전 이후다. 따라서, 1·2차 세계대전 후 등장한 작품은 알제리인으로서 알제리적 경험을 소유하고 있음에도 프랑스의 표현 기법이나 도구를 사용하는 특징을 가지고 있었다. 둘째, 동부 아랍권의 영향을 받았다. 동부 아랍권에서 터키나 서구에 서항하던 민족주의 정신은 알제리가 프랑스로부터 독립 투쟁을 할 수 있었던 정신적 뒷받침이 되었으며 문학적인 면에서도 상당한 영향을 주었다. 그로 인해 알제리 문학은 자연스럽게 프랑스어와 아랍어에 노출됨으로 두 언어를 문학 언어로 사용하는 이중의 언어 구조를 가지게 되었으며, 이는 알제리 문학에서 어느 하나도 가벼이 여길 수 없는 경향을 연출하였다.[5]

이와 같은 알제리의 역사적 배경은 알제리의 복잡한 언어적 상황과 맥락을 같이 한다. 현재 알제리에서는 베르베르어, 아랍어, 프랑스어, 세 개의 언

5 진인혜, 「프랑스 알제리 문학의 흐름과 경향 및 다문화적 특성」, 『프랑스학 논집』 제70집, 프랑스학회, 2010, pp.265-284.

어가 사용되고 있다. 이러한 삼중적 언어의 구조는 시대적 상황에 따라 각 언어의 위상에도 영향을 주고 있다. 아랍 지역의 알제리에서 중심 권력에 대항한 베르베르인의 저항과 투쟁은 2000년을 전후로 정치, 경제, 문화 등의 변화를 이끌어냈다. 오랜 시간 배제와 억압을 받던 소수 언어였던 베르베르어는 2016년부터 아랍어와 동일한 위상을 획득하였다. 현재 알제리는 베르베르어인 '타마지그트'와 아랍어를 공용어로 사용하고 있으며 프랑스어는 사회의 통용어로서 대도시 중심의 엘리트 지식인층과 상류층에서 사용하고 있다.[6]

알제리 토착민인 베르베르인의 언어가 베르베르어이다. 오래전부터 베르베르인의 지리적 단위는 동질적이며 지속적이지 못했다. 아프리카의 광활한 영토에 서로 멀리 떨어져 흩어져 살았기 때문에 베르베르어를 사용하는 화자는 현재 수천, 수만에 달한다.[7] 8세기 초 아랍의 마그레브 지역 정복 이후 토착인인 베르베르인의 이슬람화를 위한 아랍어 정책의 실시로 베르베르어 사용의 제한을 가져왔다. 배르베르인들은 교육을 비롯한 행정, 사법 등 사회의 많은 부분에서 배제되었으며 그들의 언어조차 제도적으로 인정받을 수 없었다. 결국에는 자신들의 언어인 베르베르어 또한 포기해야만 했다. 통일된 결속력을 가지지 못했던 이들은 아랍의 통치에 굴복할 수밖에 없었다. 언어의 문자와 문법 체계를 가지고 있지 못했기에 정복자 언어인 아랍어에 점진적으로 잠식당할 수밖에 없었다. 이러한 상황 가운데 알제리 북부의 산악 지대에 기거하던 부족인 카빌족과 같은 소수 부족들은 더 깊은 산이나

---

6 'Tamazight'는 베르베르어로 '베르베르인의 언어'를 가리키는 말이다.

7 임기대, 「베르베르어 사용 관련 정책 현황과 변화 가능성에 관한 소고 : 알제리의 경우를 중심으로」, 『프랑스학연구』 제74권, 프랑스학회, 2015, pp.419-446.

사막의 오지로 이동하여 저항하면서 그들의 언어를 지키게 되었다.[8] 베르베르 방언은 7개의 형태가 있었지만 오늘날까지 문자 원형의 체계를 이루고 있는 것은 투아레그어 문지이다. 투아레그족은 다른 지역의 구어로 존재한 언어와는 달리 문자를 활용한 지속적인 언어 활동을 해왔다.

알제리의 베르베르 방언은 네 지역으로 나누어 볼 수 있다. 알제리 동북부 산악 지대, 카빌리의 카빌(Kabyle)족, 동부 고평원 지대에서 사막 이전까지에 걸쳐 있는 오레스 지역의 샤우이(Chaouis)족, 알제리 중부의 스텝 지역인 음자브(M'zab)의 모자비트(Mozabite)족 그리고 이들과 달리 잘 보존된 언어를 가지고 있는 남부 사하라 사막에서 유목 생활을 하던 투아레그(Touareg)족의 베르베르어이다. 이 지역은 각각 다른 방언을 사용하고 있다. 프랑스어와 아랍어의 사용 정도, 종교적으로 이슬람의 수용 정도에 따라 사용 형태가 다르지만 의사소통에는 별문제가 없다. 문자 체계는 '티피나그(Tifinagh)'를 동일하게 사용하고 있으며 2000년대 초에 베르베르어의 문자가 공식적으로 확정되었나. 2003년에 베르베르어는 일제리 국어로 인정되었다. 2006년에는 교육계에서도 인정을 받으며 각종 시험에 도입되었으며 2016년에는 공용어로 지정되기까지 이르렀다.[9]

8세기 아랍의 마그레브 지역 이슬람화는 언어의 대체로부터 시작된다. 이때부터 토착민이 사용하던 베르베르어는 아랍어 앞에서 서서히 힘을 잃어버리고 후퇴하게 된다. 그러나 아랍어 사용 정책에도 불구하고 베르베르어를 사용하는 소수 부족은 아랍어와 이슬람을 표면적으로 받아들이기는

8 임기대, 「다언어국가로서 알제리의 언어사용 정책에 관한 연구-베르베르어의 경우」, 『한국프랑스학논집』 제62집, 한국프랑스학회, 2008, pp.23-48.

9 최진영, 「마그립 지역의 베르베르족 문화와 언어에 대한 연구」, 『한국이슬람학회논총』 제32-1집, 한국이슬람학회, 2022, pp.151-174.

하지만 산악과 사막 지대에서 그들의 언어와 문화를 유지하였다. 그 당시 아랍어는 신성시되는 언어이며 사법, 행정, 교육의 언어로 사용되었기에 다른 언어에 비해 그 파급 효과는 상당하였다. 그에 비해 베르베르어는 구어이기에 모든 면에서 미약하였다. 이때부터 아랍어는 대도시를 중심으로 지배 언어로 자리매김하였다. 알제리는 16세기에 오스만 튀르크 제국의 지배를 받게 되지만 이들은 튀르키예어를 강요하거나 그들의 문화로 동화시키려고 하지 않고 통치자로 머물기만 했다.[10] 그래서 알제리인들은 지속적으로 토착어인 베르베르어를 사용했으며 아랍어의 영향을 받은 알제리식 아랍어를 사용하였다. 알제리식 아랍어는 표준 아랍어, 『쿠란』에 쓰인 고전 아랍어가 아닌 베르베르어, 라틴어, 터키어 등에서 영향을 받은 알제리식 아랍어로 중동의 아랍어와는 다르다. 이러한 역사적 상황을 고려해 볼 때 알제리에 얼마나 많은 언어가 거쳐 가며 공존했는지 알 수 있다.[11]

132년 식민 지배에서 벗어난 알제리는 프랑스 지배하에서 형성된 프랑스적 가치와 제국의 잔재인 프랑스어와 문화를 제거하고자 이슬람적 가치와 민족성 회복을 위한 대대적인 작업에 착수한다. 이를 시행하기 위한 수장으로 대 프랑스 독립전쟁을 전개한 영웅 후아리 부메디엔(Houari Boumédiène)을 대통령으로 임명하며 탈식민화와 국민의 통합을 위한 정책이 수행한다. 부메디엔 대통령의 탈식민지화는 사회주의에 의존하여 아랍의 이슬람화 정책을 펴는 방식이었기에 국민의 지지를 받았지만 결국은 실패로 이어진다. 교

10 이연숙, 「아랍어화에 직면한 베르베르어-마그레브 지역을 중심으로」, 『언어 제국주의란 무엇인가』, 돌베게, 2005, p.240. 베르베르인들은 언어의 차이에도 불구하고 오스만 터키 제국의 통치를 따랐는데 그들 또한 이슬람이었기 때문이다. 또한 오스만 터키의 근위병들은 알제리 여인들과 결혼을 하는데도 문제가 없었으며 이들의 지배는 프랑스 정복 전까지였다. 오스만 터키제국 또한 자신의 언어를 사용하며 알제리에 자신의 언어를 강요하지 않았다.

11 *Ibid.*, p.241.

육을 통한 언어의 교체는 그리 쉬운 일이 아니었다. 초등, 고등, 대학 교육에서도 프랑스어를 완전히 제거하지 못했다. 공식 교육 언어로 아랍어를 사용하도록 했지만 교육 체계는 프랑스식이었기에 프랑스의 잔재를 완전히 제거하기는 어려웠다. 또한 경제의 많은 부분을 프랑스에 의존하는 구조였기에 취업을 위해서는 프랑스어를 해야 했으며 엘리트층에서는 프랑스어를 더 선호하며 동경의 대상으로 삼는 상황이 벌어지기도 했다. 또한 경기의 침체는 현실의 어려움을 이기지 못한 알제리인들의 프랑스 이민 증가를 초래했다. 또한 정부가 민족의식을 고취시키기 위해 고전 아랍어로 언어의 통일을 시도하였는데 이는 알제리 국민에게 또 다른 언어를 습득해야 하는 어려움으로 작용하였다. 이는 알제리인이 사용하는 소수민족의 베르베르어, 아랍어 방언과 프랑스어의 문제를 가벼이 여긴 것이다.[12] 정부는 통일되지 못한 알제리 언어의 한계에 대해 체계적으로 방법을 마련하지 못했고 일방적으로 추진된 아랍 이슬람 정책은 알제리 사회에 지속적 불안 요소로 작용하는 결과를 초래했다.[13]

1830년 3월 프랑스는 알제리만에 상륙을 선포하면서 알제리 정복 전쟁과 통치를 시작하였다. 초기 프랑스의 알제리 통치는 어려움이 있었는데 그 중심에 자리한 것이 그들의 전통문화인 종교였다. 단일성과 동일성을 강조할 수 없었던 이 지역의 문화는 종교라는 동일성을 가지고 있었기에 프랑스는 이슬람의 종교적 색채를 희석하는 정책을 펼치면서 이슬람의 사회 분열을

12 임기대, 「알제리 식민지배 초기의 프랑스의 언어문화 정책」, 『프랑스학연구』 제48집, 한국프랑스학회, 2009, pp.419-446. 아랍어의 층위를 세 가지로 나누어 보면, 문헌 아랍어(arabe littéraire), 즉 꾸란에 쓰인 고전 아랍어(l'arabe classique)와 알제리 내 가정, 지역별 방언, 베르베르어권별 방언, 프랑스어와의 친밀도에 따라 다양하게 나타나는 알제리인의 생활 속에서 사용하는 방언 아랍어(l'arabe dialectal)와 아랍어를 표준화하여 교육현장에서 오늘날 사용되고 있는 표준 아랍어(l'arabe standard moderne)이 있다.

13 임기대, 「독립 후(1965-1978) 알제리의 언어, 교육정책: 탈식민화 과정에 관한 연구」, 『프랑스학연구』 제52집, 프랑스학회, 2010, pp.362-374.

유발하고 정치적 힘을 약화시키고자 했다. 또한 효과적인 통치의 수단으로 프랑스어 보급에 적극적이고자 하였으나 알제리 저항 세력의 활동이 있었던 식민 지배 초기에는 그들의 자극을 최소화하며 토착민들과의 관계를 형성하기 위해 프랑스어보다 아랍어 교육(1832년)을 먼저 시행함으로 혼합 문화 정책을 펼쳤다. 또한 프랑스는 그들의 문화권하에 두기 위해 교육 기관을 통해 본격적으로 이슬람 인재를 양성하는 정책을 시행함으로 서서히 이슬람 문화들을 희석해 갔다. 당시 유럽의 비교 문법 학자들의 연구[14]를 토대로 형성된 이데올로기는 프랑스어는 학식이 있는 상위 언어이자 종교적이지 않은 세련된 일상의 언어로, 아랍어는 일상적이지 않으며 종교적인 다른 세상의 언어, 낡은 언어라는 점을 지속적으로 인식시켰다. 이에 따라 생활의 부분들이 프랑스어로 바뀌어 갔다. 이와 더불어 베르베르어를 토착 언어로 남겨 놓으며 문자를 만들어 아랍어와 대항 관계에 있도록 설정하면서 아랍어를 상대적으로 형편없는 열등한 문화의 언어로 만들었다. 이 모든 일은 프랑스어를 견고히 하기 위해 알제리 내부를 분열시키는 일련의 과정들이었다.[15]

19세기의 강대국들은 식민지를 지배하기 위한 효율적인 방법으로 동화 정책을 채택하였으며 이를 시행하기 위해 자국의 문화를 식민지 사회에 뿌리내리게 하는 규범의 틀이 만들어졌다. 1870년 이후 비교적 안정적인 국내 상황으로 본격적인 알제리의 문화와 종교를 파괴하기 위한 언어와 교육의 동화 정책이 시행되었고 알제리가 프랑스에 공식적으로 합병되면서 동

14 임기대, 「알제리 식민지배 초기의 프랑스의 언어문화 정책」, 『프랑스학연구』 제48집, 한국프랑스학회, 2009, pp.439~469. "모든 언어가 동일한 가치를 갖고 있지 않았다는 사실, 간단히 말해 하위언어와 상위언어가 있다는 것을 특별히 증명해 보이고자 했다. 그렇게 해서 유럽어와 제3세계 언어가 대비되었고 이와 같은 대비는 식민이데올로기에 중요한 역할을 한다."

15 *Ibid.*, pp.448-457.

화 정책은 가속화되기 시작하였다. 아랍어를 배우던 모스크가 사라진 반면, 프랑스식 교육기관에서 아랍어를 배우는 광경이 나타났으며 현지 관료들이 배출되어 프랑스의 지배를 용이하게 하는 가교의 역할을 그들이 담당하게 되었다. 아랍-프랑스어 학교가 설립되었으며 이 학교에서 알제리의 특권층도 입학하여 프랑스 교육을 받았다. 1870년 이전까지는 전면적인 동화정책의 기조가 아니었으나 1870년 이후부터 프랑스의 동화 정책은 다각도로 시행되었다. 그러나 알제리의 특권층과 일부 프랑스의 회유책에 넘어간 알제리인을 제외하고 대부분의 알제리인은 프랑스식 교육에 저항하였으며 자녀를 학교에 보내지 않았다. 일부 알제리 상류층의 자녀들은 학업을 위해 중동으로 가는 경우도 발생하였으며 이들이 훗날 민족 투쟁의 중심에 서게 된다. 반면 프랑스식 교육을 받은 알제리인은 프랑스어 문학 및 언론, 예술, 문화 분야의 사용 계층으로 나타나지만, 그들 중 일부는 민족주의자로 독립 투쟁에 앞장서게 된다. 프랑스의 식민주의는 아랍어와 문화와 종교인 이슬람에 대한 말살이 영원히 프랑스에 예속된 알제리를 만들 수 있을 것이라 생각하였으나 현실은 그렇지 않았다.[16]

독립 후 알제리는 강력한 아랍화 정책을 시행하였으나 132년 프랑스 지배의 잔재를 제거하기란 쉬운 일이 아니었다. 1962년 독립 당시 아랍어를 구사해 글쓰기를 할 수 있는 알제리 지식인은 그렇게 많지 않았다. 반면 프랑스 교육에 익숙한 알제리의 지식인들은 경제적 부를 위해 프랑스어를 더 선호하였다. 교육 시스템 또한 프랑스적인 것이 많았기 때문이다.[17] 이로 인해 프랑스어를 사용하는 알제리 작가와 문학이 탄생하게 된다.

---

16 *Ibid.*, pp.458-461.

17 진인혜, 「프랑스 알제리 문학의 흐름과 경향 및 다문화적 특성」, 『프랑스학 논집』 제70집, 프랑스학회, 2010, p.265.

3. 카멜 다우드 『뫼르소, 살인사건』의 언어

프랑스어를 사용한 알제리의 문학은 네 시기로 분류하여 볼 수 있다. 시작은 1920년에서 1945년까지이며, 두 번째는 1945년에서 1950년대, 세 번째는 1952년부터 1960년대, 네 번째는 1962년 독립 이후의 시기이다. 첫 번째 시기인 1920~1945년까지는 프랑스인의 북부 아프리카를 지중해권으로 영입하기 위한 노력의 결과로 프랑스인 중심의 문학가가 나타났다. 이후 알베르 카뮈(Albert Camus)와 더불어 프랑스 식민 시대를 거쳐 알제리 독립전쟁 시기를 살았던 이주 프랑스인 3세의 출현으로 '알제리 문학파'가 결성되었다. 이 시기의 작품은 프랑스의 동화주의 정책에 영향을 받아 알제리의 낙후한 상황을 부각했으며 문명화된 프랑스 및 유럽의 문화를 우월하게 여기며 동경의 대상으로 삼았다. 이들은 알제리 사회를 타자의 입장에서 바라보며 외부자의 시선으로 표현하였다. 이는 인종차별적인 태도로 프랑스 작가들과 별다른 차이가 없었다. 즉 이들은 친프랑스 알제리 작가와 작품이었다. 이들은 알제리가 독립하자 알제리를 떠났다. 따라서 이 시기는 프랑스 작가에 대한 모방, 알제리 상황의 왜곡과 문화의 변질, 프랑스 문화로의 동화가 특징이다. 이는 강렬한 식민지 담론을 보여준다. 즉 진정한 의미에서 프랑스어를 사용한 알제리 문학이라 할 수는 없을 것이다.[18]

1945년 이후 알제리 문학은 민족적인 성향을 띠고 있으며 프랑스어를 사용하는 알제리 민족 작가가 등장하게 된다. 이들은 2차 세계대전에 프랑스 군인으로 참전한 알제리인이다. 이들은 승전 축하 행사에서 프랑스 시민과 동등한 지위와 권한을 요구하며 프랑스 식민 지배로부터 자치를 요구했

---

18 *Ibid.*, p.267.

고, 이로 인해 처참한 학살을 당하게 된다. 이 사건은 알제리 민족을 각성시키는 계기가 되었으며 1954년 독립전쟁에도 큰 영향을 미치게 된다. 이러한 시대적 상황은 1945년을 기점으로 작가들의 소설에도 표현되기 시작하였으며 고전적, 민족적 작가라는 1세대 작가가 탄생하게 된다. 이들은 이전의 소설에서 왜곡시켜 놓은 알제리인의 상황을 재정리할 필요성을 느끼며 소설의 주인공과 장소 등을 다시 설정한다. 이들은 아랍어 교육이 불가능했던 프랑스 식민주의의 언어 정책으로 인해 프랑스어를 사용할 수밖에 없었던 1세대라 하겠다. 그들은 프랑스가 아닌 알제리 고유의 문화가 있음을 드러내면서 가치를 부여하고자 했다. 이러한 상황을 비추어 볼 때 이 시기에 진정한 의미에서의 알제리 문학이 시작되었다 할 수 있다.[19]

1950년대 프랑스어를 사용한 알제리 작가들은 특히 이집트를 비롯한 다른 아랍 세계에도 작품이 번역되어 출판되면서 명성을 얻게 되었다. 아울러 알제리 독립전쟁을 겪으며 이를 반영한 매우 강도 높은 민족의식을 나타낸 민족 문학이 나오기 시작했으며 정치적 참여를 고취시키고자 하는 작품도 나타나기 시작했다. 이 시기의 프랑스어는 이들에게 유용한 표현의 도구로 사용되었는데 이는 그 언어가 타자에게 이해되는 지배국의 언어였기 때문이다.[20]

독립 이후에는 독립 이전의 작가들과 더불어 새로운 신예 작가들이 등장하게 되는데 이들은 민족적 문제뿐 아니라 철학적, 사회적, 남녀평등의 문제 등을 소재로 작품 활동을 시작하면서 문학의 새로운 전환점을 만들게 된다. 이들은 사회적 변화를 표현해야 하는 시대가 도래했음을 인지하며 외부에

---

19 *Ibid.*, p.268.
20 *Ibid.*, p.269.

서 잘못의 원인을 찾는 것이 아니라 알제리 민족 내부의 사회 전반의 문제에 초점을 맞추어 도전과 변화를 주장한다.[21]

[그림1] 알제리 역사에서 프랑스는 결코 분리될 수 없는 알제리의 한 부분이다. 동화되어서도 동화될 수도 없는상황. 호미바바는 양가성 이론으로 설명하고 있다. (출처: 소명출판)

프랑스어를 사용하는 대부분의 알제리 작가는 자신의 조국과 선택의 여지 없이 주어진 환경인 프랑스 사이의 문화적 이중성에 놓여 있었다. 알제리 역사의 한 장면에서 프랑스어는 결코 분리될 수 없는 알제리의 한 부분이며 알제리인의 언어였다. 프랑스 문화와 언어의 사용을 강요받았던 시대적 상황 속에서 알제리의 작가들은 식민 국가의 문화와 언어에 노출될 수밖에 없었기 때문이다. 초기 알제리의 작가들이 그들의 모국어와 구전어는 새로운 생활 양식을 표현하고 미학적인 표현에 충분하지 않다고 생각한 것에 반해 프랑스어는 그 부족한 부분을 풍부하게 채울 수 있으며 어떠한 소외감이나 한계를 주지 않고 자신이 원하는 세계를 한없이 표현할 수 있는 기회를 제공하는 제1의 표현 언어라 생각하였다. 어떤 작가들은 프랑스로 작품 활동을 하는 것을 비극이라 생각하기도 했는데 이는 식민주의가 이를 강요하고 원했기 때문이라 한다.[22]

프랑스어로 작품 활동을 하는 것이 유리하다고 보는 일부 작가도 있었는

21 *Ibid.*, p.270.

22 김미경, 「이중언어에 관한 자크 데리다 Jacques Derrida의 고찰 - 타자의 단일언어주의 『Le Monolinguisme de l'Autre』(1996)를 중심으로」, 『프랑스문화예술연구』 제51집, 2015, pp.3-60. 위의 논문에서 데리다의 표현을 빌리면 다음과 같다. "오늘날, 어떤 사람들은 지배적인 언어의 동질성에 굴복해야 한다. 그들은 생존하거나 더 잘 살기 위해서는 주인의 언어를 배워야 한다."

데 그 이유는 다음과 같다. 첫째는 경제적 이유이다. 아랍어로 작품 활동을 할 경우에 인세는 매우 낮은 수준이어서 작가로서 삶을 살아가기에 현실적으로 너무 어려운 상황이었다. 아울러 이슬람 아랍 세계에서의 검열이 매우 까다로웠기 때문에 이는 작가로서 독창적인 작품 활동을 가로막는 요소로 작용하였다. 그에 비해 프랑스어를 사용한 작품 활동은 한 작품으로도 평생을 유지할 정도의 경제적 여유를 보장해 주었다. 둘째는 작가들의 프랑스 이주를 들 수 있다.[23] 마그립 국가들이 독립한 이후, 프랑스 이주는 1960년대 말 최고조에 다다랐으며 1970년대 프랑스의 교육 기관에서는 제2언어로 아랍어를 지정할 정도였다. 프랑스로 이주한 작가들의 관심은 그들의 조국이었다. 그들의 속한 장소와 문화, 사람들에서 완전히 분리되어 작품 활동을 할 수는 없었지만 그들의 작품 속에는 알제리에서의 유년, 청년 시절이 녹아있었다. 또한 그들은 알제리 국적을 가지고 모국과 지속적인 관계를 유지하며 활동하고 있다. 그들은 프랑스에서 주류 사회에 속하지 못하였으며 비주류, 이방인으로 여겨졌다. 프랑스어를 사용하고 프랑스에 거주하지만 프랑스인이 보기에 이들은 영원히 프랑스에 동화될 수 없는, 아니 지배를 위해 동화시키고자 했지만, 결코 동화되어서는 안 되는 이방인으로 존재한다.[24]

---

23 박단, 「2차 세계대전 이후 알제리인의 프랑스로의 이주와 정착」, 『프랑스학논집』 제53집, 한국프랑스학회, 2006, p.393. 프랑스인을 알제리에서 몰아내기 위해 전쟁에 참가했던 알제리 투사들 스스로는 "우리는 전쟁에서 이겼다."라고 선포한 후 프랑스로 대거 이주하였으며 북부 아프리카의 이주민들은 프랑스가 그들을 지배한 것을 되돌려주기라도 하는 듯 프랑스를 식민지화하는 것 같다고 언급하고 있다. 당시 프랑스로 이주한 알제리인의 수는 180만 명에 이르렀으며 현재는 이민 4세대가 태어났다.

24 호미 바바, 『문화의 위치』, 나병철 옮김, 소명출판사, 2012. 양가성 이론의 호미 바바는 주체가 형성되기 위해서는 필연적으로 타자에 의존해야 하고, 근본적으로 주체는 타자성을 그 내부에 품고 있으므로, 양자를 따로 떼어서는 생각할 수 없다는 것이다. 흔히 식민지, 혹은 후기 식민지의 역사를 말할 때 이분법적 투쟁의 구도가 놓치고 있는 점은, 대립하는 적은 서로를 닮는다는 점이다. 이것이 호미 바바가 말하는 모방과 양가성의 개념의 핵심이다. 그리고 양자는 서로에게 적대적으로 의존하는 그 관계 속에서 주체로서 형성된다는 것이다.

프랑스어를 사용하는 알제리 작가와는 달리 본국인 프랑스에서 이방인으로 간주되는 대표적인 작가로 알베르트 카뮈를 들 수 있다. 알제리 태생 프랑스인(Pied-Noir) 알베르트 카뮈의 작품 『이방인(L'Étranger)』은 대표적인 고전으로 세계적으로 읽히고 있다.[25] 카뮈의 『이방인』은 어머니의 죽음 이후 북아프리카의 프랑스 식민지 알제리에 살고 있는 뫼르소라는 이름의 한 남자의 삶을 다루며 '아랍인'을 살해한 뫼르소의 재판을 통해 사회적 부조리와 인간의 실존에 대해서 탐구한다. 이와는 대조적으로, 다우드의 소설 『뫼르소, 살인사건』은 이방인에서 빠진 부분에 대항하고 이러한 부분을 보충하여 답변하는 것으로, 프랑스 작가가 어떻게 독자로 하여금 알제리인을 죽이는 것에 대해 잊게 만드는지에 초점을 두고 있다. 이방인에서 이름이 알려지지 않은 '아랍'을 가져다 그에게 이름을 부여하고 그의 일상적인 습관을 설명하며 역사를 가진 사람으로 복원시킨다. 뫼르소에게는 부조리의 문제, 철학의 문제일 수 있으나 하룬에게는 정체성의 문제, 정치와 역사의 문제, 문화적 이중성의 문제이다. 다우드의 식민지 프랑스어로 쓰인 텍스트는 뫼르소에 대한 하룬의 도전이며 이방인의 텍스트에 제시된 알제리 민족의 가치, 알제리의 역사적, 문화적 억압에 직면한 대항의 산물이다. 이제 그의 작품 속에서 언어, 프랑스어는 어떻게 묘사되고 있는지 다문화 주체의 관점에서 살펴보고자 한다.

25 문종현, 「알제라 전쟁과 프랑스 정주민」, 『HOMO MIGRANS』 제26호, 이주사학회, 2022, pp.8-33, 김기홍, 「영화 〈톰하디의 도망자〉와 피에누아(Pied-Noir)의 에스닉 정체성」, 『글로벌문화콘텐츠』 제30호, 글로벌문화콘텐츠학회, 2017, pp.8-9. 이 용어는 '검은 발'을 의미하며, 알제리로 이주했거나 알제리에서 태어난 프랑스인과 프랑스 시민을 구분하기 위해 인종차별적인 의미를 내포하고 있다. 그들이 백인처럼 보이고, 따라서 프랑스인처럼 보이지만, 그들은 알제리에 의해 인종적으로 또는 인종적으로 오염되어 더 이상 완전히 프랑스인이 아니라는 것을 암시한다.

4. 다문화 주체의 언어와 정체성

1970년 알제리 북부 모스타가넴(Mostaganem)에서 출생한 카멜 다우드는 알제리의 대학에서 문학을 전공하였으며 프랑스의 신문사인 〈코티디엥 도랑(Le Quotidien d'Oran)〉의 기자로 20여 년간 활동한 언론인이자 소설가이다. 알제리 혁명 후 50년 이상 지난 2013년 발표한 그의 소설 『뫼르소 살인사건』은 알베르트 카뮈의 대표적 소설인 『이방인』에 뿌리를 두고 있다는 것을 우리는 그의 텍스트를 통해 알 수 있다. 알제리와 프랑스 간 격동의 과거와 이방인에서 표현된 인종적, 식민적 억압에도 불구하고 70년 전 뫼르소의 주장에 의문을 제기하며 아랍어가 아닌 프랑스어로 글쓰기를 결정하였다. 이러한 의도적인 선택은 다우드가 역사적으로 알제리에서 억압의 매개체였던 언어를 전복시킬 수 있게 해주며, 서구 학계가 그의 경험을 수용할 수 있게 해준다. 카멜 다우드가 프랑스어를 배운 것은 외부의 타자에 의한 어떠한 강요에 의한 것이 아니라 자신 스스로의 선택이었기에 그에게 있어 프랑스어는 자유의 영역이라 할 수 있다.[26] 그에게 있어 프랑스어는 자신이 원하는 바를 자유롭게 표현할 수 있는 도구이지 외부의 힘에 의해 강요된 적의 언어, 식민국의 언어, 종속의 언어가 아니다. 그러므로 이전 초기 작가들이 느꼈던 프랑스어를 사용하는 데 대한 어떠한 부담이나 복잡한 심경적 의미를 부여하지 않는다.

다우드의 소설 속 하룬은 프랑스어를 배우게 된 이유를 두 가지로 설명하고 있는데, 둘은 모두 대립 관계를 형성하고 있다. 그 둘은 다음과 같다. 언어를 가진 자와 가지지 못한 자, 즉 엄마의 언어와 하룬의 언어가 대립한다. 이를 풀어 보면 첫째는 이름 없이 죽은 '아랍인'으로 표현된 형 '무싸'를 살

26 지영래, 「알제리 프랑스 작가에게 있어서 언어와 타자의 문제」, 『프랑스학연구』 제90권, 2019, pp.133-161.

리기 위함이며,[27] 둘째는 아들의 죽음에 대해 끊임없이 되뇌이며 일평생 그 죽음에 갇혀 살아온 괴물 같은 어머니와 거리를 두기 위함이다.[28] 그는 이름 하나 가질 여유조차 없었던 익명의 존재, 두 번째 망자, '아랍인'으로 표현된 그의 형 '무싸'를 살리기 위해 프랑스어를 선택한다. 소설은 처음부터 이름을 가진 자와 가지지 못한 자, 즉 언어를 가진 자와 가지지 못한 자의 대치를 이루며 전개된다.

> 단, 한 명의 망자(亡者)만을 떠올린다네. 뻔뻔하지 않나. 죽은 사람은 엄연히 둘이었는데 말이야. 그래 둘이라니까. 한 명을 빼먹은 이유가 뭐냐고? 그야, 첫 번째 사람은 얘기를 할 줄 았았기 때문이지. 그것도 얼마나 잘했던지, 자기의 죄를 잊어버리게 만들 정도였다네, 반대로 두 번째 사람은 가난한 무식쟁이였지. 신이 그를 만든 것도, 단지 총알받이가 되어 한낱 먼지로 되돌아가게 하기 위해서가 아니었을까 싶다니까. 이름 하나 가질 여유조차 없었던 익명의 존재였던 거야.[29]

언어의 권력을 가진 자의 살인은 도덕적인 측면에서 정당하게 다루어지지 않고 그 권력의 표현으로 범죄를 완전히 덮어버리고 텍스트를 접하는 자들로 하여금 다른 시각에서 접근하게 만든다.

> 세상 사람들이 다 그랬듯이, 자네도 그 작자가 써 놓은 얘기를 있는 그대로 읽었을 거야. 글 재주가 어찌나 뛰어난지 그가 쓰는 단어들은 정밀하게 세공한 보석처럼 빛이 난다네. 그는 말의 뉘앙스를 살리는 데 대단히 엄격하지. 보석과 광물을 잘 다듬기 위

27 카멜다우드, 「뫼르소, 살인사건」, 조현실 옮김, 문예출판, 2017, p.8, p16.
28 *Ibid.*, p.17, p58.
29 *Ibid.*, pp.7-8.

해 수없이 계산해 보는 수학자처럼 보여.[30]

그 결과 뫼르소의 작품 속에는 사건의 이름으로만 불리던 아랍인이라는 명칭이 25번 등장한다. 언어라고 해야 기껏 피리 소리밖에 낼 줄 모르는 유령 중의 한 사람일 뿐이었던 아랍인, 무싸의 흔적은 뫼르소의 소설 속 어디에도 남아 있지 않았다.[31] 이러한 이유에서 하룬은 적이 남기고 간, 적의 언어인 프랑스어를 사용해 살인자가 썼던 단어들과 표현들을 가져다 자신의 언어로 만들고자 한다.[32] 그 언어로 자신의 형 무싸의 이름을 복원하며 역사를 가진 인물로 회복하고자 한다. 이렇게 형의 이름을 되찾고자 했던 그의 작업은 뫼르소에게는 보이지 않았던 무싸의 정체성을 회복시키는 일이요, 무싸의 삶을 다시 쓰는 작업인 것이다. 다우드에게 프랑스어는 식민 지배하에서는 찾을 수 없었던 알제리 민족의 정체성을 회복하는 일이며 알제리 민족의 역사를 다시 쓰는 작업일 것이다.

무엇보다도 하룬이 뫼르소의 언어, 프랑스어를 선택하게 된 이유는 어미니로부터 스스로를 분리하기 위함이다. 형의 죽음 이후 어머니의 소리를 대변해야 했지만, 엄마의 망상으로부터 분리하고 자신을 스스로 보호하기 위한 것이었다.[33] 남편의 부재와 더불어 남편과도 같았던 큰아들의 실종과 시신도 찾지 못한 채 맞아야 했던 죽음으로 하룬의 어머니는 끊임없이 그 죽음을 되뇌며 일평생 그 죽음에 갇혀 살아온 괴물 같은 어머니라고 묘사되고 있다.[34] 이러한 어머니로부터의 분리는 하룬으로 하여금 어머니의 언어와

---

30 *Ibid.*, pp.9-10.
31 *Ibid.*, p.10.
32 *Ibid.*, p.8.
33 *Ibid.*, p.17.
34 *Ibid.*, p.17, p.58.

다른 언어를 선택하게 하며 어머니의 언어를 부끄러워하게 한다.

> 엄마의 언어는 풍요롭고 다채로운 데다 생동감과 도약이 느껴졌고, 정확하진 않아도 순발력은 뛰어났어. 슬픔이 너무 오래 지속되다 보니, 그걸 표현하기 위한 새로운 어법이 필요하기도 했을 거야. 엄마는 자신만의 언어로 선지자처럼 말하며 자기를 위로해 줄 여자들을 즉흥적으로 끌어 모았어. 바람이 삼켜버린 남편과 물이 삼켜버린 아들이라는 기막힌 재앙이 엄마 삶의 전부였던 거지. 난 그 언어와 다른 언어를 배워야 했어. 살아남기 위해서. 그게 바로 지금 이 순간 내가 말하는 언어라네.[35]

하룬의 어머니는 과거 속 아들의 죽음을 애도하며 현재를 살아가고 있고 그 삶의 무게는 곧 하룬의 무게이다. 이러한 어머니의 태도 속에는 질곡이 많았던 알제리의 과거가 남아있다. 현재를 살고 있지만, 그녀의 시선은 항상 과거를 향하고 있는 듯하다. 이것은 과거에서 벗어나지 못하는 알제리를 연상케 한다. 어머니의 언어는 아랍어이고 하룬의 언어는 프랑스어이다. 어머니는 프랑스어를 알지 못하며 그녀의 언어는 아들의 죽음을 애도하며 날마다 아들의 영웅담을 읊조리기 위한 언어이다.[36] 엄마의 언어로 할 수 있는 것은 죽은 아들을 애도하는 것과 원망하는 것이 전부이기 때문이다.

> 새로운 언어, 즉 뫼르소의 모국어를 배우고 책을 읽을 줄 알게 되면서 나는 점차 사물들에 다른 이름을 붙여줄 수 있게 됐고, 또 내 고유한 단어로 세상을 다스릴 수도 있게 된 거야.[37]

---

35 *Ibid.*, p.58.
36 *Ibid.*, pp.28-29.
37 *Ibid.*, pp.58-59.

그에게 있어 새로운 언어(프랑스어)는 엄마의 언어에서 벗어나고 암담한 현실에서 생존하고 싶은 마음과 과거로부터 벗어나 자신의 언어로 사물에 새로운 이름을 명명하고 다스릴 수 있게 됨으로써 합당한 자신의 정체성을 찾게 하는 회복과 질서의 도구로서 언어이다.

알제리에서 피에-누아르로 자란 자크 데리다(Jacques Derrida)는 "언어가 건설적이고 파괴적인 힘으로 작용할 수 있다."고 주장한다. 그는 "세계에 지배적인 언어들이 있지만, 그 언어들은 본질적으로 누구에게도 속하지 않는다."고 한다. 프랑스어와 같은 언어를 소유할 수 없는 것은 다우드와 같은 알제리계 아랍인들이 이 언어를 채택해서 사용할 수 있게 한다. 피지배자(알제리인)가 권력 의식을 되찾기 위해 그들의 억압자들이 제기한 프랑스어를 사용할 가능성이 있다고 본다.[38] 알제리인이 그들의 경험과 권력을 되찾기 위해 언어를 사용하는 것은 알제리 독립전쟁에 참전해 싸운 카리브해 비평가이자 활동가인 프란츠 파농(Frantz Fanon)과도 연관이 있다.[39]

파농은 식민시화된 사람들이 교육과 문학의 형태로 권력을 성취할 수 있는 수단을 제공하는데 이것은 식민지의 억압받은 사람들을 대변하기 위해 식민지 출신의 교육받은 사람들이 행해야 하는 책임이다. 식민지의 억압 속에서 자아 정체성을 추구하는 과정에는 세 가지 단계가 있다. 첫 번째 단계에서는 교육받은 원주민들은 점령, 지배적인 문화의 문학 형태와 패턴을 흉내 내며 반복한다. 두 번째 단계에서는 지적 토착민은 식민지 공동체(교육 때문에)와 식민지 개척자의 세계(출신 때문에)에서 모두 소외된 자신을 발견한

38 김미경, *op. cit.*, pp.31-60.

39 프란츠 파농, 「검은피부, 하얀가면」, 이석호 옮김, 인간사랑, 서문. 파농은 1925년에 카리브해에 위치한 프랑스령 앤틸러스 제도의 마르티니크 섬에서 태어났다. 그의 아버지는 흑인이었고 어머니는 흑백 혼혈이었다. 파농은 이전에 식민국가 출신 작가의 관점에서 아프리카의 통일된 독립과 탈식민지화 운동을 위해 활동하고 있다.

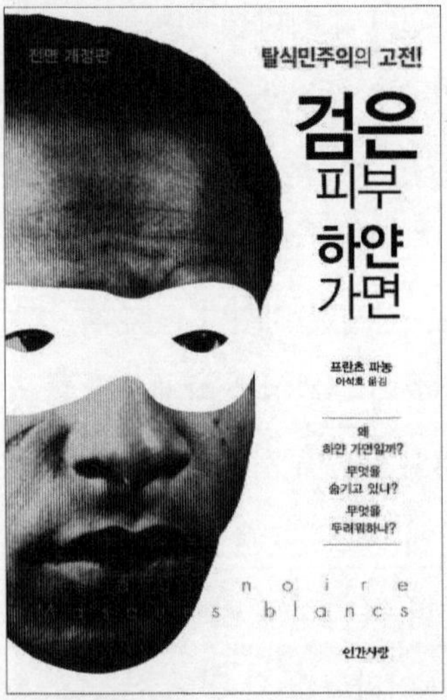

[그림2] 하얀가면 속 나는 누구인가? 흑인인가, 백인인가? (출처: 인간사랑)

다. 따라서 지식인들은 이러한 트라우마를 통해 일하는 방법으로 식민지 사람들의 과거를 회복하고 또한 그들 민족과 자신을 위한 보다 긍정적인 대안을 발견하기 위해 글을 쓴다. 마지막 세 번째 단계에서 지식인은 식민지 지배자와 억압 세력에 대한 정치적 행동과 반란을 선동하는 문학을 탄생시키는 혁명과 민족 문화를 향해 현재의 사람들에게 힘을 실어주고 선동하는 방식으로 글을 쓸 것이라고 말하고 있다.[40] 다우드의 『뫼르소, 살인사건』의 집필은 파농의 이러한 주장(3단계)이 타당함을 보여주는 것이며 아울러 파농이 논한 식민지 출신의 교육받은 지식인들의 책임을 다한 임무의 완성이라고 볼 수 있을 것이다. 다우드는 그의 민족성과 탈식민지 국가의 일원임으로 주어지는 주체적 위치에서 카뮈의 작품 『이방인』과 같은 유럽(서구) 중심의 이야기에 대항하는 목소리를 내기 위해 프랑스어를 되찾아 온 것이다.

카뮈의 작품 속에서 언어는 권력으로 자리 잡고 있는데 그것은 뫼르소가 살해한 '아랍인'에게 이름이 없다는 것이다. 지배적 언어를 가지고 있던 뫼르소는 결코 그에게 이름을 주지 않는다. 그는 소설 전체에서 단순히 '아랍인'으로 인정받고 사라진다. 그 사람에 대해 아무것도 부여하지 않고 그저

40 곽정연, 「다문화 사회에서의 문화적 저항 - 탈식민주의 이론을 중심으로」, 『독일어문학』 제57집, 한국독일어문학회, 2012, p.11. 프란츠 파농, *op. cit.*, p.142.

'아랍인' 일 뿐이다. 이것은 프랑스 사람들이 알제리 사람들 전체를 칭하는 것으로 '아랍'이라는 단어에 붙이는 사회적 의미와 차별을 드러낸다. '아랍'이라는 단어는 민족, 인종, 종교, 언어의 지속적인 혼합이 내포되어 있다. 그러나 작품 속 '아랍'은 독자들에게 이러한 모든 것을 제외한 '무싸'라는 이름으로 귀결된다. '무싸'는 알제리를 대변하는 전체인 것이다. 단순히 알제리 민족성만을 강조한 것이다. 즉, '아랍'은 무싸의 주관성을 삭제하고 한 개인을 비인간화하는 역할을 하는 은유인 것이다. 아울러 서양에서 아랍에 대한 부정적인 이미지의 고정 관념으로 작용하게 만드는 것이기도 하다.[41] 카뮈의 작품 속에서도 아랍인들을 공격적이거나 폭력적인 것으로 묘사하고 있다. 다우드의 작품 속 하룬도 "나는 '아랍인'이라고 느낀 적이 한 번도 없었어."라고 한다.

> 아랍인이라. 나는 내가 아랍인이라고 느낀 적이 한 번도 없었어. 흑인이라는 속성이 백인의 시각에 의해서만 존재하는 것과 같은 이치지. 동네에서, 우리 세계에서, 우리는 무슬림이었고 저마다 이름과 얼굴과 습관을 갖고 있었어. 그게 다였어.[42]

카뮈와 다우드의 작품 속 '아랍'이라는 단어는 작가의 의도에 따라 정체성이 사라질 수도 정체성이 부여될 수도 있음을 보여 준다. 다우드가 되찾아 온 언어로 카뮈의 작품에서 살해되어 사라진 '아랍인'에게 이름을 부여하며 '무싸'라는 한 인격으로서의 정체성이 회복되는 것처럼 말이다. 따라서 언어는 정체성을 창조하는 힘을 가지며 권력의 구조를 형성하는 힘을 가

---

41 예를 들어 문명화된 프랑스의 가치에 대항하여 알제리의 가치는 비위생적이고, 더럽고, 혐오적인 것들과 연결해서 생각하게 하는 것을 들 수 있다.

42 카멜 다우드, *op. cit.*, p.90.

진다. 언어는 정체성 창조의 근본적인 부분이며 그 정체성은 오직 서로에 의해 생성되는 것이다. 소외와 배제된 사람들이 지배층의 억압 때문에 그들의 소리와 이야기를 말할 수 있는 특권이 거부된 사회에서는 그들의 경험에 목소리를 낼 수 있는 다른 사람이 지배적인 언어의 사용과 호명의 행위를 통해서 그들에게 주는 정체성이다.[43] 또한 역사적으로 억압의 매개체였던 프랑스어는 다우드의 뫼르소에 대항하는 하룬을 등장시킴으로 인해 역사와 대회를 만들어 내고 있으며 식민지 민족의 목소리를 들을 수 있는 통로가 되었음을 볼 수 있다. 아울러 사이에 낀 (in-between)자, 뿌리 들린 자, 문화적 종교적 경계를 이탈한 자, 즉, 다문화적 주체의 소리를 대변하는 도구로서의 언어이다.

서구 식민지, 지배 계층의 시각으로 보면 카뮈와 뫼르소도 다우드와 하룬도 모두 그가 속한 사회에서 다문화적 주체이다. 카뮈는 그의 모국인 프랑스 사회의 특정 계층으로부터 차별이 주어지는 이방인이며 뫼르소는 식민국 알제리에서 가우리, 루미로서 이방인이다.[44] 다우드와 하룬도 모국어가 아닌 프랑스어를 소유하고 있는 것을 비롯해 알제리 민족의 보편적인 이슬람에 대한 문화와 종교관을 가지고 있다고 보기 어렵다.[45] 이들이 가지고 있는 각 개인의 배경은 다소 상이하긴 하지만 차별과 배제라는 측면에서 보면 이들은 모두 주류 사회의 문화와 언어에서 벗어나 있으며 정체성 혼란과 문

43 *Ibid.*, p.91. "내 형이 '아랍인'이 되고 그런 이유로 죽게 된 데는 뫼르소의 시선이 결정적인 역할을 했던 거라네."

44 *Ibid.*, p.28. 가우리(gaouri)는 북아프리카 지방에서 회교도가 아닌 서양의 백인을 가리키는 말이며, 루미(roumi)는 회교도가 지칭하는 기독교 또는 유럽인이다.

45 *Ibid.*, pp.97-98, p.102. 이슬람 국가에선 금요일이 휴일이고, 신자들은 매주 금요일 정오에 모스크에 모여 집단 예배를 드린다. 그러나 하룬은 금요일을 가장 싫어하고 누군가 『코란』을 암송할 때마다 천국과 피조물 사이의 논쟁이라 생각한다. 그에게 종교는 억압하고 자유를 박탈하는 것으로 여겨진다. 이슬람을 후진적이고 원시적인 종교로 취급한다. 이러한 그의 표현으로 인해 이슬람주의자들에게 공격의 대상으로 낙인찍히게 된다.

화적 혼종성을 가지고 있는 다문화적 주체이다. 민족성이나 문화적 가치라는 상호주관적이며 집단적 경험의 중심에 있는 주체이다. 차별과 배제라는 상황이 이들에게 주는 경험과 역사 또한 그들의 것이다. 다문화 주체에게 있어 언어는 주류 사회로 진입하며 그들의 생활을 영위하기 위한 가장 기본적이며 본질적인 요소이다. 어떠한 사회 내에서 중심부가 아닌 주변부에 해당하는 하위 주체로 그들의 위치를 넘어설 수 있는 기회를 부여하는 것이 언어이다. 다우드가 프랑스어를 사용해 그들의 것을 찾는 것처럼. 그에게 있어 프랑스어는 더 이상 하위 주체로서의 언어가 아니며 그들 민족의 소리를 대변해 내는 자유의 언어이며 복원의 언어이며 전복의 언어이다.

5. 무너진 경계의 시대에 소리 내는 다문화 주체

1943년 알제리 태생 프랑스인 카뮈에 의해 쓰여진 소설이 70년이 지난 2014년 알제리계 아랍인인 다우드에 의해 소환되어 과거 지배 계급의 언어를 취해 그들 민족의 소리를 내어 그들의 위치를 찾아가는 과정을 보며 200만 외국인 시대를 맞이한 지금의 한국을 보지 않을 수 없다. 초국적 이주를 경험하고 있는 시대적 상황에 한국도 예외는 아니다. 중국을 비롯한 러시아 연해주와 CIS 국가로 흩어져 있던 한인 디아스포라의 귀환과 돈의 흐름에 따른 외국 노동 인구의 유입은 한국의 민족적 정체성과 문화적 정체성에 대한 새로운 정의를 내리게 한다. 이러한 다양한 배경을 가진 사람의 유입은 언어를 포함한 다양한 문화의 유입을 말한다.

학계에서는 1990년대부터 다문화라는 용어가 등장하게 되었고 이에 따른 다양한 연구들이 이루어져 왔다. 우리가 '다문화'라 부르는 다문화(적) 주체는 항상 사회에서 차별과 배제라는 잣대로 바라보게 되는 대상이었으며 그들 또한 선주민인 한국인의 시각에서 부여하는 사회의 비주류, '이방인'으로 존재해 왔다. 카뮈의 『이방인』은 서구뿐만 아니라 한국에서도 알제리인의 시각에서 읽히지 않았다. 지극히 서구 중심적 입장에서 철학적 관점으로 다루어졌고 문학적 측면에서 해석이 되었다. 그러나 지금의 시대는 알제리의 역사성을 반영한 작품 읽기를 요구한다. 우리는 카뮈의 작품 속 '아랍인'을 보았고 다우드의 작품 속 '무싸'를 보았다. 자신들의 문제에 대해 소리를 내며 그 문제를 풀어 갈 언어를 갖지 못했다면 그들은 영원한 식민지 상황 속에서 이방인으로 존재하는 것이다. 그러나 지금까지 우리 사회에서 다문화 주체들이 '아랍인'이었다면 앞으로 한국 사회에서 이들은 더 이상 하위 주체인 '아랍인'이 아닌 주체자로서 소리 내는 '무싸'로 존재할 것이다. 다수 선주민인 한국인들은 그들에게 '다문화'라는 이름표를 붙여 그들을 혐오의 대상, 역차별의 대상으로 보려 하기보다는 지배 계층의 언어인 한국어를 취함으로 사회의 각 분야에서 다양한 문화를 이끌어 가는 주체자로서 자리매김할 것이다. 한국어는 그들에게 적의 언어, 지배자의 언어가 아닌 그들의 정체성과 민족의 문화를 드러내고 표현하며 재창조하는 전복의 언어가 될 것이다. 그래서 그들은 억압을 당하는 존재가 아니며, 피지배자가 아닌 존재 그 자체를 인정받는 인격으로 존재할 것이다.

아울러 사람의 정체성은 장소 안에서 형성되는 정서적 공동체의 토대이며, 그들이 속한 지역의 여러 환경적 영향으로 만들어진 정신적이며 추상적인 경험이 내용이 된다. 그러나 한국 영화 속 다문화 주체의 모습은 일반적으로 다수 한국인에게 제노포비아를 형성케 하며 그들의 거주 장소를 회피할 곳, 기피하는 곳으로 인식시킨다. 이러한 왜곡되고 훼손된 다문화 주체의 모습과 범죄의 온상이며 우범 지역으로 그려지는 이들의 거주 장소 묘사에 대항해 재조사하는 작품들이 등장하지 않겠는가? 카멜 다우드의 작품 『뫼르소, 살인사건』처럼 말이다.

소설 『이방인』의 중국 연구 동향 분석

○ 곽신요

"아웃사이더란, 아무도 병에 걸린 것을 깨닫지 못하는 문명 사회에서 자기가 환자임을 알고 있는 유일한 인간이다."

○ W. 콜린, 『아웃사이더』, p.1.

"나는 그런 존재와 같다. 저 세계를 빠져나왔고, 그러니까 저 세계의 존재자가 아니고 그렇지만 이 세계에는 등기되지 않고 떠돈다. 그러니까 이 세계의 존재자 역시 아니다."

○ 이승우, 『이국에서』, p.55.

1. 서론: 왜 『이방인』의 중국 연구인가?

시간이 흐르며 사람들의 생활 방식과 생각이 바뀌어도 흔들림 없이 읽히고 번역되는 글이 있다. 그 글들은 '세계 명작'이라는 이름으로 각 시대의 언어와 분위기에 맞게 끊임없이 번역되고 많은 사람들에게 읽히며 이를 접하는 이들에게 영감과 감성, 그리고 삶의 지혜까지 전한다.

프랑스 작가 알베르 카뮈가 1942년에 발표하고 1957년 노벨문학상을 수상한 소설 『이방인』 역시 그렇다. 한국 고등학교 교과서에도 수록될 정도의 작품으로 인정받는 동시에 분량이 많지 않음에도 생각할 내용이 많다는 이유로 쉽게 손이 가지 않는 작품으로 유명하다. 최근 몇 년 사이 전 세계적인 코로나 사태로 인해 카뮈의 『페스트』가 다시 읽히면서 『이방인』도 함께 주목받고 있다. 실존주의 대표 작가로 꼽히는 카뮈의 『이방인』은 주인공 뫼르소가 처한 상황과 그에 따른 감정의 변화를 1인칭 관점에서 묘사하며 독자에게 한 인간과 세상 사이에서의 이질감을 느끼게 하고, 어쩌면 자신도 '이방인'일 수 있다는 생각을 갖도록 유도한다. 이런 점 때문에 학계에서도 이 작품에 관심을 갖고 지속적인 연구가 진행되고 있다. 한국에서의 연구를 살펴보면 크게 철학적·인문학적 해석[1], 작품·작가 간의 비교[2], 번역·해석의 문제를 다룬 어문학적 연구[3] 등으로 나눠볼 수 있다.

알제리 태생인 카뮈는 알제리인들에게 '알제리인'으로 인정받지 못한다. 그의 소설『이방인』또한 그의 고국에서 거부당한다.『이방인』의 뫼르소 역시 그 사회 안에 온전히 속하지 못한 채 바깥을 맴돌고 있다. 이런 부분에서 한국의 다문화 가정, 중국의 조선족, 러시아의 고려인 등이 겪는 정체성 이슈들이 연상된다. 지구촌이라는 말이 옛말처럼 느껴질 만큼 전 세계에 여러 국적의 사람들이 어우러진 현재를 살아가며 자연스럽게 접하는 문화다양성은 단일 민족 국가로 분류되는 한국, 일본의 경우 시대의 흐름에 따라 변화된 상황으로 볼 수 있지만, 같은 아시아권 국가임에도 다민족 국가에 속하는 중국의 경우는 다르다. 그들은 56개 민족이 통합되어 형성된 사회에서 각 지방의 방언과 민족 언어, 표준어를 동시에 구사하며 생활한다. 다시 말해 태어난 곳과 국적은 같지만 서로 다른 언어와 문화를 가진 다양한 구성원으로 이루어진 사회인 것이다. 그리고 이 다양함은 사회주의 국가 중화인

---

1 강충권,「사르트르와 카뮈에 있어 '거리두기 distanciation'의 의미 :『구역 La Nause΄e』과『이방인 L'Etranger』을 중심으로」,『인문논총』제4권, 1993, pp.207-222.; 김혜동,「〈이방인〉을 통해 본 카뮈의 사회관」,『佛語佛文學硏究』제18권 제1호, 1983, pp.133-147.; 서영희,「카뮈의『이방인』, 내부로부터의 탈식민주의: 인문교양교육을 위한 다르게 읽기」,『문화와 융합』제42권 제12호, 2020, pp.555-581.; 이서규,「카뮈의 부조리 철학에 대한 고찰」,『철학논집』제35권, 2013, pp.139-178.; 조현천,「카뮈의 소설『이방인』에 나타난 무의미의 의미」,『인문학연구』제19권, 2015, pp.191-218.; 천소영·강기수,「카뮈의『이방인』에 나타난 실존적 권태의 교육적 의의」,『교육철학』제67권, 2018, pp.73-101.; 최윤주,「알베르 카뮈의『이방인L'Etranger』연구 : '반대 오이디푸스'에서 '반(反) 오이디푸스'로」,『佛語佛文學硏究』제56호, 2003, pp.591-610.

2 류영하,「구로사와 아키라〈살다〉와 알베르 카뮈의『이방인』속 부조리 비교 고찰」,『인문과 예술』제9호, 2020, pp.203-226.; 박홍규,「사이드와 카뮈」,『人文硏究』제61호, 2011, pp.1-30.; 조현천,「막스 프리쉬의 소설「호모 파버」에 나타난 죽음의 문제」,『독일어문학』2020, pp.21-42.

3 김진하,「문체론적 접근을 통한 알베르 카뮈의『이방인』분석과 교육」,『佛語佛文學硏究』제99호, 2014, pp.141-170.; 김진하,「알베르 카뮈의『이방인』한국어 번역본들에 대한 문체론적 고찰」,『佛語佛文學硏究』제101호, 2015, pp.57-102.; 유기환,「『이방인』의 살인사건과 리쾨르의 삼중의 미메시스」,『프랑스어문교육』제35권, 2010, pp.391-411.; 이기언,「뫼르소의 수수께끼 혹은 언어의 감추기-『이방인』의 살인 장면에 대한 해석학적 읽기」,『프랑스어문교육』제19권, 2005, pp.507-533.

민공화국(中華人民共和國) 공산당 정권의 통치 아래 하나로 묶여있다.

중국은 공산주의 체제의 국가로서 많은 부분에서 정부의 검열이 이루어진다. 그렇기 때문에 세계적으로 유명한 소설도 국가적 사상에 맞지 않으면 금지당한다. 국가 이미지에 해가 되거나 안전을 위해(危害)하고 중국 사회 질서를 어지럽히는 어느 것이라도 용납되지 않음은 물론이고 국가가 원하지 않는 영향력을 끼칠 수 있는 창작물은 세상에 나올 수 없다. 그 예로 몇 년 전 동성애 소설 쓴 중국 작가가 성폭행범보다 중형인 징역 10년을 구형받아 논란이 되었다.[4] 또 다른 예로 중국의 코로나 실태를 적나라하게 써 놓은 『우한일기(武汉日记)』가 검열을 통과하지 못하고 중국을 제외한 여러 나라에 번역되어 출간되었다. 이 책의 작가 팡팡(方方)은 한 인터뷰[5]에서 정부에게 절대적으로 협조함을 강조하는 의견을 드러내는 방법으로 접근하여 한동안 SNS 계정의 정지는 있었지만 '금지 작가' 신세는 면했다.

"모택동의 길과 거의 유사"한 길을 가고 있는 시진핑 집권 이후 중국의 공산당 사회주의 체제는 더 견고해졌다.[6] 2022년 11월부터 진행되고 있는 제로코로나 정책 반대 '백지(白紙)시위'와 '시진핑 퇴진'이라는 반정부 구호 외침 등을 통해 중국의 민주화 흐름을 엿볼 수 있다. 이와 동시에 금년 3월 시진핑의 3연임이 결정되면서 공산당 정권의 강화와 통제와의 상충 역시

---

4 「동성애 소설 쓴 중국 작가 징역 10년, 성폭행범보다 중형」, 『한국일보』, 2018.11.19.

5 "〈우한일기〉의 기조는 정부와 일치하며, 정부의 움직임 하나하나에 절대적으로 협조하며, 정부가 이해하지 못하는 사람들을 설득하고, 정부가 불안해하는 사람들을 달래는 데 도움을 주기 위해 노력하고 있다. 다만 우리는 방식이 제각각이라 글을 쓰다가 가끔 자신의 소감이 떠오르고 반성하는 말을 할 수 있을 뿐이다. 이번 우한의 전염병은 정부의 통치 중의 많은 문제를 드러냈다는 것은 말할 필요도 없다. 우리가 반성하고 교훈을 얻어서 결론을 행동으로 옮겨야 이번 사태로 죽은 백성들에게 미안하지 않을 것" (「独家专访 : 作家方方和她的"武汉日记" (독점 인터뷰: 작가 팡팡과 그녀의 "우한일기"」, 『중국신문망(中国新闻网)』, 2020.02.22.

6 「김상국 교수의 생활과 경제이야기 〈45〉 시진핑의 3연임; 미래 중국은 어떻게 변화할까? 어떻게 될까?」, 『ifs POST』, 2023.03.19.

예상이 가능하다.[7] 이런 국가적 상황에서 부조리 철학의 대표작으로 꼽히는 소설 『이방인』은 어떻게 읽히고, 연구되고 있을까?

[그림 1] 『이방인』 중국 학술논문 출판 현황(출처: 중국학술데이터베이스(CNKI) - https://oversea-cnki-net.sproxy.hufs.ac.kr/kns/Visual/Center)

본고는 중국학술데이터베이스(CNKI)에서 검색 범위를 중국의 학술 논문으로 설정한 후 '이방인(局外人)'으로 검색한 결과[8]를 가지고 소설 『이방인』에 해당하는 연구들 가운데 높은 비중을 차지하는 주제들을 중점적으로 다룬다. 이방인을 주제로 한 연구[9]는 1977년 6편으로 시작하여 2012년부터

7 중국 정권의 강화 및 통제와 민주화를 위한 흐름의 대비는 톈안먼 시위 기념일의 모습만 봐도 알 수 있다. 자유민주국가를 외치며 시위하는 국민들과 그들을 연행하는 경찰의 모습은 매년 6월 3일 전후 전세계 뉴스로 쉽게 접할 수 있다.

8 검색 범위를 중국 학술논문으로 설정하고 '이방인(局外人)'으로 검색한 결과 총 2294편의 논문이 검색되었다. (局外人 외에 异乡人, 陌路人으로 번역된 제목의 〈이방인〉도 존재하지만, 검색 결과 이 두 제목으로 작성된 논문은 5편 미만이므로 검색 결과에 포함하지 않았다.)

9 여기서의 '이방인을 주제로 한 연구'는 '이방인, 〈이방인〉, '이방인', outsider, outsiders, the outsider'의 결과값을 모두 포함한다.

2020년까지 매년 100편이 넘는 논문이 출판되었다([그림 1]).

『이방인』을 세계문학 중 하나로 보기 때문에 문학 분야에서의 연구가 가장 많았다([그림 2]). 프랑스 어문학 전공자들의 연구가 주를 이루고 있으며, 뫼르소가 어떤 인물인지, 그가 상징하고 있는 것은 무엇인가에 대한 '인물'에 초점을 맞춘 연구와 1961년 멍안(孟安)의 최초 번역서 이후 출판된 번역본들의 비교 연구, 그리고 카뮈 소설에 담긴 '부조리' 철학 분석 연구로 이루어져 있다. 이 밖에도 교육이나 영상, 출판, 그리고 심리학 분야에서의 연구도 어느 정도 비중을 차지하고 있다. [그림 2]에서 볼 수 있듯 이방인의 연구는 중국에서 다양한 분야로 연구가 진행되고 있다. 본문에서는 이 연구들 가운데 가장 많이 다루고 있는 주제를 중심으로 몇 편의 논문을 소개하면서 『이방인』에 관한 중국 학계의 연구 동향을 간단히 살펴보고자 한다. 2장에서는 연구 수가 가장 많은 『이방인』의 주인공 뫼르소를 분석한 논문들을 살

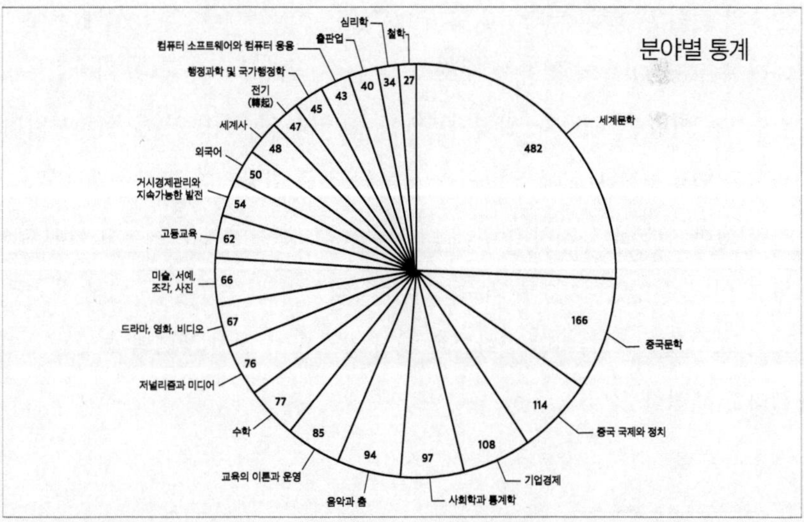

[그림 2] 『이방인』 중국 학술논문 분야 통계(출처: 중국학술데이터베이스(CNKI) - https://oversea-cnki-net.sproxy.hufs.ac.kr/kns/Visual/Center)

펴보고, 3장에서는 소설에 나타난 부조리와 햇빛의 상징, 그리고 번역본 비교 연구들을 살펴본다. 이를 통해 표현과 발언의 자유가 통제된 중국에서 『이방인』을 어떻게 바라보고 해석하고 그들의 삶의 적용하는지 알아본다.

2. 뫼르소는 아웃사이더(outsider)인가, 인사이더(insider)인가

『이방인』은 1인칭 시점 소설이기 때문에 주인공 뫼르소에 관한 연구가 많았다. 그중에서도 뫼르소의 특징 연구나 인물이 상징하는 형상, 인물의 심리를 정신분석학적으로 해석한 연구의 비중이 높게 나타났다. 우선 뫼르소라는 인물 자체에 초점을 맞춰 분석한 논문부터 살펴보자.

이단(易丹)[10]은 주인공 뫼르소의 '냉담함'에 집중했다. 그는 『이방인』이 실존주의 철학의 도해(圖解)라고 할 수 있으며, 소실에서 부조리, 신딕, 죽음에 대한 숙고(熟考) 등의 철학적 태도를 찾을 수 있다고 설명한다. 지아진루(贺金茹)[11]는 이방인, 내부자, 반항자로 나누어 카뮈의 『이방인』을 살펴보았다. 주인공 뫼르소는 사회에 동화되기 싫어 스스로 이방인이 되기로 했지만, 그가 진실한 생명을 유지하기 위해 택한 본능적 생존 방식은 여전히 사회적으로 용인되지 않았다. 결국 뫼르소가 무의식적이고 수동적인 '외부 생존자'에서 깨어 있는 자각적인 반항자로 성장하여 자기 정신 생명의 초월을 실현했다고 해석한 것이다.

10 易丹,「论加缪『局外人』中主人公的冷漠」,『四川大学学报(哲学社会科学版)』 1989, pp.66-69.
11 贺金茹,「局内人·局外人·反抗者——默尔索的精神成长与超越历程」,『名作欣赏』 2019, pp.129-131.

치우상송(丘上松)[12]은 대다수의 논문이 주인공 뫼르소의 성격을 '냉담함', '아랑곳하지 않음'으로 정의하고 있다는 말로 서두를 놓는다. 뫼르소가 프랑스 식민지 알제리의 노동자라는 사실을 상기시키고 식민 통치가 지속되는 사회에서 사는 한 사람으로서의 뫼르소를 바라보려 한다. 저자는 뫼르소가 사실 어머니의 죽음이나 사형과 같은 큰일에 대해 아랑곳하지 않는 것이 아니라 너무나 자의적이고 모순적이어서 오히려 대수롭지 않게 여겼다고 말한다. 그에 대한 설명으로 뫼르소가 어머니를 대하는 태도를 먼저 들고 있다. 어머니를 자신이 모시지 않고 양로원에 보내는 등과 같은 일련의 일이 뫼르소가 어머니에게 냉담하게 대하는 것이며, 이로써 이방인의 역할을 맡았다는 이해는 원작 정신에도 맞지 않다는 주장이다. 다음으로 재판에서의 뫼르소의 태도에 대해서는 『이방인』의 주제 사상이 인간이 느끼는 위기감과 세계의 부조리함, 인생의 아픔 등 실존주의 문학의 주제와 맞닿아 있다고 말하며 작품 집필 당시의 '부조리한 현실'을 세 가지—①부르주아 법률 전체 기관은 터무니없고 어둡다. ②종교는 거짓이다. ③자본가는 각박하다.—로 나눠서 분석한다.

팡린린(方琳琳)[13]은 세계 문단에서도 반복적으로 토론과 연구가 이루어지는 『이방인』의 부조리함 속 가여운 '이방인' 뫼르소라는 인물을 분석하기 위해 어머니와 애인을 사랑했는지, 친구와의 의(義)가 있었는지, 죽음을 두려워했는지로 나누어서 살펴보았다. 1장에서 어머니가 돌아가신 날을 정확히 알지 못하고, 양로원에 도착하자마자 바로 어머니를 보고 싶었다가도 어머니의 마지막을 볼 수 있는 기회는 마다하는 뫼르소의 모습에서 어머니를

12 丘上松,「莫尔索是局外人,还是局内人」,『外国文学研究』1992, pp.114-117.

13 方琳琳,「『局外人』人物形象分析」,『辽宁行政学院学报：文学与艺术』, Vol. 9, No. 6, 2007, p.174.

사랑하고 있는지 의문이 들지만, 그 '냉담'한 모습 뒤에는 어머니를 보통 사람과는 다르게 사랑하는 뫼르소가 있다고 저자는 주장한다. 2장은 세상에 중요한 일이 전혀 없는 뫼르소가 사랑과 결혼 앞에서 어떤 모습을 하고 있는지 살펴보았는데, 생명과 운명은 바꿀 수 없는 것이기 때문에 사랑을 하든 하지 않든 '전혀 의미가 없다'는 결론을 낸다. 3장에서는 친구가 있든 없든, 어떤 사람이 친구가 되든지 상관하지 않는 뫼르소의 모습에 초점을 맞춘다. 이어서 4장에서 소설 전체를 관통하는 죽음에 대해 이야기하며 어머니, 아랍인, 자신의 죽음을 대면하는 뫼르소의 태도를 '두려워하지 않고 오히려 행복해한다'고 정리한다. 또한 뫼르소는 독자들로 하여금 동정심을 갖게 하는 동시에 분노하게 만드는 인물이라고 말하며, 사회에서 배척받는 '이방인'이자 부조리한 사회의 필연적인 산물이기도 한 뫼르소에게 이 사회가 남긴 유일한 길은 죽음뿐이었다는 말로 글을 맺는다.

장지에(章洁)[14]는 뫼르소를 두고 '이방인'이라는 주제어에 초점을 맞추고 사회에서의 '이방인'과 법정에서의 '이방인'으로 나누어 연구를 진행했다. 뫼르소는 사회 활동을 하고 있는 사람이지만, 사회가 보편적으로 추구하는 가치, 규범 등에 대해서는 대립한다. 이는 가족, 사랑, 친구를 선택하는 것과 신앙 분야에서 나타난다. 이에 대해 저자는 뫼르소가 도덕, 윤리라는 틀에 갇혀 있지 않기 때문에 생각, 행동 등이 보편적 규칙을 따라가지 않는 것이라고 설명한다. 이어서 뫼르소의 사형 집행은 그의 의식(意識) 행위가 사회 규범 등과 충돌하고 판·검사의 터무니없는 추리로 인한 것이라고 설명한다. 뫼르소는 법정 심판 과정을 겪으며 그 자신도 점점 이방인으로서의 자신의 신분을 알게 되고, 자신뿐만 아니라 세계에 대한 이해가 깊어진다. 그는 사

14 章洁 ,「论默尔索的 "局外人" 形象及内涵」,『大众文艺 : 文艺评论』2014 , p.46.

형 선고를 받고 난 후에야 삶에 대해 생각하게 되고 인간 죽음의 필연성을 깨닫게 된다. 결국 끝까지 뫼르소는 사회에 반항하며 달가운 마음으로 기꺼이 이방인이 되어 이 사회에서 완전하게 탈출한다고 정리하고 있다.

왕신(汪欣)[15]은 '고정적' 시각으로 뫼르소를 '냉담'과 '반항'의 상징으로 본 기존의 연구들과 다르게 뫼르소 전후 일련의 변화를 '역동적인' 시각으로 분석하고, 이를 바탕으로 소설에 나타난 '부조리'와 그에 대한 인물의 태도 변화를 분석하고자 했다. 저자는 우선 소설의 1부와 2부, 그리고 1부에서 2부까지로 나눠서 보려고 했다. 1부에서 어머니의 죽음과 아랍인의 죽음이 뫼르소에게 언젠가 죽는다는 생각을 하게 하고, 죽음을 피하기 위한 인위적인 투쟁은 모두 허황된 것이었다면, 2부에서는 뫼르소 자신의 죽음에 대해 스스로 부조리한 주해(註解)가 되고, 부조리한 진로에 대한 반성이 그를 철학적 자살로 몰아넣지 않았으며, 신부(神父)를 거부하고 편안히 죽음을 향해 나아가는 것을 택하면서 마침내 시지프스처럼 부조리함에 적극적으로 임하는 것 자체가 행복임을 깨닫는다고 정리한다. 또한 소설의 세세한 부분까지 부조리가 드러나는 반면, 뫼르소는 그 부조리에 직면했을 때 각각 '허무한 반항'과 '행복한 반항'이라는 두 가지 태도를 취했다고 보고 있다. 결론적으로 『이방인』은 뫼르소의 실존주의 사상을 보여주는 것으로, 처음에는 자연에 대한 예민한 지각력을 보여주지만, 햇빛은 세상의 부조리함을 드러내고, 뫼르소를 절체절명의 선택으로 내몰고, 사회에 대한 물리적인 분석 능력에도 불구하고 자신의 감각과 욕망의 형식을 따르는 뫼르소는 '부조리'와 함께 죽음을 맞이한다고 마무리한다.

사회의 보통 사람들과 다르게 행동한다는 이유로 죽음에까지 이르는 뫼

15 汪欣, 「《局外人》中默尔索形象新释」, 『文学教育(上)』 2017, pp.36-38.

르소를 수식하는 단어로 냉담과 반항이 가장 많이 보인다. 사회가 원하는 보통 사람으로 살 수 있었음에도 끝까지 자신의 모습 그대로 사는 뫼르소를 두고 자각적인 반항자, 이방인으로 해석한다. 또한 그의 죽음에 대해서 부조리한 사회가 유일하게 남긴 것이자 뫼르소가 그 사회에서 완전히 탈출하는 것으로 해석한다. 중국의 연구가 전반적으로 뫼르소가 상징하는 의미를 현재 사회에 적용하여 분석하지 않고 소설의 주인공이 나타내는 상징, 카뮈가 『이방인』을 집필할 당시 사회의 부조리함에 한정되어 있다는 점이 아쉽다. 뫼르소라는 인물이 표현하고 상징하는 바가 중국 사회에 어떻게 적용되고 어떤 의미를 지니는가에 관한 연구가 필요해 보인다.

3. 부조리(荒诞), 햇빛, 그리고 번역본

2장에서 뫼르소 중심의 분석 연구에 반복해서 나왔던 단어는 부조리(荒诞)로, 뫼르소 중심의 연구에 함께 등장하는 '부조리'는 "인생에서 그 의의를 발견할 가망이 없음을 이르는 말. 인간과 세계, 인생의 의의와 현대 생활과의 불합리한 관계를 나타내는 실존주의적 용어"다.[16] 또한 소설 『이방인』에 대한 논문 주제어에 가장 많이 들어가는 단어 중 하나이기도 하다. 카뮈 자신은 부정했지만, 그는 대표적인 실존주의 작가로 알려져 있으며 『이방인』 역시 실존주의 문학의 대표작으로 분류된다.

양샤오칭(杨晓青)[17]은 '『이방인』의 부조리 미학 색채'라는 제목으로 미학

16 국립국어원 표준국어대사전 https://stdict.korean.go.kr/

17 杨晓青, 「《局外人》的荒诞美学色彩」, 『吉林省教育学院学报』, Vol. 26, No. 12, 2010, pp.69-70.

의 관점에서 『이방인』을 살펴보고자 했다. 전통적 미학 원칙을 깨부순 작품이라는 해석과 함께 실존주의 대가(大家)인 카뮈가 결코 평범하지 않은 예술 형식으로 독자들에게 부조리한 세계를 제시하고 현대의 서양 사회인들에게 존재하고 있는 어려움을 폭로한 작품이라고 정의한다. 독특한 방식으로 쓰인 소설 『이방인』은 형식과 내용 면에서 모순적이기도 하면서 일치감을 보이며 독자들에게 신선한 심미적 체험을 하게 하고 부조리의 미(美)를 나타내고 있다고도 설명한다. 부조리한 형식으로 부조리적 내용을 직접 지적하고 있다는 내용으로 1장을 채우고, 그 뒤를 이어 부조리를 통해 사람의 존재 가치와 희망을 볼 수 있게 한 점에서 부조리 미학 색채의 가치를 알아볼 수 있다는 의견을 내놓는다. 부조리 자체가 심미적 형태이기 때문에 전혀 다른 시각으로 부조리에 담겨 있는 심층적 의의를 이해할 수 있다는 설명과 함께 소설 『이방인』에 나타난 부조리의 심미적 의의가 '성공적인 표현'이라는 것으로 마무리하고 있다.

마아이화(马爱华)[18]는 '이성의 함락과 부조리한 비약'이라는 제목으로 『이방인』에 나타난 '햇빛'의 상징에 대해 논했다. 카뮈의 『이방인』에서 태양은 집단 무의식을 나타내는 동시에 작가 개인 의식의 기호로 작용한다는 의견과 함께 '햇빛이 비칠 때 생기는 그림자'를 부조리 철학의 모순을 종합적으로 나타내고 있으며, 문학 작품의 부조리 상징이라고 해석한다. 햇빛과 그림자는 카뮈의 부조리한 인생에 대한 관심이며, 그는 인류가 처한 부조리함에 대한 철학적 설명으로 '태양'이라는 상징을 통해 문학화하고 부조리한 체험의 대상을 부조리한 심미적 형식으로 바꾸어 놓았다고 말한다. 햇빛에 대한

18 马爱华,「理性的沉沦与荒诞的飞腾——论《局外人》的"阳光"意象」,『广西社会科学』, No. 1, 总第85期, 2002, pp.175-178.

자아방출은 황당무계한 도피와 반항을 함축하고 있으며, 이는 전통문화에 대한 현대 사조(現代思潮)의 보충을 구현하고 있다. 부조리를 해소하고 초월하려는 노력이 담겨 있고, 집단의식에 의한 태양의 이미지라는 문화적 함축도 풍부하게 했다는 의견이다.

왕위샹(王宇翔)[19]은 카뮈의 『이방인』과 『시지프스 신화』를 연구 대상으로 삼고, 『이방인』의 부조리한 사람의 성격 특징, 삶에 대한 서술, 의식 상태, 세계관에 대하여 부조리한 사람과 반항자의 형상을 살펴보는 동시에 카뮈의 철학 사상을 그리스의 〈시지프스 신화〉에서 살펴보고 두 작품에 나타난 카뮈의 사상적 맥락을 파악하고자 했다. 결론적으로 뫼르소에게 '빛'을 준 것은 영원한 '어둠'인 죽음이었다. 사람의 의식 속에는 그가 알아차리든 모르든 깨어있어야 하고 진실과 융합되어야 한다는 욕망이 있으며, 아무리 세상과 단절되어도 그의 육체는 세상과 연결되어 있기 때문에 죽음이 가져다주는 '영원한 단절'이라는 극단적 상태에서 되려 생명이 폭발하는 것 같았고 이로써 뫼르소는 갑자기 절망에서 영생을 얻게 되었다는 해석이다. "지금 세상은 뫼르소를 필요로 한다. 그가 없으면 세상의 아름다움이 드러날 수 없다. 또한 그도 세상을 필요로 한다. 세상이 없으면 그의 존재는 무의미하다. 일종의 더 높은 연결고리가 사람과 세상 사이에 세워진다."[20] 부조리함은 사라졌고, 카뮈는 희망을 주는 경지가 충분히 드러나지 않을 정도로 그 정신 상태를 세밀하게 묘사하지는 않았지만, 그것이 작품의 궁극적인 목적이라는 결론을 도출한다.

전반적으로 연구의 대부분이 『이방인』을 카뮈의 실존주의 철학의 대표 작

19 王宇翔,「《局外人》荒谬的本质」,『文化纵横』, No. 324, 2011, pp.88-90.

20 "此时此刻, 世界需要他, 没有他, 世界的美无法显现; 他也需要世界, 没有世界, 他的存在也没有意义——一种更高级的联系建立在人与世界之间。" (*Ibid.*, p.90.)

품으로 소개하고 있지만 그 이유에 대한 구체적인 설명은 생략되었다. 카뮈의 집필 당시 프랑스 상황을 뫼르소에게 적용했다는 것과 그가 느끼는 사회의 부조리함에 대한 해석, 소설의 내용이 모순적이면서 일치감을 보이는 부조리의 심미적 의의를 성공적으로 나타냈다는 해석 등이 이를 대체한다. 여기에 더해서 햇빛, 태양도 하나의 상징으로 보았다. 빛과 그림자의 대비가 카뮈의 사상적 맥락을 나타내며 그의 부조리한 인생에 대한 관심이라는 해석이다.

『이방인』의 번역과 관련된 연구들도 살펴보자. 『이방인(L'Étranger)』은 "프랑스 갈리마르 출판사 설립 이래 백여 년의 역사상 최고의 베스트셀러"에 속하는 소설로 전 세계 101개 국가에서 번역되었다.[21] 국회전자도서관[22]에서 이방인을 검색하면 우리나라 최고 불문학 번역가로 불리는 김화영의 번역본을 비롯한 24개의 한국어 번역본이 검색되고, 아마존에서는 'The Outsider'와 'The Stranger'라는 두 가지 제목으로 다양한 국가에서 출판된 여러 버전의 번역본이 검색된다. 중국 도우반(豆瓣图书)[23]에서는 《局外人》, 《异乡人》, 《陌路人》[24]이라는 제목으로 번역된 중국어 번역본이 19편 정도 검색된다.

중국 연구를 살펴보기 위한 검색 결과 중 번역본의 비교 연구는 중국 번역계 최고상(中国翻译界最高奖)을 수상한 번역가 류밍쥬(柳鸣九), 수도사범대 교수 리위민(李玉民), 번역가 궈홍안(郭宏安)의 번역본 분석으로 이루어져 있다. 류쟈쥔(刘佳俊)[25]은 번역가의 주체성을 능동성, 수동성, 개인성의 세 가지 특징으로 나누어 설명하는 글로 시작한다. 본문에서는 리위민(李玉民)과 류

21 민음사-이방인 http://minumsa.minumsa.com/book/2488/
22 국회전자도서관 https://dl.nanet.go.kr/
23 豆瓣图书 https://book.douban.com/works/1006916
24 '局外人'이라는 제목으로 출판된 도서가 가장 많으며, '陌路人'이라는 제목으로 번역된 도서는 2019년 상하이역문출판사(上海译文出版社)에서 출판된 션즈밍(沈志明)의 번역본 한 권뿐이다.
25 刘佳俊, 「译者主体性视角下《局外人》两个汉译本对比分析」, 『学科探索』, pp. 61-62.

밍쥬(柳鳴九)의 번역본을 명사, 형용사, 동사로 나누어 형태론적 관점과 간단구(簡單句), 복합구(複合句)의 통사론적 관점으로 비교했다. 리위민의 번역은 원작 그대로를 살려서 독자로 하여금 자유롭게 사고하고 자신의 독특한 견해를 낼 수 있게 한다. 류밍쥬의 번역은 원작이 내포하고 있는 의미에 역자의 주체적 능동성을 발휘하여 중국 독자 사유 방식에 부합한 번역이란 평가를 내놓았다. 원작에 내포되어 있는 의미와 창작 의도를 더 잘 이해할 수 있게 했다는 것이다.

지위팅(吉玉婷)[26]은 『이방인』의 두 가지 번역본의 번역 오류를 중심으로 살펴봤다. 류밍쥬(柳鳴九)와 궈홍안(郭宏安)의 번역본을 가지고 번역 누락과 오역에 초점을 맞춰 문학 작품의 번역은 상상보다 더 어렵기 때문에 최대한 번역의 오류를 피해야 한다는 것을 주장하고자 했다. 자오신(赵忻)[27]은 '카뮈 『이방인』의 두 가지 번역본 스타일 비교 연구'라는 제목으로, 류밍쥬와 궈홍안의 번역문 스타일을 깊이 비교 연구하여 번역 스타일이 그 사람 자체임을 설명하고자 했다. 역자가 원작자의 철학을 깊이 이해하는 동시에 명확하고 확고한 전달 의식을 가지고 번역 스타일의 충실한 전달에 중요한 역할을 한다는 의견이다. 신(新)인본주의 철학의 영향을 받은 언어 스타일과 생사관(生死觀) 관점에서 두 가지 번역본 스타일을 각성과 반항이라는 두 가지 키워드로 정리한다. 결론에서 "카뮈는 문학과 철리(哲理), 미를 한데 녹여 자연언어를 빌려 사람들이 생명의 참뜻을 찾도록 돕는데, 그의 사상은 영원히 해독할 수 없기 때문에 『이방인』에 무한한 매력을 부여한다"는 말과 함께 궈홍안의 번역본이 "차분함"의 아름다움을 유지하며 그 속에 무궁무진하고

---

26 吉玉婷,「浅析《局外人》两个中文译本中的主要翻译错误」,『海外英语』2015, pp. 120-121.

27 赵忻 ,「加缪《局外人》两种译本风格比较研究」,『文学教育』, No. 1, 2021 , pp. 62-65.

독특한 풍채를 내포하고 있다는 해석을 내놓는다.[28] 그렇기 때문에 카뮈와 궈홍안의 부조리한 인생에 대한 각성과 반항적인 삶의 태도가 꿋꿋한 『이방인』을 만들어냈다는 말로 결론을 짓는다.

두 가지 번역본의 비교 분석을 통해 말하고자 하는 바는 번역가의 주체성으로 정리된다. 문학작품의 원작자가 아닌 이상 역자의 주관성이 개입될 수밖에 없다. 해당 작품을 접하는 독자도 그들의 국적, 언어, 감수성, 세대 등이 요인으로 작용하여 각각의 다른 해석과 이해의 결과를 내놓는다. 연구자들도 독자에 해당하므로 자신에게 더 맞는 번역본의 손을 들어 주는 해석의 결과를 내놓게 된다. 좋은 번역이 무엇이고 어떤 것이 정확한 번역인가[29]에 대한 대답 역시 주관적일 수밖에 없다. 영어나 중국어로 번역된 제목부터 하나가 아닌 『이방인』의 번역본 그 자체에 대한 관심과 연구는 시대의 흐름에 따라 각 지역의 관점에서 지속되어야 할 것이다.

4. 중국의 '뫼르소'를 기대하며

이상으로 중국에서의 카뮈 『이방인』에 대한 연구들을 살펴보았다. 이 연구는 특정 문학 작품이 국경을 초월하여 어떻게 수용되고 해석되는지 검토해 보고자 하는 목적을 가지고 진행되었다. 특히 삶의 의미를 발견할 가능

---

28 "加缪将文学、哲理与美熔于一体，借助回归自然的语言帮助人们找到生命的真谛，他的思想永远也解读不尽，因而赋予《局外人》无穷的魅力，" (*Ibid.*, p.65.)

29 한국에서는 2014년 이정서가 새로운 번역본(알베르 카뮈, 이정서 옮김, 『이방인』, 새움, 2014.)을 출간하며 "우리가 읽은 〈이방인〉은 카뮈의 〈이방인〉이 아니다 ··· 25년간 침묵했던 번역의 오류가 마침내 밝혀졌다!"는 마케팅 문구와 함께 김화영의 번역을 비판하고 공개적으로 저격한 일이 있었다. 기존의 것에 의문을 품고 비판적인 시각으로 보려는 시도는 좋았으나 결과적으로 그 역시 비판을 피하지 못했다.

성 없이 절망적 현재 상태 또는 생활을 나타내는, 이로 인해 반항자를 생산하는 카뮈의 작품 속 부조리를 중국 연구자들은 어떻게 해석하고 적용하는지 살펴보고자 했다.

중국에서의 『이방인』 연구는 소설의 주인공 뫼르소와 부조리를 중심적으로 다룬 연구가 주를 이루고 있다. 그러나 표현의 자유를 제한받는 중국에서의 연구는 부조리를 논하고 있어도 작품 속에 나타난 의미를 해석하는 것에만 초점을 맞췄을 뿐, 실제 생활하는 국가와 사회에 대입하여 풀어 가는 연구를 찾아볼 수 없었다. 중국의 연구들 대부분 카뮈의 『이방인』을 단지 문학 작품 중 한 편으로만 여기고, 카뮈가 『이방인』을 집필할 당시 프랑스와 알제리의 시대적 상황에만 대입하여 비판하고 해석했다는 공통점을 가진다.

중국에서 『이방인』에 대한 연구는 수십 년간 지속되고 있다. 작가 카뮈와 집필 당시의 상황에 대한 해석을 넘어 중국이라는 특정 지역에서 지금 『이방인』을 연구해야 하는가에 대한 의미를 남은 연구는 기대할 수 없는 것인가? 시대성과 지역성을 고려한 연구 부재의 아쉬움이 존재한다. 그러나 다른 관점에서 보면 본 연구의 결과 자체가 중국의 지역적 특성이라고 해석 가능하다. 중국의 연구자들이 『이방인』이라는 한 작품을 두고 유사한 해석을 내놓고 있기 때문이다. 이는 사회주의 국가, 공산당 정권에서 표현의 자유를 통제받는 중국 연구자들의 연구가 가진 특징이며, 중국적 특수성을 고려한 해석으로 볼 수 있다. 공산당 사회주의 체제에서 창작, 표현의 자유를 억압하는 것을 당연시하는 중국에서 자유를 갈망하며 그 속에서 나오고자 하는 사람들이 중국 사회 안에서의 '뫼르소'가 아닐까?

어느 시대에 태어나고 어떤 환경/문화권에서 성장하느냐에 따라 한 개인이 형성된다. 지문의 모양이 모두 다르듯 똑같은 사람은 없다. 서로 다른 개인이 만나 가정을 이루고 사회를 이루고 국가를 이룬다. 그 다름 때문에 끊임없는 갈등이 생기지만 이와 동시에 하나의 사물을 다양한 관점으로 바라보고 해석하며 끊임없이 새로운 아이디어들을 창출할 수 있게 된다. 본 연구는 중국 학술 논문이라는 한정된 지역 설정과 검색 범위, 전체가 아닌 부분 연구를 소개하는 것으로 그쳤다는 한계점과 아쉬움이 남는다. 그러나 이 연구가 특정 대상에 대한 글로컬(glocal)적인 해석의 지경을 넓히는 기회이자 좀 더 다양한 관점의 연구를 위한 시작점이 될 수 있을 것으로 기대한다.

카뮈와 『이방인』, 미국적 수용에 관한 몇 가지 고찰

글로컬 관점을 중심으로

○ 신성광

"모든 읽기는 독자의 능력(세계에 관한 독자의 지식)과 주어진 텍스트에 의해 전제되는 경제적 읽기 사이의 까다로운 거래라 할 수 있다."

○ U. 에코, 『작가와 텍스트 사이』, p.92.

"텍스트를 이루는 인용은 익명의, 인지할 수 없는, 그렇지만 이미 읽혀진 것이다."

○ R. 바르트, 『텍스트의 즐거움』, p.43.

1. 보편적 해석과 지역적 수용

특정 지역적 관점에서 한 작품을 다룬다는 것은 한 전제에 관한 논의로부터 시작해야 할 것 같다. 예술 작품에 대한 보편적 해석이 있을 수 있느냐라는 문제다. 만약 있다고 한다면, 그것은 작가가 활동한 지역이나 문화권을 기준으로 형성될 것이다. 그리고 매우 극단적으로 범주가 좁을 것이다. 보편성이란 것은 어디에서나 적용되어야 하기 때문이다. 즉, 반례를 제거하기 위하여 가장 본질에 가까운 해석을 마련하는 것이 주안점이다. 모든 것을 포함하는 것은 가장 좁은 길이다. 그렇게 안전한 보편적 해석이 설정된다면, 지역적 특수성이 등장할 수 있다.

반면에 보편적 해석이란 게 존재하지 않는다면 지역적 해석이란 것이 독립적으로 나타날 수 있고, 동시에 특수성을 잃어버리게 된다. 보편적인 해석이 없다면 모든 해석이 특수해지고, 고유의 해석이 되기 때문이다. 모든 특수, 모든 고유란 곧 아무것도 특수하거나 고유하지 않다는 의미가 된다. 이런 관점에서 보자면 비평가들이 추구하는 보편적 해석이란 보편성을 띠려고 노력하는 일반성에 가깝다.

이러한 논의를 살펴본 까닭은 미국적 수용이란 범주를 놓고서 과연 미국적인 것이 특수성을 띨 수 있는지 묻기 위해서다. 학문의 중심이 유럽에서 미국으로 이행된 것은 영어가 공용어로 절대적 위치를 누리는 것과 유관하다. 주제와 관련하여 말하자면, 어떠한 주제라도 미국에서 연구되지 않은 것이 드물다는 의미다. 따라서 미국적 수용이란 주제 아래 미국의 특수성을 부여하는 작업이란 곧 일반적 해석 가운데 필자의 해석이 정당성을 얻어가는 과정이라 말할 수 있다.

하지만 그럼에도 필자는 부조리와 실존주의를 미국적 수용의 대범주로 놓는다. 미국에서 주로 연구되는 부분이 타국에서도 충분히 연구된다고 할지라도 여전히 보편의 위치에 서지 못한 것들은 지역적 수용 관점에서 가치를 지니기 때문이다. 이러한 지역적 관점 가운데 가장 현대적 이론은 글로컬라이제이션(Glocalization)이다. 글로컬은 지역과 세계의 합성어로 그 사이의 수많은 논의를 함축하는 개념이다.

본고의 목표는 글로컬 관점으로 특정 작가와 작품이 특정 국가에 수용되는 과정을 보는 것이다. 글로컬이 세계와 지역의 상호 침투일 때, 카뮈와 『이방인』은 세계의 축에 해당한다. 명실상부 20세기를 대표하는 작가와 작품이다. 또한, 그렇기에 카뮈와 『이방인』에 대한 해석이나 분석은 '실존주의', '부조리'와 같은 주제어로 요약되곤 한다. 이 지점에 미국적 수용을 분석하는 것은 미국을 세계가 아닌 지역이란 관점에서 본다는 의미다. 미국은 학문과 경제, 기술에 있어서 세계의 중심에 위치한 국가다. 하지만 이런 미국을 세계-보편-기준-상수의 입장에서 보는 것이 아니라 특정 지역으로, 특정 시대로 한정 지어 그들의 고유한 수용사가 있는지 살펴보는 것, 그것이 글로컬 관점을 적용하고자 하는 본고의 목표다.

필자는 2장에서 글로컬에 대한 논의를 통해 연구의 타당성을 확보하고, 3

장에서는 카뮈가 미국에 수용되는 과정을 그린다. 카뮈가 일반적으로 실존주의나 부조리로 표현될 때 보편의 대표 격인 미국 역시 같은 방식으로 수용할 것인가. 혹은 그렇다 하더라도 그것이 곧바로 보편적 수용에 해당할까? 글로컬의 논점은 보편을 경계하는 데 있는 것이 아니라 보편을 고정된 단일이 아닌 과정으로 만드는 데 있다. 4장에서는 카뮈의 대표작인 『이방인』을 살펴본다. 내용은 주로 번역의 문제에 집중할 것이며, 미국적 수용의 보편성과 특수성에 대한 어떤 유의미한 결론을 도출해 보고자 한다..

2. 글로컬의 의미와 대상

과거 식민지 시대는 산업혁명 이후 서구 열강의 '전통적' 제국주의와 함께 시작됐다. 이후 2번의 세계대전은 각국의 권역을 재편했고, 식민지들은 독립을 쟁취할 수 있었다. 그러나 식민 기간 국력을 수탈당한 국가는 빈국 내지는 개발도상국의 위치에 머무르게 되고, 그 결과 명목적 독립 이후에도 강대국에 종속되곤 했다. 하지만 한국을 비롯한 몇몇 나라들의 발전은 주변 국가에서 중심 국가로 역전을 이뤄내기도 했고, 적어도 문화의 경우 지역이나 민족의 특수성과 함께 그 가치를 지키려는 노력이 있었다. 그럼에도 강대국은 기업을 앞세워 문화 통치를 꿈꾸는데, 이러한 흐름을 가리켜 한쪽에서는 세계화, 다른 한쪽에서는 문화제국주의라 부른다.[1]

문화제국주의와 세계화에 관한 논의는 다양하다. '맥도날드화

1 임동욱, 「문화제국주의의 비판적 고찰 - 단선적 문화제국주의에서 역동적인 국제적 문화 유동으로」, 『한국언론정보학보』 제45권, 한국언론정보학회, 2009 참조. 종속 이론(Dependency theory)은 약소국(주변 국가)이 강대국(중심부 국가)에 경제적으로 종속되는 현상을 설명한다.

(McDonaldization)'라는 용어로 세계화 논의의 중심에 선 조지 리처(George Ritzer)의 경우 세계화를 "세계를 압축"하는 것으로 요약하며, 그 아래 수많은 다양성을 강조한다.[2] 그는 세계화가 단순하게 설명되지 않는 "초국적 프로세스"이기 때문에 그 아래 다양한 정도가 있고, 이 정도를 설명하기 위하여 글로벌(Global)의 양극단에 그로벌(Grobal)과 글로컬(Glocal)을 배치한다.[3]

그렇다면 글로컬은 무엇인가. 글로컬 역시 세계화만큼이나 다양한 논의가 있지만 논의를 위해 그 뜻을 한정시키려 한다. 필자가 본문에서 제시하는 글로컬의 정의는 '세계와 지역의 상호 침투'이며 그 의미는 지역과 세계가 상호 작용하며 혼합되고, 뒤섞이는 과정까지 내포한다.[4] 글로벌은 장소성을 전제하고 있으며, 장소는 해당 지역의 민족, 종교, 문화 등 특수성을 기반으로 구체화된다. 따라서 일반적인 세계화 논의는 지역과 세계를 함께 다룰 수밖에 없으며, 더 나아가 논의의 단위는 국가가 기본값으로 쓰인다. 이에 반해 그로벌은 세계화의 하위 차원에서 기업이나 조직 단위로 논의되며, 과거 문화제국주의가 현재 플랫폼제국주의로 이행한 것은 이러한 논의의 진화 과정을 잘 보여 주는 예라 할 수 있다.[5]

---

2 G. Ritzer, "The Globalization of Nothing", *SAIS Review of International Affairs*, Vol. 23, No. 2, 2003, p.192.

3 G. Ritzer, "Rethinking Globalization: Glocalization/Grobalization and Something/Nothing", *Sociological Theory*, Vol. 21, No.3, 2003, p.207. 글로벌이 세계화로 통용되는 것에 비해 글로컬이나 그로벌의 경우 마땅한 번역어가 존재하지 않는다. 물론 글로컬을 두고서 '지역세계화'란 번역 시도가 있지만, 아직까지 그대로 음차해서 읽는 것이 일반적이다. 따라서 본문에서는 글로컬이란 표현으로 쓴다. 글로컬의 번역어와 관련해서는 다음을 참조. 박치완, 「지역-로컬 지식의 재건 운동과 지역세계화의 의미」, 『현대유럽철학연구』 제56권, 한국하이데거학회, 2020.

4 이러한 정의는 기존의 논의 가운데 가장 널리 알려진 로버트슨과 리처의 것을 참조하였다. M. D. Cukalevska, A. Dragović, "Robertson's and Ritzer's Conceptions of Globalization", *Balkan Social Science Review*, Vol. 11, 2018, p.127, 표2 참조.

5 문화제국주의 이후 다양한 제국주의가 제기되었는데, 이와 관련해서는 다음을 참조. D. Y. Jin, "The Construction of Platform Imperialism in the Globalization Era", *triple C*, Vol. 11, No. 1, 2013, S., Davis, "What is Netflix imperialism? Interrogating the monopoly aspirations of the 'World's largest television network'", *Information, Communication & Society*, Vol. 26, No. 6, 2023.

로버트슨(Roland Robertson)의 경우 지역과 세계로 구분되지 않는 특이한 지역-세계를 설명하기 위해 글로컬을 도입한다. "글로벌과 로컬의 개념적 긴장 혹은 이론적 경직을 중재할 목적의 글로컬 개념이 제시된 것이다."[6] 이런 글로컬은 지역과 세계의 관계 맺음을 두고 공존/갈등 중 어느 쪽에 무게를 두냐에 따라 해석이 달라지는데, 적어도 지역과 세계의 중간에 위치함은 분명하다. "'상호문화적' 교류의 장에 적용된 '글로컬라이제이션'과 '글로컬리즘'이라는 용어는 지역 문화를 유지하며 세계화와 공존하는 것을 의미한다."[7] 한 가지 부연하자면, 글로컬을 누구보다 먼저 받아들인 것은 기업이었다. 국가는 지역 단위의 이질성이 가시화되지만 이윤 창출이 목적인 기업은 현지화 전략을 통해 공존을 추구했다. 따라서 어떤 방향으로 해석하느냐는 선/악의 문제가 아닌 각자의 태도임을 밝혀 둔다.[8]

문제는 글로컬의 대상이다. 필자가 대상으로 지정하는 것은 카뮈(A. Camus)와 『이방인(L'Étranger)』이며, 그것은 예술 작품, 더 넓은 범위에서는 문화라 말할 수 있다. 박치완의 경우 세계화를 이끄는 4가지 기표를 제시한다.[9] 그것은 문화, 지식, 경제, 기술이며 문화를 제외한 3가지는 보편성을 획득한다. 지역과 무관하게 통용된다는 의미다. 하지만 문화는 다르다. 문화는 사람으로부터 태어나며, 지역으로부터 전파된다. 따라서 지역을 오가며 통용되는 '보편 문화'란 존재할 수 없고, 사람이 그러하듯 문화는 저항성을 지

---

6 김기홍, 「글로컬 문화이론에 대한 소고」, 『인문사회21』 제9권 5호, 아시아문화학술원, 2018, p.1260.

7 D. Conversi, "The Limits of Cultural Globalisation?", *Journal of Critical Globalisation Studies*, Vol. 1, No.3, 2010, p.44.

8 세계화를 강조하는 태도나, 지역의 특수성을 보호하려는 태도 모두 비판받을 지점이 있다. 다만, 그러한 작업은 본고의 범위를 넘어서며, 단지 필자는 리처의 말을 빌려 양자를 절충할 뿐이다. "〔세계와 글로컬은〕 서로 다른 것과 짝을 이루고 대조될 때만 의미를 지닌다." G. Ritzer, 앞의 논문, p.195.

9 박치완, 「인문학의 이중고 - 글로벌 표준화와 로컬의 문맥화」, 『철학연구』 제56권, 고려대학교 철학연구소, 2017 참조. 4가지 기표에 관해서는 pp.270-274 참조.

닌다. 즉, 단일한 중심이 없기 때문에 분포된 모든 지역은 각자의 중심에 위치할 수 있다. 이러한 까닭에 필자는 큰 범위에서 문화를 대상으로 하여 연구를 진행한다.

물론, 여기서 말하는 문화는 다른 모든 문화로부터 독립된 문화가 아니다. 카뮈 본인이 알제리와 프랑스에 끼인 작가이며, 『이방인』에 관한 연구는 특정 지역에서 독립적으로 이루어질 수 없다. "문화적 만남이라는 보편적 사실에 따라, 모든 문화는 어느 정도의 다양성이 혼합된 문화이며 연속성과 불연속성을 가지고 탄생한다."[10] 이렇게 탄생한 문화는 보편적으로 해석되거나 받아들여질 수 없다.

글로컬 연구에서 미국을 중심에 놓는 것은 상당히 어려운 일이다. 세계대전 이후 미국이 세계의 중심을 차지하고 있고, 미국적인 것과 세계적인 것을 구분하기 어렵기 때문이다. 즉, 미국은 세계화의 대표 격으로 언제나 상수의 위치에 있다. 이 때문에 미국은 자신만의 색채를 지녀도 그것의 빠른 전파와 함께 세계화란 이명을 얻게 된다.

특정 지역을 대표하는 작품이 있다고 하자. 이 작품은 그 지역의 사상을, 적어도 작가의 지역적 관점을 담고 있다. 이때 일반적으로 글로컬 관점은 그 지역의 학자들이 다른 나라들과 교류하며 그들의 사상을 받아들이고, 더 나아가 그러한 관점으로 자국 내 작품을 바라보는 것을 뜻한다. 하지만 역으로 글로벌의 대표 격인 미국의 경우는 어떠한가. 이미 다양한 인종과 종교를 비롯한 모든 복잡성의 총체 아닌가? 유럽이 국가 단위의 연합을 통해 다원성을 획득했다면, 미국은 국가 이하의 단위에서 다원화된다. 여기서 지역적 관점을 더해 보자. 미국은 종전의 문화적 패권 지역인 유럽으로부터

10 L. Siljanovska, "Globalization VS Cultural Identity", *Language, Individual & Society*, Vol. 8, 2014, p.355.

떨어진 대륙이다. 다시 말해 그 시작이 작은 지역들의 혼합일지라도 미국만의 지역색이 있다는 의미다. 따라서 글로벌 작품이 미국이란 로컬에 수용될 때 발생하는 반향들 역시 글로컬적 대응이며, 그 대응을 보는 것이 필자의 글로컬 관점이다.

일반적으로 인식론자들은 인식에 관하여 시공간으로부터 독립된 지식만이 올바른 지식이란 논리적 필연성을 믿는다. 근대적 지식이라면 인식론자들의 태도를 지적할 수 없다. 하지만 적어도 지식이 논리적 필연성에 그치지 않고, 정당성과 정합성의 영역까지 내포할 때 이야기는 달라진다. 내가 무엇에 관심을 두는지, 그것을 어떤 태도로 바라보고 있는지는 오로지 자신의 선택만으로 이루어지지 않는다. 하지만 부르디외(P. Bourdieu)와 미뇰로(W. D. Mignolo)가 각각 지적하듯, 인식은 곧 자신이 서 있는 위치와 강하게 유관하다.[11] 이 위치, 장소성을 넓은 범위에서 보려는 시도, 그것이 글로컬 관점이다.

3. 카뮈 수용의 미국적 반응

카뮈는 1946년 미국에 방문하게 되는데, 당시 미국에서 카뮈는 강연과 명사 초청의 시간을 보내게 된다. 당시 미국에서 카뮈가 알려진 것은 컴뱃(Combat)이라는 레지스탕스 신문의 편집자로서였다. 즉, 사회주의 운동가로

---

11 W. D. Mignolo, "I am where i think: Epistemology and the colonial difference", *Journal of Latin American Cultural Studies*, Vol. 8, No. 2, 1999, P. Bourdieu, "Thinking About Limits", *Theory, Culture & Society*, Vol. 9, 1992 참조. 부르디외의 관점은 철저히 사회학적이며, 더 나아가 그가 장소성을 강조하는 까닭은 자신의 개념인 장(field)에 정당성을 부여하기 위한 작업임은 분명하다. 그러나, 인간이 유기체로서 특정 장소를 점유하고 있으며, 그 장소로부터 사고의 틀이 생성되고, 경험의 한계가 주어지며, 그로부터 지식에 대한 태도가 형성됨 또한 분명하다.

서 명성을 지녔던 것이다. 물론 『이방인』을 비롯한 몇몇 작품들이 알려지긴 했지만, 2차 세계대전과 전후의 사회 활동은 그를 두고 "실존주의자"로 인식시키기에 충분했다.[12]

카뮈가 미국을 방문하고, 노벨문학상을 수상하고, 요절하기까지 미국에서는 그를 어떻게 수용했을까. 1960년 카뮈가 사망하고 4년 뒤 그간 미국에서 연구된 논문들을 추린, 리뷰 논문이 있다. 논문 목록으로 구성된 이 논문은 카뮈가 미국에서 어떤 방식으로 연구되었고, 어떤 관점으로 다루어졌는

〈표1〉 카뮈 연구 논문 주제어

주제어	빈도
이방인 (The Stranger, The Outsider, L'Étranger)	23
반항, 반란 (Revolt, Rebel)	17
전락 (The Fall, La chute)	15
극 (Drama, Play)	14
부조리 (Absurd)	13
실존주의 (Existentialism)	11
페스트 (The Plague, La Peste)	8
그리스도 (Christ, Christology)	8
윤리, 도덕 (Ethics, Moral)	7
죽음 (Death)	7
칼리굴라 (Caligula)	6
사르트르 (Sartre)	6
카프카 (Kafka)	5

12 D. Reid, "The Rains of Empire: Camus in New York", *Modern Language Notes*, Vol. 112, No. 4, 1997 참조.

지 보여준다.[13]

물론 반세기 동안 그 흐름은 변했을 테지만, 당시 연구의 경향성을 통해 미국적 수용에 관한 실마리를 찾아보자. 필자는 제시된 270개의 연구에서 제목과 목차 등을 참고하였으며, 전기적 연구를 제한 채 주요 주제어를 분석했다. 작품들 가운데서는 역시나 『이방인』이 최상단에 위치했다. '반항'이나 '부조리', '실존주의' 등 역시 익숙한 주제이다.[14]

카뮈란 작가를 둘러싼 수많은 논의 가운데 미국이 강조하는 것은 부조리와 실존주의적 맥락이다.[15] 미국에서 카뮈에 대한 연구서들을 보면 이러한 경향을 확인할 수 있다.[16] 대부분의 카뮈 관련 연구서는 책의 첫 장에 '부조리'를 배치한다. 특히나 이러한 경향은 작품 내적으로만 파고드는 것이 아니라, 사회와 결부할 때 더욱 명료해진다. "뫼르소의 모호한 심리학"에 기대기보다 "부조리의 맥락에서 소설의 묘사를 사회 전체에 대한 뫼르소의 대결"로 볼 때 『이방인』에 대한 해석이 가능하다 보는 것이다.[17] 즉, 부조리는 비평가 집단에서 카뮈를 분석하기 위한 기본으로 제시한 것이다. "뫼르소의 정직성은 소설에 대한 내 관심사이다. 그것은 부조리의 맥락에서 확증되

---

13 M. Beebe, "Criticism of Albert Camus: A Selected Checklist of Studies in English", *Modern Fiction Studies*, Vol. 10, No. 3, 1964. 〈표1〉은 이 논문이 제시한 논문 목록을 통해 필자가 분석한 것이며, 논문에 기재된 모든 글을 읽은 것이 아님을 밝혀둔다. 또한, 당시 논문들은 주제어가 없거나 각주 넘버링이 없는 등 지금과 형식이 다르단 점을 유념할 필요가 있다.

14 여기서 필자가 예상하지 못한 주제어가 하나 있는데, 그것은 '극'이다. 물론 시대적 배경이 TV나 영화와 같은 미디어 이전 극의 시대란 점이 작용했을 것이다. 다만 카뮈에 관한 현대적 논의들을 떠올린다면, 여전히 '반항', '부조리'와 '실존주의' 등은 쉽게 찾아볼 수 있으나 '극'은 적어도 주요 연구 대상이라 여겨지지 않는다. 이에 대해서는 두 가지 추측이 가능한데, 하나는 시대적 일반성이 특수성을 띄는 것이고, 다른 하나는 문학 전공자들이 주제어로 작품의 형식을 제시하는 경우가 있기 때문에 극이 제시됐을 가능성이다.

15 이 시각은 다른 나라와의 비교를 통해 도출된 것이 아니라 미국 자체만을 바라볼 때 성립되는 것이다. 그 근거는 주제어 분석과 이후 논의될 내용이다.

16 P. Thody, *Albert Camus a Study of His Work*, New York: Grove Press INC, 1957, D. Sherman, *Camus*, Wiley-Blackwell, 2009 등 카뮈에 관한 연구서에서 부조리와 실존주의는 카뮈를 이해하기 위한 척후 역할을 한다.

17 J. Foley, *Albert Camus*, Routledge, 2008, p.16.

며, (…) 가장 영향력 있는 비평가 오브라이언의 비평의 중심 내용이기도 하다."[18]

실존주의 역시 빠지지 않고 제시되는 주제이다. 물론 카뮈가 실존주의자로 불리고, 분류될 때 그 시작은 다분히 장 폴 사르트르를 염두에 둔 분류이다. 실존주의가 미국 내에서 최신 경향으로 자리 잡으며 카뮈는 사르트르 이후 소개된다. 이러한 연구들은 1930년대부터 시작된 실존주의 연구가 60년대 이후에는 전후 연구 및 여성주의 운동까지 이어지며 미국의 20세기 전반에 실존주의 연구가 진행되는 맥락과 함께한다.

카뮈가 부조리와 실존주의로 해석된다는 것은 동시에 작가로서 그의 역량이 의심받는 지점이기도 했다. "카뮈는 미국에서 극작가로서는 거의 알려지지 않았다. 연극에서 사르트르가 지속적으로 눈부신 성공을 거두고 소설가나 비평가로 알려지는 것보다 〔극작가로〕 명성을 얻는 것과 대비된다."[19] 극의 시대에 사르트르는 미국에 가장 널리 수용된 극작가 가운데 하나였다. 카뮈가 사르트르 이후 소개될 때 그를 내표한 것은 『이방인』이었으며, 극작가로서 카뮈의 입지는 언제나 사르트르와 비교되었기 때문에 빛을 보기 힘들었다. "간단히 말해 미국인들은 카뮈를 소설 쓰는 철학자로 여기는 것이 아니라 가끔 수필을 쓰는 소설가 정도로 생각한다. (…) 사상가로서 카뮈에 대한 〔대중들의〕 무지는 그의 소설을 피상적으로 받아들이게끔 하는 경향이 있다."[20]

한마디로 대중들은 카뮈를 사르트르에 영향 받은, "또 다른 실존주의자"

---

18 *Ibid.*, p.14. "최소한 아랍인을 죽인 뫼르소는 〔살인〕의 결과에 용감하리만큼 충실하고 그 부조리를 의식하고 있는 그런 뫼르소이다." Ibid., p.16, 주석 42.

19 F. J. Hoffman, "Camus and America", Symposium: A Quarterly Journal in Modern Literatures, Vol. 12, Nos.1-2, 1958, p.41, 각주.

20 *Ibid.*

정도로 여기는 것이다.[21] 이러한 무지의 바탕에는 카뮈가 '정통' 철학자가 아니라는 것이 크게 작용한다. 카뮈는 "형이상학자가 아니고 19세기 철학자들로부터 '유래되거나', '뿌리를 두지' 않았다. (…) 미국에서 카뮈의 위상이란 잠시 이름을 알린 것에 비해 지속적으로 연구되는 소설가 정도다."[22] 카뮈 비판가들에게 카뮈는 사르트르의 인기에 편승한 작가로 정리되며, 요약하자면 다음과 같이 말할 수 있다. "『이방인』은 비주류 고전(minor classic)이다."[23]

이러한 반응은 카뮈에 국한된 것이 아니라, 당시 미국의 유행처럼 느껴지기도 한다. 20세기 중반까지 유럽을 중심으로 한 문학 권력은 미국에서 비판받아야 했다. 유럽을 뛰어넘기 위해 미국이 사용한 전략은 유럽의 유명 작가를 자국의 작가와 비교하여 미국이 유럽만큼이나 문학적으로 훌륭하다고 주장하는 것이었다. 카뮈와 헤밍웨이 같이 명성이 높은 작가뿐만 아니라 다분히 미국 내에서만 유통되는 작가들까지 비교한다.[24]

카뮈가 소개된 초창기 그에 대한 평가는 박했으나, 50년대부터 미국 내 실존주의가 정착하며 카뮈의 위상은 급변한다. 한 마디로 실존주의적 맥락에서 50년대까지가 사르트르의 미국이었다면, 60년대부터는 카뮈의 미국이 되는 것이다. "대부분의 사람들은 1950년대와 60년대에 성인이 된 것처럼 보였다. 미국은 프랑스 실존주의의 노래에 맞춰 춤을 추었다."[25] 이러한 비교는 사상적으로 사르트르와 카뮈의 차이를 강조하는 것이 아니라, 실질적으로 젊은이의 책장을 장식하며 영웅의 자리에 오른 것이 누구인지를 가리

---

21 *Ibid.*, p.42.

22 *Ibid.*

23 H. R. Garvin, "Camus and the American Novel", *Comparative Literature*, Vol. 8, No. 3, 1956, p.195.

24 Y. Hakutani, "Richard Wright's "The Outsider" and Albert Camus's "The Stranger"", *The Mississippi Quarterly*, Vol. 42, No. 4, 1989, p.366, R. Lehan, "Camus's L'étranger and American Neo-Realism", *Books Abroad*, Vol. 38, No. 3, 1964, p.235 참조

25 G. Cotkin, *Existential America*, The Johns Hopkins University Press, 2003, p.1.

키는 것이다.[26]

유럽이 실존주의라는 거대한 조류와 함께 사상의 저변을 넓혀 나갈 때 미국 역시 이러한 흐름을 피할 리 만무하였고, 코트킨(G. Cotkin)의 경우 『실존주의적 미국(Existential America)』이란 저서를 통해 미국 내 실존주의가 어떻게 소화되었는지 설명한다. "미국적 경험의 중심에 있는 실존적 인식의 가능성-아니, 현실성-이 실존주의적 미국를 정의한다."[27] 이러한 그의 분석은 단순히 사상사, 특히 철학사 내부에서 실존주의를 미국에 어떻게 접목시키냐는 물음이 아니다. 오히려 당시 사람들이 읽던 책, 유행, 그들의 생각이 적힌 글 등을 통해 하나의 문화사를 구성하는 것이다. "실존적 미국이란 철학사라기보다 문화적이고 지적인 역사이다."[28]

시대에 따라 카뮈 수용사가 '무지'에서 '영웅'까지 발전했다면, 현대적 의미에서 카뮈는 어떠할까. 적어도 실존주의적 논의에서 그에 대한 평가는 크게 달라지지 않았을 것이다. 하지만, 실존의 문제는 식민주의까지 진화하며 카뮈에 대한 매서운 비판을 가했고, 논생을 불러일으킨다. 그가 알제리에서 자란 프랑스인이란 점과 알제리의 독립을 반대했다는 점, 그리고 프랑스에서 레지스탕스의 활동 등에 대한 평가는 엇갈린다. 특히 탈식민주의 맥락에서 볼 때, 식민국에서 자란 지배국 인물은 적어도 무언가 다를 거란 기대가 있기 때문이다.

사이드(E. W. Said)의 경우, 『오리엔탈리즘』에서는 몇 문장으로 언급하고 넘

26 카뮈가 미국에서 사르트르를 넘어서 사상적 중심에 선 것은 월남전과 함께였다. 냉전과 월남전, 그리고 인권 운동 등 실존적 문제가 미국을 휩쓸 때, 카뮈는 뫼르소(『이방인』)의 "실존적 불쾌감"과 리유(『페스트』)의 "실존적 영웅주의"를 통해 젊은이들이 처한 현실과 고민을 포착하는 것으로 비춰졌다. *Ibid.*, pp227-229 참조.

27 *Ibid.*, p.6.

28 *Ibid.*, p.8.

어간 카뮈를 『문화와 제국주의』에서 맹렬히 비판한다.[29] 「카뮈와 프랑스 제국주의 경험」이란 한 절을 통째로 할애한 그의 몇 구절을 보면 다음과 같다.[30]

> 카뮈는 프랑스의 20세기 탈식민지화란 고역을 겪은, 추악한 식민지의 격동이란 맥락에서 특히 중요하다. 그는 제국의 전성기를 살아남았을 뿐만 아니라 지금은 잊힌 식민주의에 뿌리를 둔 '보편주의자' 작가로 오늘날 살아남은 인물이다. (…) 카뮈는 현재 영미권 문제에는 다소 뒤떨어질 수 있지만, 테러리즘과 식민주의에 대한 논의에서 그는 비평가, 정치적 도덕주의자, 훌륭한 소설가로 인용된다.(p.172)

> 그의 작품이 분명하게 현대 알제리를 암시하는 한, 카뮈의 일반적인 관심사는 장기적인 목표에 있어서 극적인 변화가 아니라 프랑스-알제리 문제의 실제 상태이다. 대부분의 경우, 그는 보통 〔알제리의〕 역사를 무시하거나 간과하는데, 프랑스의 존재 자체가 일상적인 권력 행사였던 알제리인이라면 그럴 수 없을 것이다.(p.175.)

> 뫼르소가 한 아랍인을 죽인 것은 사실이지만, 이 아랍인은 이름이 없고 어머니와 아버지는 고사하고, 역사조차 없는 것 같다.(pp.175-176.)

> 그는 항상 프랑스-알제리 갈등 관계에 둘러싸여 있었다. 그런 분위기 대부분을 그는 회피했고, 말년에는 공공연히 이슬람 원주민에 대항하여 알제리와 프랑스가 경쟁하는 것으로 표현했다. (…) 말년의 그는 알제리의 독립을 요구하는 민족주의자들에게 공개적으로 심지어 격렬하게 반대했다.(p.178.)

---

29 E. W. Said, *Orientalism*, Penguin Books, 2003, pp.312-313 참조. 사이드의 카뮈에 대한 평가를 다룬 연구로는 다음을 참조. 박홍규, 「사이드와 카뮈」, 『人文硏究』 제61권, 영남대학교 인문과학연구소, 2011.

30 E. W. Said, *Culture and Imperialism*, Vintage, 1993.

작가로서 카뮈의 영향력이란 '보편주의자'라는 평가에서 알 수 있듯이 언어나 지역을 뛰어넘어 있다. 그리고 그러한 보편성이 실존주의란 시류와 함께 그 반향을 배가시켜 미국에서 널리 읽힌 원동력이었을 것이다. 하지만 알제리에서 살았던 유럽계를 가리키는 피에-누아르(Pied-Noir, 검은 발) 가운데 대표 격인 카뮈는 행보 하나하나가 프랑스적이며 동시에 비판의 대상이 된다. 에드워드 사이드 역시 영국령 팔레스타인에서 태어나 이집트를 거쳐, 미국에 안착한 사람이란 것을 떠올린다면 오히려 피에-누아르에 대한 비판이 프랑스 밖에서 일반성을 띨 수 있을 것이다.

4. 『이방인』 수용의 글로컬 반향

어떤 서적의 제목이 중요한 것은 부정할 수 없는 사실이다. 제목이 서적에 대한 최초의 심상을 결정짓기 때문이다. 하지민 그보다 디 중요한 이유는 사람들에게 한번 인식된 제목이 바뀌기 매우 어렵기 때문이다. 특히나 번역서는 이러한 어려움 때문에 제목에 관해서만큼은 초월 번역이 쉽게 통용된다. 무라카미 하루키의 『상실의 시대』는 책 초입에 바로 쓰여있듯, 원제가 아니다. 원제는 비틀즈의 노래에서 따온 『노르웨이의 숲』이다. 하지만 한국에서 『상실의 시대』는 『상실의 시대』다. 소설뿐만 아니라 수필 역시 적용된다. 알랭 드 보통의 『왜 나는 너를 사랑하는가』의 원제는 Essays in Love다. 문제는 초월 번역 여부보다 원제에 따른 번역 제목이 복수로 등장할 때 발생한다.

『이방인』의 프랑스어 제목은 L'Étranger이며, 한국어 번역본은 수많은 판본에도 불구하고 동일하게 『이방인』이다. 하지만 영어의 경우 이야기가 달라진다.[31] 1942년 프랑스에서 발간된 『이방인』은 4년 뒤 영국 Hamish Hamilton 출판사에서 번역, 출간된다. 이때 번역 과정 중 원고의 제목은 The Stranger였다. 번역은 스튜어트 길버트(S. Gilbert)가 맡았으며, 번역 이후 출판 과정에서 제목이 The Outsider로 바뀌게 된다. 따라서 영어로 번역된 『이방인』의 최초 제목이자 영국판 『이방인』은 The Outsider가 된다. 같은 해, 미국의 Knopf 출판사 역시 『이방인』의 출간을 계획 중이었는데 새로운 번역을 시도하는 것이 아닌, 영국판본을 구입하여 그대로 출간하려 하였다. 문제는 여기서 발생한다. Knopf에서 판본을 사온 시점이 영국판 번역과 출간 사이였고, Knopf는 영국판의 제목이 바뀌기 전, The Stranger 판본을 사오게 된다. 따라서 1946년 두 출판사는 동일한 역자의 역본을 다른 제목으로 각각 출판한다.

『이방인』의 명성치고는 이후에도 번역이 많이 나오지 않았는데, 먼저 영국의 경우 Hamish Hamilton에서 역자를 바꾸어 다른 판본(J. Laredo, 1982)으로 출간한다. 그다음 판이자 최신판은 Penguin 출판사에서 나왔으며(S. Smith, 2012) 모든 영국판의 제목은 The Outsider이다. 미국의 경우, 최초의 역본 이후 Knopf 출판사에서 역자를 바꾸어 새로운 번역으로 출간했고(M. Ward, 1989) 공식적으로 미국인이 출간한 『이방인』은 와드 역본이 유일하다. 또한 와드 역의 제목은 The Stranger다. 간단히 정리하자면, 영국에서 『이방인』은 The Outsider이고 미국에서는 The Stranger이며, 양국에 최초로 출판된 영역

31 본 장에서는 『이방인』의 미국적 수용을 다루는데, 뒤이어 설명하듯 미국에 출간된 영어 초판본은 영국의 번역본을 수입한 것이었다. 미국인에게 『이방인』이 각인된 시점과 판본이 영국인과 동일했기 때문에 본 장에서는 영국과 미국의 구분 없이 영역본에 집중해서 분석한다. 영국 번역본이지만, 미국인 입장에서는 그것이 미국 번역본이고 자신들이 읽은 최초의 『이방인』이기 때문이다. 또한 미국 번역본의 경우 영국 판본을 참고하고 있기에, 영국 번역본에 대한 언급은 필수 불가결하다. 또한, 같은 언어의 두 나라 번역본을 동시에 보는 것은 미국이란 지역이 세계와 상호침투하는 과정 가운데 하나로 볼 수도 있다.

본은 내용이 같다.

이러한 제목의 다양함에 대해 가장 최신 번역판을 내놓은 역자의 말을 살펴보자. “프랑스어에서 étranger는 ‘외부인(outsider)’, ‘낯선 사람(stranger)’, ‘외국인(foreigner)’으로 번역될 수 있다. 우리의 주인공인 뫼르소는 세 가지 모두이며, 외부인(outsider)의 개념은 이러한 가능한 모든 의미를 요약한다. 뫼르소는 자신에게 낯선 사람이고, 사회에도 외부인이며, 알제리에 거주하는 프랑스인이기 때문에 외국인이다.”[32]

이번에는 1955년 출간된 『이방인』의 미국판 서문 일부를 보자. 카뮈 스스로가 『이방인』을 요약하고 소개한 서문이다. 이 가운데 제목과 동일한 표현이 등장한다. 그리고 그 문장에 대한 영어, 한국어 번역을 보자.

> Je voulais dire seulement que le héros du livre est condamné parce qu'il ne joue pas le jeu. En ce sens, il est **étranger** à la société où il vit, il erre, en marge, dans les faubourgs de la vie privée, solitaire, sensuelle. Et c'est pourquoi des lecteurs ont été tentés de le considérer comme une épave.[33]

> I only meant that the hero of my book is condemned because he does not play the game. In this respect, he is **foreign** to the society in which he lives; he wanders, on the fringe, in the suburbs of private, solitary, sensual life. And this is why some readers have been tempted to look upon him as a piece of social wreckage.[34]

---

32 A. Camus, *The Outsider*, S. Smith (trans.), London: Penguin Classic, 2012, pp.195-198.

33 A. Camus, *L'Étranger*, R. Davison (ed.), London and New York: Routledge, 1988.

34 A. Camus, *Lyrical and Critical Essays*, P. Thody (ed.), E. C. Kennedy (trans.), Vintage, 1970, p. 335-336. 카뮈가 이렇게 서문을 쓴 까닭을 두고 토디는 ‘『이방인』의 출간 직후 여러 비평가들이 오독하는 것에 대한 응답’이라 말한다. A. Camus, 위의 책, 각주 1번 참고.

> 나는 다만, 이 책의 주인공은 유희에 참가하고자 하지 않았기 때문에 유죄 선고를 받았다는 말을 하고 싶었다. 그런 의미에서 주인공은 자기가 사는 사회에서 이방인이며 사생활의 변두리에서 주변적인 인물로서 외롭게, 관능적으로 살아간다. 그렇기 때문에 독자들은 그를 일종의 표류물과도 같이 간주하고 싶은 느낌을 받는 것이다.[35]

Étranger를 두고 영어론 foreign, 한국어로는 이방인으로 번역되었다. 그리고 영국판 제목은 The Outsider, 미국판 제목은 The Stranger이다. Étranger란 표현 하나에 대해 영어로만 3가지 번역이 등장한다. 같은 언어라도 국가가 달라지며 완전히 인상이 바뀐다. Outsider는 이미 어떤 집단/사회에 물리적으로 소속되어있지만, 정서적으로 그 사회에 받아들여지지 않는 이를 가리킨다. 이에 반해 stranger는 애초에 소속되지 않은 사람, 좀 더 분명하게는 원주민 입장에서 처음 보는 사람을 가리킬 때, 그 사람의 경우 생경한 곳에서 스스로가 그곳을 잘 모를 때 stranger라는 표현을 쓴다. 미묘하지만 '뫼르소는 outsider/stranger다.'라고 문장을 구성하고 나면 작품에 대한 인상이 변하게 된다. Outsider라고 한다면, 마치 카뮈 스스로가 그러하듯, 그 사회에 본인이 있지만 정서적으로 소속될 수 없는, 바깥의 사람이란 의미가 강조된다. 반면에 stranger라고 한다면, 먼저 묻게 된다. 뫼르소와 아랍인 누가 원주민인가? 혹은 둘 다 낯선 이인가? 서로에게뿐만 아니라 그들이 위치한 장소와의 관계 역시 설정되어야 한다. 즉, 제목의 차이로 인해 작품에 대한 해석의 시초가 달라진다는 것이다.

이러한 사실을 지적하는 학자는 국가별로 인지된 제목에 관해 '똑바로' 쓸 것을 요구한다. "The Stranger/The Outsider를 미국과 영국에서 출판할 때,

35 알베르 카뮈, 『이방인』, 김화영 옮김, 민음사, 2019, p.141. 세 인용문의 강조는 필자의 것.

각 국가에 맞게 제목을 똑바로 사용해야 한다. 그렇지 않으면 독자는 방향 감각을 잃을 위험이 있다."[36] 필자는 한국인이며, 카뮈를 『이방인』으로 처음 접했기 때문에 위에 제시된 영어 제목이 맞지 않는 옷처럼 보인다. 또한, 원제를 떠올리면 오히려 '이방인'이야 말로 직역으로부터 가장 멀리 떨어진 제목이란 사실을 깨닫게 된다. 뫼르소 혹은 카뮈는 이방인이자 외국인이며, 주변인이다. 그가 서 있는 장소, 그 땅 위에 있지만 땅에 안착하지 못했단 의미에선 차라리 역외(域外)자라 불러야 할지 모른다. 이러한 제목의 문제에 있어 카플란(A. Kaplan)은 제목의 의미를 다시 한번 생각하게 한다. "만약 당신이 영국인이든 미국인이든 어떤 제목을 선호하는지 묻는다면, 아마 그들은 이렇게 대답할 것이다: "내게 익숙한 것"."[37]

제목이 다양한 해석의 결과라면, 본문은 비판의 대상이다. 길버트 역의 경우 카뮈의 문체를 지나치게 "시적"으로 변모시켰다는 지적이 있다.[38] 카뮈가 단문으로 쓰고 문장 사이를 and(et)로 엮은 부분을, 길버트는 한 문장을 부사구로 처리하여 두 문장을 하나로 만들었다는 것이다.[39] 그 결과 "때론 의미가 모호할지라도, 뫼르소의 언어는 항상 형식이 직접적이고 간결하고 구조적 복잡성이 제거되었지만, 길버트의 뫼르소는 주저하고 소심하며 장황한 것으로 보인다."[40]

---

36 A. Kaplan, *Looking for The Stranger*, The University of Chicago Press, 2016, p.179.

37 *Ibid.*

38 J. E. Gale, "Does America know The Stranger? a reappraisal of a translation", *Modern Fiction Studies*, Vol. 20, No. 2, 1974, p.141.

39 *Ibid.*, pp.142-144 참조. 이방인 초반부와 관련된 다양한 예증이 있다. 이러한 비판은 Lewis의 연구에서도 발견할 수 있는데, 그는 문장 단위가 아닌 문단 단위에서도 이러한 예가 있다고 지적한다. 특히나 1장의 결론 부분을 카뮈는 한 문단으로 처리하였으나 길버트는 4문단으로 쪼개어 번역한다. L. Lewis, "Notes toward a Translation of "L'Étranger"", *Rocky Mountain Review of Language and Literature*, Vol. 31, No. 1, 1977, pp.19-20 참조.

40 J. E. Gale, *op. cit.*, p.145, 게일이 직접 제시하는 예시를 보자. 각주 10번의 내용이다. 마리가 뫼르소에게 파리에 대해서 물었을 때, 뫼르소의 답은 다음과 같다. "C'est sale." 이 문장을 두고 길버트는 다음과 같이 번역

길버트 역의 또 다른 문제점은 "20세기 중반의 영국 영어로" 번역했으며, 길버트가 사용하는 어휘의 문제점은 카뮈에 대한 "문화적 틀(cultural framework)과 상응하지 않는 환경에서 책의 논리적 및 심리적 행동"을 찾는다는 점이다.[41] 문화적 틀이 상응하지 않는다는 것은 길버트가 카뮈의 작품에 대해 문화적으로 일치감을 느끼지 못했단 의미다. "길버트는 『이방인』의 저속한, 노동자 계급의 취향에 불편함을 느끼는 것 같다."[42] 카뮈가 구어체로 노동자 계급을 드러나게 썼다면, 길버트는 구어체보다 문어체를 더 선호하는 경향을 보인다. 그 결과 길버트 역은 카뮈 원전보다 "더욱 정제되고 잘난 척"하는 분위기를 자아낸다.[43]

하지만 여기서 고려해야 할 점은 『이방인』이 1942년 발간되었고 카뮈는 이후 1947년에 한 번, 그리고 1949년에서 1953년 사이에 한 번 수정본을 발매했다는 점이다. 길버트는 초판본을 기준으로 번역했다. 아마 이 부분이 길버트 역을 옹호할 수 있는 한 부분이라 보인다. 그리고 "〔역본의〕 변화는 소설의 간결함을 높였으며, 이는 길버트를 비판하기 전에 주저해야 하는 또 다른 이유"가 될 것이다.[44] 이런 맥락에서 다른 역을 참고해 보자면, 라레도 역의 경우 프랑스어 어휘 가운데 노동자 계급의 어조를 적절히 선택하였고, 그 결과 뫼르소의 지성적인 부분이 강조된다.[45] 매튜 역의 경우 길버트의 실수를 바로잡는 것뿐만 아니라, 영국과 대비되는 미국적인 번역의 필요성 때

한다. "A dingy sort of town, to my mind." 카뮈의 단문에 관한 연구로는 다음을 참조. 김진하, 「알베르 카뮈의 『이방인』 한국어 번역본들에 대한 문체론적 고찰」, 『불어불문학연구』 제101권, 불어불문학회, 2015, 특히 pp.82-83 참조.

41 L. Lewis, *op. cit.*, p.18.

42 P. McCarthy, *Camus The Stranger*, Cambridge University Press, 2004, p.107.

43 A. Scherr, "Lost In Translation? A Note on Sexuality In "L'étranger"", *Romance Notes*, Vol. 52, No. 3, 2012, p.270.

44 P. McCarthy, *op. cit.*, p.107.

45 *Ibid.*, p.108.

문에 탄생했다.[46]

어떤 번역이 나은지 따지는 것은 매우 지난한 일이다. 왜냐하면 목적에 따라 역자가 주장하는 바가 모두 정답이 될 수 있기 때문이다. 동시에 원전을 중요시하는 사람들이라면 번역 자체를 혐오하는 경우도 있다. 다만, 제목의 중요성을 생각해 본다면 적어도 제목의 번역만큼은 논의되어야 하는 것이 아닐까. 심지어 같은 언어인 데에도 그 표현이 다르다면, 동일 언어권이지만 다른 지역적 특성이 있다고 볼 수 있지 않을까. 게일은 길버트 역의 위험성을 강조한다. "길버트 역의 위대한 위험들 가운데 하나는, 원전을 모르는 이들에게 너무 잘 읽힌다는 점이다."[47] '위험'을 파악하려는 시도는 계속되어야 할 것이다.

5. 결론

특정 작품이나 작가가 어디에서 어떻게 수용되는지를 묻는다는 것은 곧 그 작품과 작가에 대한 일반성과 지역의 특수성이 상호 침투하는 과정을 통해 가능해 보인다. 다시 말해 미국에서 카뮈와 『이방인』을 어떻게 수용하는지, 미국의 특수성을 고려하기 위해서는 일반적 수용이 존재해야 하고, 일반적 수용은 곧 카뮈나 『이방인』에 대한 범주화가 선재적으로 작동할 수밖에 없다는 것을 의미한다. 그렇게 일반적 수용이 지역과 교류하며 그 결과 역시 일반론에 그칠지라도 그사이에는 수많은 비판이 있었음을 확인했다.

46 *Ibid.*, pp.107-108 참조.
47 J. E. Gale, *op. cit.*, p.147.

지금까지 본고는 카뮈와 『이방인』에 대한 미국적 수용이란 주제로 몇 가지 논의들을 살펴보았다. 그 결과, 미국에서 카뮈를 수용하는 주제는 우리의 일반 상식과 부합해 보였다. 실존주의와 부조리에 집중된 모습이 그러하다. 하지만 그를 수용하는 과정 자체는 비판적인 측면이 있음 또한 분명했다. 사르트르와 비교하여 가볍게 소모되는 작가로 여기거나, 작가보다 운동가로 인식하거나, 더 나아가 사이드와 같은 학자들에게는 카뮈의 알제리에 대한 태도와 관련하여 거센 비판을 받았다. 다음으로 『이방인』의 번역과 관련해서는 영역본은 미국과 영국이 같은 내용으로 출판되었으나 제목이 달랐고, 그로 인해 두 나라에게 같은 작품을 다르게 수용할 수 있단 가능성을 제기해 보았다. 또한, 글로벌 문학이 지역에 소개될 때 같은 언어를 사용하는 나라 간에 서로 영향을 주고받고 있음을 볼 수 있었다.

본고에서 필자는 카뮈란 작가와 『이방인』 번역의 문제가 글로컬 관점의 대상으로서 가장 적절하다고 보았고, 해당 문제에 집중하여 논의하였다. 하지만 이외에도 향후 과제로 남은 것이 있다. 『이방인』의 2부에 대한 연구가 미진하단 것이나 미국이란 지형의 특수성이 반영된 경우다. 전자의 경우 한국에서 비하자면,[48] 그 특징은 더욱 두드러진다. 미국에서 『이방인』의 2부를 다룬 자료는 매우 미미하며, 연구서에서 다루는 경우는 장이 아닌 절 단위에서 부분적으로만 논의될 뿐이다. 가령 앞서 주제어 분석했던 논문의 경우 270개의 연구 가운데 2부를 주제로 삼는 연구는 단 한 편도 없었다.[49]

48 유호식, 「『이방인』의 법정 장면 – 우연성의 논리와 인과론적 논리의 충돌」, 『불어불문학연구』 제74권, 한국불어불문학회, 2008, 변광배, 「『이방인』의 재판 장면 재탐사: '디아포라' 개념을 중심으로」, 『프랑스문화예술연구』 제51권, 프랑스문화예술학회, 2015 참조. 『이방인』에서 "뫼르소가 대결하는 세계는 한편으로는 사법의 세계이며, 또 다른 한편으로는 기독교"임에도 이러한 내용이 별로 다루어지지 않은 것은 특기할만하다. 김진하, *op. cit.*, p.85.

49 M. Beebe, *op. cit.*, 참조.

후자의 경우 대표적으로 뫼르소가 느끼는 부조리를 금욕주의(Asceticism)로 해석하는 방식이 있다.[50] 뫼르소가 사형에 이르는 길은 살인사건으로 시작했지만, 그 길이 끝나는 것은 어머니의 죽음에 대한 태도 때문이다. 아무런 목적성도 정서도 느껴지지 않는 그의 태도는 방청객을, 법정을 모독한다. 하지만 그는 그럴 생각이 없다. 의도가 없는 의도는 죄인이 없는 죄를 만들어 낸다. 그의 부조리는 한편으로 금욕주의를 따르는 것처럼 보이고, 다른 한편으로는 금욕주의에 대한 대답처럼 보인다. 카뮈는 뫼르소를 통해 "그리스도"를 그리려 했으며, 그를 두고 "어떤 영웅적 태도를 취하지는 않으면서도 진실을 위해서는 죽음을 마다하지 않는 한 인간"이라고 말한다.[51] 본고는 카뮈에 대한 미국적 수용이 지역이란 특정 범주로 시작되었지만, 이후 향후 과제는 글로컬 관점을 적용하여 지역을 기반으로 세계와 소통할 때 더욱 풍부해질 것이다.

---

50 S. Lea, "Mensch to *Übermensch*: Asceticism and the Ascetic Ideal in *A Happy Death* and *The Stranger*", in *Brill's Companion to Camus*, M. Sharpe (ed.), Brill, 2020 참조. 저자는 뫼르소가 부조리를 통해 금욕주의를 실천했고, 그가 진정으로 초인(Übermensch)이라면 "화난 군중들 사이를 비집고 단두대에 다가서", "행복하게 죽음을 맞이할 것"이라고 말한다. *Ibid.*, p.304.

51 알베르 카뮈, *op. cit.*, p.142.

소외된 이들의 역사 다시-쓰기

아프리카 노예와 자메이카, 라스타파리아니즘

○ 이정화

"우리는 힘을 가진 사람 이야기를 믿는다. 바로 그 사람이 이야기를 쓴다. 그러니까 너희들은 역사 공부를 할 때 항상 스스로에게 물어야 한다. 나는 누구의 이야기를 놓치고 있을까? 이 목소리가 나오게 하기 위해 누구의 목소리가 억눌렸을까? 그 답을 알게 되면 그 이야기도 찾아보아야 한다. 그래야만 더 분명한 — 그래도 여전히 불완전하긴 하지만 — 그림을 볼 수 있다."

○ Y. 지야시, 『밤불의 딸들』, p.337.

"유럽의 언술에서 마니교의 이분법적 개념이 지속적으로 강조되어야 했다는 사실은, 한편으로는 그것이 유럽인들의 자기 이미지를 고양시킴으로써 심리적인 쾌와 안정감을 제공하며, 유럽 바깥 세계에서 그들이 저지른 착취와 정복 행위를 정당화하는 역할을 하였음을 입증하는 것이겠지만, 다른 한편으로는 불쾌와 관련된 일체의 추한 감정들, 악한 충동들, 부정적인 가치들을 인종적 타자에게 배정함으로써 스스로를 정화해야 할 강력한 필요성을 유럽인들이 느끼지 않았는가 하는 질문도 가능하게 한다."

○ 이석구, 『들려준 것과 숨긴 것』, p. 27.

1. 근대성 극복의 힘으로써의 다시-쓰기

2014년, 알제리의 작가 카멜 다우드(Kamel Daoud)는 『뫼르소, 살인사건(Meursault, contre-enquête)』을 발표한다. 알베르 카뮈(Albert Camus)가 『이방인(L'Étranger)』을 쓰고 이어진 집필 활동으로 노벨문학상을 받은 지 60년 후다. 알베르 카뮈의 작품을 다시 쓴 이 작품은, 『이방인』의 주인공, 뫼르소가 단지 태양 빛이 강렬하기에 죽여 버린, 익명의 아랍인 이야기를 되살린다. 문학 다시-쓰기는 잊혀진 기억을 되살려 내어 '억압받은 자들'의 이야기를 이끈다.

본 연구자는 이 소논문에서 두 권의 연계된 책을 통해 '제3세계'를 향한 인식론적 폭력이라는 주제를 첫 번째 서술 과제로 도출해 냈다. 그리고 대서양 노예 무역을 통해 바다를 건넜던 수많은 아프리카인이 새로운 정체성을 형성한 후 역사 다시-쓰기를 시도해 자기 자신에게서의 피동적 소외에서 벗어난 사례인 라스타파리아니즘을 소개하는 것을 두 번째 서술 과제로 삼고자 한다.

문학과 역사 양 분야에서 다시-쓰기 운동은 이분법적 우열 관계를 가정하는 근대성을 극복하려 하는 움직임으로써의 특징을 가지며, 이는 서구 중심의 문화에 저항하고 전복시킬 수 있는 가능성을 제시한다. 즉, 다시-쓰기 운동은 탈근대 혹은 초극 근대성으로의 포스트모더니즘적 흐름과 일치한다. 이에, 포스트모던 학자들의 이론이 본 원고의 입장을 뒷받침한다.

결론적으로, 이러한 사례를 아는 것은 역설적으로 우리가 서양 문화만이 보편적인 것이라고 믿으며 경시해 왔던 '비유럽'의 문화적 힘을 앎으로써 우리의 '로컬리티'를 되돌아보게 하는 귀한 계기가 될 것이다. 곧, 이 주장이 결론으로 제시된다.

2. 문학 다시-쓰기와 그 의미

1) 『이방인』과 『뫼르소, 살인사건』

『이방인』을 쓴 작가 알베르 카뮈는 북아프리카 알제리가 프랑스의 식민지였넌 1913년, 알제리의 몽도비에서 태어나 자랐다. 카뮈의 아버지는 프랑스인으로 그가 태어난 다음 해 제 1차 세계대전 중 사망하였다. 그의 어머니는 스페인에 속해있는 지중해의 작은 섬, 메노르카에서 태어나 알제리로 이주했다. 그녀는 문맹으로 하녀 일을 하며 알베르 카뮈를 키웠는데, 이주민이 거주하는 곳에서 자라난 알베르 카뮈는 토착 알제리와는 분리된 세상을 살았다. 이에, 그는 알제리인으로 분류되길 원하지 않았으며, 1954년에 알제리에서 독립전쟁이 발발하자, 알제리계 프랑스인의 정체성을 선택하여 프랑스 정부를 옹호하기도 하였다.

자신이 나고 자란 곳과의 정신적, 물리적 분리가 그의 삶에서 필연적이어서인지, 그의 작품에서는 내내 자기 자신에게서의 소외가 느껴진다. 어느 곳에서도 마음 붙이지 못하는, 심지어 자기 자신의 감정마저 자신의 것으로 느끼지 못하는 주인공의 심리는 어머니의 죽음과 장례의 장면으로 엿볼 수 있다. 가령, 어머니의 장례 내내 타인의 이야기를 하듯 감정을 배제한 채로 지내던 그가 장례가 끝나자 "이제는 잠자리에 들어 실컷 잘 수 있겠구나"라고 생각한다던가 장례 다음날 애도의 감정을 느낄 새도 없이, '수영'을 하고 새로운 여자를 만나 희극 영화를 본다든가 하는 점에서 말이다.

> 저녁에 마리가 찾아와서 자기와 결혼할 마음이 있느냐고 물었다. 나는 그건 아무래도 상관없지만 마리가 원한다면 우리가 결혼할 수도 있을 거라고 말했다. 그러자 그녀는 내가 자기를 사랑하는지 알고 싶어했다. 나는 이미 한 번 말했던 것처럼, 그건 아무 의미도 없는 말이지만, 아마 사랑하지 않는 것 같다고 대답했다.[1]

위의 문단에서도 알 수 있듯이, 심지어, 그는 사랑이라는 감정마저 자신의 삶에서 배제해 버리고 피동적, 수동적 인간으로 남을 뿐이다. 그런 그는, 해변에서 마주쳐 싸움을 벌였던 '아랍인'을 만나 '자신도 모르게' 총으로 쏘아 죽인다.

어머니의 죽음과 장례의 장면으로 시작된 이 소설은 그의 사형 집행 장면으로 마무리되는데, 여기서도 또한 그의 감정은 극히 타자화된 그의 내면으로 스며들지 못한다. 그저 그는 재판정에서 '태양'을 살인 동기라고 말하며 "'그래, 그러면 나는 죽는거지 뭐.' 다른 사람들보다 먼저. 그건 명백했다. 그러나 인생이 살 만한 가치가 없다는 것은 누구나 다 알고 있다. 따지고 보면 서른 살에 죽느냐 예순 살에 죽느냐는 별로 중요하지 않다는 것을 나도 모

1 알베르 카뮈, 『이방인』, 김화영 옮김, 민음사, 2022, p.58.

르는 바 아니었다."라고 생각할 뿐이다.[2]

1942년 세상에 발표된 이 작품은, 양 차 세계대전의 혼란기, "혼란하고 무질서한 정신적 풍토 위에 새로운 가치관을 제시하고 확립시킨 문학"이라는 평을 받으며 알베르 카뮈의 대표작이 되었다.[3] 그 이후로도 10여 년간 꾸준히 작품 활동을 지속하던 그는 1957년 노벨문학상을 받는다. 이렇게, '아랍인'은 기억에서 지워지고, 살인자 '뫼르소'의 '담담한' 기록이 세상에 남은 이후 약 60년이 지나고, 한 '아랍인'은 『뫼르소, 살인사건』이라는 제목으로 살인자가 남긴 기억의 지평을 뒤흔들어 놓는다.

2) '제3세계'를 향한 인식론적 폭력[4]

2014년 발표한 『뫼르소, 살인사건』으로 세계 3대 문학상인 공쿠르상 최우수 신인상을 받은 카멜 다우드는 1970년 알제리 북서부 모스타가넴에서 태어난 알제리인, 즉, 알베르 카뮈 소설 속에서 무면(無面), 그리고 무명(無名)의 존재로 남은 '아랍인' 중 하나이다.

그의 작품은 카뮈의 『이방인』의 구절들을 여럿 인용해 그때의 기록을 다시-쓰고 있다. 그리고 여기에는 무려 고대로부터 이어져 내려온 유럽인의 비유럽 문명에 대한 타자화, 비문명화에 대한 은유와 그에 대한 비판, 풍자가 가득하다.[5]

카멜 다우드의 작품에서 70대 후반의 한 늙은 남자는 술집에서 넋두리를

---

2 *Ibid.*, p.137.

3 알베르 카뮈, 『이방인』, 이휘영 옮김, 문예출판사, 1999, p.168.

4 '제3세계'라는 표현은 지나치게 서양 중심적인 표현으로, 자국이 아니면 모두 경계에 있다고 생각하는 서구의 오만을 반영한다. 이에 본 연구자는 소극적으로나마 이 표현에 작은 따옴표를 활용하여 이에 저항한다.

5 마틴 버낼은 그의 책 『블랙 아테나』에서 이를 역사학, 고고학적으로 분석해낸다. 이에 대한 논쟁이 얼마나 격했는지 1987년에 처음 출간된 이후 두 권의 책을 더 발간하며 반론에 대한 반론을 펼쳐낸다.

늘어놓는다.

> 그 일이 있은 지 반세기도 더 지났으니 그럴 만도 하지. 그 사건은 분명히 일어났었고, 그에 관한 얘기도 많았어. 아직까지도 사람들은 그 얘기를 하고 있지만, 단 한 명의 망자만을 떠올린다네. 뻔뻔하지 않나. 죽은 사람은 엄연히 둘이었는데 말이야. 그래, 둘이라니까. 한 명을 빼먹은 이유가 뭐냐고? 그야, 첫 번째 사람은 얘기를 할 줄 알았기 때문이지. 그것도 얼마나 잘했던지. 신이 그를 만든 것도, 단지 총알받이가 되어 한낱 먼지로 되돌아가게 하기 위해서가 아니었을까 싶다니까. 이름 하나 가질 여유조차 없었던 익명의 존재였던 거야.[6]

이 늙은이는 젊은 나이에 총에 맞아 죽은 남자, '무싸'의 동생, 하룬이다. 그가 말하는 두 사람은 뫼르소와 무싸를 의미하는데, 형이 죽은 이후로, 죽은 아랍인과 그의 가족, 동포들을 걱정해 주는 사람은 아무도 없다. 아랍인은 뫼르소 다음으로 중요한 등장인물인데도 이름도, 얼굴도, 말도 없이, 손가락 끝으로 벌레 죽이듯 하찮게 죽여버렸을 뿐이다.

첫 번째 사람, 즉, 기록하는 유럽은 얘기를 할 줄 알았기 때문에 그의 이야기는 기록에 남았다. 하지만 아프리카는 이름조차 없던 익명의 존재로 남았다. 이후 폭력을 행한 자의 입으로 남은 기록으로 인해 '죽은 아랍인('제3세계')과 그의 가족, 동포들을 걱정해 주는 사람은 아무도 없다.

상대가 이름을 가진다는 것, 그리고 내가 그의 이름을 알고 부른다는 것은, 상대와 동등한 인격체, 혹은 존중해야 할 존재가 된다는 뜻이다. 그래서 유럽은 의도적으로 상대의 이름을 없애 버린다. 아니, 없애 버린다기보다 인

---

6 카멜 다우드, 『뫼르소, 살인사건』, 조현실 옮김, 문예출판사, 2017, p.7.

지하지 못한다는 말이 맞을지도 모르겠다. 이를 가장 극적으로 보여주는 것이 1719년 발표된 대니얼 디포(Daniel Defoe)의 작품 『로빈슨 크루소(Robinson Crusoe)』가 아닐까. 로빈슨 크루소가 조난을 당해 닿게 된 '프라이데이'가 엄연히 '살아가고 있는' 섬에서의 이 이야기는 '무인도' 표류기로 영국 문학사, 즉, 세계 문학사에 남았고, '프라이데이'는 그저 금요일에 발견한 야만의 생물체였을 뿐이다. 이 섬을 '무인도'라고 여긴 것조차가 그들이 수많은 '프라이데이'들을 야만'인'으로도 취급하지 않는다는 것을 뜻한다.

이를 통해 주제를 확장해 보면, 비유럽 문명에 대한 인식론적 폭력 이야기를 할 수 있을 것이다. 그리고 비유럽 문명 중 가장 큰 피해를 입은 사례는 분명하게도 가장 지리적으로 근접하고, 그들이 착취와 식민화의 대상으로 삼았기에 비하할 수밖에 없었던 아프리카라는 커다란 대륙이다.

인류가 발상하고 수많은 씨족, 종족 집단뿐 아니라 소국부터 제국까지 다양한 규모의 국가 체계가 형성되었다가 사라졌던 아프리카는 유럽이 설탕을 포함한 향신료, 그 삭니작은 귀중품을 찾기 위해 해안을 훑어 내려가고, 내륙을 탐사한 15세기 후반에서야 그들의 역사가 '쓰이기' 시작하는 것이다. 착취와 계몽의 대상이었던 이 대륙은 이 과정에서 유럽 사람들이 자기 자신에게 도덕성에 대한 가면을 씌우고, 또 '대의'에 대한 정당성을 확보하기 위해 양분화된 위계질서 속에서 열등한 위치에 놓일 수밖에 없었던 것이다.

3) 소외의 연쇄성

이러한 문화적 오만은 모순적으로, '주류 문화'의 위치를 차지해 온 유럽의 자기 문화, 뿌리에서의 소외에서 비롯된다. 영국 태생의 동양학자였던 마틴 버낼은 『블랙 아테나』에서 유럽인이 의도적으로 그리스 로마 문명에 미친 고대 이집트와 페니키아의 영향을 지워 왔음을 언어학적, 고고학적으로

[그림 1] 마틴 버낼, 『검은 아테나』
(출처: Vintage Books)

밝혀낸다. 이는 유럽인들이 '야만인'과 '문명인' 사이의 의도적인 구분을 설정하고, '문명인'인 그들의 문화에 대한 자존심을 고취함으로써 민족주의적 소망을 실현하기 위해서라는 것이다.

이런 뿌리 뽑힌 상황은, "의례적이지 않은 성적 관용의 시대를 그리워" 하는, 즉 인간의 꾸며내지 않은 욕망을 자연스레 분출해 낼 수 있는 혹은 꾸며진 문명을 벗어난 시절에 대한 향수에 대한 백인들의 형식적이고 부풀려진 자의식을 초래했다.[7] 그러한 자의식을 고상함으로 자신을 꾸며내기 위해 "자신과 다른 인간을 이용해 방어막을 세우고, 타자를 의인화하여 자신 선입견과 욕망의 주춧돌"로 삼는 타자화가 일어나는 것이다.[8] 하지만 안타깝게도 이러한 "선과 악, 미와 추, 백과 흑"같은 명백한 분리는 디드와 기로가 말했듯 "이분법적 착란"일 뿐이다.[9]

이러한 착란은, 역으로 피소외인, 혹은 피소외 지역에도 닿게 되는데, 바로 "'타자'가 되는 것은 자신이 노상 불안한 위치에서 흔들리며, 늘 신경을 곤두세우고, 버림받을 준비가 되어 있음을 의미"하고, "이러한 파국을 초래할 어떤 일을 자신이 무의식적으로 수행하고 있음을 의미"하기 때문이다.[10]

이러한 자기 소외, 즉 자기 발생적 타자화 현상에서 벗어나기 위해 소위

7 프란츠 파농, 『검은 피부 하얀 가면』, 이석호 옮김, 인간사랑, 2013, p.221.
8 *Ibid.*, p.227.
9 *Ibid.*, p.244.
10 *Ibid.*, p.103.

'제3세계' 문학가 사이에서는 기존에 존재하는 서양의 자타에 대한 타자화를 저지하기 위해 '다시-쓰는 운동'이 있어 왔다. 카멜 다우드의 『뫼르소, 살인사건』도 그런 맥락에서 문학사적 이해가 가능하다.[11]

3. 소외된 이들의 역사 다시-쓰기: 아프리카 노예와 자메이카, 라스타파리아니즘

문학이라는 분야에서 벗어나서 보더라도, 다시-쓰기 운동은 자와 타의 양분화된 소외에서 탈피하려는 여러 지역, 여러 분야에서 일어났다. 그중 하나가 카리브해의 도서 국가, 자메이카에서 일어난 아래로부터의 역사 '다시쓰기' 운동이다. 이를 이해하기 위해서는 인간을 인간으로부터 소외시켰던, 인류 역사에서 가장 악랄했던 것으로 손꼽히는 무역사를 살펴보지 않을 수 없다.

1) 역사적 배경: 대서양 노예 무역

기원전 시기부터 인도와 유럽 국가 간 육로와 항로를 통해 이어져 온 향신료 무역이 이 무역의 중심부 지역에서, 즉 중동 지역에서 오스만 제국이 흥성하고 이에 따라 육·해상 무역로가 차단되면서, 유럽의 서쪽 끝 두 나라, 포르투갈과 스페인은 새로운 길을 개척하기 시작한다. 15세기 말, 그렇게 시작된 것이 '신항로 개척'의 역사이다. 포르투갈은 서아프리카 해안을 따라

11 앞서 언급한 '프라이데이'를 '무인'의 세상의 야만적 생물체 상태에서 해방시키기 위해 집필한 작가로 후에 노벨문학상을 받는 남아프리카공화국 출신의 작가 존 쿳시를 들 수 있다. 그는 1986년 『포(Foe)』를 써서 로빈슨 크루소를 늙고 의지박약한 주인공으로 새로 그려낸다. 이렇게 서양이 남겨온 것을 새로 남긴다는 것은, 프란츠 파농이 남겼듯, 그동안 "포기 신경증 환자에게 철저한 소외감과 집착을 준", "소외감과 집착"을 털어냄을 뜻한다. *ibid.* 참조.

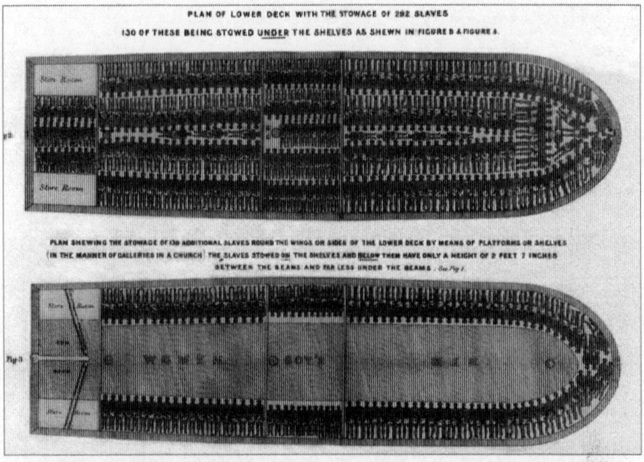

[그림 2] 노예선 브룩스호 선적 계획도
(출처: https://www.shutterstock.com/ko/image-illustration/british-abolitionist-broadside-poster-demonstrates-crowding-237236926)

오늘날 남아프리카공화국의 남단 끝을 지나 인도로 가는 항로를 찾으려 했고, 스페인은 지구를 반대로 돌아 인도를 찾으려 했다. 그리고 스페인이 찾아낸 것이 오늘날까지도 '서인도 제도'라고 불리는 카리브해의 앤틸리스(Antilles) 제도다.

그중 콜럼버스(Christopher Columbus)가 1493년에 스페인 왕실의 후원을 받아 이 섬에 도착한 후, 역사가 완전히 달라진 자메이카섬도 있다. 콜럼버스의 상륙 이후 유럽인들이 이곳에 유입되고, 이 섬에서 운영하는 노동집약적 사탕수수 농장의 수익성이 알려지자, 1673년에는 단지 57개소의 농장이 있던 이곳이 1739년에는 430개소의 농장이 있는, 말 그대로 대농장 섬으로 바뀌어 간 것이다.[12] 그러자, 유럽의 농장주들은 부족한 노동력을 보충하기 위하여 서아프리카 해안에서 노동력을 '수입'하기 시작했다. 대서양 노예 무역의 이동 현

12 Jamaica Information Service, https://jis.gov.jm/information/jamaican-history/

황과 경로 등을 살펴볼 수 있는 슬레이브 보야지(Slave Voyages)에 따르면, 1661년부터 1801년까지 120만 명이 넘는 아프리카인들이 자메이카에 도착했다.[13]

2) 노예 제도의 운영과 새로운 정체성 형성

사탕수수 농장과 노예제는 너무나도 가혹하게 운영이 되었기에, 노예들 사이에서는 일종의 공통된 저항 의식이 나타났다. 그중 대표적인 것이 오늘날의 가나 지역인 황금 해안(Gold Coast)에서 온 아칸(Akan)인들을 중심으로 일어난 마룬(Maroon)이다. 마룬은 스페인어로 시마룬, 즉 산악인을 일컫는 말로, 깊은 산 속에서 살아가던 도망 노예들을 뜻한다.

마룬들의 공동체에서, 그들은 새로운 공동 정체성의 형성이 필요했고, 이것은 그들이 가족, 친구, 친척들, 혹은 공통의 민족 정체성이나 문화적 배경을 가진 이들과 강제적 단절을 경험했기 때문이다.[14] 뿐만 아니라, 자메이카는 1차적으로 집결한 아프리카 출신 노예들이 계절에 따른 노동 수요에 또 다른 앤틸리스 제도, 북미 대륙 등으로 팔려 가는 중계지이기도 했으므로, 하나의 '만들어진 정체성'을 형성해 내외적 소외에 대비해야 했다.

뉴먼(Simon P. Newman)과 일단의 학자들이 10,000여 명에 가까운 사하라 이남 아프리카인들과 자메이카인의 미토콘드리아 서열을 수집해 분석한 결과, 현시대 자메이카 인구 20%의 DNA가 황금 해안의 그것과 정확히 일치함을 밝혀냈다.[15] 그렇기에, 정체성의 형성은 가나의 중심 민족인 아칸인 문화를 중심으로 생겨나기 시작했다. 아칸인들 사이에서 널리 쓰이는 아칸식

13 S. P. Newman et al., "The West African Ethnicity of the Enslaved in Jamaica. Slavery & Abolition", *A Journal of Slave and Post-Slave Studies*, Vol. 34, No. 3, 2013, pp.376-400.

14 J. Thornton, "The Coromantees: An African Cultural Group in Colonial North America and the Caribbean", *Journal of Caribbean History*, Vol. 32, Iss. 1, 1998, p.161-178. 참조

15 S. P. Newman, *op. cit.*, pp.376-400.

이름을 차용한 것이 대표적이다. 아칸인들은 아이가 태어난 요일에 맞추어 이름을 지어 주는 풍습을 가지고 있었고, 아칸식 이름인 쿠조(Kujo, Kudjo 등), 코조(Kojo), 콰조(Kwajo, Kwadjo), 콰시(Kwasi), 아콰시(Akwasi) 같은 이름이 카리브해 도서 지역에서 자주 나타나는 것이 우연은 아니다.

3) 역사 다시-쓰기

이렇게 정체성 다시-쓰기뿐 아니라 하나의 종교 사회적 현상으로써 역사 다시-쓰기 현상도 일어났는데, 그중 대표적인 것이 마룬과 노예 공동체에서 나타난 라스타파리아니즘(Rastafarianism)이다. 라스타파리아니즘은 기독교와 범아프리카적 영적 관행인 마이얼리즘(Myalism) 등이 혼합된 종교로, 흑인 신을 믿고, '아프리카로 돌아가는 것'을 일종의 구원으로 인식하는 신흥 종교 현상 중 하나이다.[16]

그들이 신격화시킨 대상은 바로 이 종교가 태동하던 1930년대 당시, 아프리카 대륙에서 유일한 독립국인 에티오피아의 황제였고, 전설 속에서 솔로몬과 시바 여왕의 후손이라고 여겨지던 하일레 셀라시에 1세였다. 이를 선지한 사람은 바로 후에 '흑인 모세'라고 불리게 된 마커스 가비(Marcus Garvey)였는데 그가 그동안 유럽을 위시한 '세계가' 믿고 떠받들고 있는 '백인 신' 대신, '흑인 신'이 도래할 것이라고 선지한 이후 하일레 셀라시에 1세가 왕으로 등극한 것이다. 그뿐만 아니라 미국에서 활동한 사회운동가이자 사업가였던 마커스 가비는, 전 대륙 흑인들의 민족주의적 각성을 자극했고,

---

16 민간 신앙과 주술에 대한 믿음을 표현하는 영적 관행을 의미하는 오베아(Obeah)와 유사하고, 서부 아프리카에서 노예로 팔려 카리브 지역에 정착한 흑인 사이의 신념 체계를 의미함. (이현주, 「에르나 브로드버의 『마이얼』에 나타난 자메이카 공동체와 마이얼리즘」, 『현대영미소설』 제26권 제3호, 2019, pp.149-173.). 아칸 문화에서 유래한 부분이 크지만 곧 다른 아프리카 및 카리브해 신앙과 함께 혼종화된 현상 중 하나임.

이는 아프리카 연방을 주장하는 범아프리카주의(Pan-Africanism)로까지 발전하였다.[17] 실제로 검은별 해운 회사(Black Star Line)를 운영하며 '아프리카로의 송환' 운동을 정신적 방법으로뿐 아니라 물질적으로 지원하기도 했다.

이는 그동안 그들을 구원할 존재를 원해 왔던 억압받던 민중들에게 하나의 공통된 정체성과 믿음이 생겨났음을 의미한다. 이런 집단성을 통해 그들은 자신을 억압했던 모든 종류의 '백인성(Whitness)', 즉 주류 문화성을 거부하려는 움직임을 보인다.[18] 대표적으로, 그들이 사용하는 방언인 이야릭(Iyaric)을 들 수 있는데, 이야릭을 통해 그들은 억압 집단의 언어인 영어의 모순성을 극복하려는 모습을 보인다. 가령, '억압'을 의미하는 영어 단어 oppression에서 'op'이 위로 향한다는 의미의 'up'과 자메이카 크레올어와 발음이 비슷하다는 점에서 이 단어를 'downpression'으로 바꾸어 썼고, '이해하다'라는 단어를 쓸 때는 '아래에(under)' 선다는 표현을 거부하고 위에 서는—overstand— 방식을 택하는 것이다.

또한, 신과 내가 합일되기 위해 현내적 화학 제품과 인위적으로 만들어진 보존제가 첨가된 음식을 먹지 않고 채식(Ital 음식)을 즐긴다던가, 백인성이 정의한 '깔끔한 머리 스타일'을 흑인 본연의 머리 스타일로, 머리를 빗지 않고 기르는 드레드락(dreadlocks) 스타일을 고수하고, 범아프리카색(빨강, 노랑, 초록 또는 검정, 빨강, 초록) 패션 아이템을 늘 착용함으로써 정신적 뿌리를 잊지

17 물론 하나의 연맹체로서의 아프리카는 실현되지 않았지만, 이 범아프리카주의는 1950년대 이후 촉발된 아프리카 여러 나라들의 독립 운동에 커다란 영향을 미쳤고, 각각 1963년과 2002년에 아프리카통일기구(Organization of African Unity: OAU)와 아프리카연합(African Union: AU) 탄생의 기반이 되는 철학적 사조가 되기도 했다.

18 이때의 백인성은 꼭 피부색에 따른 백인성만을 의미하는 것은 아니라, 미묘하게 개발된 집단 간 위계 질서에서 상위에 선 이들의 성질을 뜻한다. 예를들어, 제노사이드가 일어나기 전 르완다에서 벨기에 식민 당국은, 피부색은 유사한 투치와 후투 중 투치를 더 우월한 인종으로 규정했고, 이는 투치가 '백인성'을 가지게 되었음을 의미한다 (찰스 W. 밀스, 『인종계약 - 근대를 보는 또 하나의 시선』, 정범진 옮김, 아침이슬, 2006, pp.207-210. 참조).

[그림 3] 2023년, 공연 중인 버닝 스피어 (출처: https://commons.wikimedia.org/wiki/File:Burning_Spear_live_op_Reggae_Geel_in_2023.jpg)

않으려는 것도 그들이 삶을 통해 드러내려는 저항 의식의 하나였다.

또한, 일부 라스타파리안들은 유럽인 최초로 자메이카섬을 '발견'한 크리스토퍼 콜럼버스의 역사를 새로 쓰기도 했는데, 그것을 주도한 것은 레게를 노래하는 라스타파리안들이었다. 레게는 자메이카에서 태동한 음악 장르로서, 1960년대 후반부터 전 세계적 인기를 끌었다. 레게 가사에 자극받은 자메이카와 '제3세계' 민중들은 반제국주의, 반억압적 움직임에 힘을 보탰다. 모든 라스타파리안이 레게 가수이거나, 모든 레게 가수가 라스타파리안이었던 것은 아니었으나, 이 음악 장르와 라스타파리안 신념 체계는 오랫동안 상호 연계되어 왔다.[19]

콜럼버스는 이탈리아 출신의 탐험가로서, 스페인 군주의 후원하에 카리

19 D. Arbino, "Reggae as Subaltern Knowledge: Representations of Christopher Columbus as a Construction of Alternative Historical Memory", *Mester*, Vol. 45, No. 1, 2017, p.154.

브해 및 중남미 지역으로 항해하며 이곳을 '발견'한 인물로 세계사에 기록되어 있다. 자메이카의 경우, 15세기 후반 이 섬에 콜럼버스가 상륙하였고, 1503년에는 자메이카섬 주변에서 난파되어 1년을 이 섬에서 보내기도 했다. 이렇게 철저히 유럽중심주의적으로 해석된 크리스토퍼 콜럼버스의 이미지는 일종의 보드리야르식 시뮬라크르(simulacre), 즉 원본이 없는 이미지, 원본과의 연결이 끊긴 독자적 현실이 되어 전 세계적으로 불균형한 인식론적 차별 구조를 공고히 하는 데 일조했다.

이에 레게 가수들은 콜럼버스를 거짓말쟁이, 도적, 노예 무역꾼, 소아성애자로 묘사하며 "상상된 목격자"의 위치에 자신들을 두게 되면서 주체성을 회복하고, 피해자성에서 벗어나려 했다.[20] 대표적인 곡으로, 버닝 스피어(Burning Spear)라는 예명으로 활동한 윈스턴 로드니(Winston Rodney)가 발표한 〈크리스토퍼 콜럼버스〉가 있다. 그의 곡 가사는 아래와 같다

또 다른 곡으로, 1994년에 발매된 무타바루카(Mutabaruka)의 〈콜럼버스 유령〉도 들 수 있는데, 크리스토퍼 콜럼버스의 독백이자 사백 형식으로 진행되는 이 곡은, 아메리카 대륙에 대한 탈취를 이야기할 뿐 아니라 인종 차별 구조 또한 크리스토퍼 콜럼버스라고 표상되는 자가 자행했음을 밝히고 있다.

이러한 탈식민적 역사 다시-쓰기 현상은 곧이어 라스타파리안이 아닌 다른 자메이카인, 그리고 카리브해의 타 피식민 존재들에게 큰 영향을 미쳤고, 이 지역의 새로운 정체성 형성에 기여했다. 즉, 이 지점이 라스타파리아니즘과 라스타파리안의 출현을 단순히 '종교' 현상만으로 보기 힘든 부분이다. 소외되고 뿌리 뽑힌 사람들의 집단에서 정체성은 새로, 그리고 다시 쓰여졌고, 심지어 역사마저 재구성된 것이다.

20 *Ibid.*

〈표1〉 버닝 스피어, 〈Christoper Columbus〉가사
(Jah-lyrics, https://www.jah-lyrics.com/song/burning-spear-christopher-columbus)

(…) Christopher Columbus is a damn, blasted liar Christopher Columbus is a damn, blasted liar Yes Jah	(…) 크리스토퍼 콜럼버스는 지독한 거짓말쟁이야. 크리스토퍼 콜럼버스는 지독한 거짓말쟁이야. 네 신이시여.
He is saying that He's the first one Who discovered Jamaica I and I say that, "With about the Arawak Indians.. And the few black man who were round here before him?"	그는 자기가 처음 자메이카를 발견한 사람이라고 말하고 있어요. 나와 나는 "그가 오기 이전 여기 있었던 아라와크 인디언과 소수의 흑인들은 그럼 뭐냐"고 말하죠.
The Indians couldn't hang on no longer Here comes black man and children Inna Jamdown lan'ya	인디언들은 더 이상 버틸 수 없었어요. 여기 흑인들과 아이들이 자메이카로 먼저 와요.
What a long way from home I and I longing to go home Within I read, green and gold robe (…) Christoper Columbus is a damn, blasted liar Christoper Columbus is a damn, blasted liar Yes Jah, he's a liar Yes Jah, he's a liar Yes Jah, he's a liar Yes Jah, Columbus, he's (a) liar Yes Jah, Christopher Columbus, he's a liar	집에서 너무 먼 길. 나와 나는 집에 가고 싶어. 빨강, 초록, 금색 가운을 입고. (…) 크리스토퍼 콜럼버스는 지독한 거짓말쟁이야. 크리스토퍼 콜럼버스는 지독한 거짓말쟁이야. 네 신이시여, 그는 거짓말쟁이에요. 네 신이시여, 그는 거짓말쟁이에요. 네 신이시여, 그는 거짓말쟁이에요. 네 신이시여, 콜럼버스, 그는 거짓말쟁이에요. 네 신이시여, 크리스토퍼 콜럼버스, 그는 거짓말쟁이에요.

4. 문학 다시-쓰기와 역사 다시-쓰기가 보여주는 저항과 전복의 가능성

자메이카 출신의 문화 이론가 스튜어트 홀(Stuart M. Hall)에 따르면, 16세기 이후 유럽의 팽창은 다섯 단계로 진행되었는데, 그 단계는 ① 유럽의 '신세계' 발견, ② '원주민'과의 조우 및 이어진 정복과 정착의 과정, ③ 정착지에

영구적 식민 체계 형성, ④ 제국주의, ⑤ 유럽 및 서구 경제에 대한 전 지구적 의존이 이루어지는 근대 사회가 그것이다.[21]

즉, 근대성과 식민주의, 자본주의의 뿌리는 같고, 이의 바탕이 되는 핵심 이념 체계는 서구와 비서구, 진보와 야만, 아와 비아, 주체와 타자 등의 이분법적 인식이라고 볼 수 있다. 익명의 아랍인을 단지 햇볕이 뜨거워 죽였다는 서사와 오랫동안 그 자리에 있었지만 누군가에 의해 '발견'되었다고 쓰여지는 한 대륙의 역사는 마찬가지로 서구 문화의 근간을 이루는 이러한 이분법적 인식을 바탕으로 한다.

이것에 대항하고 전복시키기 위한 탈근대성 혹은 초극-근대성으로서의 포스트모더니즘은 다양한 방식으로 시도되어 왔는데, 그중 대표적인 것이 모방과 혼성화이다. 인도 출신의 대표적인 탈식민주의 문화 이론가인 호미 바바(Homi Bhabha)는 모방이 피식민 집단에게 하나의 체제 대항적 권력 분투의 수단이 될 수 있다고 말했다.[22] 혼성화는 이분법을 넘어선 제3의 공간을 창조하고 이분법의 경계를 불분명하게 함으로써 근대의 기본 전제를 무화시킨다. 이는 결국 열등한 타자로 구분 지어진 피식민자가 이미 형성된 우열 구조에 대해 저항하고 그를 전복하는 것을 가능케 하는 것이다.

이런 의미에서 카멜 다우드의 문학 다시-쓰기와 라스타파리아니즘, 그리고 레게를 통한 라스타파리안들의 역사 다시-쓰기는 포스트모던적 방법론으로써의 모방과 혼성화의 모범이 된다. 그러므로 이러한 양 분야 다시쓰기가 이분법적 구분 짓기와 그에 따른 우열 구조를 벗어날 수 있는 가능성을 제시할 수 있음은 분명해 보인다.

---

21 S. Hall, B. Gieven, *Formation of Modernity*, Cambridge & Oxford: The Open University, 1992.

22 H. Bhabha, "Of Mimicry and Man: The Ambivalence of Colonial Discourse", *Discipleship: A Special Issue on Psychoanalysis*, 1984, p.126.

5. 적극적으로 '나'이기 위한 인식의 확장

이상 『이방인』과 『뫼르소, 살인사건』을 통해 유추된 논제를 통해 비슷한 역학이 작동하고 있는 '제3세계'의 사례를 살펴보았다. 이것은 비록, 우리와는 아주 멀고 먼 대륙의 이야기를 담고 있지만, '멀고 먼 이야기'로 그쳐서는 안 된다. 그러므로 결언을 통해, 나는 우리가 생각해 볼 만한 지점을 나누고자 한다. 즉, 아프리카, 좀 더 좁히면 아칸 문화와 디아스포라를 연구하고 있긴 하지만, 대한민국 땅에 발을 딛고 로컬리티를 가진 인간으로서 우리 사회를 되짚어 보려고 하는 것이다.

본 연구자는 우리 또한 우리 자신에게서 소외된 사회 현상을 심각하게 겪고 있다고 판단하고 있다. 우리는 '서구적인 것'만을 '보편적인 것'으로 보고 소위 '제3세계'라 일컬어지는 곳의 문화는 단지 '이미지'만 남긴 채 사회문화적 맥락을 소거하고 이해하고 있는 것이다. 이런 세계사에 대한 선택적 인지는 다시 한번 지구를 되돌아 우리 자신을 소외시킨다고 본다. 역설적이게도, 우리는 우리를 '타자화'해 온 서구 중심 사상 속에서 또다시 타자화의 주체가 되어 버리는 것이다. 그리고 그것은 우리 자신에 대한 중심 잡힌 인식을 불가능하게 만든다. 뿐만 아니라, 이는 보편주의가 보편에 포섭되지 못한 경계의 언저리에 행하는 폭력에 소극적이나마 가담하는 일인 것이다.

간략하게 말해, 우리 또한 케냐의 작가, 응구기 와 시옹오(Ngũgĩ wa Thiong'o)가 말한 "정신의 탈식민화"를 이루어내야 할 과제를 안고 있다고 볼 수 있다.[23] 『글로컬 시대의 철학과 문화의 해방선언』에서 저자는, 모든 이의 경험은 '제한적 경험'이라고 했다. 그러므로, 우리는 체계적이고 장기적으로 축적되

---

23 응구기 와 씨옹오, 『정신의 탈식민화』, 이석호 옮김, 아프리카, 2013.

어 온, 실상 제한적이지만 전 세계적으로 보편화되어 온 '백인 문화' 그에 대비되어 열등화, 미개화되어 온 '비백인 문화'에 대한 인식을 떨쳐 버리고 우리 자신에게서의 소외에서 벗어날 때가 되었다고 말한다. 그런 의미에서 서구 원전에 대한 비서구 문학가들의 다시-쓰기 운동과 가장 소외되고 억압되었던 자들의 적극적이고 능동적인 사회 변혁 운동인 라스타파리아니즘을 들여다보는 것은 소외 의식에서 벗어날 수 있는 현대적 시사점을 제시한다.

참고문헌

1부

• 탈식민적 관점에서 카뮈의 『이방인』(다시) 읽기

김화영, 「역자 서문」, 모르방 르베스크, 『알베르 카뮈를 찾아서』, 김화영 옮김, 나남출판, 1998

로트먼, H. R., 『카뮈, 지상의 인간 1-2』, 한기찬 옮김, 한길사, 2007.

르베스크, M., 『알베르 카뮈를 찾아서』, 김화영 옮김, 나남출판, 1998.

박치완, 「하이데거주의자 A. 두긴의 현존재 해석과 장소적 변환의 시사점」, 『철학탐구』 제65집, 중앙철학연구소, 2022.

박홍규, 『카뮈와 함께 프란츠 파농 읽기』, 틈새의 시간, 2022.

변광배, 「『이방인』의 재판 장면 재탐사」, 『프랑스문화예술연구』 제51집, 프랑스문화예술학회, 2015.

카뮈, A., 『이방인』(『알베르 카뮈 전집 2』), 김화영 옮김, 책세상, 2010.

유기환, 「왜 '이방인'인가 – 등장인물 뫼르소의 행동과 서술자 뫼르소의 언어 연구」, 『프랑스어문교육』 제45집, 한국프랑스어문교육학회, 2014.

조현천, 「카뮈의 소설 『이방인』에 나타난 무의미의 의미」, 『인문학연구』 제19집, 제주대학 인문과학연구소, 2015.

최수철, 『카뮈: 지중해의 태양 아래에서 만난 영원한 이방인』, 아르테, 2020.

Breen, G. M., "Neither Algerian, nor French: Albert Camus's Pied-Noir Identity", *Mediterranean Studies*, Vol. 27, No. 2, 2019.

Camus, A., *Essais, Œuvres complètes*, Bibliothèque de la Pléiade, Gallimard, 1965.

Camus, A., *L'Étranger*, Paris: Gallimard, 1942.

Camus, A., *The Stranger*, Ward, M. (trans.), New York: Vintage, 1989.

Cardinal, M., *Pieds-Noirs, Algérie, 1920–1954*, Paris: Belfond, 1988.

Carroll, D., "Camus's Algeria: Birthrights, Colonial Injustice, and the Fiction of a French-Algerian People", *Modern Language Notes*, Vol. 112, No. 4, 1997.

Fanon, F., *Black Skin, White Masks, Markmann*, C. L. (trans.), London: Pluto Press, 1986.

Krishnaswamy, R., "Toward World Literary Knowledges: Theory in the Age of Globalization", *Comparative literature*, Vol. 62, No. 4, 2010.

Maldonado-Torres, N., "On the coloniality of being: Contributions to the development of a concept", *Cultural Studies*, Vol. 21, Nos. 2~3, 2007.

Memmi, A., *Anthologie des ecrivains francais du Maghreb*, Paris: Presence Africaine, 1969.

Mignolo, W. D., "I am where I think: Epistemology and the colonial difference", *Journal of Latin American Cultural Studies*, Vol. 8, Iss. 2, 1999.

Munos, D., "From The Stranger to The Outsider: The different English translations of L'Étranger, the Postcolonial Reception of Camus' classic, and the Memorialization of Camus in Post-Imperial France", In Misrahi-Barak, J. & Ravi S. (ed.), *Translating the Postcolonial in Multilingual Contexts*, Montpellier: Presses Universitaires de la Méditerranée, 2017.

O'Brien, C. C., *Albert Camus: Of Europe and Africa*, New York: Viking Press, 1970.

Qazimi, S., "Sense of place and place identity", *European Journal of Social Sciences*, Vol. 1, Iss. 1, 2014.

Sartre, J.-P., "Explication de L'Étranger", *Les Critiques de notre temps et Camus*, Garnier Frères, 1976.

Diffalah, S., "Camus, l'Algérien ou l'étranger?", *L'Obs*, le 31 déc. 2009, https://www.nouvelobs. com/culture/albert-camus/...-ou-l-etranger.html

Hammer, J., "Why is Albert Camus Still a Stranger in His Native Algeria?", *Smithsonian Magazine*, Oct. 2013.

Kopp, R., "Camus, écrivain algérien?", *Revue des Deux mondes*, sept. 2019.

Mandraud, I., "A Alger, "il n'est pas facile de défendre Albert Camus en 2010"", *Le Monde*, le 20 fév. 2010, https://www.lemonde.fr/afrique/... camus-en-2010_1309005_3212.html

• 삶의 영토는 상상(사유)의 영토와 분리되는가?: K. 다우드의 『뫼르소, 살인사건』을 중심으로

르베스크, M., 『알베르 카뮈를 찾아서』, 김화영 옮김, 나남출판, 1997.

지영래, 「카멜 다우드의 『뫼르소, 살인사건』 속에 나타난 다시쓰기 전략」, 『프랑스문화예술연구』 제64집, 프랑스문화예술학회, 2018.

카뮈, A., 『이방인』(『알베르 카뮈 전집 2』), 김화영 옮김, 책세상, 2010.

Altman, I., & Low, S. M. (ed.), *Place Attachment*, Springer, 2020.

Apter, E., "Out of Character: Camus's French Algerian Subjects", *Modern Language Notes*, Vol. 112, No. 4, 1997.

Bachelard, G., *The poetics of space*, Boston: Beacon Press, 1994.

Casey, E. S., "Between Geography and Philosophy: What Does It Mean to Be in the Place-World?", *Annals of the Association of American Geographers*, Vol. 91, No. 4, 2001.

Daoud, K., *Meursault, contre-enquête*, Actes Sud, 2014.

Djebar, A., *Le Blanc de l'Algérie*, Albin Michel, 1995.

Forman, R. K. C., "Mystical Knowledge: Knowledge by Identity", *Journal of the American Academy of Religion*, Vol. 61, No. 4, 1993.

Gabellieri, N., "Place matters: geographical context, place belonging and the production of locality in Mediterranean Noirs", *GeoJournal*, Vol. 87, 2021.

Goldhammer, A., ""Algeria is What Pains Me"", *South Central Review*, Vol. 31, No. 3, 2014.

Haddour, A., *Colonial Myths. History and Narrative*, Manchester: Manchester University Press, 2000.

Halabi, M. N., "La re/construction de l'identité de l'Arabe chez KAMEL Daoud", *Revue Expressions*, No. 9, 2019.

Hashemnezhad, H. et al., ""Sense of Place" and "Place Attachment"", *International Journal of Architecture and Urban Development*, Vol. 3, No. 1, 2013.

Kelly, D., "'An unfinished death': the legacy of Albert Camus and the work of textual memory in contemporary European and Algerian literatures", *International Journal of Francophone Studies*, Vol. 10, Iss. 1-2, 2007.

Ndlovu, M. and Makoni, E. N., "The globality of the local? A decolonial perspective on local economic development in South Africa", *Local Economy*, Vol. 29, Nos. 4-5, 2014.

Relph, E., *Place and placelessness*. London: Pion Limited, 1976.

Said, E., Culture and Imperialism, New York: Alfred A. Knopf, 1993.

Qazimi, S., "Sense of place and place identity", *European Journal of Social Sciences*, Vol. 1, Iss. 1, 2014.

Voisin, P., "Albert Camus' Mediterranean: An Answer to "Murderous Identities"", *Human and Social Studies. Research and Practice*, Vol. 6, No. 3, 2017.

Bensoussan, A., "Le français, butin de guerre", *En attendant Nadeau*, le 19 déc. 2018, https://www.en-attendant-nadeau.fr/... guerre-jay/.

Crézé, É., "Albert Camus, éternel étranger à Alger", *Marsactu*, le 19 nov. 2012, https://marsactu.fr/albert-camus-eternel-etranger-a-alger/.

Hammer, J., "Why is Albert Camus Still a Stranger in His Native Algeria?", *Smithsonian Magazine*, Oct. 2013, https://www.smithsonianmag.com/...albert-camus-....algeria-13063/.

Kopp, R., "Camus, écrivain algérien?", *Revue des Deux mondes*, sept. 2019.

O'Brien, C. C., "Camus, Algeria, and "The Fall"", *The New York Review*, Oct. 9, 1969, https://www.nybooks.com/articles/... and-the-fall/.

- 카뮈의 『이방인』에 등장하는 주인공 뫼르소의 탈신화화

그르니에, J., 『카뮈를 추억하며(그르니에 선집2)』, 이규현 옮김, 민음사, 2020.

김성수, 「VR 비디오 게임 소재의 영화 《아바론》에 내재된 가상과 현실 혼동」, 『글로벌 문화콘텐츠』 제52호, 글로벌 문화콘텐츠학회, 2022.

김진영, 『철학자 김진영의 전복적 소설 읽기』, 메멘토, 2019.

김창래, 「빌헬름 딜타이의 '철학의 철학'에 대한 철학적 성찰」, 『철학탐구』 제38호, 중앙대학교 중앙철학연구소, 2015.

다우드, K., 『뫼르소, 살인사건』, 조현실 옮김, 문예출판사, 2017.

루이스, C. S., 『순전한 기독교』, 장경철, 이종태 옮김, 홍성사, 2015.

박치완, 『글로컬 시대의 철학과 문화의 해방선언』, 모시는 사람들, 2021.

베르댜에프, N. A., 『노예냐 자유냐』, 이신 옮김, 늘봄, 2015.

브롬버트, V. 『유한성에 관한 사유들』, 이민주 옮김, 성균관대학교 출판부, 2015.

사르트르, J.-P., 『실존주의는 휴머니즘이다』, 방곤 옮김, 문예출판사, 2013.

사이드, E., 『문화와 제국주의』, 김성곤, 정정호 옮김, 창, 2011.

손봉호, 『나는 누구인가』, 샘터, 2018.

신오현, 『자아의 철학』, 문학과 지성사, 1987.

신옥희, 『문학과 실존』, 이화여자대학교 출판부, 2014.

오브리앙, C., 『작가와 역사의식 —까뮈의 경우』, 강대석 옮김, 미래사, 1987.

윌킨스, S., 샌포드, M. L., 『은밀한 세계관』, 안종희 옮김, IVP, 2013.

유기환, 『알베르 카뮈』, 살림, 2004.

이승구, 『기독교 세계관이란 무엇인가?』, SFC, 2003.

조가경, 『실존철학』, 박영사, 1991.
짐머만, F., 『실존철학』, 이기상 옮김, 서광사, 1987.
최수철, 『카뮈, 지중해의 태양 아래서 만난 영원한 이방인』, ㈜북이십일아르떼, 2011.
카뮈, A., 『반항하는 인간』, 김화영 옮김, 민음사, 2021.
카뮈, A., 『시지프의 신화』, 김화영 옮김, 책세상, 2000.
카뮈, A., 『이방인』, 김화영 옮김, 책세상, 2004.
코레트, E., 『철학적 인간학』, 진교훈 옮김, 종로서적, 1986.
테일러, C., 『불안한 현대사회』, 송영배 옮김, 이학사, 2001.
페레터, L., 『루이 알튀세르의 이데올로기』, 심세광 옮김, 엘피, 2016.
하이네만, F., 『실존철학』, 황문수 옮김, 문예출판사, 1986.
한민 외, 『문제적 캐릭터 심리사전(창작자를 위한 캐릭터 설정 가이드)』, 시크릿하우스, 2022.

Bowker, M. H., "Sisyphean (Out)rage and the Refusal to Mourn", In Vanborre, E. A. (ed.), *The Originality and Complexity of Albert Camus's Writings*, London: Palgrave Macmillan, 2012.
Camus, A., *Christian Metaphysics and Neoplatonism*, Srigley, R. D. (Trans.), Columbia: University of Missouri Press, 2007.
Gloag, O., *Albert Camus—A Very Short Introduction*, Oxford: Oxford University Press, 2020.
Graham, G., *The Internet—A Philosophical Inquiry*, London and New York: Routledge, 2000.
Sherman, D., *Camus*, Hoboken: Wiley-Blackwell, 2009.
Sire, J. W., *The Universe Next Door*, Downers Grove: IVP Academic, 2009.
Sleasman, B. C., *Albert Camus's Philosophy of Communications*, Amherst: Cambria Press, 2011.
Novello, S., "Tregedy and "Aesthetic Politics": Re-thinking the Political beyond Nihilism in the work of Albert Camus", In Margerrison, C., Orme, M. & Lincoln, L. (ed.), *Albert Camus in the 21st Century*, Amsterdam: Rodopi, 2008.
Zaretsky, R., *A Life Worth Living—Albert Camus and The Quest for Meaning*, Cambridge: The Belknap Press of Harvard University Press, 2013.

임나리, 「소설가 함정임 "카뮈 씨, 부조리란 무엇인가요?"」, 『문화웹진 채널예스』, 2015.09.04., https://ch.yes24.com/Article/View/29024.
최성주, 「카뮈와 이방인, 그리고 알제리」, 『문화일보』, 2010.06.22., http://www.munhwa.com/news/view.html?no=2010062201033423111001 0.
힐씨쨩, 「알베르 카뮈의 이방인, '부조리를 의식하는 인간'은 세계의 이방인이 되는걸까.'」, 2022.03.08., http://m.blog.yes24.com/hillsea/post/16028384.
Guided tour in the footsteps of Albert Camus, 2023, https://www.adventurealgeria.com/services/in-the-footsteps-of-albert-camus/.
LaTour, A. "'Camus' Great Blasphemy and the Ethics that Followed'", 2015.05.29. https://partiallyexaminedlife.com/2015/05/29/camuss-great-blasphemy-and-the-ethics-that-followed/.

• 『이방인』 속 한 아랍인 존재의 소멸 복권: 『뫼르소, 살인사건』과 레비나스를 통해

김영걸, 『우리는 박해자를 위해서도 책임질 수 있는가? -레비나스가 답하다-』, 어문학사, 2022.
김춘수, 『김춘수 시전집』, 현대문학, 2004.
유헌식, 『행복한 뫼르소, 소설 속 주인공과 함께하는 철학 산책』, 아카넷, 2017.
사르트르, J.-P., 『실존주의는 휴머니즘이다』, 박정태 옮김, 이학사, 2019.
다우드, K., 『뫼르소, 살인사건』, 조현실 옮김, 문예출판사, 2017.

Bensussan, G., *Éthique et expérience, Lévinas politique*, Strasbourg: La Phocide, 2008.
Camus, A., *L'Étranger*, Paris: Gallimard, 1942.
Levinas, E., *Totalité et infini : Essai sur l'extériorité*, Le Haye: Martinus Nijhoff. 1961.
Levinas, E., *En découvrant l'existence avec Husserl et Heidegger*, Paris: Vrin, 1967.
Levinas, E., *Autrement qu'être ou au-delà de l'essence*, Paris: Le Livre de Poche. 2013.
Levinas, E., *Dieu, la mort et le temps*, Paris: Le Livre de Poche, 2002.
Levinas, E., *Altérité et transcendance*, Paris: Le Livre de Poche, 1995.
Levinas, E., *Difficile Liberté*, Paris: Albin Michel, 4ième édition, 2006.

2부

• 차이로 읽는 다시쓰기 **콘텐츠** 연구: 『이방인』과 『뫼르소, 살인사건』을 중심으로

박치완 외, 『키워드로 읽는 문화콘텐츠 입문사전』, 꿈꾸권리, 2013.

허천, L., 『패러디 이론』, 김상구 외 옮김, 문예출판사, 1998.

카뮈, A., 『이방인』, 김화영 옮김, 민음사, 2011.

화이트헤드, A. N., 『과정과 실재』, 오영환 옮김, 민음사, 2003.

윤구병, 『있음과 없음 - 윤구병의 존재론 강의』, 보리, 2003.

들뢰즈, G., 『차이와 반복』, 김상환 옮김, 민음사, 2004.

다우드, K., 『뫼르소 살인사건 -카뮈의 이방인, 살아남은 자의 이야기』, 조현실 옮김, 문예출판사, 2017.

고현철, 「탈식민주의 문화전략과 패러디의 상관성 연구」, 『한국문학논총』 제36호, 한국문학회, 2004.

김계영, 「투르니에 소설의 탈민족화와 보편성- 방드르디, 태평양의 끝을 중심으로」, 『외국문학연구』 제25호, 한국외국어대학교 외국문학연구소, 2007.

박여성, 「간텍스트성의 문제: 현대 독일어의 실용텍스트를 중심으로」, 『텍스트 언어학』 제3권, 한국텍스트언어학회, 1995.

박영은, 「'패스티쉬'의 미학: 안나 카레니나에 대한 메타 텍스트로서의 루진방어」, 『노어노문학』 제18권 2호, 한국노어노문학회, 2006.

서성은, 「린다 허천의 각색담론」, 『우리어문연구』 제48호, 우리어문연구, 2014.

송지연, 「로빈슨 크루소 다시 쓰기- 투르니에의 『방드르디』와 쿳시의 『포우』의 탈식민주의적 읽기」, 『불어불문학연구』 제114권, 한국불어불문학회, 2018.

오세종, 「김시종의 시와 '자서전', 조선과 일본을 살아가다 -제주도에서 이카이노로를 중심으로」, 『한국학연구』 제39호, 인하대학교 한국학연구소, 2015.

이봉욱, 「탈식민주의 예술의 정치적 전복가능성으로서 다시쓰기」, 『예술과 미디어』 제18권 2호, 예술과미디어학회, 2017.

이선화, 「프랑스 현대극에 나타난 다시쓰기의 미학: 메테를링크의 조아젤과 세제르의 어떤 태풍을 중심으로」, 『프랑스문화예술연구』 제33집, 프랑스문화예술학회, 2010.

이은주, 「미셸 투르니에와 읽기의 문제」, 『프랑스어문교육』 제27호, 한국프랑스어문교육학회, 2008

이재준, 「술이부작과 온고지신의 교육학적 해석」, 『인격교육』 제5권 2호, 한국인격교육학회, 2011.
장재일, 박윤희, 「르페브르의 '다시쓰기'와 번역가의 과제- 충실성(Fidelity)과 충실성(Loyalty)의 딜레마」, 『철학·사상·문화』 제25호, 동국대학교 동서사상연구소, 2017.
지영래, 「카멜 다우드의 '뫼르소, 살인사건' 속에 나타난 다시쓰기 전략」, 『프랑스문화예술연구』 제64집, 프랑스문화예술학회, 2018.
허병식, 「차이와 반복, 2000년대 한국문학장의 표절과 문학권력」, 『사이間SAI』 제20권, 국제한국문학문화학회, 2016.
최수빈, 이소은, 「콘텐츠IP 속성이 콘텐츠IP 연계 이용 적극성에 미치는 영향 : 충성도의 매개효과 및 이용자 특성의 조절효과 분석」, 『한국방송학보』, 제37권 5호, 2023.
황혜영, 「다시쓰기와 사고의 전이-『방드르디, 태평양의 끝』을 중심으로」, 『사고와 표현』 제8권 1호, 한국사고와표현학회, 2015.
金時鐘, 鄭仁他,『在日朝鮮人と文学 - 詩誌「チンダレ」,「カリオン」他 - 』, 犬飼, 福中編, 『座談 関西戦 後詩史 大阪篇』, ポエトリー, センター, 1975.

네오룩 since 1999, https://neolook.com/archives/20000208a
시사IN, https://www.sisain.co.kr/news/articleView.html?idxno=23932
존재와 사유, https://blog.naver.com/mdpsjk/20023305129

- 영화 〈톰 하디의 도망자〉와 피에-누아르의 에스닉 정체성

바르트, R., 『신화론』, 정현 옮김, 현대미학사, 1995.
박홍규, 「사이드와 카뮈」, 『인문연구』 제61집, 영남대학교 인문과학연구소, 2011.
사이드, E., 『문화와 제국주의』, 박홍규 옮김, 문예출판사, 2005.
오브리앙, C., 『작가와 역사의식 : 까뮈의 경우』, 강대석 옮김, 미래사, 1987.
진인혜, 「물루드 마므리와 알베르 카뮈, 그리고 알제리」, 『인문과학』 제100집, 연세대학교 인문학연구원, 2014.

Barclay, F., "Reporting on 1962: The Evolution of pied-noir Identity across 50 years of Print Media", *Modern & Contemporary France*, Vol. 23, No. 2, 2015.
Barth, F., *Ethnic Groups and Boundaries: The Social Organization of Culture Difference*, Little,

Brown and Co, 1969.

Bobo, L., Hutchings, V. L., "Perceptions of Racial Group Competition: Extending Blumer's Theory of Group Position to a Multiracial Social Context", *American Sociological Review*, Vol. 61, No. 6, 1996.

Booth, W., *The Rhetoric of Fiction*, University of Chicago Press, 1983.

Brubaker, R., "Ethnicity, Race, and Nationalism", *Annual Review of Sociology*, Vol. 35, 2009.

Brubaker, R., "Mara Loveman, Peter Stamatov, "Ethnicity as cognition"", *Theory Sociology*, Vol. 33, No. 1, 2004.

Chandra, K. (ed), *Constructivist Theories of Ethnic Politics*, Oxford University Press, 2012.

Eldridge, C., "Blurring the boundaries between perpetrators and victims: Pied-noir memories and the harki community", *Memory Studies*, Vol. 3, No. 2, 2010.

Gellner, E., *Nations and Nationalism*, Blackwell Publishing. 2006.

Haraway, D., "Situated knowledges: the science question in feminism and the privilege of partial perspective", *Feminist Studies*, Vol. 14, 1988.

Huyssen, A., "Present Pasts: Media, Politics, Amnesia", *Public Culture*, Vol. 12, No. 1, 2000.

Jordi, J.-J., *1962: L'Arrivée des Pieds-Noirs*. Autrement, 1995.

Murray, S., *Legionnaire: An Englishman in the French Foreign Legion*, Pan Books, 1978.

Noel, D. L., "A Theory of the Origin of Ethnic Stratification", *Social Problems*, Vol. 16, No. 2, 1968.

Omi, M., Winant, H., *Racial Formation in the United States from the 1960s to the 1980s*, Routledge and Kegan Paul, Inc, 1986.

Savarese, E., "After the Algerian war: reconstructing identity among the Pieds-noirs", *Pied-noir identity after the Algerian war*, UNESCO, 2007.

Smith, A. D., *Myths and memories of the Nation*, Oxford University Press. 1999.

Stora, B., *Algeria, 1830-2000: A Short History*, Cornell University Press. 2005.

The Local, "Macron causes uproar by saying France's colonisation of Algeria was 'crime against humanity'" 2017.02.16., https://www.thelocal.fr/20170216/frances-colonisation-of-algeria-was-crime-against-humanity.

- 탈식민주의 서사에서 트랜스아이덴티티 스토리텔링으로의 전환: 소설 『이방인』과 『뫼르소, 살인사건』을 중심으로

김병익, 『새로운 글쓰기와 문학의 진정성』, 문학과지성사, 1997.
다우드, K., 『뫼르소, 살인사건』, 조현실 옮김, 문예출판사, 2017.
맥키, R., 『Story』, 고영범 옮김, 민음인, 2002.
맥키, R., 『캐릭터』, 이승민 옮김, 민음인, 2023.
박치완, 「『뫼르소, 살인사건』: 장소-정체성의 재고와 '무싸'의 신원증명서」, 2022 GCIC 동계 워크숍 발표집, 2022.
서동은, 『하이데거와 가다머의 예술 이해』, 누멘, 2009.
아리스토텔레스, 『시학』, 천병희 옮김, 문예출판사, 2010.
아메드, S., 『행복의 약속』, 성정혜,이경란 옮김, 후마니타스, 2021.
이기상, 『존재와 시간』, 살림, 2006.
이종현, 「트랜스아이덴티티 스토리텔링의 영화 비평 방법론으로서의 가능성 모색」, 『글로벌문화콘텐츠』 제52호, 2022.
임대근, 「'트랜스 아이덴티티'의 개념과 유형 –캐릭터, 스토리텔링, 담론」, 『외국문학연구』 제62호, 외국문학연구소, 2016.
카뮈, A., 『이방인』, 최헵시바 옮김, 더스토리, 2020.
프록터, J., 『지금 스튜어트 홀』, 손유경 옮김, 앨피, 2006.
호트, A., 『캐릭터 중심의 시나리오 쓰기』, 주영상 옮김, 한나래, 2000.
홀, S., 『스튜어트 홀 선집: 문화, 이데올로기, 정체성』, 임영호 옮김, 이리라, 2015.

- 소설 『이방인』의 부조리극으로의 매체 전환: 극단 산울림의 〈이방인〉을 중심으로

김세리, 「알베르 카뮈의 희곡 『오해 Le Malentendu』의 기원」, 『프랑스학연구』 제74권, 프랑스학회, 2015.
김욱동, 『포스트모더니즘』, 연세대학교출판부, 2009.
다우드, K., 『뫼르소, 살인사건』, 조현실 옮김, 문예출판사, 2018.
박연숙, 「존 듀이의 경험 미학과 마당극의 신명」, 『범한철학』 제49호, 범한철학회, 2008.
박치완, 『호모 글로칼리우스』, 한국외국어대학교 지식출판콘텐츠원, 2019.
사이드, E., 『문화와 제국주의』, 박홍규 옮김, 문예출판사, 2005.
송효섭, 「서사학과 문화기호학」, 『한국언어문학』 제36권, 한국언어문학회, 1996.
이소연, 「알베르 카뮈의 『안과 겉』에서 나타난 지중해적 요소 연구」, 연세대학교 석사학위논문, 2008.

이영미, 『마당극 양식의 원리와 특성』, 시공사, 2002.
이영석, 「알베르 카뮈의 연극미학과 부조리 인식: 『칼리굴라 Caligula』를 중심으로」, 『프랑스문화예술연구』 제58집, 프랑스문화예술학회, 2016.
임수현, 『연극 이방인 희곡집』, 극단 소극장 산울림, 2018.
임진택, 『민중연희의 창조』, 창작과 비평사, 1990.
정의진, 「『이방인 L'Étranger』의 영화화와 관련된 예술적, 정치적 쟁점들-알베르 카뮈와 루키노 비스콘티」, 『프랑스학연구』 제63권, 프랑스학회, 2013.
정지창, 『서사극, 마당극, 민족극』, 창작과 비평사, 1989.
카뮈, A., 「오해」, 『알베르 카뮈 전집 3』, 김화영 옮김, 책세상, 2020.
카뮈, A., 『시지프 신화』, 김화영 옮김, 책세상, 2012.
카뮈, A., 「이방인에 대한 편지」, 『알베르 카뮈 전집 2』, 김화영 옮김, 책세상, 2020.

Alain, S. & Thirard, P.-L., *Luchino Visconti, cinéaste*, Paris: Persona, 1984.
David, C., *Albert Camus the Algerian: Colonialism, Terrorism, Justice*, Columbia University Press, 2007.
Delphine, M., "From The Stranger to The Outsider: The different English translations of L'Étranger, the Postcolonial Reception of Camus' classic, and the Memorialization of Camus in Post-Imperial France", In Misrahi-Barak, J. & Ravi, S. (ed.), *Translating the Postcolonial in Multilingual Contexts*, Montpellier: Presses Universitaires de la Méditerranée, 2017.
Derrida, J., "There is No One Narcissism (Autobiophotographies)", In Weber, E. (ed.), *Points... Interviews 1974-1994,* Stanford University Press, 1992.
Lottman, H. R., *Albert Camus : A Biography*, Michigan: Doubleday, 1997.
Olivier, T., *Albert Camus*, Paris: Gallimard, 1996.

〈L'Echo d'Alger〉, Dimanche 6 Janvier 1935.
Michael Azar, "The stranger, the mother and the Algerian revolution-A postcolonial reading of Albert Camus", Eurozine, Ed. Kevin Halliwell, 2010.10.15., https://www.eurozine.com/the-stranger-the-mother-and-the-algerian-revolution/.
〈The Stranger〉(Lo Straniero, 1967), 이탈리아, 프랑스, 알제리, 감독: 루키노 비스콘티, 주연: 마르첼로 마스트로야니, 안나 카리나.
《L'Étranger》(2002), 조각 극장(pièce de théâtre), 각색: 로버트 아젠콧.
《The Outsider》(2018), 코로넷 극장(The Coronet Theatre), 각색: 벤 오크리.
《이방인》(2018), 산울림극장, 번역, 각색, 연출: 임수현.
《죽음을 등지고 태양을 향해 총을 쏜 인간, 이방인》(2019), 동양예술극장 2관, 각색 및

연출: 나진환.

- 부조리한 삶에 대한 반항: 『시지프 신화』와 『사서』를 중심으로

김기홍, 「영화 〈톰 하디의 도망자〉와 피에누아(Pied-Noir)의 에스닉 정체성」, 『글로벌문화콘텐츠』 제30호, 글로벌문화콘텐츠학회, 2017.
김진용, 「시진핑 시기 중국의 모바일 인터넷 발전과 통제」, 『아세아연구』 제60권 2호, 고려대학교 아세아문제연구원, 2017.
렐프, A., 『장소와 장소상실』, 논형, 2005.
박경리, 『토지(1부 1권)』, 나남출판, 2002.
옌롄커, 『사서(四書)』, 문현선 옮김, 자음과모음, 2012.
옌롄커, 『작렬지』, 문현선 옮김, 자음과모음, 2020.
옌롄커, 『침묵과 한숨』, 김태성 옮김, 글항아리, 2020.
이양재, 「알제리 전쟁과 카뮈」, 『불어불문학연구』 제86권, 한국불어불문학회, 2011.
이혁, 「옌롄커(閻連科)의 『爲人民服務』와 영화 『인민을 위해 복무하라』 비교 연구」, 『한중언어문화연구』 제66집, 한국중국언어문학연구회, 2022.
임우형, 『옌롄커 소설의 역사인식과 창작방법 연구』, 중앙대학교 박사학위논문, 2018.
전리군(첸리췬), 『모택동 시대와 포스트 모택동 시대 1949-2009: 다르게 쓴 역사』, 연광석 옮김, 한울, 2012.
조영현, 「옌롄커(閻連科)의《작렬지(炸裂誌)》와 '신실주의(神實主義)'」, 『중국문학연구』 제85권, 한국중문학회, 2021.
조현천, 「막스 프리쉬의 소설 『호모 파버』-잃어버린 시간을 찾아 떠나는 여행」, 『독일어문학』 제94호, 한국독일어문학회, 2021.
진인혜, 「물루드 마므리와 알베르 카뮈, 그리고 알제리」, 『인문과학』 제100집, 연세대학교 인문학연구원, 2014.
최성호, 「인간의 우주적 초라함과 부조리의 철학: 카뮈와 네이글에 대한 독법」, 『철학적분석』 제41호, 한국분석철학회, 2019.
카뮈, A., 『시지프 신화』, 김화영 옮김, 민음사, 2016.
카뮈, A., 『이방인』, 김화영 옮김, 민음사, 2011.

김용출, 「이호철문학상 『사서』 옌롄커 "생명의 마지막 시간, 철저하게 서재로 돌아가 서 글쓰기 속 침묵을"」, 『세계일보』, 2022.10.05., https://www.segye.com/newsView/20 221004518122?OutUrl=naver.

김유태, 「中현대문학 거장 옌롄커 단독 인터뷰 "문학은 정신의 밥...가려진 진실까지 드러내야"」, 『매일경제』, 2018.11.06., https://www.mk.co.kr/news/culture/8546728.

한종구, 「시진핑, 집권 3기 출범 앞두고 '중국식 현대화' 추진 강조」, 『연합뉴스』, 2023.02.07., https://www.yna.co.kr/view/AKR20230207168500083?input=1195m.

Savarese, E.. "After the Algerian War: Reconstructing Identity among the Pieds-Noirs", *International Social Science Journal*, Vol. 58, No. 189, 2006.

"Albert Camus", *The Nobel Prize*, https://www.nobelprize.org/prizes/literature/1957/camus/biographical/.

"閻連科卡夫卡獎受獎演說", 超越新聞, 2014.10.27., https://beyondnews852.com/20141027/11157/.

3부

• 기억과 망각의 충돌과 전복: 『이방인』과 『뫼르소, 살인사건』을 중심으로

고규진, 「저자/저자성의 문제 - 바르트와 푸코의 영향을 중심으로」, 『저자의 죽음인가, 저자의 부활인가』, 한국문화사, 2015.

권윤경, 「기억의 경쟁에서 기억의 연대로? - 홀로코스트와 프랑스 탈식민화 기억의 다방향적 접합」, 『역사비평』 제113호, 역사비평사, 2015.

김기홍, 「영화 〈톰 하디의 도망자〉와 피에누아(Pied-Noir)의 에스닉 정체성」, 『글로벌문화콘텐츠』 제30호, 글로벌 문화콘텐츠학회, 2017.

다우드, K., 『뫼르소, 살인사건』, 조현실 옮김, 문예출판사, 2017.

버크, P., 『문화사란 무엇인가』, 조한욱 옮김, 도서출판 길, 2005.

부르디외, P., 『구별짓기(상)』, 최종철 옮김, 새물결, 2005.

사이드, E., 『오리엔탈리즘』, 박홍규 옮김, 교보문고, 2007.

서영희, 「카뮈의 『이방인』, 내부로부터의 탈식민주의」, 『문화와 융합』 제42권 12호, 한국문화융합학회, 2020.

서정완, 『알베르 카뮈와 알제리』, 이지퍼블리싱, 2020.

아스만, A., 『기억의 공간』, 변학수, 채연숙 옮김, 그린비, 2011.
이기언, 「카뮈와 알제리」, 『불어불문학연구』 제95집, 한국불어불문학회, 2013.
이양재, 「알제리 전쟁과 카뮈」, 『불어불문학연구』 제86집, 한국불어불문학회, 2011.
지영래, 「알제리 프랑스어 작가에게 있어서 언어와 타자의 문제」, 『프랑스학연구』 제90호, 프랑스학회, 2019.
지영래, 「카멜 다우드의 『뫼르소, 살인사건』속에 나타난 다시쓰기 전략」, 『프랑스문화예술연구』 제64집, 프랑스문화예술학회, 2018.
카뮈, A., 『이방인』, 김화영 옮김, 민음사, 2019.

Assmann, A., "Cannon and Archive", In Erll, A. & Nünning, A. (ed.), *Cultural Memory Studies: An International and Interdisciplinary Handbook*, Berlin: Walter de Gruyter, 2008.
Grabes, H., "Cultural memory and Literary Canon", In Erll, A. & Nünning, A. (ed.), *Cultural Memory Studies: an international and interdisciplinary handbook*, Berlin: Walter de Gruyter, 2008.
Friedberg, L., "Dare to Compare: Americanizing the Holocaust", *American Indian Quarterly*, Vol. 24, No. 3, 2000.
Rothberg, M., *Multidirectional Memory*, Stanford University Press, 2009.
Sloggett, R., "Valuing Significance or Signifying Value? : Culture in a Global Context", *Archives and Manuscripts*, Vol. 33, No. 2, 2005.
van Slyck, P., "Provocative Strangeness of Camus's L'Etranger and Coetzee's Disgrace", *Modern Fiction Studies*, Vol. 67, No .4, 2021.

김영헌, 「제주 4·3 여전히 텅 빈 '백비'... 윤석열 정부는 어떤 글자 써내려갈까」, 『한국일보』, 2022.04.02., https://www.hankookilbo.com/News/Read/A2022040110140005133.
김재영, 「프랑스, 60년전 알제리인 파리 '학살' 추모…120명 희생」, 『뉴시즈』, 2021.10.17., https://newsis.com/view/?id=NISX20211017_0001616487&cID=10101&pID=10100.
미래한국, 「제주 4.3 공원 내에 있어서는 안 될 4.3 폭동 주모자들의 위패」, 『미래한국』, 2015.04.07. http://www.futurekorea.co.kr/news/articleView.html?idxno=27719.
민유기, 「어찌 잊으리, 10월17일 학살을…」, 『주간동아』, 2004.11.19., https://weekly.donga.com/3/all/11/66992/1.
이정우, 「프랑스를 위해 뛰지만 국가에는 관심 없다」, 『일간스포츠』, 2022.09.07. https://isplus.com/article/view/isp202209070012.
한승곤, 「"[르포]"우리는 범죄자 아닙니다" 중국 동포 '혐오 영화' 사라질까」, 『아시아경제』, 2020.06.19. https://view.asiae.co.kr/article/2020061816374599836.

- 카멜 다우드의『뫼르소, 살인사건』: 다문화 주체의 언어와 정체성

김기홍, 「영화 〈톰하디의 도망자〉와 피에누아(Pied-Noir)의 에스닉정체성」, 글로벌문화콘텐츠 제30호, 글로벌문화콘텐츠학회, 2017

김용우, 「인종주의와 식민주의, -알베르 멤미(Albert Memmi)의 경우」, 『프랑스사연구』 제31호, 한국프랑스사학회, 2014

김진하, 「알베르 카뮈의『이방인』에서 서정적 묘사와 텍스트 이질성」, 『불어불문학연구』 제114호, 한국불어불문학회, 2018.

다우드, K., 『뫼르소, 살인사건』, 조현실 옮김, 문예출판사, 2017.

도종윤, 「'환대' 개념의 국제 정치학에의 적용과 환대, 이방인에 대한 존재의 윤리와 정치적 전략」, 『문화와 정치』 제4권 2호, 2017.

바바, H. K., 『문화의 위치』, 나병철 옮김, 소명출판, 2002

박단, 「2차 세계대전 이후 알제리인의 프랑스로의 이주와 정착」, 『프랑스학논집』 제53집, 한국프랑스학회, 2006.

버크, P., 『문화혼종성』, 강상우 옮김, 이음, 2012.

이연숙, 「아랍어화에 직면한 베르베르어-마그레브 지역을 중심으로」, 『언어 제국주의란 무엇인가』, 돌베게, 2005.

임기대, 「다언어국가로서 알제리의 언어사용 정책에 관한 연구-베르베르어의 경우」, 『한국프랑스학 논집』 제62호, 한국프랑스학회, 2008.

임기대, 「독립 후(1965-1978) 알제리의 언어, 교육정책: 탈식민화 과정에 관한 연구」, 『프랑스학 연구』 제52권, 프랑스학회, 2010.

임기대, 「베르베르어 사용 관련 정책 현황과 변화 가능성에 관한 소고 : 알제리의 경우를 중심으로」, 『프랑스학 연구』 제74권, 프랑스학회, 2015.

임기대, 「알제리 식민지배 초기의 프랑스의 언어문화 정책」, 『프랑스학 연구』 제48권, 프랑스학회, 2009

임성희, 권호종, 「카빌리 노래와 베르베르 문화운동」, 『프랑스학연구』 제81권, 프랑스학회, 2017.

조희선, 「포스트 콜로니얼 알제리 문학 연구」, 『한국중동학회연구』 제20-1호, 한국중동학회, 1999.

지영래, 「알제리 프랑스 작가에게 있어서 언어와 타자의 문제」, 『프랑스학연구』 제90권, 프랑스학회, 2019.

지영래, 카멜 다우드의 『뫼르소, 살인사건』 속에 나타난 다시쓰기 전략」, 『프랑스문화예술 연구』 제64집, 2018

진인혜, 「프랑스 알제리 문학의 흐름과 경향 및 다문화적 특성」, 『한국프랑스학논집』 제70권, 한국프랑스학회, 2010.

최진영, 「마그립 지역의 베르베르족 문화와 언어에 대한 연구」, 『한국이슬람학회 논총』 제32-1집, 한국이슬람학회, 2022.

파농, F., 『검은 피부 하얀 가면』, 이석호 옮김, 인간사랑, 2013.

Derrida, J., *Monolingualism of the Other*, Stanford University Press, 1998.

Bellour, L., "Postcolonialism and Religious Identity in Kamel Daoud's The Meursault Investigation", *Al Alama*, N. 07/Vol. 3, No. 2, 2018.

Whistler, G. "'What-It'S-Like' for the Other: Narrative Knowledge and Faith in the Meursault Investigation", *Literature & Theology*, Vol. 32, No. 2, 2018.

Mathew, H. E., "Meursault and Musa: an Intertextual Reading of the Stranger and the Meursault Investigation", *The Criterion: An International Journal in English*, Vol. 10, Issue. IV, 2019.

Lett, J., *Kathryn Lachman, The Meuisault Investigation: Literature and the Disappeared*, Florida State University, Graduate School of English Dept. Master's thesis, 2022.

Tegaoua1, K., "Kamel Daoud's Meursault Contre-Enquête: between Subversion and Allegiance to Albert Camus", *Algerian Scientific Journal Platform*, Vol. 14, 2019.

Radhakrishnan, R., "The Meursault Investigation: A Contrapuntal Reading", *The Cambridge Journal of Postcolonial Literary Inquiry*, Vol. 4. No. 3, 2017.

- 소설 『이방인』의 중국 연구 동향 분석

方琳琳，「《局外人》人物形象分析」，『辽宁行政学院学报：文学与艺术』，Vol. 9, No. 6, 2007.

吉玉婷, 「浅析《局外人》两个中文译本中的主要翻译错误」, 『海外英语』, 2015.

刘佳俊, 「译者主体性视角下《局外人》两个汉译本对比分析」, 『学科探索』.

丘上松，「莫尔索是局外人,还是局内人」，『外国文学研究』，1992.

章洁，「论默尔索的"局外人"形象及内涵」，『大众文艺：文艺评论』，2014.

汪欣，「《局外人》中默尔索形象新释」，『文学教育（上）』，2017.

易丹，「论加缪《局外人》中主人公的冷漠」，『四川大学学报(哲学社会科学版)』，1989.

章洁,「论默尔索的“局外人”形象及内涵」,『大众文艺：文艺评论』, 2014.
赵忻,「加缪《局外人》两种译本风格比较研究」,『文学教育』, No. 1 , 2021.
马爱华,「理性的沉沦与荒诞的飞腾——论《局外人》的“阳光”意象」,『广西社会科学』, No. 1, No. 85, 2002.
杨晓青,「《局外人》的荒诞美学色彩」,『吉林省教育学院学报』, Vol. 26 , No. 12 , No. 2522010.
王宇翔,「《局外人》荒谬的本质」,『文化纵横』, No. 324 , 2011.
贺金茹,「局内人·局外人·反抗者——默尔索的精神成长与超越历程」,『名作欣赏』, 2019.

국립국어원 표준국어대사전, https://stdict.korean.go.kr/
국회전자도서관, https://dl.nanet.go.kr/
민음사-이방인, http://minumsa.minumsa.com/book/2488/
중국학술데이터베이스(CNKI), https://oversea-cnki-net.sproxy.hufs.ac.kr/kns/Visual/Center
「김상국 교수의 생활과 경제이야기 〈45〉 시진핑의 3연임; 미래 중국은 어떻게 변화할까? 어떻게 될까?」,『ifs POST』, 2023.03.19., https://ifs.or.kr/bbs/board.php?bo_table=YTT_board&wr_id=50489
「동성애 소설 쓴 중국 작가 징역 10년, 성폭행범보다 중형」.『한국일보』, 2018.11.19., https://www.hankookilbo.com/News/Read/201811191481350264
「独家专访：作家方方和她的“武汉日记”(독점 인터뷰: 작가 팡팡과 그녀의 “우한일기”)」,『중국신문망(中国新闻网)』, 2020.02.22., https://baijiahao.baidu.com/s?id=1659225772608542205&wfr=spider&for=pc
豆瓣图书, https://book.douban.com/works/1006916

- 카뮈와『이방인』, 미국적 수용에 관한 몇 가지 고찰: 글로컬 관점을 중심으로

김기홍,「글로컬 문화이론에 대한 소고」,『인문사회21』 제9권 5호, 아시아문화학술원, 2018.
김진하,「알베르 카뮈의『이방인』한국어 번역본들에 대한 문체론적 고찰」,『불어불문학연구』 제101권, 불어불문학회, 2015.
박치완,「인문학의 이중고 – 글로벌 표준화와 로컬의 문맥화」,『철학연구』 제56권, 고려대학교 철학연구소, 2017.

박치완, 「지역-로컬 지식의 재건 운동과 지역세계화의 의미」, 『현대유럽철학연구』 제56권, 한국하이데거학회, 2020.
박홍규, 「사이드와 카뮈」, 『人文硏究』 제61권, 영남대학교 인문과학연구소, 2011.
변광배, 「『이방인』의 재판 장면 재탐사: '디아포라' 개념을 중심으로」, 『프랑스문화예술연구』 제51권, 프랑스문화예술학회, 2015.
유호식, 「『이방인』의 법정 장면 - 우연성의 논리와 인과론적 논리의 충돌」, 『불어불문학연구』 제74권, 한국불어불문학회, 2008.
임동욱, 「문화제국주의의 비판적 고찰 - 단선적 문화제국주의에서 역동적인 국제적 문화 유동으로」, 『한국언론정보학보』 제45권, 한국언론정보학회, 2009.
카뮈, A., 『이방인』, 김화영 옮김, 민음사, 2019.

Beebe, M., "Criticism of Albert Camus: A Selected Checklist of Studies in English", *Modern Fiction Studies*, Vol. 10, No. 3, 1964.
Boudieu, P., "Thinking About Limits", *Theory, Culture & Society*, Vol. 9, 1992.
Camus, A., *L'Étranger*, Davison, R. (ed.), London and New York: Routledge, 1988.
Camus, A., *Lyrical and Critical Essays*, Thody, P. (ed.), Kennedy, E. C. (trans.), New York:Vintage, 1970.
Camus, A., *The Outsider*, Smith, S. (trans.), London: Penguin Classic, 2012.
Conversi, D., "The Limits of Cultural Globalisation?", *Journal of Critical Globalisation Studies*, Vol. 1, No. 3, 2010.
Cotkin, G., *Existential America*, The Johns Hopkins University Press, 2003.
Cukalevska, M. D., Dragović, A., "Robertson's and Ritzer's Conceptions of Globalization", *Balkan Social Science Review*, Vol. 11, 2018.
Davis, S., "What is Netflix imperialism? Interrogating the monopoly aspirations of the 'World's largest television network'", *Information, Communication & Society*, Vol. 26, No.6, 2023.
Foley, J., *Albert Camus*, Routledge, 2008.
Gale, J. E., "Does America know The Stranger? a reappraisal of a translation", *Modern Fiction Studies*, Vol. 20, No. 2, 1974.
Garvin, H. R., "Camus and the American Novel", *Comparative Literature*, Vol. 8, No. 3, 1956.
Hakutani, Y., "Richard Wright's "The Outsider" and Albert Camus's "The Stranger"", *The Mississippi Quarterly*, Vol. 42, No. 4, 1989.
Hoffman, F. J., "Camus and America", *Symposium: A Quarterly Journal in Modern Literatures*, Vol. 12, Nos. 1-2, 1958.
Jin, D. Y., "The Construction of Platform Imperialism in the Globalization Era", *triple C*, Vol.

11, No. 1, 2013.

Kaplan, A., *Looking for The Stranger*, The University of Chicago Press, 2016.

Lea, S., "Mensch to Übermensch: Asceticism and the Ascetic Ideal in A Happy Death and The Stranger", in *Brill's Companion to Camus*, Sharpe, M. (ed.), Brill, 2020.

Lehan, R., "Camus's L'étranger and American Neo-Realism", *Books Abroad*, Vol. 38, No. 3, 1964.

Lewis, L., "Notes toward a Translation of "L'Étranger"", *Rocky Mountain Review of Language and Literature*, Vol. 31, No. 1, 1977.

McCarthy, P., *Camus The Stranger*, Cambridge University Press, 2004.

Mignolo, W. D., "I am where I think: Epistemology and the colonial difference", *Journal of Latin American Cultural Studies*, Vol. 8, No. 2, 1999.

Reid, D., "The Rains of Empire: Camus in New York", *Modern Language Notes*, Vol. 112, No. 4, 1997.

Ritzer, G., "Rethinking Globalization: Glocalization/Grobalization and Something/Nothing", *Sociological Theory*, Vol. 21, No. 3, 2003.

Ritzer, G., "The Globalization of Nothing", *SAIS Review of International Affairs*, Vol. 23, No. 2, 2003.

Said, E. W., *Culture and Imperialism*, Vintage, 1993.

Said, E. W., *Orientalism*, Penguin Books, 2003.

Scherr, A., "Lost In Translation? A Note on Sexuality In "L'étranger"", *Romance Notes*, Vol. 52, No.3, 2012.

Sherman, D., *Camus*, Wiley-Blackwell, 2009.

Siljanovska, L., "Globalization VS Cultural Identity", *Language, Individual & Society*, Vol. 8, 2014.

Thody, P., *Albert Camus a Study of His Work*, New York: Grove Press INC, 1957.

- 소외된 이들의 역사 다시-쓰기: 아프리카 노예와 자메이카, 라스타파리아니즘

디포, D., 『로빈슨 크루소』, 이덕형 옮김, 문예출판사, 2011.

버날, M., 『블랙 아테나1』, 오흥식 옮김, 소나무, 2006.

박치완, 『글로컬 시대의 철학과 문화의 해방선언』, 모시는 사람들, 2021.

카뮈, A., 『이방인』, 이휘영 옮김, 문예출판사, 1999.

카뮈, A., 『이방인』, 김화영 옮김, 민음사, 2022.

사이드, E., 『오리엔탈리즘』, 박홍규 옮김, 교보문고, 2015.

응구기, T., 『정신의 탈식민화』, 이석호 옮김, 아프리카, 2013.

이경원, 『검은 역사 하얀 이론』, 한길사, 2011.

보드리야르, J., 『시뮬라시옹』, 하태환 옮김, 민음사, 2012.
밀스, C. W., 『인종계약 - 근대를 보는 또 하나의 시선』, 정범진 옮김, 아침이슬, 2006.
다우드, K., 『뫼르소, 살인사건』, 조현실 옮김, 문예출판사, 2017.
파농, F., 『검은 피부 하얀 가면』, 이석호 옮김, 인간사랑, 2013.
쿳시, J. M., 『포』, 조규형 옮김, 책세상, 2003.
송정은, 『Invisible Colonialism in Postcolonial Africa: Hierarchy, Popularization, and Consolation of Pentecostal Highlife in Ghana』, 한국외국어대학교 국제지역대학원 박사논문, 2023.
이현주, 「에르나 브로드버의 『마이얼』에 나타난 자메이카 공동체와 마이얼리즘」, 『현대영미소설』 제26권 3호, 2019.

Hall, S., Gieven, B., *Formation of Modernity*, Cambridge & Oxford: The Open University, 1992.
Arbino, D., "Reggae as Subaltern Knowledge: Representations of Christopher Columbus as a Construction of Alternative Historical Memory", *Mester*, Vol. 45, No. 1, 2017.
Bhabha, H., "Of Mimicry and Man: The Ambivalence of Colonial Discourse", *Discipleship: A Special Issue on Psychoanalysis*, 1984.
Newman, S. P., Deason, M. L., Pitsiladis, Y. P., Salas, A. & Macaulay, V. A., "The West African Ethnicity of the Enslaved in Jamaica. Slavery & Abolition", *A Journal of Slave and Post-Slave Studies*, Vol. 34, No. 3, 2013.
Thornton, J., "The Coromantees: An African Cultural Group in Colonial North America and the Caribbean", *Journal of Caribbean History*, Vol. 32, Nos. 1-2, 1998.

Jah-lyrics, https://www.jah-lyrics.com/song/burning-spear-christopher-columbus.
Jamaica Information Service, https://jis.gov.jm/information/jamaican-history/.
Merriam-Webster, https://www.merriam-webster.com/dictionary/myalism.

주요 키워드

개인-정체성 (Personal Identity)

개인-정체성은 한 인간 개인에게 있어서 시간이 흐르거나 상황이 바뀌어도 자기 자신이 동일한 존재라는 자기 동질성과 연속성에 대한 스스로의 자각을 일반적으로 의미한다. 또한 이는 개인의 독특한 경험 및 인생에 기초하고 있으므로 개인의 사회적 역할 및 문화적 요소에 크게 영향을 받는다.〔자아-정체성(ego identity)은 개인-정체성을 포함하면서도 개인 자신의 생각, 감정, 행동을 통제하는 자기 자신을 일컫는 좀 더 포괄적인 말이다.〕 주지하듯 『이방인』은 카뮈에게 노벨문학상을 안겨 준 소설로 100여 개의 언어로 번역되어 출판된 전 세계인이 사랑하는 스테디셀러이다. 그러나, 카뮈가 태어나고 자랐으며 소설의 배경이 되는 알제리에서만큼은 예외다. 카뮈가 알제리의 독립을 반대했기 때문이다. 알제리에서 『이방인』은 실존주의 작가의 소설이 아닌 알제리 독립을 반대한 인물이 쓴 소설이다. 대중들은 작가로서의 정체성과 개인-정체성을 분리해서 받아들이지 않는다. 작품은 작가의 사상으로부터 나왔고 그것은 실존하고 있는 장소로부터 생긴 개인-정체성으로 말미암은 것이다. 재지적(在地的) 관점은 어디에서 누가 쓴 소설인지, 어디에서 누가 읽는 소설인지 여부로 형성될 수 있다. '알제리'에서 『이방인』이 실패한 문학인 이유는 카뮈의 '『이방인』'이 아닌 '카뮈'의 『이방인』이기 때문이다.

공동체 (Community)

일반적으로 공동체는 혈연과 지연, 공동의 관심사나 목표 등을 공유할 때

결속되는 것으로 사회적인 측면에서 파악할 수 있다. 동물의 군집 역시 일종의 공동체라 말할 수 있기도 하다. 집단생활을 하는 모든 생물에게 있어서 공동체의 중요성은 한 개체의 삶을 좌지우지할 수 있을 정도로 중요하다. 공동체에 있어서 중요한 것은 연대 의식이며, 개체들이 흔히 한 장소에 같이 모여 사는 데에서 출발하는 경우가 많다. 『이방인』과 『뫼르소, 살인사건』을 통해 드러나는 공동체의 개념 역시 장소성을 먼저 고려해야 한다. 두 작품은 프랑스령인 알제리에 거주하는 프랑스인(뫼르소)과 알제리인(하룬)이 각기 다른 관점에서 쓴 소설이기 때문이다. 뫼르소는 하룬 그리고 여타 아랍인들과 같은 장소에 실존하고 있지만 그들과 경험과 문화를 공유하지 않는 피에-누아르다. 반면 하룬은 단순히 형을 잃은 개인이 아니라 자기 영토에서 프랑스인에게 죽임을 당한 수많은 아랍인의 표상이다. 만하임은 역사적·사회적 통일성이라는 공동 운명에 대한 참여로 실질적 유대를 형성하는 집단을 공동체로 보았다. 그 때문에 알제리의 독립에는 무관심한 프랑스어를 쓰는 뫼르소는 정체성의 다름으로 인해 일제리의 공동체 구성원이 될 수 없었다. 즉, 물리적 삶의 영토는 상상(사유)의 영토와 분리될 수 없으며 만약 그러한 경우 뫼르소나 카뮈와 같이 영원한 이방인일 수밖에 없는 것이다.

글로컬 (Glocal)

글로벌(global)과 로컬(local)의 합성어로 어떤 것이 세계적인 문화와 지역적인 문화를 동시에 함축한다는 의미를 나타내는 용어. 이 말은 1980년대에 일본 소니의 창업자 모리타 아키오가 '도차쿠가(土着化)'—지역 토착화라는 맥락에서—를 언급한 데서 비롯되었다고 흔히 알려져 있다. 세계의 지역화(global localization)라는 의미일 것이다. 이는 1900년대 초반 무렵의 영국 도시계획자 패트릭 게디스의 "세계적으로 생각하고 지역적으로 행동하라"는 말과 깊게 연결된다고 종종 해석되기도 한다. 곧 글로벌과 로컬이 상호 작용하면서 특정의 문화 혼종 결과물을 만들어 내는 과정을 글로컬라이제이션(glocalization)이라고 할 수 있다. 글로컬 개념의 대표적인 예는 맥도날드의 한국 상품인 불고기 버거라 할 수 있다. 세계적인 햄버거 브랜드인 맥도날드와 한국의 음식인 불고기가 결합되어 만들어진 문화(상품)이기 때문이다. 한편, 최근 일각에서는 '지역의 세계화(local globalization)'가 더욱 강조되고 있기도 하다. 실제로 불고기 버거의 경우도 불고기라는 한국의 지역 음식이 맥도날드 버거라는 세계적 맥락에 맞추어져 탄생되었다는 측면이 있다. 글로컬 개념에는 지역적인 문화와 세계적인 문화의 공존 공생이 전제되어 있는 것이다. 따라서 카뮈나 『이방인』을 글로벌적 시각만이 아닌 로컬적 시각, 더 나아가 글로벌과 로컬의 동시적인 측면인 글로컬적 시각(장소성을 고려한)에서 조망할 때, 카뮈와 『이방인』을 비로소 제대로 독해하는 길이 열린다고 볼 수 있게 된다.

기억 (Memory)

문화 연구에서 그다지 주목을 받지 못했던 기억 담론은 제2차 세계대전과 홀로코스트를 계기로 인류 혹은 사회가 잊어서는 안 되는 것을 기억하는 행위가 주목받기 시작하였다. 피에르 노라의 '기억의 터' 개념과 알라이다 아스만/ 얀 아스만의 '문화적 기억' 개념이 현대 기억 담론의 기틀을 닦았다. 문화 연구에서 기억 담론은 특히 기념관, 기념물 등의 문화적 양식을 통해 사회적으로 기억하는 행위를 연구하였다. 문자는 오랜 세월 동안 기억을 전승시키는 오래된 매체이나, 그렇다고 해서 문자로 기록된 모든 문학이 기억의 매체로 작용되는 것은 아니다. 노골적으로 특정 사건에 대한 기록을 토대로 한 문학이 있는 반면, 작가가 의도하지 않았으나 기억의 매체로 작용하게 되는 경우도 있다. 『이방인』의 경우 후자의 경우다. 피에-누아르의 시선으로 바라본 알제리는 같은 시기 억압받던 토착 알제리인들에게 있어서는 의아하고 낯선 질감이었다. 카뮈에 대한 찬사 속에서 알제인들은 카뮈가 묘사한 모습으로 전 세계 독자들에게 각인되었다. 이에 다우드는 알제리에 대한 잘못된 기억을 바로잡고자 『이방인』과 상반되는 소설 『뫼르소, 살인사건』을 집필하면서 기존에 팽배한 기억을 전복시키고자 하는 기억 투쟁을 불러일으켰다. 이 같은 기억 행위는 단순히 진실을 바로잡기 위한 것만이 아니라 한 집단의 정체성과 그 집단에 속한 개인의 정체성을 규정하기 위함이기도 하다.

다문화 주체 (Multicultural Subjects)

현재 사회의 특징을 표현할 수 있는 요소를 들자면 '차이', 물리적 '경계의 무너짐'을 들 수 있다. 이전의 우리 사회는 국가라는 테두리 안에서 동질성을 중요시해 왔으나 지금은 동질성만큼이나 '차이'도 매우 중요한 시대다. 이 '차이'는 다양한 문화가 화학적 반응을 일으키지 않은, 일정한 공간에 병렬적으로 위치하는 상태를 뜻하는 것으로서 '다문화'라 명할 수 있다. 이것은 언어나 의식주, 전통, 사회를 이루는 방법, 종교와 도덕에 대한 신념이나 관념, 타자와 타문화와의 상호 작용 등 사람들 사이에서 나타나는 문화적 차이를 포괄하는 문화다양성이라 할 수 있다. 이는 국가의 정체성과 존립 여부와 연관되는 정치적 배경을 바탕으로 하는 다문화주의와는 또 다른 것이다. 다양한 문화적 배경을 소유한 주체자를 '다문화 주체'라 할 수 있다. 이 용어는 '문화다양성 주체', '경계인' 등 다양한 명명이 가능하겠지만 현재 우리 사회에서는 '다문화'로 통용되는 것이 사실이다. '다문화'라는 용어를 우리 사회는 사회 현상으로도 그 사회 현상 속에 거하는 주체자를 이를 때에도 모두 활용하는 것이다. 이는 다문화 인식 개선을 위해 우리 사회가 점차 교육해 나가야 하는 과제다.

다시쓰기 / 되받아쓰기 (re-write / write-back)

서구의 고전으로 남은 많은 문학 작품들은 시간이 흐름에 따라 필연적으로 제국주의, 인종차별주의, 젠더 불평등 등 부정적 측면들을 노정한다. 한 시대를 살아가는 작가로서 그들의 글에는 시대적 배경이 한계로 작동하고 있기 때문이다. 이에 20세기 이후 탈식민 작가들은 서구의 정전을 패러디하거나 해체, 재구성함으로써 서구중심주의적 세계관의 보편성을 부정하고 그에 억압된 목소리를 드러내려 했다. 그렇게 생겨난 미학적 기법 중 하나가 다시쓰기, 또는 되받아쓰기 기법이다. 카멜 다우드 작품뿐 아니라, 셰익스피어의 『폭풍우』를 다시 쓴 에메 세제르의 『어떤 태풍』, 대니얼 디포의 『로빈슨 크루소』를 되받아 쓴 존 쿳시의 『포』, 샬롯 브론테의 『제인 에어』를 비틀어 쓴 『광막한 사르가소 바다』 등에서 다시쓰기 기법의 효과가 돋보인다.

라스타파리아니즘 (Rastafarianism)

라스타파리아니즘은 1930년대 자메이카에서 시작된 신흥 종교 현상이자 정치적 움직임이다. 자메이카는 15세기 후반 크리스토퍼 콜럼버스가 상륙한 이후부터 19세기 초반 영국이 노예제를 폐지할 때까지 서유럽 식민주의자들이 상업 작물을 재배하기 위한 대농장으로 경영되었다. 이러한 환경에서 대서양을 화물처럼 건넌 아프리카 흑인 노예들은 오랫동안 사회경제적 억압에 처해 있었고, 가족과 공동체 모두에게서 뿌리 뽑힌 채 몇 세기를 살아가야 했다. 19세기 후반부터 흑인 권리 회복 운동 등 다양한 사회적 자각이 일어나기 시작했고, 이러한 흑인성에 대한 인식은 라스타파리아니즘이라는 새로운 현상을 만들어냈다. 라스타파리아니즘은 기독교와 범아프리카적 영적 관행인 마이얼리즘 등이 혼합된 종교로, 흑인 신을 믿고, '아프리카로 돌아가는 것'을 일종의 구원으로 인식하는 신흥 종교 현상 중 하나이다. 이 종교가 태동하던 당시 아프리카에서 유일한 독립국이었던 에티오피아의 황제였던 하일레 셀라시에 1세를 신격화했고 그들만의 생활 양식을 만들어 엄격히 지킴으로써 공동의 정체성을 형성하는 역할을 했다. 20세기 중후반 라스타파리안이자 자메이카 음악인 레게 가수, 밥 말리가 전 세계적 인기를 끌게 됨으로써 범아프리카풍의 장식물과 드레드락 등 라스타파리안들의 생활 양식은 하나의 문화적 상징이 되기도 했다.

망각 (Forgetting)

기억 행위는 잊힐 위기에 처했을 때 더 강한 의지를 표명한다. 어떤 것을 기억한다는 사실은 그 이전 혹은 이후의 어떤 것을 망각함을 의미하기 때문에 기억은 늘 망각 행위를 수반한다. 우리는 기억하는 용량의 한계로 인해 기억하고 저장할 것을 선택하며, 기억하지 않아도 될 것을 버리는 과정을 겪는다. 그래서 망각은 기억하기 위한 필수 전제이자 어쩌면 기억 행위보다 더 잦고 자연스럽게 벌어지는 현상이다. 니체는 망각을 오히려 긍정적으로 보기도 한다. 잊어버림으로써 고통스럽거나 혐오스러운 기억에서 벗어날 수 있기 때문이다. 그러나 기억과 망각이 늘 긍정적인 방향으로만 작용하는 것은 아니다. 특히 망각의 경우 특정 기억을 인지시키기 위해 기존의 집단 기억을 왜곡하고 말살시키는 망각 행위가 강제되기도 한다. 기억과 망각은 주체에 따라 그 대상이 완전히 상반되는 입장에 자리한 경우가 있다. 한편에서는 망각되고 있는 무언가가 다른 한편에서는 기억해야 할 무언가인 경우이다. 카뮈의 『이방인』과 다우드의 『뫼르소, 살인사건』의 경우 기억이 충돌하는 과정에서 다양한 독자 집단의 기억과 망각이 치열하게 엎치락뒤치락하고 있다. 카뮈의 『이방인』이 토착 알제리의 모습을 지우고 식민주의적 기억으로 채웠다면, 다우드의 『뫼르소, 살인사건』에서는 이미 팽배하게 자리 잡은 이방인식 알제리의 이미지를 지워 내고 토착 알제리에 대한 인식을 새롭게 채워 넣는다. 예상하겠지만, 이미 기존에 자리 잡은 인식을 지우고 새로이 재정립하는 것은 매우 긴 시간과 노력을 요하기 때문에 기억투쟁은 단시간에 해결되지 않으며 인고의 시간이 필요하다.

메타구조 (Meta-Structure)

메타(meta-)는 "사이에, 뒤에, 다음에, 넘어서"를 의미하는 접두어로 포스트모더니즘 계열 작품에서 메타텍스트성(metatextuality)의 실험적 경향의 특징이 발견된다. 메타텍스트성은 작품 밖에 존재하는 현실이나 가상의 영역을 작품 안에 드러냄으로써 작가의 자기 반영을 꾀하는 것이다. 일차텍스트와 이차텍스트 간의 관계 맺기 과정에서 작가의 전작(前作)을 빌려 오거나, 작업 과정을 그대로 노출하는 방식 등이 있다. 메타텍스트성을 바탕으로 작품을 구조화했을 때 심층 구조로부터 발생한 표층을 통해 다시 심층을 추론해 내는 것을 메타구조라고 한다. 카뮈의 『이방인』에는 성공하여 돌아온 아들(오빠)을 알아보지 못하고 돈을 훔치고자 살해한 모녀의 기사가 나오는데 이는 실제 알제리의 '레코 달제'에 실린 기사와 매우 유사하다. 카뮈는 『이방인』 출간 2년 뒤, 기사의 내용을 극화한 『오해』를 통해 자신의 부조리 세계관을 확장해 나간다. 산울림의 연극 《이방인》에는 신문 기사와 『오해』의 장면을 삽입하여 메타구조를 형성했다. 자신이 살고 있는 곳에서 결코 섞이지 못하는 뫼르소, 어머니와 누이에게 살해당한 기사 속 남자, 세상으로부터 버림받았다고 믿는 『오해』의 마르타 그리고 자신이 태어난 아랍에서 이방인인 카뮈까지. 다층으로 구성된 텍스트들이 모여 메타구조를 형성한 연극은 안에 갇혀있는 것이 아니라 작품 밖과 관계 맺고 있다. 따라서 관람하는 동안 관객은 끊임없는 추론과 해석을 이끌어 내며 작품을 넘나들게 된다.

문제적 캐릭터 (Problematic Character)

'문제적 캐릭터'는 스토리텔링 속에서 독자들에게 문제가 된다고 일반적으로 판단되는 캐릭터이다. 주인공일 수도 있고 부차적인 인물일 수도 있다. 문제적 캐릭터가 주로 스토리를 힘있게 끌고 나가는 역할을 하는 경우가 많다. 어떤 (유덕한) 인물 캐릭터가 여하간의 어려운 상황들에 빠지게 되고 그것들을 헤쳐 나가면서 성공하게 되는 스토리가 일반적인데, 문제적 캐릭터는 이러한 상황을 보다 더 극적으로 만드는 경우가 많다. 어떤 이유로 인해 이미 심각하게 심리적 스트레스를 겪고 있는 인물이기 때문이다. 그래서 캐릭터 본인의 의도와 무관하게 끊임없이 위기에 직면하게 되며, 아예 스스로 심각한 위기를 만들어서 직면하기도 한다. 이러한 문제적 캐릭터가 자신의 결핍을 채워 나가고 헤쳐 나가게 되면, 독자에게 큰 울림을 줄 가능성이 많다. 독자는 기본적으로 문제적 캐릭터에게 연민의 감정을 지니고 그들의 인생에 감정 이입하기 때문이다. 독자 자신에게 숨겨져 있을지도 모른다고 생각되는 자신의 모습을 이 캐릭터에게서 발견하는 경우도 종종 있다. 이 문제적 캐릭터는 스토리 상황에 따라 오피니언 리더 격이 될 수도 있다. 이미 보통의 사람들과는 좀 다르며, 일반적인 세상을 다르게 혹은 더 밀도 있게 살아가고자 하는 측면이 많기 때문이다. 카뮈의 뫼르소 역시 이런 문제적 캐릭터라 볼 수 있다.

보편적 해석(Universal Interpretation)

보편성은 반례를 특정할 수 없는 매우 일반화된 성격을 뜻한다. 과학적 사실처럼 객관성을 지닌 기술은 보편성을 지니고 있는 것이다. 가령 '하루가 24시간'이라거나 '모든 인간은 죽는다'와 같은 표현은 지역이나 사람에 따라 달리 받아들여지지 않는다. 이러한 보편성에 의거한 해석은 곧 문학과 같은 예술을 그 대상으로 할 때, 그것의 발생이 가능하냐는 의문이 생긴다. 어떤 사람이든 특정 작품을 읽고 같은 심상을 떠올리며 동일한 해석을 하는 것은 불가능하다. 그럼에도 우선적으로 어떤 작품에 대한 일반적 해석이 존재할 때, 그리고 그것이 반박하기 힘들 만큼 강하게 퍼져 있을 때 그것을 두고 보편적 해석이라 부를 수 있게 된다. 셰익스피어의 비극을 읽을 때, 이미 그것이 비극이란 점을 전제로 읽는다는 것은 그 결과 역시 비극에 대한 해석으로 이어진다. 이러한 해석은 객관성을 지니는 것은 아니나 필요에 의해 객관화된 주관으로, 지식화된 예술로 우리에게 주어진다.

부조리 (Absurdity)

부조리는 20세기 무신론적 실존주의의 선두에 섰던 카뮈의 작품을 관통하는 개념으로 『이방인』, 『칼리굴라』, 『시지프 신화』는 카뮈의 부조리 3부작이라고 불린다. 인간은 삶 가운데 부조리한 순간을 만나게 되는데, '그것이 부조리하다'라고 말하는 것은 '그것은 있을 수 없는 일이다' 또는 '그것은 모순이다'라는 뜻이다. 부조리는 인간과 세계 사이에 놓여 있다. 인간은 자신의 이성과 생각으로 세계를 이해하려고 하지만 세계는 우리가 이해할 수 없는 범위, 비합리적인 상태에 있기 때문에 부조리가 나타난다. 카뮈는 부조리의 상태를 벗어나기 위해 애쓰거나 회피하기보다는 부조리를 직시하기를 요청하며 '반항'을 이야기한다. 카뮈가 말하는 반항은 인간과 그 자신의 어둠과의 대면이며 반항을 통해 자신의 현존을 끊임없이 깨닫게 하는 것이다. 반항에는 희망이 없으나 짓눌러 오는 운명을 확인하는 것이고, 확인 후 따라오게 되는 어떤 체념도 거부하고자 하는 것이다. 『시지프 신화』 속의 시지프는 매일의 반복되는 행위 속에서, 내일도 없고 희망도 없는 상황을 한탄하며 자신의 삶을 피폐하게 만들기보다는 이것이 바로 현재 나의 삶임을 받아들이려 한다. 바로 이러한 삶이 '인간이 부조리 속에서 취해야 할 반항'이라고 카뮈는 말한다.

부조리극 (Theatre of The Absurd)

부조리극이란 인간의 실존에 대한 목적 상실과 소통의 붕괴, 비이성, 모순 등을 표현한 희곡 및 연극을 의미한다. 2차 세계대전 직후, 유럽을 중심으로 퍼진 회의주의와 실존주의를 바탕으로 형성되었다. 대표적인 작품으로는 사뮈엘 베케트의 『고도를 기다리며』(1953)와 외젠 이오네스코의 『대머리 여가수』(1950)가 있다. 알베르 카뮈는 자신의 희곡 『길리굴라』(1938)와 『오해』(1944)를 부조리 경향의 작품으로 분류하는데 이는 부조리극의 시초로 평가받는다. 베케트나 이오네스코의 부조리는 부조리한 상황을 그대로 제시하면서 언어 파괴와 의사소통의 불가능성을 강조하며 기존 연극의 틀을 벗어나는 시도에 초점을 맞추었다면 카뮈의 부조리는 부조리한 세계를 설명하는 방식으로 전개되며 실존의 부조리성을 강조한다는 점에서 차이가 있다. 극단 산울림은 연극 《이방인》에 『오해』의 장면 일부를 삽입함으로써 클라이맥스로 치닫게 함과 동시에 부조리 사상을 강조하는 효과를 주었다.

사서 (四書, Four Books)

『사서』는 중국 작가 옌롄커의 책으로 옌롄커는 위화, 모옌과 더불어 현존하는 중국 현대문학의 3대 거장으로 평가받는 소설가로 매년 노벨문학상 유력 후보로 거론된다. 『사서』는 2014년 프란츠 카프카 문학상을 수상하였고 2016년 맨부커 인터내셔널상을 두고 우리나라 한강 작가의 『채식주의자』와 최종 경쟁을 벌였다. 국제적인 명성을 쌓고 있는 그의 이력과는 다르게 중국에서는 옌롄커의 책 다수가 출판, 홍보, 게재, 비평, 각색을 할 수 없는 '5금(禁)' 조치를 받았으며 『사서』도 판매 금지 조치되었다. 『사서』는 '네 권의 책'이라는 뜻이다. 소설 속에 등장하는 네 권의 책 각각의 장이 뒤섞여 『사서』라는 한 권의 책을 구성한다. 「하늘의 아이」, 「옛길」, 「죄인록」, 「시시포스의 신화」 4권의 책은 아이, 작가, 학자 3명의 관점에서 쓰여졌는데, 각 챕터가 교차 편집되며 서사를 이끌어간다. 옌롄커는 독특한 창작 방식인 '신실주의'를 통해 자신의 세계를 보여준다. 신실주의는 상상, 신화, 꿈, 환상, 마법과 같은 설정과 묘사를 통해 작가가 말하고자 하는 진실과 현실을 표현하는 방식이다. 외부적인 요소가 아닌, 작가가 추구하고, 밝히고자 하는 내적인 진실과 주제를 표현하기 위해 인물, 플롯, 원인과 결과를 이끌어가는 것이다. 따라서 인과관계가 맞지 않거나 황당하고 과장된 설정 요소들이 있어서 처음 옌롄커의 소설을 읽는다면 익숙하지 않을 수 있지만, 이 역시 옌롄커 책의 특징 중 하나이다.

세계관 (World View)

세계관이란 개념은 독일의 철학자 칸트(I. Kant)가 처음 만들어 사용하였고, 딜타이(W. Dilthey)에 의해 널리 확산된 것으로 알려져 있다. 독일어 welt(세계)와 anschauung(관점, 보기)으로 구성된 weltanschauung이 원어다. 딜타이는 철학자들이 만들어 내어 주장하는 형이상학에는 어떤 배경 이론이 있다고 말하였는데, 즉 어떤 세계관이 바탕이 되어 어떤 특정 이론이 성립된다는 점을 강조하고자 한 것이다. 현재는 어떤 지식이나 관점으로 세계를 인식하게 되는 방식이나 틀을 지칭하는 용어로서 세계관이 사용되고 있다. 신학, 철학, 사회학, 심리학 등에서 많이 사용된다. 기독교 세계관, 불교 세계관, 과학주의 세계관, 마르크스주의적 세계관 등이 대표적인 예이다. 특정의 어떤 이데올로기 내지 주의·주장에 기반하는 관점으로 세계를 보는 것이라 할 수 있다. 과거로부터 현재에 이르기까지 인류 사회에는 수많은 종류의 세계관들이 있어 왔다. 한편, 이 세계관은 영화나 드라마, 문예 작품 등에서 특정 세계를 의미하는 세계관과는 다르다. 그러나 현실의 세계관(world view)이 대중문화 및 문예 작품의 세계관(universe)에 영향을 준다는 측면에서 연결될 수 있다. 예를 들면 미국중심주의적 세계관이 마블 시네마틱 유니버스(MCU)의 세계관에, 카뮈의 무신론적 실존주의 성향 세계관이 소설 『이방인』의 세계관에 크게 영향을 주었다고 말할 수 있다.

시지프 신화 (The Myth of Sisyphus)

『시지프 신화』는 부조리에 반항하기를 역설한 알베르 카뮈의 철학 에세이로 소설 『이방인』, 희곡 『칼리굴라』와 함께 부조리 3부작으로 불린다. 『이방인』과 같은 해에 출간되었으나 집필은 먼저 시작했다. 카뮈의 삶과 죽음, 실존의 문제에 관한 고찰이 담겨 있어서 『이방인』과 함께 읽기를 권한다. 카뮈는 『시지프 신화』에서 부조리한 세계 앞에 선 인간에게 세 가지의 선택지가 있음을 말한다. 그것은 자살, 희망, 반항이다. 하나씩 논증해 가며 마지막 『시지프 신화』에 이르러 부조리의 반항을 설명한다. 『시지프 신화』 속 시지프는 자신의 행동으로 인해 신의 저주를 받는다. 커다란 바위를 산비탈로 힘겹게 올려다 놓으면, 그 순간 바위는 아래로 떨어지고 또다시 그것을 올려다 놔야 하는 형벌을 받는다. 영원히 지속되는, 아무런 의미를 찾을 수 없는 행위를 반복해야 하는데, 카뮈는 시지프를 통해 부조리한 세계에 던져진 인간의 삶을 빗댄다. 운명이라고 불리는 수레바퀴 안에서 인간이 할 수 있는 반항은 자살이 아닌 부조리를 깨닫고, 정면으로 삶을 응시하며 자신의 현존을 생생하게 느끼며 그 삶의 자신의 것으로 받아들이기를 촉구한다.

실존주의 (Existentialism)

1940년대와 50년대에 특히 독일과 프랑스에서 널리 유행했던 문예-철학 사조이다. 20세기 세계대전 전후의 서구를 대표하는 사상 중 하나로 평가된다. 19세기의 주요 사조였던 관념론과 실증주의에 대한 비판과 반대 맥락에서 출발하였다. 철학자 쇠렌 키에르케고르와 프리드리히 니체를 실존주의의 선구자로 보는 견해가 일반적이다. 결국 이로부터 후대의 카를 야스퍼스나 가브리엘 마르셀 등의 유신론적 실존주의와 장 폴 사르트르나 알베르 카뮈 등의 무신론적 실존주의가 나왔다. 에드문트 후설의 현상학 유파에 속했던 철학자 마르틴 하이데거가 이러한 실존주의에 전기를 마련한 사람으로 추존되는 경향이 많다. 실존주의 철학은 본질보다 실제로 어떻게 존재해야(살아가야) 하는가를 더욱 중시해야 한다고 본다. '실존'의 어원은 라틴어 'existere', 즉 '밖으로(ex)' + '나타난다(sistere)'에서 왔는데, 대체로 '있던 어떤 것이 밖으로 발현된 것'이라는 의미를 함축한다. 그래서 실존주의는 "나는 누구며, 무엇을 해야 하며, 어떻게 살아가야 하는가"를 보통 강조하며, 현재를 살아가는 존재의 불안 속에서도 누구나가 자신의 자유로운 선택을 통해 자기 자신의 고유한 인생을 살아가야 한다고 역설한다. 카뮈는 무신론적 실존주의자로 간주되었지만, 정작 카뮈 자신은 이러한 자신에 대한 평가를 거부하였다. 카뮈는 대부분의 실존주의자들이 고정된 진리에 반대하면서 자유를 추구하고 있지만, 그 고정된 진리에 대한 반대와 자유 추구를 다시 고정된 진리로 만들고 있다면서 비판했다.

아랍인 (Arab)

아랍인은 주로 서남아시아와 북아프리카의 아랍 국가에 거주하는 셈족 집단을 가리킨다. 현재는 세계 곳곳에 아랍인들이 분포해 있는데, 아랍인은 아랍어를 모어(母語)로 사용하며 인구의 90% 이상이 이슬람교를 믿는다. 아랍인은 팔레스타인과 이스라엘의 일부인 레반트(Levant) 지역 가나안에서 태어난 이스마엘의 후손을 가리킨다. 대부분의 아랍인이 이슬람의 경전 『쿠란』을 신봉하는 이슬람교도, 즉 무슬림(muslim)으로 이들의 모든 관습과 전통은 종교적이다. 왜냐하면, 무슬림에게 쿠란은 요람에서 무덤까지 삶의 지침서이자 영혼의 양식이기 때문이다. 따라서 무슬림은 매일 5번의 예배 때마다 쿠란 구절을 암송하면서 알라(Allah)의 가르침을 되새기고 기억한다. 그런데, 무슬림의 테러 행위는 이슬람 근본주의자가 저지르는 것으로 쿠란의 왜곡된 해석에 근거한다. 그리고 과거 서구 열강에 의한 식민지 지배의 영향 또한 간과할 수 없는 요인이다. 『이방인』의 배경이 되는 알제리는 프랑스로부터 132년의 투쟁 끝에 독립을 쟁취하였다. 『뫼르소, 살인사건』이 '아랍어'가 아닌 식민자의 '프랑스어'로 쓰여진 것은 피지배자의 언어 '아랍어'가 법과 제도에 설득적으로 작용하지 않기 때문이다. 역사적으로 지리적으로 서구 유럽과 맞닿아 있는 아랍·아랍인은 그들과 같은 듯 다른 모습을 보인다. 그렇더라도 국경·지역·인종·종교·풍습이 다르기 전 아랍인은 '아랍인'이 아닌 지구 '공동체의 일원'이다.

아웃사이더 (Outsider)

아웃사이더는 언어적으로는 사회 체계의 정상적 틀에서 벗어나 독창적이고 자유로운 사고와 행동을 구사하는 개인을 지칭하는 용어로 사용되며, 또한 알베르 카뮈의 소설 『L'Étranger』의 영문명이다. 한 사람이 일정한 테두리에서 벗어났다고 여겨지면 이상하게 보는 시선들과 함께 '외부자'로서 대우받게 된다. 소설 『이방인』의 주인공 뫼르소는 아웃사이더의 전형적인 예로, 그의 특이성과 독립성이 사회적 표준에서 벗어나게 되면서 예측 불가한 반응을 일으키고 있다. 이와 유사하게, 공산당 정권의 영향으로 표현의 자유를 억압받고 있는 중국의 연구자들이나 예술가들 역시 아웃사이더, 예술적 창조와 학문적 표현의 자유를 향한 욕망을 품고 있지만 현실의 사회적 틀과의 충돌로 인해 외부적인 입장에 놓여 있는 중국의 '뫼르소'가 아닐까?

알베르 카뮈 (Albert Camus)

프랑스의 작가이자 신문 기자이다. 1913년 알제리의 몽도비에서 이민자로 태어났다. 카뮈가 태어나고 다음 해 그의 아버지가 사망하였고, 그는 할머니, 어머니와 함께 매우 가난한 유년 시절을 보냈다. 당시 프랑스는 알제리를 프랑스의 영토 가운데 하나로 보았기 때문에 카뮈는 순수 프랑스인이었다. 이렇게 알제리에서 태어난 프랑스나 유럽 국가의 사람을 두고 피에-누아르(Pied-noir)라고 불렀다. 카뮈의 대표작인 『이방인』이나 『페스트』의 경우 알제리가 배경이지만 등장인물은 대부분 프랑스인이다. 이것은 카뮈가 알제리를 프랑스로 인식하고 있었음을 보여준다. 하지만 카뮈는 당시 피에-누아르였으므로 프랑스에서도 어느 정도는 이방인 격이었다. 카뮈는 학생 시절에 지병으로 결핵을 앓았으며, 결국 대학도 졸업하지 못한 채 자동차 수리공, 신문 기자 인턴 등 다양한 직업을 가지고 생계를 유지하였다. 그러다 그의 은사인 장 그르니에를 만나 알제리 대학에서 철학 학사 학위를 받는다. 청년기에는 프랑스 공산당에 가입하여 활동하지만, 프랑스의 알제리 식민, 아랍계 차별에 대한 고발 등의 문제로 당과 갈등을 빚는다. 이후 2차 세계대전에 참여하고자 했으나, 폐결핵 때문에 거절당하고 레지스탕스로 활동하였다. 이 시기에 『이방인』과 『시지프 신화』가 출간되며 작가이자 사상가로서 발돋움하였다. 전후 사르트르와 친교를 맺으나 공산주의에 반대하는 내용의 『반항하는 인간』을 발표하면서 좌파 지식인들의 반발을 샀으며, 알제리 독립을 반대하는 공식 의견을 낸 이후에는 배척 수준에 이르게 되었다. 이러한 정치적 갈등에도 불구하고 카뮈의 문학적 성과는 인정받게 되는데, 1957년 역대 두 번째로 어린 나이인 43세에 노벨문학상을 수상한다. 그의 사상은 부조리로 요약되며, 그는 특정 사상이나 학파로 분류되는 것을 거부하였다. 그는 무신론적 실존주의자로 평가되었지만, 정작 본인 자신은 실존주의자로 규정되길 거부하며 실존주의를 비판하기도 했다. 학문적으로도 이방인의 기질이 농후했던 셈이다. 카뮈는 1960년 자동차 사고로 46세에 요절하였는데 그의 품에는 『최초의 인간』 미완성 원고가 있었다. 이 원고는 『행복한 죽음』과 함께 사후 출판된다. 한편, 알제리의 독립 후 카뮈는 알제리에서 완전히 거부당하고 흔적이 지워지게 된다. 알제리에서 그는 영원히 이방인이 된 것이다.

알제리 독립전쟁 (Algerian War of Independence)

1954년부터 1962년까지 알제리 독립 세력이었던 민족해방전선(Front de Libération Nationale, FLN)과 프랑스 사이에서 벌어진 전쟁이다. 130여 년 동안 프랑스의 식민지였던 알제리에서 독립을 향한 목소리는 항상 있었다. 그러나 2차 세계대전으로 프랑스의 국격이 손상되고 독립에 대한 요구가 증대되었다. 전후, 갈등은 본격화되고 분쟁이 벌어지지만 많은 희생 끝에 프랑스는 알제리 자치권을 확대하며 종결짓는다. 하지만 이러한 대응을 미봉책으로 간주한 민족해방전선이 1954년에 독립을 선언하며 전쟁이 시작된다. 전쟁으로 인하여 알제리 측 100~200만 명, 프랑스 측 15~20만 명이 죽거나 다치게 된다. 그 결과 알제리는 독립하지만 참혹한 학살과 대량의 사상자로 인해 알제리 내 반프랑스 감정은 지속된다. 프랑스의 문화나 상징은 파괴되고 지워졌으며, 성당은 모스크로 바뀌었다. 130년이란 기간은 친프랑스 알제리인이나 친알제리 프랑스인이 생기기에 충분한 시간이었다. 또한 알제리나 프랑스 내부에서 서로 반대 진영의 목소리가 등장하였다는 것이 특이점이다. 프랑스에서는 알제리의 독립을 지지하는 좌파의 목소리가 여론 분열을 가져와 프랑스 내부의 상황은 혼란스러웠다. 이때 사르트르를 위시한 좌파와 카뮈의 갈등은 극에 달한다. 우익의 경우 이 전쟁을 소련과 아랍 국가들이 부추긴 자국 내 반란으로 인지하였으며, 좌익은 프랑스가 한 민족의 독립을 방해하고 있다고 보았다. 카뮈는 알제리의 자치권을 인정하거나 연방 정부와 같은 형태로 프랑스의 품에서 벗어나지 않는, 즉 프랑스와 공존하는 알제리를 주장하였다. 하지만 이 주장은 양쪽 세력으로부터 모두 거절당했다. 카뮈의 이런 태도는 자본주의도, 전체주의도, 사회주의도 모두 부조리를 만들어내는 체제에 불과하단 사상적 결론이었다. 알제리가 독립하여 새로운 국가가 수립되어도 이슬람 국가 혹은 사회주의 집단이 등장한다고 생각했기 때문이었다. 실제로 민족해방전선은 친소련적이었으며 급진사회주의를 주장한 정당이었고, 이들의 독립은 폭력과 피로 이루어졌다. 알제리는 독립 후 종교 탄압과 함께 프랑스 측에 섰던 이들을 학살하였으며, 군부와 민간, 이슬람 등 다양한 집단이 갈등을 겪으며 현재까지도 혼란이 지속되고 있다.

언어 (Language)

인간이 일반적인 의사소통의 수단으로 사용하는 사회 관습적인 체계를 의미하며, 음성 등의 청각적인 수단, 혹은 손을 비롯한 신체 부위를 움직이는 시각적인 수단을 사용한다. 언어는 사람들 사이에 공유되는 의미들의 체계이므로 인간의 소통과 사고의 기반이 되는 동시에 소통과 사고에 영향을 미친다. 언어에는 문화가 투영되어 있으므로 언어 현상을 통해 다양한 문화 요소를 발견할 수 있다. 언어와 문화는 불가분의 관계에 있기 때문이다. 언어는 사용하는 주체에 따라 다르게 표현된다. 일상의 언어와 미디어의 언어가 다르고 교수자의 언어와 비평가의 언어가 다르다. 같은 공간에서도 언어의 활동은 다양하다. 누구에게는 자유로운 표현의 도구이거나 존재의 우월성을 드러내는 수단이기도 하나 또 다른 누군가에게는 공격의 언어, 적의 언어, 복수의 언어일 수도 있다. 언어는 인격에 생명을 불어넣기도 하고 앗아 갈 수도 있는 힘이다.

얼굴 (Face)

얼굴은 얼굴의 상태에 따라 건강 상태와 세월의 흔적, 사회적 지위, 인종 등을 드러낸다. 또한, 표정을 통해 감정을 나타내기도 하며 내면의 거울로서 행위의 진실성 여부를 판단하는 잣대로 사용되기도 한다. 우리가 '나' 혹은 '타자'의 얼굴을 보는 방식은 동일하다. 즉, 우리는 보는 행위 안에서 대상(얼굴)에 던지는 시선을 전제한다. 우리가 얼굴을 정성스럽게 가꾸고 치장하는 노력은 바로 이 때문일 것이다. 그러나 얼굴은 광대한 관계들의 망 속에서 맥락 없는, 배경 없는 그 자체로 의미를 띤다. 따라서 사물들을 대상으로 한 시선을 얼굴에도 둔다면 얼굴의 가장 중요한 의미를 놓치게 된다. 우리는 얼굴의 출현과 대상의 나타남을 구분해서 보아야 한다. 레비나스에 따르면, 얼굴은 '만남'이다. 대면 안에서의 얼굴은 모든 범주를 벗어난다. 얼굴은 타자가 내게 등장하는 방식으로, 이 타자의 얼굴은 나에게 닥치고 나는 나의 자발성의 검토를 그의 얼굴에 의해 요구받는다. 즉, 타인의 얼굴은 나에게 나의 이기적인 경험을 재검토하고 중단하기를 요구한다. 내가 대면 안에서 타자와 만날 때 타인의 벌거벗겨진 얼굴은 따라서 나를 전적으로 윤리의 영역으로 인도한다. 벌거벗은 얼굴은 내게 타인의 배고픔을 인정하라고 가르치고, 나를 그의 궁핍·비참·약함에 종속시킨다. 그리고 나는 지금까지 이기적으로 내 존재 안에 갇혀 지낸 것에 부끄러움을 갖는다. 유·무형의, 직·간접의 폭력, 결핍, 상호관계의 부재에 의한 모든 상처받을 가능성은 벌거벗은 얼굴 위에서 가장 잘 드러난다. 그러므로 얼굴은 모든 종류의 폭력에 저항한다. 레비나스에 따르면, 얼굴은 강력한 명령적 어조로 첫 마디를 뗀다. "너는 살인을 저지를 수 없을 것이다." 이것은 내 몫인 책임의 요청과 관련한다.

에스닉 정체성 (Ethnic Identity)

에스닉 정체성은 공유된 개인적, 사회문화적 경험에 근거하여 공통의 조상을 가진다고 믿는 집단 사이에 존재하는 관계를 말한다. 정체성은 영어 어휘상 동일시(identification)의 의미를 강하게 수반한다. 개인은 가족, 동료 등 가치관을 공유하거나, 인종 혹은 직업 등과 같이 광범위한 범주의 사람과 자신을 동일시할 수 있다. 에스닉 정체성은 민족 차원에서 집단과 자기를 동일시하고자 하는 태도다. 에스닉 정체성의 가장 뚜렷한 특징은 그것이 객관적으로 확인 가능한 고정불변의 육체적(피부색), 물리적(영토) 특징이 아니라 '믿음'에 기반하는 것이어서, 가변적이라는 점이다. 이를 설명하기 위해 민족 집단이 지배적인 문화와 비슷해진다고 가정하는 동화 이론, 시간이 지나도 집단은 고유한 정체성을 유지한다고 보는 문화 다원주의, 상반된 두 과정이 하위 영역에서 동시에 일어난다고 보는 이론 등이 제안되었다. 어떤 경우에도 중요한 것은 두 가지다. 첫째, 에스닉, 즉 민족은 개인적 믿음의 총합으로서 '상상의 공동체'라는 점이며, 둘째, 그럼에도 개인 정체성 형성의 핵심 기제이자 '민족'이라 믿는 집단을 강력하게 조직화하는 근본 원리이자 에너지로서, 실제로 영향력을 행사하는 거대한 힘이라는 점이다.

이방인 (L'Étranger)

일반적으로 이방인은 다른 나라에서 온 외국인(foreigner), 낯선 사람(stranger), 그리고 무리와 섞이지 못하는 주변인(outsider)을 의미한다. 카뮈의 소설 『L'Étranger』을 미국에서는 『The Stranger』, 영국에서는 『The Outsider』로 번역하여 출판하였다. 주인공 뫼르소는 알제리에 살고 있는 프랑스인, 즉 피에-누아르이고 어떠한 상황 속에서도 자신의 신념을 굽히지 않는 반항적 인물이므로 The Stranger와 The Outsider 모두 실득력 있는 빈역이라 할 수 있다. 그러나 엄밀히 이 둘은 다른 의미이므로 뫼르소를 어떤 관점으로 응시해야 하는지에 대한 미국과 영국 독자의 관점이 전혀 달라질 수 있다. outsider는 어떤 집단·사회에 물리적으로 소속되어 있지만, 정서적으로 그 사회에 받아들여지지 않는 사람을 의미하는 경우가 많다. 한편, stranger는 애초에 소속되지 않은 사람이다. 좀 더 분명하게는 원주민 입장에서 처음 보는 사람을 가리킬 때, 그 사람의 경우 생경한 곳에서 스스로가 그곳을 잘 모를 때 stranger라고 한다. 카뮈는 뫼르소를 "사적이고 고독하고 관능적인 삶의 변두리에서 방황하는" 인물로 설명하였다. 즉, 카뮈가 말하는 이방인은 정서적으로 제도권이나 관습으로부터 동떨어져 섞이지 못하는 인물 정도로 해석될 수 있다.

장 폴 사르트르

프랑스를 대표하는 지식인 가운데 하나로 철학, 소설, 연극, 문학 비평 등 다양한 글을 통해 적극적으로 사회 참여를 실천한 사상가이다. 파리의 부르주아 계층이었던 그는 고등사범학교를 수석으로 입학하여 철학을 전공하였고, 이 시기에 그의 영원한 동반자인 시몬 드 보부아르를 만나게 되었다. 고등사범을 졸업한 뒤 프랑스 육군에서 복무하였으며, 이후 고등학교 교사, 독일 베를린 유학 등을 거치며 소설 『구토』를 출판하고 명성을 얻었다. 2차 세계대전 때 징집되었다가 독일의 포로 신세를 지내고, 석방 뒤 메를로 퐁티와 함께 레지스탕스를 조직하였다. 1943년에는 『존재와 무』를 통해 철학자로 널리 인정을 받았다. 레지스탕스 활동을 통하여 알베르 카뮈와 인연을 맺고 친분을 가졌으나, 전후 1950년대 사상적인 이유와 알제리 독립전쟁에 관한 의견 차이로 멀어지게 된다. 사르트르는 알제리 독립을 지지하였다. 그는 '인간의 자유의지'와 '선택', 그리고 '실천적 참여'를 자신의 사상으로 내세웠다. 또한 그는 자전적 소설 『말』(1963)의 출간으로 1964년 노벨문학상에 선정되었지만 수상을 거부한 것으로 유명하다. 사르트르는 프랑스 공산당을 지지하는 좌파 지식인으로서 정치적 목소리를 내는 데 거리낌이 없었다. 1968년 5월에 발생한 68혁명 당시 적극적으로 참여하였을 뿐만 아니라 청년 세대를 향하여 참여와 연대를 권하기도 해서 68운동의 원동력이자 상징이 되었다. 『실존주의는 휴머니즘이다』, 『변증법적 이성 비판』과 같은 저작을 남겼으며, 영화에 관한 관심도 커서 장 뤽 고다르, 안드레이 타르코프스키와 같은 당대 거장들과 교류했다.

장소성 (Placeness)

이-푸 투안은 공간(space)을 물리적인 3차원의 세계를 의미하는 곳으로, 장소(place)를 인간의 감정과 경험이 내포되는 곳으로 정의하였다. 그는 『공간과 장소』에서 의미가 체계적으로 조직된 세계이자 고정된 개념을 장소로 보고 이에 대해 한 사람이 갖는 주관적인 느낌을 장소감이라 설명한다. 그런데 장소가 내포하는 개념들은 크게 두 가지로 분류될 수 있다. 하나는 환경이나 공간을 특정 짓게 하는 기념물 등 물리적인 실체가 있는 요소이며, 다른 하나는 사람이 장소에 대해 부여한 정서·상징·문화 등의 정신적 요소이다. 장소성이란 이러한 장소에 대한 요소들의 상호 작용을 통해 형성된다. 장소성은 시간이 지남에 따라 형성된 장소에 대한 애착과 물리적·문화적 가시성의 요소들의 반복된 경험으로 생성된다. 나아가 장소성을 가진 특정 장소가 개인이나 집단에 독특하고 기억될 만한 곳으로 간주될 경우 장소-정체성을 가진다고 할 수 있다. 이 같은 연결성은 장소-정체성의 상실이 자아의 상실로 이어질 수 있다는 에드워드 렐프의 논의(『장소와 장소상실』)를 뒷받침한다. 카뮈와 『이방인』, 다우드와 『뫼르소, 살인사건』 같은 소설 역시 장소성을 감안하면서 독해할 필요가 있다. 나아가 독자 자신의 장소성 역시 고려해야만 할 것이다.

재지성 (Territoriality)

재지성(在地性)은 어떤 사람이나 작품이 자신이 탄생한 장소로부터 직접적인 영향을 받는 것을 의미한다. 재지성은 장소, 영역, 공간 등의 단어와 혼재하지만, 개인 및 집단의 정체성과 관련될 때 재지성이란 용어의 사용이 보다 분명해질 수 있다. 한 실존의 사상은 자신의 지역을 기반으로 할 때 가능하다. 모든 지역이 각각의 재지성을 지니기에 재지성은 곧 '보편성'을 극복하는 힘이다. 가령 대륙 철학을 대표하는 것이 현상학이고, 미국 철학을 대표하는 것이 분석철학이라 할 때, 그 차이를 인정하는 것은 쉽다. 철학이란 대주제를 공유할 뿐 그 방법이나 목표, 목적, 전통-뿌리와 이상까지 모든 것이 다르다. 지구를 양분하는 두 지역이 분명하게 구분된다면, 동일한 논리로 세계의 모든 지역은 구분 가능하다. 철학이 사고의 결과물일 때, 사고는 장소로부터 시작된다. 따라서 다른 장소는 다른 철학을 탄생시킨다. 동시에 모든 장소를 어우르는 보편 철학이란 엄밀히 말하면 존재할 수 없게 된다. 카뮈가 알제리에서 읽히지 않는 것은 알제리인들의 재지적 거부이며, 다우드가 쓴 소설은 『이방인』에 대한 알제리-재지적 대답이다. 프랑스에 대한 알제리의 재지적 저항이 작품에 대한 태도로 나타난 것이다. 재지적 해석은 한 작품에 대한 오독이 아니라 보편적 해석을 거부하고 자신이 서 있는 위치를 근거로 해석함을 의미한다. 재지성은 '나는 누구인가'란 질문에서 같은 장소에 있는 '우리는 누구인가'란 질문으로 이행한다. 개인-집단의 정체성은 곧 그 장소에 투입된 작품에 대한 태도를 결정짓는다.

전유(專有, Appropriation)

전유는 문학 비평과 철학에서 사용되지만, 쉽게 와닿는 개념의 단어는 아니다. 일반적인 정의는 '전유물'이라는 말처럼 '한 사람이나 특정한 부류만 소유하거나 누림'을 가리킨다. 그러나 문화적 전유(文化的 專有, cultural appropriation)라고 할 때는, 어느 한 문화 집단의 구성원이 다른 인종이나 문화 집단의 전통이나 문화의 '정체성 요소'를 함부로 차용하는 것을 말한다. 특히 제국주의 시대에 식민지 피지배 관계 속에 있는 국가나, 원주민이나 소수 인종의 문화 정체성의 요소를 그 문화적 맥락과 무관하게 도용하거나 차용하여 사용하는 것을 말한다. 문화적 전유에는 종교적 관습적 전통, 패션과 복식, 상징과 액세서리, 음악이나 스토리텔링을 도용하거나 왜곡하여 사용하는 것들이 있다. 그런데 탈식민 문학에서는 이 '전유'라는 개념을 역으로 활용하여 식민주의자의 문화, 언어, 문학의 요소를 취하고 되받아쳐서 피식민자의 경험과 정체성을 반영하는 전복적 활용을 의미한다. 이를테면, 제국주의 언어를 식민 해방의 담론에 활용하는 것이다.

정체성의 서사 (Narrative of Identity)

우리가 살아가는 현실 세계에서 정체성의 문제는 가장 중요한 핵심 의제이다. 인간의 삶 자체가 자기 존재에 대한 물음과 타인과의 조우를 통해 '정체'와 '정체성'의 간극을 이해하고 절점을 찾는 과정이기에 그렇다. 타자와 사회의 시선으로 지각하는 정체와 자아가 인식하는 성질인 정체성이 같거나 혹은 다를 수 있고, 타자의 규정이나 스스로의 인식 역시 시·공간에 의해 계속해서 변화하기에, 인간의 정체성에 대한 고민은 삶 전체를 관통할 수밖에 없다. 예술이 인간의 삶을 반영하는 것이라면, 서사체에서도 인간의 정체성에 대한 문제는 주요한 논제로 자리하게 된다. 인간의 실존 혹은 정체성은 결국 '세계 안에 있음'으로서 주체와 타사, 개인과 집단 간의 끊임없는 소통을 통해서 형성되는 것이라 할 수 있다. 그렇다면 정체성의 서사는 주체의 관점과 타자의 관점을 아우르며, 그 사이에서 타협된 대상을 정밀하게 표현하는 행위의 정수일 것이다. 여기서 중요한 것은 인간의 주체적 인식과 사유에 기반을 둔 서사 창출이며, 그리고 타자와 세계에 대한 이해와 조화를 추구하는 서술 태도이다.

중국 (China)

중화인민공화국(中華人民共和國, 약칭 중국)은 유라시아 동남부에 위치한 나라로, 세계에서 네 번째로 국토가 큰 국가다. 인구 대다수는 한족(漢族)이며, 몽골〔蒙古〕 · 회(回) · 장(藏) · 묘(苗) · 조선족(朝鮮族) 등 55개의 소수 민족으로 구성되어 있다. 소수 민족의 인구 비중은 낮지만 중국 내 면적의 절반 이상을 차지하는 지역적 특성을 가지고 있다. 같은 동아시아 국가이지만 단일 민족 국가로 분류되는 한국, 일본과 달리 다민족 국가에 속하는 중국은 태어난 곳과 국적이 같아도 서로 다른 언어와 문화를 지닌 다양한 사람들이 공존한다. 중국인들은 다양한 문화와 사람들을 접해 온 경험으로 인해 열린 사고를 갖추어 왔다. 그러나 중국 공산당의 집권 체제 속에서는 진정한 자유를 누릴 수 없다는 점에서 모순이 느껴진다. 이에 중국 내에서 이러한 모순을 인식하고 돌파하려는 노력을 하는 중국인들이 이방인 또는 외부인으로 취급받을 수 있다. 소설 『이방인』의 중국 연구 동향을 살펴본 결과, 틀에 박힌 듯 비슷하게 도출된 결론에 아쉬움이 남는다. 중국 내의 다양성과 모순을 다양한 시각으로 다루는 연구들이 많이 나오기를 기대해 본다.

지역적 수용(Local Acceptance)

어떤 작품이나 작가에 대한 보편적 해석과 개인적인 감상이 양극단에 위치할 때, 지역적 수용은 일반에는 이를 수 없으나 각 개인이 공감할 수 있는 지평으로 작동하는 공통의 배경을 뜻한다. 우선 행정적 소요에 따라 지역의 단위가 생겨난다. 그리고 그러한 행정적 분할의 종합은 곧 국가가 된다. 혹은 토양과 기후처럼 자연적 환경을 기준으로 지역이 나뉘기도 한다. 이러한 기준들의 범위가 더 넓어지면 대륙이나 동서양과 같은 범주까지 가능해진다. 이때, 이러한 구분은 모두 그 지역 내의 사람들이 공유하는 가치관 혹은 세계관이 있다는 것을 뜻한다. 달리 말하자면, 특정 지역의 사람들은 어떤 대상을 바라볼 때 공통적인 심상을 떠올린단 의미다. 그리고 그러한 심상은 보편적 해석과 마주하며 상호 작용하게 된다. 이 과정은 곧 글로컬라이제이션이라 부를 수 있다. 획일화된 해석이 답으로 여겨진다고 하더라도 모든 개인은 자신의 지역이 가치관으로 작동하기 때문에, 보편적 해석은 지역적 수용을 거쳐 언제나 변화할 수 있음을 내포하고 있다.

차이와 반복(Difference and Repetition)

'차이와 반복'은 들뢰즈의 중심적인 사유의 개념이다. '차이'는 '반복'의 쌍이다. 일반적으로 말하는 '반복'이란 단순히 동일한 것의 기계적인 반복을 의미하지만, 본질적으로 시간의 흐름과 사건 속에서 존재하는 모든 것은 동일한 반복이란 불가능하며, 오히려 차이의 반복일 뿐이다. 생명의 모든 현상은 시간의 흐름 속에서 발생과 소멸의 반복 속에서의 차이로만 존재하고 인식된다. 어떤 현상이든지 어제의 나와 오늘의 내게 동일하게 반복될 수 없으며, 그 차이를 배제한 그림자를 통해 동일성으로 인식한다. 나무는 세포의 소멸과 발생의 반복 속에 성장하고, 그 반복 패턴의 차이로 세상에 같은 두 잎사귀는 있을 수가 없다. 반복은 차이를 만들어내는 역동적인 과정이며 모든 생산과 창조의 기제이다. 반복의 과정에서 차이를 만들고 변화를 주도하는 힘은 "강도"이다. 강도는 측정 가능한 양에 관한 것이 아니라 차별화를 만들어 내는 질적 변화에 관한 것이다. 개인적인 경험이나 예술적 표현도 서로 다른 맥락과 강도의 과정적 의도에 따라 심오한 변화로 이어져 이전에 존재했던 것과 근본적으로 다른 새로운 패턴, 형태나 결과적 의미를 생성할 수 있다.

카멜 다우드 (Kamel Daoud)

알제리에서 1970년에 출생한 언론인이자 작가이다. 1994년 알제리의 대표 신문 중 하나인 오랑시의 프랑스어 일간지인 〈코티디엥 도랑(Le Quotidien d'Oran)〉에 기자로 입사하여 일하였으며, '우리의 의견, 당신의 의견'이라는 시사 평론 지면을 맡아 알제리 사회의 문제점들에 대해 적나라하게 묘사하고 권력과 불의를 비판하는 칼럼을 기고하였다. 그는 4선을 통해 20년간 알제리를 장기 집권한 부테플리카(Bouteflika) 정권을 비난하여 검열의 대상이 되기도 했으며, 『쿠란』과 이슬람 문화에 대해 의문과 비판을 제기하여 종교재판인 파트와(fatwa)에 서기도 했다. 다우드는 2014년에 출간한 소설 『뫼르소, 살인사건』으로 2015년 콩쿠르 최우수 신인상 외 다수의 문학상을 수상했다. 뫼르소가 죽인 이름 없는 아랍인의 동생 하룬의 관점에서 『이방인』을 전복시키는 이 작품에는 다우드가 언론인으로서 가진 알제리에 대한 시각이 고스란히 반영되어 있다.

탈식민주의적 관점 (Decolonial Perspective / Postcolonial Perspective)

탈식민주의적 관점은 세계 사회에 일반적으로 통용되는 주도적 힘의 관점에서 벗어나고자 한다. 모든 관점을 배려하는 관점을 뜻한다. 근대라 불리는 시대가 구축한 것은 서양을 중심으로 한 세계의 불균형이었다. 그 패권이 미국으로 넘어간들 특정 지역이 세계의 중심을 이루는 모델은 변하지 않았다. 하지만 탈식민주의적 관점은 독립적인 지역-로컬의 관점을 열거한다. 세계-보편의 관점이 간과하고 있는 빈자리가 사실 어떤 주제, 문제의식과 마찬가지로 동등한 것이란 점을 일깨워주는 것이다. 이러한 관점은 세계를 부정하는 것이 아니다. 그걸 극복하는 것이다. 또한, 지역 내에서 지역의 고유성을 외치는 것이 아니라, 오히려 무화(無化)된 주변부를 탈은폐 시키는 것이다. 근대적 세계는 특정 국가나 지역이 중심이 되어 다른 지역을 자신의 그림자에 밀어 넣는 음영의 세계다. 반면에 탈식민주의적 세계는 지역으로서 유럽, 지역으로서 미국, 지역으로서 한국이 모두 자신의 고유성을 드러내며 서로 간의 우열 관계가 성립하지 않는 세계, 차이와 다양성이 존재함을 인정하는 세계다. 일방적인 지식, 문화 전수가 이루어지며 수용자 쪽에서는 추종만이 가능한 세계관이 서구 근대성의 효과일 때, 탈식민주의적 관점이 추구하는 세계는 모든 지역이 각각의 중심이 되는 초-근대성의 세계이다. 카뮈의 관점이 아니라, 다우드의 관점이 탈식민주의적 관점이라 할 수 있다.

트랜스아이덴티티 스토리텔링 (Trans-Identity Storytelling)

트랜스아이덴티티는 세계의 인식 체계를 넘어서 정체성의 자유로운 변화를 도모하는 인간들을 가리킨다. 접두사 '트랜스'에 내재된 함의, 예컨대 수식하는 대상의 관통, 횡단, 초월을 야기하는 성질을 되새긴다면, 기존의 인식 체계에서 정립된 정체성의 개념으로부터 해방, 탈주, 자유를 상상하게 한다. 트랜스아이덴티티는 외부 세계의 이분법적 분류에 포섭되지 못하는 존재들이거나, 그 분류 체계로부터 스스로 벗어나려 세계의 질서에 대항하는 존재들이다. 즉 트랜스아이덴티티 스토리텔링은 사회의 보편 영역에 빗어나 있는 특수한 정체성을 조명하면서, 그들의 트랜스(변화) 과정을 담아낸다. 이러한 트랜스아이덴티티 스토리텔링의 전제에 기반하면 두 가지 특징을 도출할 수 있다. 세계의 인식과 분류 체계에 포함되지 못하는 정체성은 보편의 영역에 속하지 않는 특수한 것으로서, 일반 대중의 정체성과 삶에서는 접해 보지 못한 독특한 대상이 된다. 이는 '차이'의 요소로서 스토리텔링 관점에서 대중에게 새로움을 불러일으키는 참신한 요소나 서사적 소재로 평가될 수 있다. 한편 세계의 인식에 맞서서 자신의 정체성을 쟁취하려는 과정은 역동성과 갈등의 상황을 내포하게 되고, 내러티브에 극적인 성질을 내재하게 하는 결정적인 요인으로 작용한다. 이는 스토리텔링의 보편적 방식으로서 많은 대중을 포섭하는 서사 원리로 평가될 수 있다. 이와 같이 트랜스아이덴티티 스토리텔링은 서사적 측면에서 두 가지 특성, 즉 특수성과 보편성이라는 가치를 모두 함의하는 서사 양식이라 할 수 있다.

프랑스 제국주의 (French Imperialism)

근대적 의미의 제국주의는 포르투갈과 스페인의 아메리카와 아시아 식민지 개척에서 시작되었다. 유럽 국가들의 각축이 이어졌고, 프랑스가 17세기에 주도권을 행사했다. 당시 프랑스는 여타 유럽 국가들에 우위를 점한 농업 생산력을 기반으로, 군사, 행정, 문화 전 영역에 걸쳐 선진국의 지위를 누리고 있었다. 국력의 우위는 인구수로도 증명되는데, 1789년 혁명 직전의 프랑스 인구는 약 2,600만 명이었다. 영국이 약 800만 명, 프로이센이 약 400만 명, 합스부르크 제국이 약 1,100만 명이었던 것과 비교된다. 미국의 독립으로 상징되는 북미 지역 식민 지배 시대가 마무리되자, 프랑스는 1830년 알제리 침공을 필두로 아프리카와 인도차이나, 중동과 남태평양 지역을 식민 지배 대상으로 삼았다. 영국이 산업혁명의 동력을 바탕으로 빠르게 성장하여 1910년경 프랑스 인구가 약 3,900만 명, 영국 인구가 약 3,600만 명이 되어 대등해졌다. 프랑스와 영국은 식민지를 두고 대립하게 되었고, 19세기 후반 '제국주의 각축전', '아프리카 쟁탈전'이 벌어졌다. 근대 산업 성장 과정에서 희소한 원자재 수요와 상품 시장의 필요성이 경제 구조적 동인이었고, 역사적으로 뿌리 깊은 유럽 국가 간 증오심과 경쟁심이 과잉 민족주의와 맞물리기도 했다. 기술적 진보를 앞세운 유럽중심주의와 '선량한 이교도'를 기독교도가 구원해야 한다는 사상, 도덕적, 문명적 우수성을 후진국들에게 가르치고 베풀어야 한다는 '문명화 사명(Mission civilisatrice)'이 폭력을 정당화한 논리로 발전했다. '제국주의' 명칭은 나폴레옹의 군사적 팽창 시기인 19세기부터 쓰였으며, 당시에도 부정적이고 비판적 의미가 강했다. 가령, 보어 전쟁 이후 제국주의는 자본주의의 왜곡과 모순의 산물이라는 좌파의 비판에 직면하는데, 대표적인 영국 좌파 지식인 중 하나였던 J. A. 홉슨이 1902년 출간한 저작의 제목이 『제국주의』였다. 프랑스 제국주의는 1960년대까지 명목상 존속되긴 했으나, 그 이전인 2차 대전 이후 인도차이나와 알제리 독립전쟁에 패하면서 사실상 종식되었다.

피에-누아르 (Pied-Noir)

피에-누아르는 19~20세기 유럽의 여러 지역, 주로 프랑스에서 알제리(1830~1962년까지 프랑스의 식민지)로 이주해 살았던 사람들을 일컫는 말이다. 프랑스어로 pied는 '발', noir는 '검은'이란 뜻으로 pied-noir는 '검은 발'을 뜻한다. 알제리 출신 지중해 증기선의 화부들이 그을음 속에서 맨발로 걷곤 했기 때문에 붙여진 것이라는 주장이 있지만 정설은 아니다. 본래 피에-누아르는 식민지 시기 알제리에 거주했던 당시의 프랑스인들을 칭했던 말이 아니다. 1962년 선까지의 알제리 거주 프랑스인들은 알제리의 프랑스인(Français d'Algérie)로 불리는 게 관행이었다. 1962년 알제리 독립이 확정된 후, 알제리에 살던 프랑스인들은 죽음을 피하기 위해서라도 대대적으로 프랑스로 이주해야 했다. 독립 후 알제리에 남은 이들은 '녹색 발'인 피에-베르(pied-vert)라고 불렸고, 피에-누아르는 알제리에서 프랑스로 이주한 사람들을 프랑스 본국 사람들과 구별하기 위해 만들어졌다. 피에-누아르는 프랑스인도 아니고 알제리인도 아닌 존재로 프랑스에서 타자화되었다. 대표적인 피에-누아르로는 알베르 카뮈를 비롯하여, 루이 알튀세르, 자크 데리다, 이브 생로랑 등이 있다.

색인

인물편

색인

용어편

ㅁ

ㅂ

ㅅ

ㅇ

ㅈ

ㅊ

저자 소개 (글 게재 순)

박치완

한국외국어대학교 불어과 및 철학과를 졸업하고, 동 대학원에서 프랑스 철학 전공으로 석사 학위를, 프랑스 부르고뉴 대학교에서 앙리 베르그송 전공으로 철학박사 학위를 받았다. 현재는 한국외국어대학교 철학과/글로벌문화콘텐츠학과 교수로 재직 중이다. 지은 책으로는 『호모 글로칼리쿠스』, 『이데아로부터 시뮬라크르까지』가 있고, 공저로는 『공간의 시학과 무욕의 상상력』, 『비주얼 컬쳐 시대의 이해』, 『지식의 역사와 그 지형도』, 『문화콘텐츠와 문화코드』, 『근대한국, 개벽사상을 실천하다』 등이 있다. 논문으로는 「아직도 보편을 말하는가?, 「동일성의 폭력과 차이의 허구」, 「의심의 '한국' 철학, 한국에서도 철학을 하는가?」 등이 있다.

김성수

한국외국어대학교 철학과를 졸업하고, 동 대학원에서 고대철학, 영국 랭카스터 대학교에서 사회윤리학으로 석사 학위를 받았다. 이후 영국 에식스 대학교에서 사회철학으로 박사 과정을 이수했으며, 한국외국어대학교에서 글로벌대중문화연구로 문화콘텐츠학 박사 학위를 받았다. 현재는 동 대학 글로컬창의산업연구센터의 연구교수로 있다. 『시각문화대표콘텐츠』 등의 저서가, 「〈나니아 연대기〉의 상징성」, 「미디어로서의 사이버공간에 드러난 제2자아와 현실 연구」 등의 논문이 있다.

김영걸

한국외국어대학교 철학과를 졸업하고, 연세대학교 교육대학원 윤리교육과에서 석사 학위를 받았다. 다시 한국외국어대학교 철학과에서 박사 과정을 수료한 후 프랑스로 건너가 스트라스부르 대학교 철학과에서 레비나스 전공으로 박사 학위를 받았다. 저서로 『우리는 박해자를 위해서도 책임질 수 있는가? -레비나스가 답하다』가 있고, 역서로 『레비나스와의 대화: 에세이와 대담』, 공저로 『가족커뮤니티의 개념들, 관계편 1: 가까운 사이』가 있다.

유영초

한국외국어대학교에서 문화콘텐츠학 박사를 취득하고, 동대학 글로벌문화콘텐츠학과 겸임교수로 재직 중이다. 생태환경과 문화콘텐츠에 관심을 갖고 연구와 교육을 하고 있으며, 풀빛문화연대, ㈔산림문화콘텐츠연구소 대표자로 있다. 한국문화예술위원회 창작시원금 수혜작으로 시집 『두어빈 날갯짓에 명왕성을 난다』를 출간했으며, 산림문학 신인상을 수상했다. 논문으로는 「해설문화로 읽는 콘텐츠액티비즘」, 「유산(heritage)의 개념과 관점으로 본 용산(龍山)」, 저서 『숲에서 길을 묻다』, 역서 『세계의 환경도시를 가다』 등이 있다.

김기홍

영국 워릭대학교에서 문화정책경영 석사를, 한국외국어대학교에서 문화콘텐츠학 박사를 취득했다. 현재 한성대학교 창의융합대학 문학문화콘텐츠학과 교수로 재직 중이다. 만화 시나리오와 판타지 소설로 스포츠신문 신춘문예에 당선되어 콘텐츠 업계에서 활동했다. 대학으로 자리를 옮겨 스토리텔링, 문화산업, 미디어, 문화정책에 관심을 가지고 연구 중이다. 논문으로는 「장작불 영상을 선호하는 대중 심리에 대한 해석적 연구」, 「캠벨의 원질신화와 문화콘텐츠」, 「창의성의 사회적 본성과 문화와의 관계에 대한 연구」, 역서로 『재미란 무엇인가』가 있다.

이종현

한신대학교 문예창작학과를 졸업하고, 동 대학원에서 디지털문화콘텐츠학 전공으로 석사 학위를, 한국외국어대학교 글로벌문화콘텐츠학과에서 문화콘텐츠학 전공으로 박사 학위를 받았다. 현재는 한신대학교 디지털영상문화콘텐츠학과에 조교수로 재직 중이다. 저서 『영화 속 숨은 공간 읽기』, 『짠내나는 서울지엥』, 『2020 작가가 선정한 오늘의 영화』에 공저로 참여하였고, 단편영화 〈에스프레소 더블샷〉, 〈분장〉, 〈아무것도 하지 않는 남자〉를 감독으로 제작하였다.

이효원

동국대학교 연극학과에서 문학사와 문학 석사를 취득했다. 이후 한국외국어대학교에 진학하여 공연과 영화를 문화콘텐츠적 관점에서 연구하여 문화콘텐츠학 박사 학위를 취득했다. 현재는 한성대, 한국외대, 용인예술과학대에서 문화콘텐츠, 공연, 영화·영상 관련 강의를 하고 있으며 각종 영화제의 심사위원으로 활동 중이다.

정혜선

한국외국어대학교 중국어과를 졸업하고 출판사 편집자로 일했다. 동 대학원 문화콘텐츠학 석박사과정을 수료했고, 아시아문화콘텐츠연구소 책임

연구원으로 있다. 문화정체성과 다양성, 지역문화콘텐츠와 문화 산업에 관심을 가지고 연구 중이다

김정현

서울예술대학교 연극과를 졸업하고, 영국 리즈대학교 Culture, Creativity and Entrepreneurship 코스에서 석사 학위를 받았다. 현재 한국외국어대학교 글로벌문화콘텐츠학과 박사 과정을 수료하고 학위 논문을 준비하고 있다. 논문으로는 폴란드 사례를 중심으로 한 「대중의 기억을 전시하는 내러티브 뮤지엄」 등이 있다.

조미정

한국외국어대학교에서 다문화교육으로 석사 학위를 취득하였으며 동 대학원 문화콘텐츠학 박사 과정을 수료하였다. 사회통합기관에서 이주민 정착에 관한 프로그램 교육 및 기획자로 근무했다. 현재 러시아 블라디보스토크에 거주하며 고려인 디아스포라 연구에 전념하고 있으며, 국내외 디아스포라 밀집 지역, 문화, 정체성, 상호문화교육에 관한 지속적인 연구를 하고 있다.

곽신요

Renmin University(中國人民大學)에서 학부, 한국외국어대학교 한중문화학 석사를 졸업하고, 동 대학원 글로벌문화콘텐츠학 박사 과정 중에 있다. 콘텐츠를 통한 문화비교, 문화원형과 스토리텔링에 관심을 가지고 연구 중이다.

신성광

한국외국어대학교 경영학과를 졸업하고 동 대학원 철학과에서 석사학위를, 글로벌문화콘텐츠학과에서 박사과정을 수료했다. 문화이론과 기술철학에 관심을 가지고 연구 중이다. 논문으로는 「바슐라르에게 있어서 불의 이미지 연구」, 「현대 디지털 영화에서 스펙터클과 내러티브의 관계성 연구」, 「예술계(Artworld) 개념을 통한 NFT 검토」 등이 있다.

이정화

한국외국어대학교 국제지역대학원에서 아프리카 지역학 학위 과정을 밟고 있다. 문학, 디아스포라와 정체성, 탈경계 등에 관심이 많다. 저서로는 가나의 역사, 문화, 정치, 사회 등 다방면의 모습을 쉽고 재미있게 전달하는 『있는 그대로 가나』(2021)와 2023년 우수출판콘텐츠 선정작인 『생각보다 가까운 아프리카』(2023)가 있다. 한·아프리카재단의 간행물인 〈이야기로 만나는 아프리카〉 아프리카연합, 아프리카지역기구, 문학 편 등을 썼고 기타 집필, 강의, 프로젝트 등 다양한 활동을 통해 국내에 아프리카를 전달하는 역할을 하고 있다.

카멜 다우드의 반역, 알제리가 외면한 카뮈

초판 인쇄 2025년 6월 13일
초판 발행 2025년 6월 20일

지은이 박치완 김성수 김영걸 유영초 김기홍 이종현 이효원 정혜선 김정현 조미정 곽신요 신성광 이정화
발행인 박정식
기획 신선호
편집장 장혜정
도서편집 박미현
디자인 최재영 고지연
출판행정 김가은
경영기획 김세희
인사행정 김지은 유빈
재무회계 곽순석 김세아
캐릭터 김세원
발행처 한국외국어대학교 지식출판콘텐츠원
02450 서울특별시 동대문구 이문로 107
전화 02)2173-2494~7
FAX 02)2173-3363
홈페이지 http://press.hufs.ac.kr
전자우편 press@hufs.ac.kr
출판등록 제6-6호(1969. 4. 30)
인쇄·제본 (주)파일투프린트 02-2285-0620

ISBN 979-11-7199-304-8 [93800] **정가** 31,000원

* 잘못된 책은 교환하여 드립니다.

HUEBOOKs는 한국외국어대학교 지식출판콘텐츠원의 인문학도서 Sub Brand이다. 한국외대의 영문명인 HUFS, 사람을 위하는 Humanism, 교육의 Education, 색조의 Hue의 다의적인 뜻으로 해석할 수 있으며, 인문학도서 출판에 대한 의지가 담겨있다.